国家出版基金项目
"十二五"国家重点图书出版规划项目

孙中山全集

第十卷

公牍（中）

尚明轩 主编

人民出版社

总 目 录

第一卷　专论
　　前言
　　凡例
　　目录
　　正文

第二卷　文集
　　凡例
　　目录
　　　论著
　　　传记与回忆
　　　序跋
　　　祭悼
　　　祝词
　　　其他
　　　译著
　　　遗嘱
　　正文

第三卷　文告　规章
　　凡例
　　目录
　　　文告
　　　通电
　　　启事(含声明、讣告等)
　　　其他
　　　规章
　　正文

第四卷　函札(上)
　　凡例
　　目录
　　正文

第五卷　函札(下)
　　凡例
　　目录
　　正文

第六卷　文电
　　凡例
　　目录
　　正文

第七卷　演说

凡例
目录
正文

第八卷　谈话
凡例
目录
正文

第九卷　公牍（上）
凡例
目录
正文

第十卷　公牍（中）
凡例
目录
正文

第十一卷　公牍（下）
凡例
目录
正文

第十二卷　人事任免（上）
凡例

　　　　　　　目录
　　　　　　　正文

第十三卷　　人事任免（下）
　　　　　　　凡例
　　　　　　　目录
　　　　　　　正文

第十四卷　　外文著述
　　　　　　　凡例
　　　　　　　目录
　　　　　　　正文

第十五卷　　题词遗墨
　　　　　　　凡例
　　　　　　　目录
　　　　　　　正文

第十六卷　　索引　传略
　　　　　　　凡例
　　　　　　　目录
　　　　　　　　索引
　　　　　　　　传略
　　　　　　　后记

凡　　例

一、本全集共收录孙中山现有著述11500余篇，按文体性质分类（含有多种性质的，据其主要倾向归类），依时间顺序编次，据类别和篇幅列卷。

二、日期与编次。底本有写作日期的，按原日期。无写作日期的，按最后发表日期，或通过考证予以判明；写作日期无从考证的，列于该类之末。著述日期统一采用公历，标于标题下方圆括号内。各卷原则上按时间顺序编次；卷内存在分类的，按各类时间顺序编次。

三、分类与列卷。根据类别和篇幅，分22类，列15卷：第一卷，专论（收录集中反映孙中山政治思想的5种著述）；第二卷，文集（含论著、传记与回忆、序跋、祭悼、祝词、译著、遗嘱等）；第三卷，文告规章（含文告、通电、启事、规章等）；第四、五卷，函札；第六卷，文电；第七卷，演说；第八卷，谈话；第九、十、十一卷，公牍；第十二、十三卷，人事任免；第十四卷，外文著述；第十五卷，题词遗墨。索引和传略单独列卷，为第十六卷。

四、底本的选择。优先采用原始文件、影印件和初刊本；充分吸收现有各种图书报刊的文献成果，如中国社会科学院近代史研究所中华民国史研究室、广东省社会科学院历史研究室（所）、中山大学历史系孙中山研究室合编《孙中山全集》（中华书局1981—1986年出版），秦孝仪主编《国父全集》（台北近代中国出版社1989年版）。发表在不同图书报刊的同内容文献,有歧义之处的,经考证后取其一说,其余在注释中简要介绍;诸说并存的,选择最佳版本;文字内容虽有出入但各具特色的,原则上选择底本来源较权威者为主文,其余作为"同题异文"附录于后。

五、标题。原有标题的,一般保留,个别编者酌改;原无标题的,编者酌拟。标题文字以国家现行文字规范为准。标题中的人名一律统一为现行惯称,文中不另做说明。

六、注释。每篇著述,文末均注明所据底本。文内酌加的注释,均为页下注。人物有多个字、号、别名的,地名有多种译法的,原则上在该卷首次出现时加注,其后不注。【 】内的文字,系编者为避免上下文表意脱节或缺省所加的说明。

七、校勘与标点。文内明显的错漏,编者均予以校勘:订正讹字,置于〔 〕内;增补脱字,置于〈 〉内;衍文加[ ];有疑误、难以确定的,用〔?〕表示;字句残缺或难以辨认的,用□表示。校勘、考释和外文翻译等,部分吸收前人成果,本全集一般不做具体说明。标点符号原则上执行国家现行规范。底本无标点或有标点但与国家现行规范不符的,均重新标点。

八、本全集中文为简体字横排,底本的繁体、古体和异体字,原则上统一为简体字,特殊含义者例外。第十四卷"外文著述",参考秦孝仪主编《国父全集》(台北近代中国出版社1989年版)编排。全集中插图及题词遗墨,一般据底本影印;质量较差的,适当修版或据原图重新绘制。

九、受时代局限,有的著述中使用的词语及字词用法和个别观点在今天看来欠妥,但因是原文固有,均不做改动。

目　录

给陈天太的指令（一九二三年八月一日）……………………… 1
给刘纪文的训令（一九二三年八月二日）……………………… 1
给邓泽如的指令（一九二三年八月二日）……………………… 2
给伍朝枢的训令（一九二三年八月三日）……………………… 3
给程潜的训令（一九二三年八月三日）………………………… 4
给黄建勋的指令（一九二三年八月三日）……………………… 5
批财政部呈（一九二三年八月三日）…………………………… 5
给叶恭绰的训令（一九二三年八月四日）……………………… 6
给徐绍桢的指令（一九二三年八月四日）……………………… 6
给马素汇款令（一九二三年八月五日）………………………… 7
给各军长官的训令（一九二三年八月七日）…………………… 7
给赵士北的训令（一九二三年八月七日）……………………… 8
给罗翼群冯启民的训令（一九二三年八月七日）……………… 9
给廖仲恺的训令（一九二三年八月七日）……………………… 9
给朱和中的指令（一九二三年八月八日）……………………… 10
谕奖励韶州绅商学界公民大会通告民团抵御
　沈逆北敌勾结南犯（一九二三年八月八日）……………… 11
关于整理纸币的命令（一九二三年八月九日）………………… 12
给叶恭绰的指令（一九二三年八月十日）……………………… 13
　　附录一　叶恭绰呈 ……………………………………… 13

附录二　办法总纲 ………………………………………… 15
批汪精卫来电(一九二三年八月上旬) …………………………… 22
给叶恭绰廖仲恺的训令(一九二三年八月七日至十一日间) …… 23
　　附录　广东全省经界总局规程 …………………………… 24
发给李肖廷旅费令(一九二三年八月十一日) …………………… 25
给杨希闵的训令(一九二三年八月十一日) ……………………… 25
给李济深黄绍雄的训令(一九二三年八月十三日) ……………… 26
给程潜的训令(一九二三年八月十三日) ………………………… 26
批各部部长联衔请派惩戒委员呈(一九二三年八月十三日) …… 27
给杨仙逸的指令(一九二三年八月十三日) ……………………… 27
给邹鲁的指令(一九二三年八月十三日) ………………………… 28
命追赠并优恤萧觉民令(一九二三年八月十四日) ……………… 28
给许崇智的指令(一九二三年八月十五日) ……………………… 29
命赶造八生炮引信令(一九二三年八月十五日) ………………… 29
发给萧觉民恤费令(一九二三年八月十五日) …………………… 30
给罗翼群的指令(一九二三年八月十五日) ……………………… 30
命熊克武节制四川各军令(一九二三年八月十六日) …………… 31
命梅光培等筹款令(一九二三年八月十六日) …………………… 31
给邹鲁的训令(一九二三年八月十六日) ………………………… 32
给邓泽如的指令(一九二三年八月十六日) ……………………… 33
给范其务的指令(一九二三年八月十六日) ……………………… 33
给姚雨平的指令(一九二三年八月十六日) ……………………… 34
给邓泽如等的训令(一九二三年八月十七日) …………………… 34
给范其务的训令(一九二三年八月十七日) ……………………… 36
给梁鸿楷的训令(一九二三年八月十七日) ……………………… 36
批程潜呈(一九二三年八月十七日) ……………………………… 37
命优恤陆兰清令(一九二三年八月十七日) ……………………… 37
给姚雨平的指令(一九二三年八月十七日) ……………………… 38

给程潜的指令(一九二三年八月十七日) …… 39
谕航空局拨机开往淡水协助进攻海陆丰(一九二三年八月十七日) …… 39
命胡汉民等将人械分运招降部队令(一九二三年八月十八日) …… 40
准李国柱代造步枪令(一九二三年八月十八日) …… 40
发给孙扶邦路费令(一九二三年八月十九日) …… 41
给廖仲恺的训令(一九二三年八月十七日至二十日间) …… 41
给廖仲恺的训令(一九二三年八月二十日) …… 42
给姚雨平的训令(一九二三年八月二十日) …… 44
给杨仙逸的指令(一九二三年八月二十日) …… 45
发给行营金库长款令(一九二三年八月二十一日) …… 45
给古应芬的指令(一九二三年八月二十二日) …… 46
给刘纪文的指令(一九二三年八月二十二日) …… 46
给军政各机关长官的训令(一九二三年八月二十二日) …… 47
给李济深的训令(一九二三年八月二十二日) …… 48
给邓泽如的训令(一九二三年八月二十三日) …… 49
命将程天斗交军法裁判令(一九二三年八月二十三日) …… 50
给赵梯昆的指令(一九二三年八月二十三日) …… 50
给魏邦平的指令(一九二三年八月二十三日) …… 51
给程潜的指令(一九二三年八月二十三日) …… 51
发给北京法文报津贴令(一九二三年八月二十三日) …… 52
给罗翼群的指令(一九二三年八月二十四日) …… 52
    附录 罗翼群呈 …… 53
给叶恭绰的训令(一九二三年八月二十五日) …… 55
给邓泽如等的训令(一九二三年八月二十五日) …… 56
给罗翼群的指令(一九二三年八月二十五日) …… 58
给梅光培的指令(一九二三年八月二十五日) …… 58
命廖行超速赴博罗解围令(一九二三年八月二十六日) …… 59
给程潜的训令(一九二三年八月二十七日) …… 59

给李济深的训令(一九二三年八月二十七日) …… 60
命冯侠民将运船押回石龙令(一九二三年八月二十八日) …… 61
给叶恭绰的指令(一九二三年八月二十八日) …… 61
 附录一 叶恭绰呈 …… 62
 附录二 广东造币余利凭券条例 …… 62
 附录三 广东造币余利凭券基金委员会章程 …… 64
给杨希闵等的训令(一九二三年八月二十九日) …… 65
给刘纪文的指令二件(一九二三年八月三十日) …… 66
给罗翼群的训令(一九二三年八月三十日) …… 67
给徐绍桢的训令(一九二三年八月三十日) …… 68
命财政机关及兵站酌拨饷弹令(一九二三年八月) …… 69
命无线电总局将无线电机送回博罗令(一九二三年八月) …… 70
命前敌飞机人员听许崇智指挥令(一九二三年八月) …… 70
批谭延闿呈(一九二三年八月) …… 70
给杨希闵等的训令(一九二三年九月一日) …… 71
给廖仲恺的训令(一九二三年九月一日) …… 72
给叶恭绰的训令(一九二三年九月一日) …… 73
给林森的训令(一九二三年九月一日) …… 74
给蒋光亮的训令(一九二三年九月一日) …… 75
给徐绍桢的指令(一九二三年九月一日) …… 75
给廖仲恺的训令(一九二三年九月三日) …… 76
给张开儒的指令(一九二三年九月三日) …… 77
核复邹鲁等呈称所有收支概照国币条例前令
 搭收二成镍币办法准予取消令(一九二三年九月三日) …… 77
命胡汉民杨庶堪拟稿慰问日灾令(一九二三年九月一日至四日间) …… 78
命传谕陕西各军将领讨贼救国令(一九二三年九月四日) …… 78
给廖仲恺的训令(一九二三年九月五日) …… 79
给伍朝枢的指令(一九二三年九月五日) …… 79

给朱和中的指令(一九二三年九月五日) …… 80
给赵梯昆的指令(一九二三年九月六日) …… 80
批胡汉民等呈(一九二三年九月八日) …… 81
　　附录　胡汉民等呈 …… 81
给罗翼群的指令(一九二三年九月十日) …… 82
嘉奖杨廷培部的命令(一九二三年九月十日) …… 83
批魏邦平呈(一九二三年九月上旬) …… 83
给王棠的训令(一九二三年九月十二日) …… 84
给杨希闵等的训令(一九二三年九月十三日) …… 85
给程潜的训令(一九二三年九月十三日) …… 87
给罗翼群的指令(一九二三年九月十三日) …… 87
给廖仲恺等的训令(一九二三年九月十四日) …… 88
给廖仲恺等的训令(一九二三年九月十五日) …… 89
给蒋光亮的训令(一九二三年九月十五日) …… 90
命徐天琛部暂归胡谦指挥令(一九二三年九月十七日) …… 91
给刘玉山的训令(一九二三年九月十七日) …… 91
给杨希闵等的训令(一九二三年九月十八日) …… 92
给廖仲恺的训令(一九二三年九月十八日) …… 93
给王棠的训令(一九二三年九月十八日) …… 94
给廖仲恺的指令(一九二三年九月十八日) …… 94
给伍朝枢的训令(一九二三年九月十九日) …… 95
给赵士北等的训令(一九二三年九月十九日) …… 96
给叶恭绰的指令(一九二三年九月十九日) …… 98
给赵士北的指令(一九二三年九月十九日) …… 98
给朱和中的指令(一九二三年九月二十日) …… 99
给程潜的训令(一九二三年九月二十日) …… 99
在博罗给各军的指令(一九二三年九月二十日) …… 100
给胡汉民等的指令(一九二三年九月二十一日) …… 100

给赵士北的训令(一九二三年九月二十一日) …… 101
饬廖仲恺转饬公安局释放程天斗令(一九二三年九月二十一日) …… 102
撤销鱼雷局令(一九二三年九月二十六日) …… 102
给廖仲恺的训令(一九二三年九月二十六日) …… 102
优恤杨仙逸等令(一九二三年九月二十七日) …… 104
给程潜的训令(一九二三年九月二十八日) …… 104
给刘纪文的指令(一九二三年九月二十八日) …… 105
给罗翼群的指令(一九二三年九月二十八日) …… 105
给李济深的训令(一九二三年九月二十八日) …… 106
给廖仲恺的指令(一九二三年九月二十八日) …… 107
给赵士觐的指令(一九二三年九月二十九日) …… 107
给罗翼群的训令(一九二三年九月二十九日) …… 108
给杨希闵的训令(一九二三年九月二十九日) …… 109
着兵工厂长按价代刘震寰造枪令(一九二三年九月三十日) …… 110
命许崇智古应芬查办作弊人员令(一九二三年九月三十日) …… 110
命查核各机关公款出纳情形令(一九二三年九月三十日) …… 111
命查核兵站人员办事情形令(一九二三年九月三十日) …… 111
给邓泽如的训令(一九二三年九月三十日) …… 112
给何克夫的训令(一九二三年九月) …… 113
颁给郑螺生奖凭证明(一九二三年十月一日) …… 113
给徐绍桢的指令(一九二三年十月一日) …… 114
发给邓卓两部伙食费令(一九二三年十月二日) …… 114
给廖仲恺的训令(一九二三年十月二日) …… 115
给廖仲恺的训令(一九二三年十月三日) …… 115
给林森的指令(一九二三年十月四日) …… 116
 附录一 林森呈 …… 116
  附录二 暂行工艺品奖励章程 …… 117
给孙科的训令(一九二三年十月五日) …… 119

谕代支罗劲夫款令(一九二三年十月五日) …………………………… 120
通缉吕春荣令(一九二三年十月五日) …………………………………… 120
给杨希闵的指令(一九二三年十月五日) ………………………………… 121
给叶恭绰的指令二件(一九二三年十月五日) …………………………… 121
给孙科的指令(一九二三年十月六日) …………………………………… 122
讨伐曹锟令(一九二三年十月八日) ……………………………………… 122
通缉附逆国会议员令(一九二三年十月八日) …………………………… 123
命发给朱培德军队子弹令(一九二三年十月八日) ……………………… 124
给杨希闵廖仲恺的训令(一九二三年十月八日) ………………………… 124
给杨希闵的训令(一九二三年十月八日) ………………………………… 125
给叶恭绰的指令(一九二三年十月八日) ………………………………… 126
给邹鲁的指令(一九二三年十月八日) …………………………………… 126
给刘震寰的训令(一九二三年十月九日) ………………………………… 127
给李福林的指令(一九二三年十月九日) ………………………………… 128
谕发给陈荣广治丧费令(一九二三年十月十一日) ……………………… 128
命照前数发制弹厂费令(一九二三年十月十一日) ……………………… 129
命发给惠州攻城重炮拉火令(一九二三年十月十一日) ………………… 129
给李福林的命令(一九二三年十月十一日) ……………………………… 129
向澳门警厅取回李安邦步枪令(一九二三年十月十一日) ……………… 130
给朱和中的命令(一九二三年十月十二日) ……………………………… 130
命给予李安邦所部利便通过令(一九二三年十月十二日) ……………… 130
给兵站总监部的命令(一九二三年十月十二日) ………………………… 131
向徐树荣所部归王棠指挥调遣令(一九二三年十月十二日) …………… 131
给杨希闵的训令(一九二三年十月十二日) ……………………………… 131
给程潜等的训令(一九二三年十月十二日) ……………………………… 132
发给参谋部特别费令(一九二三年十月十二日) ………………………… 133
命公布各财政机关收支数目令(一九二三年十月十三日) ……………… 133
给刘震寰的指令(一九二三年十月十三日) ……………………………… 134

命朱培德备价造机关枪弹令(一九二三年十月十三日)……………… 134
准李根云部通过梧州令(一九二三年十月十四日)………………… 135
命发给许总司令子弹令(一九二三年十月十四日)………………… 135
给梁鸿楷的命令(一九二三年十月十四日)………………………… 135
给梁鸿楷赵梯昆等的命令(一九二三年十月十四日)……………… 136
发给东江部队给养及草鞋费令(一九二三年十月十五日)………… 136
命发给野战病院及卫生队给养费令(一九二三年十月十五日)…… 136
命东江各军不得勒收商船来往费令(一九二三年十月十五日)…… 137
给廖仲恺等的训令(一九二三年十月十五日)……………………… 137
给赵梯昆的指令(一九二三年十月十五日)………………………… 139
给刘震寰的指令(一九二三年十月十五日)………………………… 140
命海防舰队饷项煤价归行营金库支发令(一九二三年十月十六日)… 140
着林森随时切实监督收管新宁铁路经理事宜令
　(一九二三年十月十六日)………………………………………… 141
给杨希闵等的训令(一九二三年十月十六日)……………………… 141
给陈兴汉的指令(一九二三年十月十六日)………………………… 142
给邹鲁的指令(一九二三年十月十六日)…………………………… 142
命发给朱培德子弹令(一九二三年十月十六日)…………………… 143
命稿存行营参谋处令(一九二三年十月十六日)…………………… 143
命发给许总司令部子弹令(一九二三年十月十六日)……………… 144
命停发邓卓两部伙食费令(一九二三年十月十七日)……………… 144
给徐绍桢等的训令(一九二三年十月十七日)……………………… 145
给杨希闵等的训令(一九二三年十月十七日)……………………… 146
着兵工厂长先将机关枪一挺移交朱培德令(一九二三年十月十七日)… 146
给廖仲恺的指令二件(一九二三年十月十七日)…………………… 147
核复广东省长公署呈报承租跑马场地令(一九二三年十月十七日)… 148
命将捐税解缴军政部令(一九二三年十月十八日)………………… 148
给刘玉山等的训令(一九二三年十月十八日)……………………… 148

给廖仲恺的指令(一九二三年十月十八日) …………………………… 149
    附录一　广东都市土地税条例草案理由书 ………………………… 150
    附录二　广东都市土地税条例 ……………………………………… 151
给林森的命令(一九二三年十月十八日) ………………………………… 157
给罗翼群的命令(一九二三年十月十八日) ……………………………… 157
给程潜的命令(一九二三年十月十八日) ………………………………… 158
命办理革命纪念会令(一九二三年十月十九日) ………………………… 158
给林森的指令(一九二三年十月十九日) ………………………………… 159
    附录　暂行工艺品奖励章程施行细则 ……………………………… 159
命拨给旧官纸局为革命纪念会会址令(一九二三年十月十九日) ……… 162
给陈友仁的命令(一九二三年十月十九日) ……………………………… 163
给冯伟的命令(一九二三年十月十九日) ………………………………… 163
给朱培德的命令(一九二三年十月十九日) ……………………………… 163
给朱培德的指令(一九二三年十月二十日) ……………………………… 164
给程潜的指令(一九二三年十月二十一日) ……………………………… 164
    附录一　程潜呈 ……………………………………………………… 165
    附录二　中央陆军教导团条例 ……………………………………… 165
    附录三　中央陆军教导团军官候补生入团考验章程 ……………… 166
给杨希闵等的训令(一九二三年十月二十二日) ………………………… 167
给陈策的训令(一九二三年十月二十二日) ……………………………… 168
给杨希闵等的训令(一九二三年十月二十二日) ………………………… 168
给王棠的指令(一九二三年十月二十二日) ……………………………… 169
着廖仲恺饬各县调查粤籍受贿议员令(一九二三年十月二十三日) …… 170
给罗翼群的命令(一九二三年十月二十四日) …………………………… 170
发给范军长子弹令(一九二三年十月二十四日) ………………………… 171
给邹毅的命令(一九二三年十月二十四日) ……………………………… 171
给梁鸿楷的命令(一九二三年十月二十四日) …………………………… 171
给赵成梁的命令(一九二三年十月二十四日) …………………………… 172

给程潜的命令(一九二三年十月二十四日) …………………………… 172
给胡思舜的命令(一九二三年十月二十四日) …………………………… 172
给刘震寰的命令(一九二三年十月二十四日) …………………………… 173
给廖仲恺的训令(一九二三年十月二十五日) …………………………… 173
给朱培德的训令(一九二三年十月二十五日) …………………………… 174
给朱卓文的训令(一九二三年十月二十五日) …………………………… 174
给徐树荣的命令(一九二三年十月二十五日) …………………………… 175
给粤汉铁路公司的命令(一九二三年十月二十五日) …………………… 175
着兵工厂造步枪令(一九二三年十月二十六日) ………………………… 176
给徐树荣的命令(一九二三年十月二十六日) …………………………… 176
给路孝忱的命令(一九二三年十月二十六日) …………………………… 176
给徐绍桢的指令(一九二三年十月二十六日) …………………………… 177
命广东盐务稽核所改名令(一九二三年十月二十七日) ………………… 177
给杨希闵等的训令(一九二三年十月二十七日) ………………………… 178
命发给朱□□张民达手榴弹令(一九二三年十月二十七日) …………… 179
给廖行超的命令(一九二三年十月二十七日) …………………………… 179
裁撤闽赣边防督办令(一九二三年十月二十八日) ……………………… 179
给陈策的指令(一九二三年十月二十八日) ……………………………… 180
给王棠的指令(一九二三年十月二十八日) ……………………………… 180
给廖湘芸马伯麟的命令(一九二三年十月二十八日) …………………… 181
发给李烈钧特别费令(一九二三年十月二十九日) ……………………… 181
给廖仲恺的指令(一九二三年十月二十九日) …………………………… 181
给喻毓西的命令(一九二三年十月二十九日) …………………………… 182
给范石生的命令(一九二三年十月二十九日) …………………………… 182
给陈策的命令(一九二三年十月二十九日) ……………………………… 183
着兵工厂长提前发水机关枪令(一九二三年十月二十九日) …………… 183
给梁鸿楷的命令(一九二三年十月三十日) ……………………………… 183
给军政部长的命令(一九二三年十月三十日) …………………………… 184

给廖行超的命令(一九二三年十月三十日) …………………………… 184
给叶恭绰黄隆生的训令(一九二三年十月三十一日) …………… 185
给程潜等的训令(一九二三年十月三十一日) …………………… 185
给航空局长的命令(一九二三年十月三十一日) ………………… 186
给吴铁城的命令(一九二三年十月三十一日) …………………… 187
给林伟成的命令(一九二三年十月三十一日) …………………… 187
命徐天琛代理旅长率部讨贼令(一九二三年十月) ……………… 187
命赖心辉迅率所部奠定川局令(一九二三年十月) ……………… 188
给范其务的训令(一九二三年十一月一日) ……………………… 188
给孙科的指令(一九二三年十一月一日) ………………………… 189
给王棠的指令(一九二三年十一月一日) ………………………… 190
亲临石龙督战令(一九二三年十一月二日) ……………………… 190
给赵士觐的训令(一九二三年十一月二日) ……………………… 191
给林森的指令(一九二三年十一月二日) ………………………… 192
命张国威金华林出差令(一九二三年十一月二日) ……………… 193
命江固舰归盐运使差遣令(一九二三年十一月二日) …………… 193
命杨虎办理海军事务令(一九二三年十一月二日) ……………… 193
召开紧急会议通知(一九二三年十一月三日) …………………… 194
派杨虎办理海军事务令(一九二三年十一月三日) ……………… 194
给王棠的指令(一九二三年十一月四日) ………………………… 195
给叶恭绰的指令(一九二三年十一月四日) ……………………… 195
嘉奖范石生令(一九二三年十一月四日) ………………………… 196
给邹鲁的指令(一九二三年十一月六日) ………………………… 196
  附录一　邹鲁呈(一九二三年十月二十七日) ………… 197
  附录二　广东田土业佃保证章程 ………………………… 197
  附录三　广东全省田土业佃保证局组织简章 …………… 200
给杨廷培的命令(一九二三年十一月六日) ……………………… 201
给游击司令的命令(一九二三年十一月六日) …………………… 202

给樊钟秀等的命令(一九二三年十一月六日) …… 202
给叶恭绰的训令(一九二三年十一月六日) …… 202
给徐绍桢的指令(一九二三年十一月六日) …… 203
给廖仲恺孙科的训令(一九二三年十一月七日) …… 204
给吴铁城的命令(一九二三年十一月七日) …… 205
命发给朱卓文子弹令(一九二三年十一月七日) …… 205
着李元著点收器物令(一九二三年十一月七日) …… 205
给熊克武的训令(一九二三年十一月八日) …… 206
给刘成勋的训令(一九二三年十一月八日) …… 206
给赵士觐的指令(一九二三年十一月八日) …… 207
给潘文治的指令(一九二三年十一月八日) …… 207
所有高雷讨贼事宜着归高雷绥靖处处长林树巍
 办理令(一九二三年十一月八日) …… 208
拨给蒋光亮伙食费令(一九二三年十一月八日) …… 208
给程潜的训令(一九二三年十一月九日) …… 209
给石青阳的训令(一九二三年十一月九日) …… 210
给程潜廖仲恺的训令(一九二三年十一月九日) …… 210
给廖仲恺的指令(一九二三年十一月九日) …… 211
给李济深的指令(一九二三年十一月九日) …… 212
给范其务的指令(一九二三年十一月九日) …… 212
给赵士觐的指令(一九二三年十一月九日) …… 213
给梁鸿楷的指令(一九二三年十一月九日) …… 213
着参军处赶制出入证令(一九二三年十一月九日) …… 214
调配各军令(一九二三年十一月十日) …… 214
给廖仲恺的训令(一九二三年十一月十日) …… 215
给罗翼群的指令(一九二三年十一月十日) …… 216
给叶恭绰的指令(一九二三年十一月十日) …… 216
给邓慕韩的指令(一九二三年十一月十日) …… 217

惠州克复之通令(一九二三年十一月十一日) …………………………… 218

命湘军向敌攻击前进令(一九二三年十一月十二日) ………………… 218

命广东高审厅将登记费交军政部令(一九二三年十一月十二日) …… 218

命查明地审厅及高审厅诉讼登记费令(一九二三年十一月十二日) … 219

给黄隆生的训令(一九二三年十一月十二日) ………………………… 219

给樊钟秀的训令(一九二三年十一月十二日) ………………………… 220

给伍朝枢的指令(一九二三年十一月十二日) ………………………… 221

    附录　伍朝枢呈 ……………………………………………………… 221

给杨廷培的命令(一九二三年十一月十二日) ………………………… 222

给谭延闿的电令(一九二三年十一月十二日) ………………………… 223

着广九铁路工程师修通铁路令(一九二三年十一月十三日) ………… 223

着卢师谛部调往虎门令(一九二三年十一月十三日) ………………… 223

发给杨廷培部子弹令(一九二三年十一月十三日) …………………… 224

给杨参军派员的命令(一九二三年十一月十三日) …………………… 224

给杨廷培的命令(一九二三年十一月十三日) ………………………… 224

着梁鸿楷饬令广北运船回省令(一九二三年十一月十三日) ………… 225

停止伤兵特别调养费令(一九二三年十一月十四日) ………………… 225

批杨希闵呈(一九二三年十一月十四日) ……………………………… 225

发给马伯麟伙食费令(一九二三年十一月十四日) …………………… 226

给谭延闿的命令(一九二三年十一月十四日) ………………………… 226

命协同廖湘芸防卫虎门要塞令(一九二三年十一月十四日) ………… 226

着周之贞都赴虎门令(一九二三年十一月十四日) …………………… 227

给谭延闿的电令(一九二三年十一月十四日) ………………………… 227

命杨廷培停止缴枪令(一九二三年十一月十五日) …………………… 227

命恢复各军备价领枪办法令(一九二三年十一月十五日) …………… 228

给马伯麟等的训令(一九二三年十一月十五日) ……………………… 228

命派船往救日本商船令(一九二三年十一月十五日) ………………… 229

命各将士奋勇图功肃清东江余逆令(一九二三年十一月十六日) …… 229

给伍汝康的训令(一九二三年十一月十六日) …………………… 230
给陈策的训令(一九二三年十一月十六日) ……………………… 231
给林云陔的指令(一九二三年十一月十六日) …………………… 232
给邹鲁的指令(一九二三年十一月十六日) ……………………… 232
饬各军收复博罗令(一九二三年十一月十六日) ………………… 233
给陈策的指令(一九二三年十一月十七日) ……………………… 233
给程潜的指令(一九二三年十一月十八日) ……………………… 234
着谭延闿所部为总预备队令(一九二三年十一月十八日) ……… 234
给马伯麟的指令(一九二三年十一月十九日) …………………… 235
饬酌量发给李福林部给养费令(一九二三年十一月十九日) …… 235
饬酌量发给徐树荣部给养费令(一九二三年十一月十九日) …… 236
给伍学熿的指令(一九二三年十一月十九日) …………………… 236
　　附录　伍学熿呈 ……………………………………………… 236
命各将领乘胜穷追陈林诸叛军令(一九二三年十一月二十日) … 237
给陈兴汉的指令(一九二三年十一月二十日) …………………… 238
命北江各部队暂归谭延闿指挥令(一九二三年十一月二十日) … 238
命公安局发给各军额支令(一九二三年十一月二十一日) ……… 239
准予施行《广州市民产保证条例》令(一九二三年十一月二十一日) …… 239
给孙科的训令(一九二三年十一月二十一日) …………………… 240
　　附录　广州市民业保证条例 ………………………………… 240
给叶恭绰的指令(一九二三年十一月二十一日) ………………… 241
　　附录　查验民产押借外款暂行章程 ………………………… 242
给张开儒的指令(一九二三年十一月二十一日) ………………… 243
给伍汝康的训令(一九二三年十一月二十二日) ………………… 243
给黄隆生的训令(一九二三年十一月二十二日) ………………… 244
给郑润琦的指令(一九二三年十一月二十二日) ………………… 245
给熊克武刘成勋的训令(一九二三年十一月二十三日) ………… 245
给许崇智的训令(一九二三年十一月二十三日) ………………… 246

给刘震寰的训令(一九二三年十一月二十三日) …… 247
给伍汝康的指令(一九二三年十一月二十三日) …… 247
给程潜的指令(一九二三年十一月二十三日) …… 248
给黄桓的指令(一九二三年十一月二十四日) …… 248
给程潜的训令(一九二三年十一月二十五日) …… 249
命徐树荣防地由朱卓文接管令(一九二三年十一月二十五日) …… 250
给李济深周之贞的训令(一九二三年十一月二十六日) …… 250
给廖仲恺的训令(一九二三年十一月二十六日) …… 251
命发给李明扬部伙食费令(一九二三年十一月二十六日) …… 252
着徐天琛所部开回黄埔候命令(一九二三年十一月二十六日) …… 252
给林森的指令(一九二三年十一月二十六日) …… 253
  附录一 林森呈(一九二三年十月三十一日) …… 253
  附录二 国有荒地承垦条例 …… 254
通缉刘湘等令(一九二三年十一月二十七日) …… 258
命广东高师改为国立高等师范学校令(一九二三年十一月二十七日) …… 259
裁撤粮食管理处令(一九二三年十一月二十七日) …… 259
着兵工厂代蒋光亮军长陆续造水机关枪五挺令
 (一九二三年十一月二十七日) …… 260
给廖仲恺的训令(一九二三年十一月二十八日) …… 260
给张开儒的训令(一九二三年十一月二十八日) …… 261
批邓泽如等的上书(一九二三年十一月二十九日) …… 261
饬发给谷雨三旅费令(一九二三年十一月二十九日) …… 263
给陈策的训令(一九二三年十一月三十日) …… 263
嘉奖胡谦等的命令(一九二三年十一月下旬) …… 264
发给林树巍部给养费令(一九二三年十二月一日) …… 265
给廖仲恺的训令(一九二三年十二月一日) …… 265
给杨希闵谭延闿的训令(一九二三年十二月一日) …… 266
饬发给程潜公费令(一九二三年十二月一日) …… 266

给邹鲁的训令(一九二三年十二月一日) …………………………………… 267
饬知广东财政厅西江财政仍交该厅接管令(一九二三年十二月一日) …… 267
命朱培德继续反击叛军令(一九二三年十二月二日) …………………… 268
裁撤增城命令传达所令(一九二三年十二月三日) ……………………… 268
裁撤党务处宣传委员会及宣传局令(一九二三年十二月四日) ………… 269
给范其务的训令(一九二三年十二月四日) ……………………………… 269
给路孝忱的指令(一九二三年十二月四日) ……………………………… 270
追赠梁沾鸿为陆军少将令(一九二三年十二月四日) …………………… 270
裁撤官产清理处令(一九二三年十二月五日) …………………………… 271
撤销官产处令(一九二三年十二月五日) ………………………………… 271
给徐天琛的命令(一九二三年十二月五日) ……………………………… 272
给程潜的指令二件(一九二三年十二月六日) …………………………… 272
给孙科的指令二件(一九二三年十二月七日) …………………………… 273
给叶恭绰等的训令(一九二三年十二月七日) …………………………… 274
给赵士北的训令(一九二三年十二月七日) ……………………………… 275
给程潜的训令(一九二三年十二月七日) ………………………………… 276
给黄隆生的训令(一九二三年十二月七日) ……………………………… 277
给何家猷的训令(一九二三年十二月八日) ……………………………… 278
发给谭曙卿借款令(一九二三年十二月八日) …………………………… 279
命傅秉常开具侨属领恤证明令(一九二三年十二月八日) ……………… 279
指派滇军湘军分别防守西江北江令(一九二三年十二月八日) ………… 280
给谭延闿的训令(一九二三年十二月十日) ……………………………… 280
严禁军队干政令(一九二三年十二月十日) ……………………………… 281
饬刘纪文交朱本富三十元(一九二三年十二月上旬) …………………… 281
给鲁涤平等的训令(一九二三年十二月十一日) ………………………… 281
给伍汝康的指令(一九二三年十二月十一日) …………………………… 282
给徐绍桢的指令二件(一九二三年十二月十一日) ……………………… 283
通令各军禁运私盐(一九二三年十二月十一日) ………………………… 284

给廖仲恺的训令(一九二三年十二月十二日)……284
  附录 议决修正广州市民产保证条例……285
饬市政厅长等筹垫煤价令(一九二三年十二月十二日)……286
给谭延闿的指令(一九二三年十二月十三日)……287
给廖仲恺的训令(一九二三年十二月十三日)……287
给马伯麟的训令(一九二三年十二月十三日)……288
给赵士北的指令(一九二三年十二月十三日)……289
给卢兴原的指令(一九二三年十二月十三日)……290
给黄隆生的指令(一九二三年十二月十三日)……290
给谭延闿高凤桂的训令(一九二三年十二月十五日)……291
给许崇智的训令(一九二三年十二月十五日)……291
发给黄明堂军费令(一九二三年十二月十五日)……292
给谭延闿的指令(一九二三年十二月十六日)……292
饬将每日造交范石生军长枪拨半数交杨希闵
 领取令(一九二三年十二月十六日)……293
给廖仲恺孙科的训令二件(一九二三年十二月十七日)……294
给陈独秀的指令(一九二三年十二月十七日)……295
  附录 陈独秀呈……295
给广东地方善后委员会的指令(一九二三年十二月十九日)……296
给廖仲恺的训令(一九二三年十二月十九日)……297
给谭延闿张翼鹏的训令(一九二三年十二月二十日)……298
给赵士北的指令(一九二三年十二月二十日)……299
勉励各军训令(一九二三年十二月二十日)……299
给陈可钰的训令(一九二三年十二月二十一日)……300
给吴铁城的训令(一九二三年十二月二十一日)……301
给程潜的训令二件(一九二三年十二月二十一日)……301
给程潜的指令(一九二三年十二月二十一日)……303
给韦荣熙的指令(一九二三年十二月二十一日)……303

关于关余问题的命令(一九二三年十二月二十一日) ………… 304
给伍学熀的指令(一九二三年十二月二十二日) …………… 304
给粤海关税务司的命令(一九二三年十二月二十二日) …… 305
给林森的指令(一九二三年十二月二十二日) ……………… 305
批萧湘名片(一九二三年十二月二十二日) ………………… 306
命香山驻军增援前线令(一九二三年十二月二十二、二十三日) … 306
给李济琛的训令(一九二三年十二月二十四日) …………… 306
鲁涤平请辞湘军总指挥一职应毋庸议令
　(一九二三年十二月二十五日) ………………………… 307
给谭延闿的指令(一九二三年十二月二十五日) …………… 308
给程潜的训令(一九二三年十二月二十六日) ……………… 308
给程潜的训令(一九二三年十二月二十六日) ……………… 309
给罗翼群的指令(一九二三年十二月二十六日) …………… 310
给谭延闿的指令(一九二三年十二月二十六日) …………… 311
给徐绍桢的指令(一九二三年十二月二十六日) …………… 311
　附录　徐绍桢呈 ………………………………………… 312
命拟通缉李鸿祥令(一九二三年十二月二十七日前) ……… 314
饬提前补足刘玉山所部给养费令(一九二三年十二月二十七日) … 314
给罗翼群的指令(一九二三年十二月二十七日) …………… 315
通缉李鸿祥令(一九二三年十二月二十七日) ……………… 315
给廖仲恺的指令(一九二三年十二月二十八日) …………… 316
给杨希闵等的训令(一九二三年十二月二十八日) ………… 316
给徐绍桢的训令(一九二三年十二月二十八日) …………… 317
命追赠并优恤梁国一令(一九二三年十二月三十一日) …… 318
批颁发观音山之役卫士奖牌签呈(一九二三年底) ………… 318
命各军长官收取善堂认借军饷令(一九二三年) …………… 319
命杨希闵等向商户善堂收取借饷令(一九二三年) ………… 319
命商户将认借军饷交滇军总部令(一九二三年) …………… 320

命海军收回广金广玉等舰令(一九二三年) …………………………… 320

命拟派黄隆生办药料令(一九二三年) …………………………… 320

饬虎门长洲要塞司令放行永翔楚豫二舰令(一九二三年) ………… 321

命蒋光亮交回缉私船令(一九二三年) …………………………… 321

命拟调周之贞部驻广三铁路沿线令(一九二三年) ………………… 321

批答联陈事(一九二三年) ………………………………………… 322

批罗翼群呈(一九二三年) ………………………………………… 322

批李寿乾函(一九二三年) ………………………………………… 322

批史推恩等电(一九二三年) ……………………………………… 323

命否认王鸿勋为代表令(一九二三年) …………………………… 323

批第七军第二师第四旅强占医院布告(一九二三年) ……………… 323

    附录　原布告 ……………………………………………… 324

批田桓请接济张国威等八人呈(一九二三年) ……………………… 324

命电促蒋介石伍朝枢速来粤令(一九二三年) ……………………… 324

批张冈函(一九二三年) …………………………………………… 325

批宋鹤庚函(一九二三年) ………………………………………… 325

批林支宇函(一九二三年) ………………………………………… 325

着分兵攻取赣南手谕(一九二三年) ……………………………… 326

批大本营兵站总监部函(一九二三年) …………………………… 326

批东路讨贼军第三军军司令部函(一九二三年) …………………… 326

批某某司令部来函(一九二三年) ………………………………… 327

给吴铁城的命令(一九二三年) …………………………………… 327

给程潜的命令(一九二三年) ……………………………………… 327

给吴铁城寸性奇的命令(一九二三年) …………………………… 328

给马伯麟的命令(一九二三年) …………………………………… 328

给冯伟的命令(一九二三年) ……………………………………… 328

关于高雷讨贼军归属的命令(一九二三年) ……………………… 329

给徐树荣的命令(一九二三年) …………………………………… 329

颁给陈龙韬讨贼奖章执照(一九二四年一月一日) …………… 329
给程潜的训令(一九二四年一月二日) ………………………… 330
给伍学煋的指令(一九二四年一月二日) ……………………… 330
给林翔的指令(一九二四年一月二日) ………………………… 331
给许崇智的指令(一九二四年一月二日) ……………………… 331
给陈独秀的训令(一九二四年一月二日) ……………………… 332
给广州市公安局的密令(一九二四年一月三日) ……………… 333
命发李安邦给养费令(一九二四年一月三日) ………………… 333
给刘震寰的训令(一九二四年一月四日) ……………………… 333
给高凤桂的指令(一九二四年一月四日) ……………………… 335
给梅光培的指令(一九二四年一月四日) ……………………… 335
给邹鲁的指令(一九二四年一月四日) ………………………… 336
给程潜廖仲恺的训令(一九二四年一月四日) ………………… 336
给程潜的指令(一九二四年一月四日) ………………………… 337
给刘震寰的指令(一九二四年一月四日) ……………………… 338
给伍学煋的指令(一九二四年一月四日) ……………………… 338
给杨希闵蒋光亮的训令(一九二四年一月五日) ……………… 339
给杨西岩的指令(一九二四年一月五日) ……………………… 340
给廖仲恺的指令(一九二四年一月五日) ……………………… 340
给杨希闵的训令(一九二四年一月五日) ……………………… 341
给杨希闵的手令(一九二四年一月六日) ……………………… 342
给程潜的训令(一九二四年一月八日) ………………………… 342
给叶恭绰的指令(一九二四年一月八日) ……………………… 344
给陈兴汉的指令(一九二四年一月八日) ……………………… 344
给程潜的训令(一九二四年一月八日) ………………………… 345
给谭延闿的指令(一九二四年一月八日) ……………………… 346
给廖仲恺的训令(一九二四年一月九日) ……………………… 346
给叶恭绰的指令(一九二四年一月九日) ……………………… 347

给林森的指令(一九二四年一月九日) …… 348

给陈宜禧的指令(一九二四年一月九日) …… 348

给程潜的训令(一九二四年一月九日) …… 349

给北江商运局的命令(一九二四年一月九日) …… 349

给何克夫的指令(一九二四年一月九日) …… 350

给伍汝康的指令(一九二四年一月九日) …… 350

给谭延闿的指令(一九二四年一月十日) …… 351

给何家猷的训令(一九二四年一月十日) …… 351

给廖仲恺的训令(一九二四年一月十日) …… 352

给赵士觐的指令(一九二四年一月十日) …… 353

命发何雪竹出发费谕(一九二四年一月十日) …… 354

批给邓家彦旅费谕(一九二四年一月十日) …… 354

提议筹赔船价谕(一九二四年一月十日) …… 355

给张开儒的指令(一九二四年一月十日) …… 355

给张开儒的指令(一九二四年一月十日) …… 355

给广东地方善后委员会的指令(一九二四年一月十日至十一日间) …… 356

给韦荣熙的训令(一九二四年一月十一日) …… 357

给广东地方善后委员会的指令(一九二四年一月十一日) …… 357

给宋子文的指令(一九二四年一月十一日) …… 358

给广东地方善后委员会的指令(一九二四年一月十一日) …… 359

给宋子文的指令(一九二四年一月十一日) …… 359

给陈其瑗的训令(一九二四年一月十一日) …… 360

给叶恭绰的训令(一九二四年一月十一日) …… 361

给梅光培的指令(一九二四年一月十一日) …… 362

给伍学煜的指令(一九二四年一月十一日) …… 362

给赵士觐的指令(一九二四年一月十一日) …… 363

给叶恭绰的训令(一九二四年一月十二日) …… 363

附录　确定民业执照条例 …… 364

给叶恭绰廖仲恺的指令(一九二四年一月十二日) …… 365
给廖仲恺的指令(一九二四年一月十二日) …… 366
给叶恭绰廖仲恺的指令(一九二四年一月十二日) …… 366
给赵士觐的指令(一九二四年一月十二日) …… 367
给孙科的指令(一九二四年一月十二日) …… 367
给叶恭绰的指令(一九二四年一月十二日) …… 368
给范石生的命令(一九二四年一月十二日) …… 368
批饶宝书等呈(一九二四年一月十二日) …… 369
给蒋光亮的命令(一九二四年一月十三日) …… 369
准湖南省推选代表列席国民党第一次大会(一九二四年一月十四日) …… 370
命发朱培德经费令(一九二四年一月十四日) …… 370
给杨西岩的指令(一九二四年一月十四日) …… 371
给程潜的训令(一九二四年一月十五日) …… 371
给张开儒的指令(一九二四年一月十五日) …… 372
给张开儒的指令(一九二四年一月十五日) …… 373
给伍学熿的指令(一九二四年一月十五日) …… 373
给陈兴汉的指令(一九二四年一月十五日) …… 374
给赵士觐的指令(一九二四年一月十五日) …… 374
着赠恤潘宝寿令(一九二四年一月十五日) …… 375
给北江各军将领的命令(一九二四年一月十六日) …… 375
给大本营参谋处的命令(一九二四年一月十六日) …… 376
给李济深的命令(一九二四年一月十六日) …… 376
给徐绍桢的指令(一九二四年一月十六日) …… 377
给韦荣熙的指令(一九二四年一月十六日) …… 377
给伍学熿的指令(一九二四年一月十六日) …… 378
给伍学熿的指令(一九二四年一月十六日) …… 378
给黄隆生的指令(一九二四年一月十六日) …… 379
给徐绍桢的指令(一九二四年一月十六日) …… 379

给杨西岩的指令(一九二四年一月十六日) …………………… 380

批杨鹤龄求职函(一九二四年一月十六日) …………………… 380

关于暂缓筹备建国政府令(一九二四年一月十六日) ………… 381

着赠恤陈飞鹏令(一九二四年一月十六日) …………………… 381

给伍朝枢的训令(一九二四年一月十七日) …………………… 382

给程潜的训令(一九二四年一月十七日) ……………………… 383

给何克夫的指令(一九二四年一月十七日) …………………… 384

给汤廷光的指令(一九二四年一月十七日) …………………… 384

给程潜的指令(一九二四年一月十七日) ……………………… 385

给杨希闵的指令(一九二四年一月十七日) …………………… 385

给廖仲恺的指令(一九二四年一月十七日) …………………… 386

给谭延闿的训令(一九二四年一月十七日) …………………… 386

给王棠的指令(一九二四年一月十七日) ……………………… 387

给谭延闿的训令(一九二四年一月十七日) …………………… 387

给财政委员会的指令(一九二四年一月十八日) ……………… 388

给杨希闵的训令(一九二四年一月十八日) …………………… 389

给叶恭绰廖仲恺的指令(一九二四年一月十八日) …………… 389

给刘震寰的训令(一九二四年一月十八日) …………………… 390

批东三省王秉谦等上总理函(一九二四年一月十八日) ……… 391

给姚雨平的指令(一九二四年一月十九日) …………………… 391

给徐绍桢的指令(一九二四年一月十九日) …………………… 392

给赵士觐的指令(一九二四年一月十九日) …………………… 392

给叶恭绰的指令(一九二四年一月十九日) …………………… 393

给廖仲恺的指令(一九二四年一月十九日) …………………… 393

给陈兴汉的指令(一九二四年一月十九日) …………………… 394

给程潜的训令(一九二四年一月十九日) ……………………… 394

给杨希闵谭延闿的训令(一九二四年一月十九日) …………… 395

给廖仲恺的指令(一九二四年一月二十日) …………………… 395

给许崇智的训令(一九二四年一月二十日) …… 396
组织国民政府之必要决议案(一九二四年一月二十日) …… 397
给曲同丰的命令(一九二四年一月二十日) …… 398
给赵士觐的训令(一九二四年一月二十一日) …… 398
命发朱培德经费令(一九二四年一月二十一日) …… 399
给陈策的命令(一九二四年一月二十二日) …… 399
纪律问题决议案(一九二四年一月二十二日) …… 399
海关问题决议案(一九二四年一月二十二日) …… 401
命发许卓然经费令(一九二四年一月二十三日) …… 402
命发陆军军官学校开办费令(一九二四年一月二十三日) …… 402
增补宣言"对内政策"第五项之临时动议(一九二四年一月二十四日) …… 403
给孙科的指令(一九二四年一月二十四日) …… 404
给杨希闵的训令(一九二四年一月二十四日) …… 404
给赵士觐的指令(一九二四年一月二十四日) …… 405
哀悼列宁提案(一九二四年一月二十五日) …… 406
命发马伯麟要件费令(一九二四年一月二十五日) …… 406
给梅光培的指令(一九二四年一月二十五日) …… 407
给程潜的训令(一九二四年一月二十五日) …… 407
给叶恭绰廖仲恺的指令(一九二四年一月二十五日) …… 408
给叶恭绰廖仲恺的训令(一九二四年一月二十五日) …… 409
给叶恭绰廖仲恺的指令(一九二四年一月二十五日) …… 410
给程潜的指令(一九二四年一月二十五日) …… 410
给杨西岩的指令(一九二四年一月二十五日) …… 411
给黄明堂的指令(一九二四年一月二十五日) …… 411
给程潜的训令(一九二四年一月二十五日) …… 412
着广州市政厅长汇款令(一九二四年一月二十五日) …… 412
给伍学熀的指令(一九二四年一月二十六日) …… 413
给谭延闿的指令(一九二四年一月二十六日) …… 413

给廖仲恺的训令(一九二四年一月二十六日) …… 414
给范石生的指令(一九二四年一月二十六日) …… 415
给杨希闵等的训令(一九二四年一月二十六日) …… 415
给广东地方善后委员会的指令(一九二四年一月二十八日) …… 416
给叶恭绰的训令(一九二四年一月二十八日) …… 417
给湘军的命令(一九二四年一月二十八日) …… 418
给赵士觐的指令(一九二四年一月二十八日) …… 419
给许崇智的训令(一九二四年一月二十八日) …… 419
命发航空局经费令(一九二四年一月二十八日) …… 420
命发庶务司经费令(一九二四年一月二十八日) …… 421
命发黄明堂军费谕(一九二四年一月二十八日) …… 421
给杨希闵的指令(一九二四年一月二十九日) …… 421
给赖天球的训令(一九二四年一月二十九日) …… 422
给滇军的命令(一九二四年一月二十九日) …… 423
给赵士北的指令(一九二四年一月二十九日) …… 423
给张开儒的指令(一九二四年一月二十九日) …… 424
给张开儒的指令(一九二四年一月二十九日) …… 424
给叶恭绰的指令(一九二四年一月二十九日) …… 425
给赖天球的指令(一九二四年一月二十九日) …… 425
感化并收容游民土匪提案(一九二四年一月二十九日) …… 426
着谭延闿代职令(一九二四年一月二十九日) …… 427
给杨西岩的指令(一九二四年一月三十一日) …… 427
命汇上海事务所经费令(一九二四年一月三十一日) …… 428
命发李福林军毡费令(一九二四年一月三十一日) …… 428
批加拉罕函(一九二四年一月) …… 428
命发宋品三旅费令(一九二四年二月二日) …… 429
命发吴稚觉公费令(一九二四年二月二日) …… 429
命发北伐讨贼军第一、二军每月办公费令(一九二四年二月二日) …… 429

给叶恭绰廖仲恺的指令(一九二四年二月三日) …… 430
给梅光培的指令(一九二四年二月三日) …… 430
给叶恭绰廖仲恺的命令(一九二四年二月三日) …… 431
给各军首长的训令(一九二四年二月三日) …… 432
核复统一财政委员会呈复接管财政办法令(一九二四年二月三日) …… 432
着创建国立广东大学令(一九二四年二月四日) …… 433
给蒋光亮的指令(一九二四年二月六日) …… 433
着缉办王汝为令(一九二四年二月六日) …… 434
着赠恤潘宝寿令(一九二四年二月六日) …… 434
给陈兴汉的指令(一九二四年二月六日) …… 435
给程潜的指令(一九二四年二月六日) …… 435
给伍学煜的指令(一九二四年二月六日) …… 436
给张开儒的指令(一九二四年二月六日) …… 436
给宋鹤庚的指令(一九二四年二月六日) …… 437
给冯肇铭的指令(一九二四年二月六日) …… 437
给杨希闵等的指令(一九二四年二月七日) …… 438
给陈融的指令(一九二四年二月七日) …… 438
着上海分部更名手令(一九二四年二月八日) …… 439
给杨希闵的指令(一九二四年二月八日) …… 439
给廖仲恺的训令(一九二四年二月八日) …… 440
给何家猷的训令(一九二四年二月八日) …… 442
给赵士北的训令(一九二四年二月八日) …… 443
给程潜的训令(一九二四年二月八日) …… 443
给樊钟秀的指令(一九二四年二月八日) …… 444
给谭延闿的指令(一九二四年二月八日) …… 445
给罗翼群的指令(一九二四年二月八日) …… 445
给伍学煜的指令(一九二四年二月八日) …… 446
给张开儒的指令(一九二四年二月八日) …… 446

给梅光培的指令(一九二四年二月八日) …………………………………… 447

给梅光培的指令(一九二四年二月八日) …………………………………… 447

给叶恭绰的指令(一九二四年二月八日) …………………………………… 448

给程潜的指令(一九二四年二月八日) ……………………………………… 448

命发湘军五军长旅费令(一九二四年二月八日) …………………………… 449

命发陆军军官学校开办经费令(一九二四年二月八日) …………………… 449

命发上海议员旅费令(一九二四年二月八日) ……………………………… 449

命筹给上海烈士家属特别费和学费谕(一九二四年二月八日) …………… 450

给廖仲恺的训令(一九二四年二月九日) …………………………………… 450

给邹鲁的训令(一九二四年二月九日) ……………………………………… 451

给程潜的训令(一九二四年二月九日) ……………………………………… 451

给赵士觐的指令(一九二四年二月九日) …………………………………… 452

给郑德铭等的指令(一九二四年二月九日) ………………………………… 452

给杨西岩的指令(一九二四年二月九日) …………………………………… 453

给陈兴汉的指令(一九二四年二月九日) …………………………………… 453

给杨希闵的训令(一九二四年二月九日) …………………………………… 454

给程潜的指令(一九二四年二月十一日) …………………………………… 455

给林森的指令(一九二四年二月十一日) …………………………………… 456

给杨西岩的指令(一九二四年二月十一日) ………………………………… 456

给杨希闵等的训令(一九二四年二月十一日) ……………………………… 457

给樊钟秀的指令(一九二四年二月十一日) ………………………………… 458

命发海防舰队伙食公费令(一九二四年二月十一日) ……………………… 458

批交焦易堂印刷费函(一九二四年二月十一日) …………………………… 459

给赵士觐的指令(一九二四年二月十二日) ………………………………… 459

给杨希闵等的训令(一九二四年二月十三日) ……………………………… 460

设筹饷总局之通令(一九二四年二月十三日) ……………………………… 461

给杨西岩的指令(一九二四年二月十二日至十四日间) …………………… 461

给林森的指令(一九二四年二月十四日) …………………………………… 462

给林森的指令(一九二四年二月十四日) …… 463
给秘书的手谕(一九二四年二月十五日) …… 463
给程潜的指令(一九二四年二月十五日) …… 464
给谭延闿的指令(一九二四年二月十五日) …… 464
给程潜的训令(一九二四年二月十三日至十六日间) …… 465
给廖湘芸的指令(一九二四年二月十六日) …… 466
给统一财政委员会的训令(一九二四年二月十六日) …… 467
给廖仲恺的训令(一九二四年二月十六日) …… 467
给李济深的指令(一九二四年二月十六日) …… 468
着赠恤夏重民王贯忱令(一九二四年二月十六日) …… 469
给徐绍桢的指令(一九二四年二月十六日) …… 469
给叶恭绰的指令(一九二四年二月十八日) …… 470
给统一财政委员会的训令(一九二四年二月十八日) …… 470
给叶恭绰廖仲恺的指令(一九二四年二月十八日) …… 471
给朱培德的训令(一九二四年二月十八日) …… 471
给廖仲恺的训令(一九二四年二月十九日) …… 472
给杨希闵的训令(一九二四年二月十九日) …… 473
给吴铁城的训令(一九二四年二月十九日) …… 474
给各军的训令(一九二四年二月十九日) …… 475
给孔庚的指令(一九二四年二月十九日) …… 475
给叶恭绰的指令(一九二四年二月十九日) …… 476
给程潜的指令(一九二四年二月十九日) …… 476
给陈其瑗等的指令(一九二四年二月十九日) …… 477
给杨西岩的指令(一九二四年二月十九日) …… 477
给郑洪年的指令(一九二四年二月十九日) …… 478
着裁撤筹饷总局令(一九二四年二月二十日) …… 478
给林森等的指令(一九二四年二月二十日) …… 479
给程潜廖仲恺的训令(一九二四年二月二十日) …… 479

给陈其瑗宋子文的指令(一九二四年二月二十日) …… 481
给范石生的训令(一九二四年二月二十日) …… 481
给廖仲恺的指令(一九二四年二月二十日) …… 482
给廖仲恺的指令(一九二四年二月二十日) …… 482
给杨希闵的指令(一九二四年二月二十日) …… 483
给杨希闵的训令(一九二四年二月二十日) …… 483
给马伯麟的指令(一九二四年二月二十日) …… 484
给梁鸿楷的指令(一九二四年二月二十日) …… 484
给廖仲恺的训令(一九二四年二月二十一日) …… 485
给廖仲恺等的训令(一九二四年二月二十一日) …… 486
着整饬军队令(一九二四年二月二十一日) …… 486
勉励孔庚的指令(一九二四年二月二十一日) …… 487
给郑洪年的指令(一九二四年二月二十二日) …… 487
给叶恭绰的训令(一九二四年二月二十二日) …… 488
给冯肇铭的训令(一九二四年二月二十二日) …… 489
给赵士觐的指令(一九二四年二月二十三日) …… 489
给赵士觐的指令(一九二四年二月二十三日) …… 490
批蒋介石致廖仲恺函(一九二四年二月二十三日) …… 490
给蒋尊簋的指令(一九二四年二月二十三日) …… 491
批童理璋来函(一九二四年二月二十四日) …… 491
制止滇军撤退令(一九二四年二月二十四日) …… 491
给杨西岩的指令(一九二四年二月二十五日) …… 492
给孙科的指令(一九二四年二月二十五日) …… 492
给各军长官的训令(一九二四年二月二十五日) …… 493
给郑洪年的指令(一九二四年二月二十六日) …… 494
给许崇智的训令(一九二四年二月二十六日) …… 494
给叶恭绰的指令(一九二四年二月二十六日) …… 495
给邹鲁的指令(一九二四年二月二十六日) …… 496

给张启荣的指令(一九二四年二月二十六日) …… 496

给伍朝枢的手令(一九二四年二月二十六日) …… 497

给郑洪年的指令(一九二四年二月二十七日) …… 497

给叶恭绰的训令(一九二四年二月二十七日) …… 498

给各军总司令的命令(一九二四年二月二十七日) …… 499

给各军总司令的命令(一九二四年二月二十七日) …… 500

给谭延闿的命令(一九二四年二月二十七日) …… 500

给林森的指令(一九二四年二月二十七日) …… 500

为查验各军实数事致军政部令(一九二四年二月二十七日) …… 501

追赠杜龄昌令(一九二四年二月二十七日) …… 501

给程潜的指令(一九二四年二月二十七日) …… 502

给张启荣的指令(一九二四年二月二十八日) …… 502

给林森的指令(一九二四年二月二十八日) …… 503

给陈兴汉的指令(一九二四年二月二十八日) …… 503

批给简让之恤费令(一九二四年二月二十八日) …… 504

命发朱培德饷糈令(一九二四年二月二十八日) …… 504

命发张兆基旅费令(一九二四年二月二十八日) …… 505

给驻粤滇湘军的训令(一九二四年二月二十八日) …… 505

给罗翼群的指令(一九二四年二月二十九日) …… 506

给罗翼群的指令(一九二四年二月二十九日) …… 506

给罗翼群的指令(一九二四年二月二十九日) …… 507

给罗翼群的指令(一九二四年二月二十九日) …… 508

给许崇智的训令(一九二四年二月二十九日) …… 508

追赠简让之令(一九二四年二月二十九日) …… 509

给徐绍桢的指令(一九二四年二月二十九日) …… 510

批续西峰函(一九二四年二月) …… 510

批程潜呈(一九二四年三月一日) …… 511

给范石生的指令(一九二四年三月一日) …… 511

给徐绍桢的指令(一九二四年三月一日) …………………………… 512

给谭延闿的命令(一九二四年三月三日) …………………………… 512

给廖仲恺的指令(一九二四年三月三日) …………………………… 513

给程潜的指令(一九二四年三月四日) ……………………………… 513

给程潜的命令(一九二四年三月四日) ……………………………… 514

给赵士觐的指令(一九二四年三月四日) …………………………… 514

给范石生的指令(一九二四年三月四日) …………………………… 515

给杨西岩的指令(一九二四年三月四日) …………………………… 515

给杨西岩的指令(一九二四年三月四日) …………………………… 516

着撤销西江督办处令(一九二四年三月五日) ……………………… 516

着各军不得擅征杂捐令(一九二四年三月五日) …………………… 517

着裁撤西江善后督办令(一九二四年三月五日) …………………… 517

给罗翼群的指令(一九二四年三月五日) …………………………… 518

给许崇智的训令(一九二四年三月五日) …………………………… 518

给李福林的指令(一九二四年三月五日) …………………………… 519

给广州市公安局的命令(一九二四年三月五日) …………………… 520

给广州市公安局的命令(一九二四年三月五日) …………………… 520

给程潜的命令(一九二四年三月五日) ……………………………… 520

给刘玉山的训令(一九二四年三月五日) …………………………… 521

着筹解湘军开拔费令(一九二四年三月五日) ……………………… 521

给杨庶堪的指令(一九二四年三月五日) …………………………… 522

给陈兴汉的指令(一九二四年三月五日) …………………………… 522

给统一财政委员会的指令(一九二四年三月五日) ………………… 523

给财政委员会及广东省长的训令(一九二四年三月六日) ………… 523

给范石生的指令(一九二四年三月六日) …………………………… 524

给叶恭绰的指令(一九二四年三月六日) …………………………… 524

给韦荣熙的训令(一九二四年三月六日) …………………………… 525

给罗翼群的指令(一九二四年三月六日) …………………………… 526

给程潜的指令(一九二四年三月六日) …………………………………… 526
给王棠的指令(一九二四年三月六日) …………………………………… 527
命发广西总司令经费令(一九二四年三月六日) ………………………… 527
批张秋白函(一九二四年三月六日) ……………………………………… 528
给罗翼群的指令(一九二四年三月七日) ………………………………… 528
给程潜的训令(一九二四年三月七日) …………………………………… 529
给程潜的训令(一九二四年三月七日) …………………………………… 530
给东路讨贼军的命令(一九二四年三月八日) …………………………… 531
给樊钟秀等的命令(一九二四年三月八日) ……………………………… 531
给广州市公安局的命令(一九二四年三月八日) ………………………… 531
给杨西岩的指令(一九二四年三月八日) ………………………………… 532
给罗翼群的指令(一九二四年三月八日) ………………………………… 532
给许崇智的训令(一九二四年三月八日) ………………………………… 533
特许试办台山自治批文(一九二四年三月八日) ………………………… 534
给粤军总司令部的命令(一九二四年三月九日) ………………………… 534
委派朱晋经胡威临筹办民国学校令(一九二四年三月十日) …………… 535
给程潜的指令(一九二四年三月十日) …………………………………… 535
给卢兴原的指令(一九二四年三月十日) ………………………………… 536
给赵士北的训令(一九二四年三月十日) ………………………………… 536
给叶恭绰的训令(一九二四年三月十日) ………………………………… 537
给林森的指令(一九二四年三月十日至十一日间) ……………………… 538
给林森的指令(一九二四年三月十一日) ………………………………… 538
致冯肇铭电令(一九二四年三月十一日) ………………………………… 539
给韦荣熙的指令(一九二四年三月十一日) ……………………………… 539
给赵士觐的指令(一九二四年三月十一日) ……………………………… 540
给王棠的训令(一九二四年三月十一日) ………………………………… 540
优恤林震令(一九二四年三月十一日) …………………………………… 541
着筹设禁烟人犯裁判所令(一九二四年三月十二日) …………………… 541

裁撤东江北江商运局令(一九二四年三月十二日) …………… 542
给财政委员会的指令(一九二四年三月十二日) …………… 542
给杨希闵的训令(一九二四年三月十二日) ………………… 543
给财政委员会的指令(一九二四年三月十二日) …………… 543
给蒋尊簋的训令(一九二四年三月十二日) ………………… 544
给邹鲁的指令(一九二四年三月十二日) …………………… 545
给杨庶堪等的训令(一九二四年三月十二日) ……………… 545
给孙科的指令(一九二四年三月十三日) …………………… 547
给杨希闵的训令(一九二四年三月十三日) ………………… 547
给杨庶堪的命令(一九二四年三月十三日) ………………… 550
给程潜的指令(一九二四年三月十三日) …………………… 550
给郑洪年的指令(一九二四年三月十三日) ………………… 551
给蒋光亮的训令(一九二四年三月十三日) ………………… 551
给东江左右两翼各军手令(一九二四年三月十三日) ……… 552
命发姚雨平部队解散费令(一九二四年三月十三日) ……… 552
命发何雪竹伙食费令(一九二四年三月十三日) …………… 552
给杨希闵等的训令(一九二四年三月十四日) ……………… 553
给杨庶堪等的训令(一九二四年三月十四日) ……………… 554
给赵士觐的指令(一九二四年三月十四日) ………………… 555
饬招抚使不得设署令(一九二四年三月十四日) …………… 555
给各军的命令(一九二四年三月十四日) …………………… 556
追赠洪锡龄令(一九二四年三月十四日) …………………… 556
给广州市公安局的命令(一九二四年三月十五日) ………… 557
给冯肇铭的命令(一九二四年三月十五日) ………………… 557
给杨希闵的指令(一九二四年三月十五日) ………………… 557
给叶恭绰的指令(一九二四年三月十五日) ………………… 558
给王棠的指令(一九二四年三月十五日) …………………… 558
给程潜的指令(一九二四年三月十五日) …………………… 559

给杨庶堪等的训令(一九二四年三月十七日) …… 559
给邓泽如的训令(一九二四年三月十七日) …… 560
给樊钟秀的指令(一九二四年三月十七日) …… 560
给程潜的训令(一九二四年三月十七日) …… 561
饬解散勒收机关令(一九二四年三月十七日) …… 562
给张开儒的指令(一九二四年三月十七日) …… 563
给韦荣熙的指令(一九二四年三月十七日) …… 563
给林云陔的指令(一九二四年三月十七日) …… 564
给杨庶堪的训令(一九二四年三月十七日) …… 564
给叶恭绰的命令(一九二四年三月十八日) …… 565
给赵士北的指令(一九二四年三月十八日) …… 565
给卢振柳的指令(一九二四年三月十八日) …… 566
给李福林的指令(一九二四年三月十八日) …… 566
给赵士觐的指令(一九二四年三月十八日) …… 567
给程潜的训令(一九二四年三月十八日) …… 567
给各军的训令(一九二四年三月十八日) …… 568
命发湘军给养费令二件(一九二四年三月十八日) …… 569
命发许崇智紧急费令(一九二四年三月十八日) …… 570
命速拨何雪竹伙食费令(一九二四年三月十八日) …… 570
批石托勒敦来函(一九二四年三月十八日) …… 570
批黄焕记煤炭费收据(一九二四年三月十八日) …… 571
给杨庶堪的指令(一九二四年三月十八日) …… 571
给杨庶堪的指令(一九二四年三月十八日) …… 572
给吴铁城的训令(一九二四年三月十九日) …… 572
给李福林的训令(一九二四年三月十九日) …… 573
给杨虎的指令(一九二四年三月十九日) …… 573
给赵士北的指令(一九二四年三月十九日) …… 574
命东江总攻击令(一九二四年三月十九日) …… 574

给徐绍桢的指令(一九二四年三月十九日) ………………………… 575
给杨庶堪的训令(一九二四年三月二十日) ………………………… 575
饬规复广东省警卫军令(一九二四年三月二十日) ……………… 576
给杨庶堪的训令(一九二四年三月二十日) ………………………… 577
给叶恭绰的指令(一九二四年三月二十日) ………………………… 577
给叶恭绰的指令(一九二四年三月二十日) ………………………… 578
给叶恭绰的指令(一九二四年三月二十日) ………………………… 578
给叶恭绰的指令(一九二四年三月二十日) ………………………… 579
严禁各军擅抽柴费令(一九二四年三月二十日) ………………… 579
给杨庶堪的训令(一九二四年三月二十一日) …………………… 580
给各军高级长官的命令(一九二四年三月二十一日) …………… 580
给林若时的命令(一九二四年三月二十一日) …………………… 581
给许崇智的指令(一九二四年三月二十一日) …………………… 581
给陈兴汉的指令(一九二四年三月二十一日) …………………… 582
给吴铁城的指令(一九二四年三月二十一日) …………………… 582
给杨庶堪的训令(一九二四年三月二十一日) …………………… 583
给财政厅的命令(一九二四年三月二十一日) …………………… 584
饬详查广州市内驻军地点人数令(一九二四年三月二十二日) …… 584
给叶恭绰杨庶堪的指令(一九二四年三月二十二日) …………… 585
给杨希闵的指令(一九二四年三月二十二日) …………………… 585
为西江防务事致粤军总司令部令(一九二四年三月二十三日) … 586
给杨西岩的指令(一九二四年三月二十四日) …………………… 586
给李福林的指令(一九二四年三月二十四日) …………………… 587
命补给林树巍部伙食费谕(一九二四年三月二十四日) ………… 587
命发潘正道公费令(一九二四年三月二十四日) ………………… 588
给财政委员会的训令(一九二四年三月二十四日) ……………… 588
给刘震寰的训令(一九二四年三月二十一日至二十五日间) …… 588
给邓泽如的训令(一九二四年三月二十一日至二十五日间) …… 589

给杨庶堪等的训令(一九二四年三月二十六日) …………………… 590

给鲁涤平的训令(一九二四年三月二十六日) ……………………… 590

着赶制军服拨给张贞所部令(一九二四年三月二十六日) ………… 591

给程潜的指令(一九二四年三月二十六日) ………………………… 591

给程潜的指令(一九二四年三月二十六日) ………………………… 592

给叶恭绰的指令(一九二四年三月二十七日) ……………………… 592

给吴铁城的指令(一九二四年三月二十七日) ……………………… 593

给林若时等的训令(一九二四年三月二十七日) …………………… 594

给广州市政厅的手令(一九二四年三月二十七日) ………………… 595

饬海防司令迅即撤销甘竹容奇拦河收费令

 (一九二四年三月二十七日) ……………………………………… 596

批国民党华侨联合办事处等呈(一九二四年三月二十七日) ……… 596

命筹拨军乐队服装费令(一九二四年三月二十七日) ……………… 597

给财政委员会的训令(一九二四年三月二十八日) ………………… 597

给蒋尊簋的指令(一九二四年三月二十八日) ……………………… 598

给石龙各驻军的命令(一九二四年三月二十八日) ………………… 598

给无线电局的命令(一九二四年三月二十八日) …………………… 599

给驻新塘湘军的命令(一九二四年三月二十八日) ………………… 599

给大本营秘书处的命令(一九二四年三月二十八日) ……………… 599

给林森的指令(一九二四年三月二十八日) ………………………… 600

给陈兴汉的指令(一九二四年三月二十九日) ……………………… 600

给程潜的指令(一九二四年三月二十九日) ………………………… 601

给卢兴原的指令(一九二四年三月二十九日) ……………………… 601

给张翼鹏的指令(一九二四年三月二十九日) ……………………… 602

给杨希闵等的训令(一九二四年三月二十八日至三十一日间) …… 602

给杨庶堪的指令(一九二四年三月三十一日) ……………………… 603

给广东地方善后委员会的指令(一九二四年三月三十一日) ……… 604

给林若时的指令(一九二四年三月三十一日) ……………………… 604

给程潜杨庶堪的训令(一九二四年三月三十一日) …… 605

给军政部财政委员会的训令(一九二四年三月三十一日) …… 605

命按日拨付滇军兵站经费令(一九二四年三月三十一日) …… 606

给财政委员会的手令(一九二四年三月三十一日) …… 606

撤销查办杨西岩案令(一九二四年三月三十一日) …… 607

裁撤禁烟署会办帮办各职令(一九二四年三月三十一日) …… 607

给杨西岩的指令(一九二四年四月一日) …… 607

给杨西岩的指令(一九二四年四月一日) …… 608

给广东地方善后委员会的指令(一九二四年四月一日) …… 608

给叶恭绰的训令(一九二四年四月一日) …… 609

给程潜的指令(一九二四年四月二日) …… 610

制止宝安县各军冲突的指令(一九二四年四月二日) …… 610

给财政部的命令(一九二四年四月二日) …… 611

给李济深等的电令(一九二四年四月二日) …… 612

着严拿赖世璜令(一九二四年四月二日) …… 612

给张启荣的指令(一九二四年四月三日) …… 613

给马超俊的指令(一九二四年四月三日) …… 613

给杨西岩的指令(一九二四年四月三日) …… 614

给杨西岩的指令(一九二四年四月三日) …… 614

给杨庶堪的训令(一九二四年四月三日) …… 615

给林森的指令(一九二四年四月三日) …… 616

给杨希闵等的训令(一九二四年四月三日) …… 616

给程潜的训令(一九二四年四月三日) …… 618

给郑洪年的命令(一九二四年四月三日) …… 619

给林翔的指令(一九二四年四月三日) …… 620

给赵士觐的指令(一九二四年四月三日) …… 620

命发朱培德所部开拔费令(一九二四年四月三日) …… 621

批拨给董福开饷项谕(一九二四年四月三日) …… 621

命发刘觉民公费令(一九二四年四月三日) …… 622

命发豫鲁招抚使署经费令(一九二四年四月三日) …… 622

命发会计司经费令(一九二四年四月三日) …… 622

给财政委员会的手令(一九二四年四月三日) …… 623

裁撤广东全省船民自治联防督办令(一九二四年四月四日) …… 623

给朱培德的命令(一九二四年四月四日) …… 624

给叶恭绰的指令(一九二四年四月四日) …… 624

给林翔的指令(一九二四年四月四日) …… 625

给鲁涤平的指令(一九二四年四月四日) …… 625

给大本营建设部财政部的训令(一九二四年四月四日) …… 626

给程潜的训令(一九二四年四月四日) …… 627

给叶恭绰杨庶堪的指令(一九二四年四月四日) …… 627

给吴铁城的指令(一九二四年四月四日) …… 628

给樊钟秀的命令(一九二四年四月六日) …… 628

给闽南部队的命令(一九二四年四月七日) …… 628

给赵士觐的指令(一九二四年四月七日) …… 629

给林若时张开儒的训令(一九二四年四月七日) …… 629

命暂行停付湘军给养费令(一九二四年四月七日) …… 631

命发冯肇铭垫款令(一九二四年四月七日) …… 631

命发何雪竹军费令(一九二四年四月七日) …… 632

命发李明扬给养费令(一九二四年四月七日) …… 632

命发航空局经费令(一九二四年四月七日) …… 632

命筹拨定购电机费令(一九二四年四月七日) …… 633

追赠萧学智令(一九二四年四月七日) …… 633

给林云陔的指令(一九二四年四月八日) …… 634

给鲁涤平赵士北的训令(一九二四年四月八日) …… 634

给李福林的指令(一九二四年四月八日) …… 635

给沈荣光的命令(一九二四年四月八日) …… 636

给大本营参谋处的命令(一九二四年四月九日) …………………… 636

给伍学熀的指令(一九二四年四月九日) ………………………… 636

给鲁涤平的指令(一九二四年四月九日) ………………………… 637

给伍朝枢的指令(一九二四年四月九日) ………………………… 637

给程潜的指令(一九二四年四月九日) …………………………… 638

给黄绍竑戴恩赛的训令(一九二四年四月九日) ………………… 638

给军政府各税收机关的命令(一九二四年四月九日) …………… 639

批刘培寿等快邮代电(一九二四年四月十日) …………………… 640

给广州市政厅的命令(一九二四年四月十日) …………………… 640

给鲁涤平的指令(一九二四年四月十日) ………………………… 640

给广东地方善后委员会的指令(一九二四年四月十日) ………… 641

给杨庶堪的指令(一九二四年四月十日) ………………………… 641

给范石生的指令(一九二四年四月十日) ………………………… 642

命发永丰广北两舰经费令(一九二四年四月十日) ……………… 642

命发各医院经费令(一九二四年四月十日) ……………………… 643

命发定货费令(一九二四年四月十日) …………………………… 643

给吴铁城的训令(一九二四年四月十一日) ……………………… 644

给赵杰等的训令(一九二四年四月十一日) ……………………… 644

给程潜的指令(一九二四年四月十一日) ………………………… 645

给叶恭绰的指令(一九二四年四月十一日) ……………………… 645

给广东地方善后委员会的指令(一九二四年四月十一日) ……… 646

给蒋光亮叶恭绰的训令(一九二四年四月十一日) ……………… 646

追赠韩恢伏龙令(一九二四年四月十一日) ……………………… 648

给樊钟秀的命令(一九二四年四月十二日) ……………………… 648

给李福林的指令(一九二四年四月十二日) ……………………… 649

给程潜的训令(一九二四年四月十二日) ………………………… 649

给林翔的指令(一九二四年四月十二日) ………………………… 650

给程潜的训令(一九二四年四月十二日) ………………………… 651

给何家猷的指令(一九二四年四月十二日) …… 652

给程潜的指令(一九二四年四月十二日) …… 652

给杨希闵等的训令(一九二四年四月十二日) …… 653

给陈兴汉的指令(一九二四年四月十二日) …… 654

给财政委员会的训令(一九二四年四月十二日) …… 654

给林森的指令(一九二四年四月十二日) …… 655

给叶恭绰杨庶堪的指令(一九二四年四月十二日) …… 656

给财政委员会的手令(一九二四年四月十三日) …… 656

给广东地方善后委员会的指令(一九二四年四月十四日) …… 657

给杨庶堪的训令(一九二四年四月十四日) …… 657

给李明扬的命令(一九二四年四月十四日) …… 659

给赖天球的命令(一九二四年四月十四日) …… 660

给各军的训令(一九二四年四月十四日) …… 660

给吕志伊的指令(一九二四年四月十四日) …… 660

给伍学熀的指令(一九二四年四月十四日) …… 661

给陈融的指令(一九二四年四月十五日) …… 661

给吕志伊杨庶堪的训令(一九二四年四月十五日) …… 662

命速筹飞机出发费令(一九二四年四月十五日) …… 663

命发会计司特别费令(一九二四年四月十五日) …… 663

命迅筹樊钟秀伙食费令(一九二四年四月十五日) …… 664

命发福安广北两舰煤炭费令(一九二四年四月十五日) …… 664

命接济西路各军给养费令(一九二四年四月十五日) …… 664

饬制战斗奖惩旗令(一九二四年四月十五日) …… 665

给杨希闵等的训令(一九二四年四月十六日) …… 665

给大本营军政部的训令(一九二四年四月十六日) …… 666

着不得擅押民事犯令(一九二四年四月十六日) …… 667

批沈鸿英报捷来电(一九二四年四月十六日) …… 667

给徐绍桢的指令(一九二四年四月十六日) …… 667

严禁收编土匪令(一九二四年四月十七日) ········· 668

给财政委员会的命令(一九二四年四月十七日) ········· 668

给林翔的指令(一九二四年四月十七日) ········· 669

给大本营会计司的训令(一九二四年四月十七日) ········· 669

给程潜的训令(一九二四年四月十七日) ········· 670

给大本营会计司的训令(一九二四年四月十七日) ········· 670

给莫灿庭的指令(一九二四年四月十七日) ········· 671

给林翔的指令(一九二四年四月十七日) ········· 671

给卢兴原的指令(一九二四年四月十七日) ········· 672

命发孙本戎、张贞军费令(一九二四年四月十七日) ········· 672

攻击惠州的命令(一九二四年四月十七日) ········· 673

给林翔的指令(一九二四年四月十八日) ········· 673

给鲁涤平的指令(一九二四年四月十八日) ········· 674

给财政委员会的指令(一九二四年四月十八日) ········· 674

给广东地方善后委员会的指令(一九二四年四月十八日) ········· 675

给伍朝枢的指令(一九二四年四月十八日) ········· 675

给黄昌谷的训令(一九二四年四月十八日) ········· 676

给杨庶堪的训令(一九二四年四月十八日) ········· 677

给程潜的训令(一九二四年四月十八日) ········· 678

给财政委员会的指令(一九二四年四月十八日) ········· 679

给刘玉山的指令(一九二四年四月十八日) ········· 680

给李福林的指令(一九二四年四月十八日) ········· 680

给黄明堂的命令(一九二四年四月十九日) ········· 681

给黄绍竑的命令(一九二四年四月十九日) ········· 681

给何家猷的训令(一九二四年四月十九日) ········· 681

给鲁涤平的指令(一九二四年四月十九日) ········· 682

给张开儒的指令(一九二四年四月十九日) ········· 683

给各招抚使的命令(一九二四年四月二十日) ········· 683

给东江联军的命令(一九二四年四月二十日) …… 684
给李烈钧的命令(一九二四年四月二十一日) …… 684
命发无线电总局经费令(一九二四年四月二十一日) …… 684
命发沈鸿英枪弹费令(一九二四年四月二十一日) …… 685
命发会计司特别费令(一九二四年四月二十一日) …… 685
命发孙科特别费令(一九二四年四月二十一日) …… 685
命发佟君旅费令(一九二四年四月二十一日) …… 686
命发各机关经费令(一九二四年四月二十一日) …… 686
命发杨希闵公费令(一九二四年四月二十一日) …… 686
命发黄骚特别费令(一九二四年四月二十一日) …… 687
给徐绍桢的指令(一九二四年四月二十一日) …… 687
给叶恭绰的指令(一九二四年四月二十一日) …… 688
给郑洪年的指令(一九二四年四月二十一日) …… 688
给叶恭绰的训令(一九二四年四月二十二日) …… 689
给吴铁城的命令(一九二四年四月二十二日) …… 689
给程潜的训令(一九二四年四月二十二日) …… 690
给杨庶堪的指令(一九二四年四月二十二日) …… 690
给大本营军政部的命令(一九二四年四月二十三日) …… 691
给程潜的指令(一九二四年四月二十四日) …… 692
给伍学熿的指令(一九二四年四月二十四日) …… 692
给财政委员会的训令(一九二四年四月二十四日) …… 693
给周之贞的命令(一九二四年四月二十四日) …… 694
给叶恭绰杨庶堪的指令(一九二四年四月二十四日) …… 694
给叶恭绰杨庶堪的指令(一九二四年四月二十四日) …… 695
批叶恭绰、杨庶堪呈(一九二四年四月二十四日) …… 695
命迅筹方声涛经费令(一九二四年四月二十四日) …… 696
命发许卓然急用费令(一九二四年四月二十四日) …… 696
命发东路军衣费令(一九二四年四月二十四日) …… 696

给廖湘芸的训令(一九二四年四月二十四日) …… 697
给刘震寰的训令(一九二四年四月二十五日) …… 697
给财政委员会的指令(一九二四年四月二十五日) …… 699
通令各军将沿路官兵一律撤退令(一九二四年四月二十五日) …… 699
给杨希闵的命令(一九二四年四月二十五日) …… 700
给戴传贤的指令(一九二四年四月二十五日) …… 700
给邓泽如的指令(一九二四年四月二十五日) …… 701
给叶恭绰的指令(一九二四年四月二十五日) …… 701
委派周自得职务令(一九二四年四月二十五日) …… 702
给财政委员会的指令(一九二四年四月二十六日) …… 702
给程潜的训令(一九二四年四月二十六日) …… 703
　　附录　原议案 …… 703
给林翔的指令(一九二四年四月二十六日) …… 704
给大本营会计司的训令(一九二四年四月二十六日) …… 704
给叶恭绰杨庶堪的指令(一九二四年四月二十六日) …… 705
给吕志伊的训令(一九二四年四月二十六日) …… 706
给林若时的命令(一九二四年四月二十六日) …… 706
给大本营军政部的训令(一九二四年四月二十六日) …… 707
给李福林的指令(一九二四年四月二十六日) …… 707
给大本营参谋处的命令(一九二四年四月二十七日) …… 708
给无线电总局的命令(一九二四年四月二十七日) …… 708
给马超俊陈友仁的命令(一九二四年四月二十七日) …… 709
致石龙行营电令(一九二四年四月二十八日) …… 709
给廖行超的命令(一九二四年四月二十八日) …… 709
给广东省财政厅的指令(一九二四年四月二十八日) …… 710
命每月拨陆军军官学校经费令(一九二四年四月二十九日) …… 710
命维持海防司令部经费令(一九二四年四月二十九日) …… 711
命发路孝忱给养费令(一九二四年四月二十九日) …… 711

命发杨希闵电话费令(一九二四年四月二十九日) …………… 711
命发陆军讲武学校补助经费令(一九二四年四月二十九日) …… 712
给杨希闵的命令(一九二四年四月三十日) ………………… 712
给李烈钧的命令(一九二四年四月三十日) ………………… 713
给广州市政厅的命令(一九二四年四月三十日) ……………… 713
给广州市公安局的命令(一九二四年四月三十日) …………… 713
给各军长官的命令(一九二四年四月三十日) ………………… 714
给程潜的指令(一九二四年四月三十日) …………………… 714
给程潜的指令(一九二四年四月三十日) …………………… 715
给叶恭绰的指令(一九二四年四月三十日) ………………… 715
给徐绍桢的指令(一九二四年四月三十日) ………………… 716
给鲁涤平的指令(一九二四年四月三十日) ………………… 716
追赠王守愚令(一九二四年四月三十日) …………………… 717
追赠蔡锐霆令(一九二四年四月三十日) …………………… 717
委派赵西山任务令(一九二四年四月) ……………………… 718

给陈天太的指令

（一九二三年八月一日）

大元帅指令第三五八号

　　令中央直辖第七军第三师师长陈天太

　　呈报设立护商队情形乞鉴核由

　　呈悉。查该军方在前敌，对于护商事务，自属无暇兼顾，据报拨兵设立护商队一事，着即取消。此令。

（中华民国陆海军大元帅之印）

中华民国十二年八月一日

据大本营秘书处编《陆海军大元帅大本营公报》第二十三号（广州一九二三年八月十日）

给刘纪文的训令

（一九二三年八月二日）

大元帅训令第二四七号

　　令大本营审计局局长刘纪文

　　据大本营兵站总监罗翼群呈称："案据第三支部罗桂芳呈称：'窃以现值军务倥偬，运输接济日不暇给，职部责任綦重，对于前方接济事宜，务须统筹兼顾，不容稍涉缓怠，致滋贻误。惟查职部委员十名，日夜从公，异常劳苦，因劳致病者，日繁有徒；且战线延长，分站及派出所、运输站，日益增加,派员押运及调查情况,在在需人。值此军务紧急之时,实有不敷差遣。前经将困难情形,面禀察核,蒙谕酌予增加。业经由职部暂时增派李泽民、温泽华、冯式如、卫景遒、杨梓任五员,为职部额外委员,俾资佐理,而免贻误,理合备文呈请钧核,伏乞准予加给委任,并准照准尉职一律支薪,伫俟指令祗遵,实为公便'等情。据此,当经六月七日指令照准并加委转饬到差供职在案,除印发外,理合备文呈报钧帅察核,俯准转饬审计局备案"等情。据此,除指令照准外,合行令仰该局长即便查照办理。此令。

(中华民国陆海军大元帅之印)
中华民国十二年八月二日

据大本营秘书处编《陆海军大元帅大本营公报》第二十三号(广州一九二三年八月十日)

给邓泽如的指令

(一九二三年八月二日)

大元帅指令第三六三号

　　令前驻港办事机关财政员邓泽如

　　呈缴造具经手收支报销清册,请予核销一案

　　令厅查明办理,仍将遵办情形,随时呈报备查。此令。

　　计发钞册一本。

据邓泽如著《中国国民党二十年史迹》(上海正中书局一九四八年版)

给伍朝枢的训令

(一九二三年八月三日)

大元帅训令第二四八号

　　令大本营外交部长伍朝枢

　　据外交部广东特派交涉员傅秉常呈称:"窃前奉大本营外交部令转奉大元帅训令:'因西江战事宣布西江为戒严区域,并制定西江沿岸警备区域临时戒严条例,饬部行知交涉员照会各领事查照'等因。附发戒严条例到署,遵经照会驻广州各国领事暨函粤海、三水等关税务司查照各在案。现查梧州经已克复,西江一带似应解严,恢复原状,以维持华洋商务。兹又接日本总领事来函询问,惟未奉明令行知,且属军事范围,应如何办理之处,理合备文呈请帅座察核,指令祗遵。俾得照会各领事知照,实为公便"等情。据此,查西江军事现已结束,所有前颁发西江沿岸警备区域临时戒严条例着即撤销,西江沿岸区域应即宣布解严。合行令仰该部长即便令行该交涉员遵照办理。此令。

(中华民国陆海军大元帅之印)
中华民国十二年八月三日

据大本营秘书处编《陆海军大元帅大本营公报》第二十三号(广州一九二三年八月十日)

给程潜的训令

（一九二三年八月三日）

大元帅训令第二四九号

　　令大本营军政部长程潜

　　据大本营兵站总监罗翼群呈称："准中路讨贼军总司令谢良牧咨开：'前奉大元帅命令，收编东江附义军队，当经令饬总指挥杨直夫遵办去后，兹据该总指挥呈报奉令前往东江收编军队，着手以来，附义归编者，极形踊跃。现已陆续编就十余营，分扎石龙、永湖、博罗附近各处，听令开拔前敌讨贼。惟粮食为行军命脉，亟应呈请转咨兵站部，源源接济米菜，以应需求。'附呈部队现扎地点人数，逐日应发米菜斤两清单一纸前来，用特咨请迅赐令行供给等由，并人数、地点清单一纸到部。准此，查职部供支甚巨，领款极难，竭蹶情形，久在洞鉴。兹据谢总司令咨请给养前来，为数甚巨，未便率予照拨，应请钧座饬照来单人数，按照驻扎地点，派员点验，并将应否准照前方军队一体给养，俯赐核明指令饬遵"等情。据此，除指令外，合行令仰该部长即便派员按照单列地点人数，分别前往点验，据实呈候核办。单发。此令。

（中华民国陆海军大元帅之印）

中华民国十二年八月三日

据大本营秘书处编《陆海军大元帅大本营公报》第二十三号（广州一九二三年八月十日）

给黄建勋的指令①

（一九二三年八月三日）

大元帅指令第三六六号

　　令西江船舶检查所长黄建勋

　　呈请指令该所应否办理结束由

　　呈悉。西江军事，现已告竣，所有往来华洋船舶，应即停止检查。西江船舶检查所着即裁撤，并将结束情形呈报。关防并缴。此令。

（中华民国陆海军大元帅之印）

中华民国十二年八月三日

据大本营秘书处编《陆海军大元帅大本营公报》第二十四号（广州一九二三年八月十七日）

批 财 政 部 呈

（一九二三年八月三日）②

要求杭州③助湘军子弹二百万发；助臧和斋④款十万元。

据中国国家博物馆藏原件

---

① 7月31日，因梧州克复，西江一带秩序恢复正常，黄建勋呈请孙中山停止检查往来华洋船舶。
② 此件未署年份，仅于封套上题"兵站送呈大元帅亲启，财政部呈八月三日"字样。按据该批"助臧和斋款十万元"时臧部与许崇智在闽联合抗击叛将黄大伟及陈炯明部林虎、洪兆麟进攻，故定为1923年。
③ 杭州，指浙江督军卢永祥。
④ 臧和斋，即臧致平。

给叶恭绰的训令

（一九二三年八月四日）

大元帅训令第二五○号

　　令大本营财政部长叶恭绰

　　据大理院长兼管司法行政事务赵士北呈称："查院务关系重要,迭次停顿,人民实深受累。且闻滇军不日又将返省来院驻扎,而该天平街水师行台,迭经有人测量地址,据称系拨给总商会投抵米价等情。无论如何,本院均应即早迁移。士北筹划再三,择定市内司后街小东营第四号房屋一所,业于本年八月一日迁移该处照常办理公务,以便司法进行。至所租民房每月月租七十八元,经与订立合同,理合备文呈报鉴核,并乞俯赐令行财政部备案,准将迁移费及按月租银作正支销,实为公便"等情。据此,除指令已令行财政部备案,准予作正支销外,合行令仰该部长即便遵照办理。此令。

（中华民国陆海军大元帅之印）

中华民国十二年八月四日

据大本营秘书处编《陆海军大元帅大本营公报》第二十四号（广州一九二三年八月十七日）

给徐绍桢的指令

（一九二三年八月四日）

大元帅指令第三六八号

　　令大本营内政部部长徐绍桢

　　呈为拟请褒扬节妇王严氏乞察由

　　呈悉。应准题颁"节孝可风"四字,发由该部转给。余照所拟办理。仰即知照。此令。

(中华民国陆海军大元帅之印)

中华民国十二年八月四日

据大本营秘书处编《陆海军大元帅大本营公报》第二十四号(广州一九二三年八月十七日)

给马素汇款令

（一九二三年八月五日）

着汇马素美金二千元。此令。

孙　文

中华民国十二年八月五日

据秦孝仪主编《国父全集》第六册(台北近代中国出版社一九八九年版)

给各军长官的训令

（一九二三年八月七日）

大元帅训令第二五一号

令各军长官

查广九路火车业经定有开车时刻及来往次数，嗣后除各军运兵准予随时开用专车外，其他办事各员因公往来，当乘定期来往各车，不得勒用专车，以示限制而利交通。除分令大本营兵站总监暨广九铁路军车管理处遵照外，合行令仰该总司令、军长即便饬属一体遵照。此令。

(中华民国陆海军大元帅之印)

中华民国十二年八月七日

据大本营秘书处编《陆海军大元帅大本营公报》第二十四号(广州一九二三年八月十七日)

给赵士北的训令

（一九二三年八月七日）

大元帅训令第二五二号

　　令大理院长兼管司法行政事务赵士北

　　据代理广东高等审判厅厅长林云陔鱼日快邮代电呈称："广州大元帅钧鉴：伏读大本营第二十二号公报第三百五十号指令，大理院呈拟司法官任用暨甄别法官办法请鉴核公布由：'令开：呈及章程均悉，所拟任用及甄别法官办法，应俟详加核议，再行饬遵。现时本省高等所辖各地方审检厅长，除业经任命外，应由院派署。其高等各厅及各厅庭长、推检、高厅书记官长等，应由各该厅直辖高等厅审检长先行分别派代，俟考核确能胜任，再呈院核明转呈任命。至各厅庭书记官长、书记官，概由该直辖高等厅直接任免，以专责成而利进行，仰即遵照，并分令高等厅一体遵照办理'等因。现尚未奉大理院转行到厅，应否遵照办理，除呈大理院外，谨电请示遵。代理高等审判厅厅长林云陔叩。鱼。印"等情前来。据此，查前项命令，送达该厅业经多日，何延搁至今，尚未遵照办理，殊属非是，除指令该厅长仰候严饬大理院迅予转行外，合行令仰该院长立即遵照前令，分行高等审检各厅一体遵照办理，毋得再事延搁，致干未便。切切。此令。

（中华民国陆海军大元帅之印）

中华民国十二年八月七日

据大本营秘书处编《陆海军大元帅大本营公报》第二十四号（广州一九二三年八月十七日）

给罗翼群冯启民的训令

（一九二三年八月七日）

大元帅训令第二五四号

　　令大本营兵站总监罗翼群、广九铁路军车管理处长冯启民

　　查广九路火车业经定有开车时刻及来往次数，嗣后除各军运兵准予随时开用专车外，其他办事各员因公往来，当乘定期来往各车，不得勒用专车，以示限制而利交通。除分令各军长官饬属一律遵照外，合行令仰该总监、处长遵照办理。此令。

（中华民国陆海军大元帅之印）

中华民国十二年八月七日

据大本营秘书处编《陆海军大元帅大本营公报》第二十四号（广州一九二三年八月十七日）

给廖仲恺的训令

（一九二三年八月七日）

大元帅训令第二五五号

　　令广东省长廖仲恺

　　据大本营内政部次长杨西岩呈称："案据承商冯耀南呈称：'窃商前奉次长任财政厅任内批准，年认大洋饷银十二万元，承办江门东口会河厘金厂，以两年为期，奉给示谕，经于四月二日接办，呈报有案。嗣又接四月五日训令内开：大本营驻江办事处批准恒源公司商人郭民发承办江门东口会河厘厂，令厅给谕一事，业经转呈大元帅察核，饬令取消在案。现奉大元帅令：呈悉，所请应即照准，仰候令行大本营驻江办事处遵照办理可也等因。奉此，合就转

行该商知照,此令。等因在案。乃接办未及一旬,忽接大本营驻江办事处四月十一日令,着即移交郭民发接办。溯商接办之初,大本营驻江办事处曾通饬驻江各军,予以实力保护,嗣又半途纵令郭民发凭藉武力威迫交代,朝令夕更,破坏信守,虽经电诉,未蒙示复,迫得交代。嗣大本营驻江办事处,接奉大元帅令,着取消郭民发承办之谕。随即呈复略谓:现下军需极急,该厅如欲收回该厂,须即发现银十万元,亦可遵办,否则未便洵该厅所请等语。旋奉大元帅批示:着予暂缓交还。故郭民发遂强占至今,令商未得接办,以致所缴按、预饷,茫无着落,血本所关,殊深痛切。方今大局敉平,军事行将结束,应请据情呈请大元帅,俯恤商艰,迅予令行财政厅暨驻江办事处,转饬郭商,从速将强占江门厘厂交回商办,以保血本,而昭威信,实为纫感'等情前来。查该商所陈,系本次长在财政厅长任内未完之手续,若不清理,无以昭大信,理合据情呈请钧座俯赐察核。应如何办理之处,伏乞饬令遵照,实为公便"等情。据此,除指令外,合行令仰该省长即便转饬财政厅,查核情形酌量办理。此令。

(中华民国陆海军大元帅之印)

中华民国十二年八月七日

据大本营秘书处编《陆海军大元帅大本营公报》第二十四号(广州一九二三年八月十七日)

给朱和中的指令[①]

(一九二三年八月八日)

大元帅指令第三八〇号

令广东兵工厂厂长朱和中

呈报该厂巡查队成立日期并表册四本请察核由

---

① 为护卫兵工厂以及押解枪枝子弹、运饷等,经孙中山批准,招募并编练一支巡查队。7月19日,朱和中呈报巡查队成立日期并表册四本,请予核查。

呈悉。经将该厂长呈送表册发交审计处审查，兹据复称："查单据粘存簿内十号庆云楼单内，列货银八元七角九分，细核该数实八元六角九分，列多一角，应核删。又二十九号单杨广赴燕塘招兵，列支费用五元，而数目表内列至十元，实多列五元，应核删。统计巡查队开办各数，共列三百零二元九角一分，除核删五元一角外，实应准予核销额二百九十一元八角一分"等情前来。合行令仰该厂长即便遵照。此令。

（中华民国陆海军大元帅之印）

中华民国十二年八月八日

据大本营秘书处编《陆海军大元帅大本营公报》第二十四号（广州一九二三年八月十七日）

谕奖励韶州绅商学界公民大会通告民团抵御沈逆北敌勾结南犯

（一九二三年八月八日）

诸君子以沈逆北敌，复有勾结希图南犯之耗，特开公民大会，议决通告各属民团，一致准备抵御，足见爱国爱乡，公忠义勇，至为嘉许。尚宜热心毅力，始终不懈，以民意之大顺，作无形之天堑，有厚望焉。

八日

据《广州民国日报》一九二三年八月十一日

关于整理纸币的命令

（一九二三年八月九日）

大元帅令

　　自广东省立银行纸币停兑以来，商民胥蒙其害。该银行当局发行过滥，办理未善，无可讳言，业经严行究办，以申法纪。至所发纸币，自应由政府负责收回，藉减商民苦痛。本大元帅回粤伊始，即轸念于兹。嗣以沈陈作乱，军事方殷，饷需浩繁，度支不裕，心余力绌，昕夕徬徨，当经迭次饬令财政当局切实筹维，标本兼治。诚以今日粤省现状，非只财政困难，即社会经济亦复不舒。实缘粤省纸币、现币均形缺乏，又无各种有价证券为之消息，故金融时呈阻滞情形，不浚其源，补苴何益。现值军事将次结束，政府财政与商民经济息息相关，正宜全局统筹，依次整理。兹据财政部长叶恭绰呈拟整理纸币各项办法，其大要以兑现及收用为陆续消纳之法，一面维持价格，辅助流通，免致社会商场缺乏易中之物，渐次确定货币基础，并养成证券流通习惯，使政府财政与市面金融及社会经济得以提挈互助。精神所在，则在收回以前失信之纸币，即为以后各种证券昭信之初基；并请以经理权责分授于各法团，藉以公开示信等情。并附各项办法规章前来。详加察核，事属可行。年来政府及银行发行公债纸币，皆因无确实基金与相当准备，每致丧失信用。此次该部长所拟办法规章，均经指定确实基金，如期拨付，着为定案，永无变更，且授全权于各法团，商民皆得参与，凡事公开办理，政府有保障而不加干涉，尤足以示大公，而昭大信。即使商民个人经济状况各各不同，亦可择一而从，推行定无窒碍，应即责成财政部按照所拟办法订立细目，切实施行。着各军民长官各饬所属一体凛遵，并着实力协助办理，以副本大元帅发展民生、整理财政之至意。此令。

　　　　　　　　　　　　　　　　（中华民国陆海军大元帅之印）

　　　　　　　　　　　　　　　中华民国十二年八月九日

据大本营秘书处编《陆海军大元帅大本营公报》第二十四号（广州一九二三年八月十七日）

给叶恭绰的指令

（一九二三年八月十日）

大元帅指令第三八六号

  令大本营财政部长叶恭绰

  呈拟定整理纸币、救济财政各办法,请鉴核施行由

  呈及总纲附件均悉。应照准,已明令施行矣。仰即知照。此令。

（中华民国陆海军大元帅之印）

中华民国十二年八月十日

附录一 叶恭绰呈

  呈为拟定整理纸币,救济财政办法,仰祈鉴核事:窃广东省立银行纸币自停兑以来,国计民生两受其害,推原其故,实由于前此发行过滥,办理失宜,致使社会上纸币供求未能适合,故一蹶以后,政府之信用既失,人民之痛苦顿深。恭绰自管度支倏逾匝月,日与各界人士及僚属苦心研究整理办法,参以各方条陈意见。窃以省立银行所发纸币,其账目颇多疑义,即应否全数承认,议论亦多异同。惟此项纸币,多已流入人民手中,虽大抵系以低价得来,未必曾受如何损失,然为政府信用计,自不应置之度外。第粤省现值军事时代,军、民、财三政尚未完全统一,若欲为无限制之兑现,无论时机不许,且以经济及财政现情而论,若无标本兼治办法清厘旧案,即以别启新机,恐仍为易涸之泉,稍通复塞,即人民之痛苦亦终无了日。不得已商拟统筹兼顾之策图久远,即以〔此〕策目前不敢云克,对商民或庶几稍资补救。查广东省银行发行纸币,照该行清理处报告,为数系三千二百余万元,现时市价几等于零,而此种纸币辗转流通,已成为一种物品性质,若由政府筹款照市价收回,未始非一劳永逸之计。惟政府既无从得此整款,且目下市面因缺乏纸

币流通之故,极感困难,故设法使此项纸币恢复其流通之力,其重要实与兑现相同。而兑现之与流通,亦复有极大之因果关系,故二者不能不兼营并进。至粤省财政之败坏,固由地方之未统一,及行政系统秩序之紊乱,而财政与市面金融及社会经济向缺切实之提挈互助,亦实为一大主因。盖粤省货币之流通,只有硬币中之银辅币一种,致消息〔纳〕全操于港币银行,按揭证券交易尤多,以不动产及股票为本位,而绝无纸币公债之流通,此其间逐年耗失,为数不知若干。故粤省经济表面虽号繁荣,而实难期发展,此际妥筹补救,第一须确定货币基础,第二须养成证券流通习惯。兹二者,以从前政府失信之故,此后惟有公开示信,确定一贯之策,以经理权责完全分授之人民,政府为之巩固初基,俾其徐归正轨,庶信用得渐恢复,财用亦藉宽舒。兹谨参酌以上二项要义,酌拟整理纸币办法七条,附呈钧核。至所拟各项办法,系以人民个人经济状况各各不同,必任其择一而从,庶冀推行无碍。实行之际,应一律授权于法团办理(如商会等),政府有保障而无干涉,其精神所在则在收回以前失信之纸币,而为以后各种证券昭信之初基。至详细办法,各有专则并附于后,倘政府不久能筹有巨款为多量之兑现,尽可提前办理,容再体察情形,拟请钧裁,抑恭绰更有请者:今日粤省财政,正如虚阳病体,攻补两难,必须疏滞培元,逐加调养,方有复原之望。一切治法,似未能骤拘成例,即如发行纸币本政府之特权,然各国规例亦不一律,亦有可以通融办理者。粤省今日商业日趋呆滞,实缘官商两方均无可以流通之纸币之故,政府欲恢复信用,发行纸币,尚非旦夕所能。窃意可以特别准许各商行自办商库,联合发行纸币,政府为之定其额数,加以监察,庶市面得流通之益,金融无扰乱之虞。我大元帅视民如伤,度必特蒙鉴允,此又恭绰所敢仰承德意,轻以渎陈者也。所有酌拟整理纸币各办法,理合呈明鉴核,伏乞明令施行。除俟奉准后再行分别拟订详章,呈请公布外,此呈

大元帅

大本营财政部部长叶恭绰(印)

中华民国十二年八月五日

附录二　办法总纲

谨将整理前广东省立银行纸币办法录呈钧鉴。

计开：

整理省银行纸币办法总纲

（一）省银行纸币（以后省称纸币）发行大数为三千二百万元有奇，拟自奉令日起，限于两个月内一律送交整理纸币委员会（以后省称委员会）检验盖戳（附件甲）。

（二）凡经盖戳之纸币一律十足兑现，统由整理纸币委员会办理。

（三）检验办法：凡送来纸币一百元，由委员会将其中五十元公开销毁，其余五十元俟盖戳后，分别交回本人及政府（即财政部）。其交回本人办法：凡票面一元、五元、十元者，按十成发回二成；其票面五十元、一百元及二毫五毫者，按十成发回一成。余即交回政府（即财政部），余类推。

（四）按照前项办法，以省银行纸币大数三千二百万余元计，处理如下①：

（甲）销毁十分之五，共计一千六百余万元（零数从略）。

（乙）交回本人十分之二或一，共计四百八十九万元（零数从略）。

（丙）交回政府十分之三或四，共计一千一百十一万元（零数从略）。

（五）除销毁外，市面流通额实减为一千六百万元。此一千六百万元，除兑现一项预定一年办毕外，其余应设法于半年内收回清讫。

其办法如下：

---

① 原文为"如左"、"如右"、"右令"等，今按排版方式酌改为"如下"、"如上"、"上令"等。后文同。

（甲）兑现四百三十二万元，拟一年办毕。

（乙）流通券等消纳一千二百五十万元，拟半年办毕（附件丙）。

（丙）银行股本消纳四百万元，拟半年办毕（附件丁）。

（丁）搭缴欠饷及其他出售官产等消纳二百万元，拟半年办毕（附件戊）。

合计二千二百八十二万元，以较市面流通额一千六百万元尚多六百八十二万元。因以上四项除第一项外，其余确数难定，或有时互有出入，姑从宽预备如上。

（六）半年以后尚有存在市面之此项纸币，以公开销毁、继续兑现、换发新券各办法消灭之，使财政上另开新局。

（七）未完全消灭以前，政府应用下列方法维持其价格：

（甲）公私机关出纳一律收用。

（乙）设法流通于全省各属。

（丙）速组能维持信用之金融机关，及速办省银行之善后。

（八）本总纲自呈奉大元帅核准施行。

中华民国十二年八月十日

附件甲　检验前广东省银行纸币办法

（一）受检验之省银行纸币，暂以省银行清理处查实报告之数为准（即约计总数三千二百万元有奇），详细手续另由财政部定之。

（二）凡持有前广东省银行纸币者，自本办法公布日起，限于两个月内，一律持送整理省银行纸币委员会（以后简称委员会）加盖戳记，以凭陆续兑现。其逾限不送委员会盖戳者，即作废纸。

（三）已加盖戳记之纸币，其兑现由委员会经理之。兑现之详细办法，另由委员会议定，呈报财政部核准施行。

（四）政府指定造币厂余利，每日约一万二千元，充陆续兑现之用。

（五）造币厂应俟纸币开兑日起，每日将此项余利径交委员会公开兑现。每日以兑尽此项余利之数为度，如未兑尽，即滚存归次日兑现之用。

注:现在交涉关余,原备以一部分充整理此项纸币之用,如有成效或筹得其他的款,当提前多兑。

(六)该项纸币按照近日市价从优规定如下:

(甲)票面二毫、五毫者一折。

(乙)票面一元者二折。

(丙)票面五元者二折。

(丁)票面十元者二折。

(戊)票面五十元者一折。

(己)票面一百元者一折。

(七)依以上办法,委员会应将持票人送来纸币加盖戳记后,即按上列折合成数交回持票人,以便凭以兑现,其余分别销毁及交回政府。

注:例如送来十元票面之纸币一百元,于盖戳后,除以五十元归该会汇总销毁外,即照前条折合办法,交回二十元与持票人,以三十元交回政府,余类推。

(八)凡持票人送来一元及一元以下小毫纸币,照前条办法难于分配时,应另定相当办法办理。

(九)凡应销毁及已兑现之纸币,由委员会同政府公开销毁。

(十)凡已盖戳未兑现之纸币,在兑现未竣以前,所有政府各征收机关,应一律准商民搭缴各项捐税,其成数另行分别定之。

(十一)本办法自奉核准日施行。

附件乙 整理广东省银行纸币委员会章程

第一条 本会为整理前广东省立银行纸币而设,由下列各员组织之:

(甲)广州总商会会长。

(乙)银业公会会长。

(丙)广州市参事会首席参事。

(丁)广东商会联合会会长。

(戊)七十二行商推选代表一人。

(己)九善堂推举代表一人。

(庚)总工会会长。

(辛)政府代表二人,由财政部、省长各指派一人。

第二条　本会由委员中推选委员长一人,副委员长一人。凡本会一切事务及对外各事,由委员长、副委员长共同负责。

第三条　本会之职责如下:

(甲)检验纸币及盖戳。

(乙)照整理办法之分配。

(丙)纸币之保管。

(丁)焚毁纸币之监察。

(戊)整理纸币之报告。

第四条　本会委员对于本会执行职务,皆有分担及监察之权责。

第五条　本会委员每日须公推二人以上轮流到会常川办事。

第六条　本会设秘书四人,事务员若干人。

第七条　本会对于检验及焚毁纸币之数目,应以本会名义按月报告宣布。

第八条　本章程自公布日施行。

本会办事规则另行规定,呈报财政部核准备案。

附件丙　有价证券消纳纸币办法

(一)政府为整理省银行纸币起见,发行有价证券三种如下:

甲、"广东利市有息流通券"(以下简称流通券),其定额为一千万元,月息六厘。

乙、"造币余利凭券"(以下简称凭券),其定额为三百万元,月息六厘。

丙、"广东整理纸币定期有息证券"(以下简称定期证券),其定额为一千二百万元,周息七厘。

以上三项,须由各该券之基金委员会盖戳后,方能发行。

(二)流通券拟规定搭收前省银行纸币二分之一,计共收回五百万元,并收现银五百万元。

（三）流通券还本付息之基金，由政府授全权与广东盐务稽核分所，在广东盐税项下每月提拨的款足敷还本付息之用者，径自拨存基金委员会所指定之中外殷实银行专款存储。

（四）流通券自发行满六个月后，每月用抽签法还本付息一次，分二十五个月还清，每次抽还百分之四。

（五）凭券发行时，拟规定搭收前省银行纸币百分之二十五分，但应折半计算，计应收回纸币一百五十万元，并收现银二百二十五万元。

（六）前项凭券之基金，由政府提拨造币厂余利每月三十万元充之，交与基金委员会特别存储，预备还本之用，其利息另由政府拨款充之。

（七）前项凭券分两次发行，每次发行一百五十万元，均自发行后第二个月起，分五个月抽签，每月还本并付息一次，每次抽还五分之一。

（八）定期证券拟规定搭收前省银行纸币二分之一，计共收回六百万元，并收现银六百万元。

（九）定期证券还本付息之基金，由政府指定省河租捐及全省印花税之收入充之，并先指定官产之一部分，作为该项基金之担保品。

前项省河租捐及全省印花税，由政府完全交与基金委员会经理，并由政府协助其进行。其省河租捐并由广州市公安局实力协助，其施行规则另定之。

（十）定期证券自发行满一年后，分十年还本，用抽签法每半年还本一次，每次抽还百分之五，其利息亦每年分两次发给。

（十一）流通券与凭券及定期证券，应各组基金委员会由政府授权与各法团，公推代表任为委员，与政府所派代表共同办理（财政部、省长各派代表一人）。

（十二）基金委员会最大之权责，在维持该券之信用及保护持券人之利益，监督各该券之发行及查核搭收之纸币数目等。

（十三）搭收之纸币，以曾经整理纸币委员会检验盖戳者为限，应随时分别送交整理纸币委员会定期销毁。

（十四）政府指定之基金作为定案，永不变更，本息未还清以前，无论何项机关或有何项要需,均不得挪借或移用。

(十五)流通券自发行日起,凭券自中签日起,定期证券之本票、息票,自本息到期日起,无论政府机关及市面一律通用,不得拒绝收受。如有伪造及毁损其信用者,依法惩罚之。

(十六)本办法自奉核准日施行。

附件丁 银行股本消纳纸币办法

一、另设官商合办银行一所,拟定名"广东民信银行",按照股份有限公司组织,其章程另定之。

二、银行资本总额定为二千万元。先收一半,计一千万元。官股占十分之二,计二百万元。商股占十分之八,计八百万元。

三、官股之二百万元由政府照拨。

四、商股之八百万元,准于缴纳股款时,收现银四百万元,并搭收省银行纸币五成,其详细办法另以招股章程定之。

五、除股款搭收纸币外,银行应按下列办法,酌量情形代政府分别搭收纸币,其搭收成数由银行禀呈财政部核定办理,另以专章定之:

(甲)有奖储蓄存款。

(乙)有奖储蓄券。

六、凡银行所搭收或代政府收回之纸币,由政府以价值相当之有价证券向银行换回,分期销毁。

七、凡银行搭收或代政府收回之纸币,均以曾经整理纸币委员会检验盖戳之纸币为限。

八、曾经检验盖戳之纸币,得存入银行作为存款,由银行给予存簿或存单为凭,并酌给相当之利息,其详细办法另以专章定之。

九、此次银行五年以内完全授权于商民办理,政府任提倡保护及监察之责。

十、政府之官股,五年以内放弃董事被选权,惟监事则由政府选派之。官股应得官红利亦可酌量放弃。

十一、本办法自奉核准日施行。

附件戊　公款收入消纳纸币办法

一、下列各项公款收入，准其搭缴省银行纸币若干成：

　　（甲）官产之变卖。

　　（乙）欠饷之追缴。

　　（丙）公款之收入。

二、政府应从速指定价值二百万元以上之官产，于半年以内招标变卖，专备收回纸币之用，前项官产缴价时，准其搭收纸币五成。

三、此外，于六个月内标卖官产时，准其搭收纸币十成之五成以下一成以上，其数各于投标章程内自定之。

四、凡官产投标时所缴保证金，准全数以纸币充之。前项保证金，准其于得标后缴付正价应搭纸币之成数内抵缴。

五、以前积欠政府饷项，在纸币未停兑以前，积欠者如在两个月以内缴还，准其全数以纸币缴纳；两个月以外者，规定搭缴成数如下：

三个月以内缴还者八成。

四个月以内缴还者六成。

五个月以内缴还者四成。

六个月以内缴还者二成。

六、积欠饷项在纸币停兑以后积欠者，准其搭缴纸币成数如下：

两个月以内缴还者五成。

三个月以内缴还者四成。

四个月以内缴还者三成。

五个月以内缴还者二成。

六个月以内缴还者一成。

七、积欠饷项，须于六个月以内缴清，方准搭收纸币。

八、凡下列各项政府收入，除海关、盐税外，准于一年内分别按成搭收。其搭收成数，由各机关拟定，呈报财政部核准备案，但搭收之成数不得少于十成之一。

（甲）田赋。

（乙）厘金。

（丙）其他各项捐税。

（丁）官营业及其他公款之收入。

（戊）地方公款之收入。

九、搭收之纸币，以曾经整理纸币委员会检验盖戳者为限。

十、搭收时所收之纸币，须呈送财政部按期转发整理纸币委员会分别销毁，但官营业及地方公款收入搭收之纸币，应由财政部以有价证券交换之。

十一、畸零数目或尾数不满一元者，概不搭收纸币。

十二、如收款机关违背前项办法，不允搭收者，依违令例惩罚之。

十三、本办法自奉核准日施行。

中华民国十二年八月十日

据大本营秘书处编《陆海军大元帅大本营公报》第二十五号(广州一九二三年八月二十四日)

批汪精卫来电

（一九二三年八月上旬）①

答蒇如下：陈逆阴险，非至势穷力竭，岂肯宣布攻曹？其老巢在惠，已至穷蹙而将灭亡，正宜夹攻而歼灭之。此间军队两星期当可尽灭惠敌而至潮、梅。务望坚持，毋使功亏一篑。幸甚。

据谭延闿编《总理遗墨》第一辑（一九二八年印行，广东省社会科学院藏）

---

① 此件未署日期。8月3日，汪精卫来电报告，蒇致平准备以陈炯明宣布与曹、吴脱离关系为条件，与之讲和。因此事将危及驻闽东路讨贼军何成濬等部安全，孙中山指示汪对蒇作此答复。时间酌定为8月上旬，即接汪8月3日来电之后。

给叶恭绰廖仲恺的训令

（一九二三年八月七日至十一日间）①

大元帅训令第二五六号

  令大本营财政部长叶恭绰、广东省长廖仲恺

  据广东财政厅长邹鲁呈称："窃维裕国之道莫如清理土地。日本得台湾后，即先编制田土台帐，成绩昭然。粤省辽阔，延袤千里，衡宇栉比，阡陌连云，然考每年土地税收，不过五百万元。究厥原因，皆缘迄未清理所致，故侵占飞洒，流弊百出，豪强胥吏因缘为奸。甚至乡族互争，酿成械斗，法庭涉讼，累及无辜，经界不明，流弊实大。查民国十年曾奉令行设立土地局，原为整理田土起见，惜规划未成，旋复裁撤。现在大局渐定，为清理田土、整顿税收起见，拟请特设全省经界总局，先从沙田清丈登记，次及繁盛都市，陆续举办。并就局内先行设立测绘养成所，以最短期间养成多数测绘人材，一俟大局敉平，全省各属自可分途并进，必使此疆彼界图册分明，且民业一经确定，即与官产公产不能混淆，既可杜绝奸人捏报之烦，并免日后彼此纷争之弊，便民裕国，莫善于此。所有拟设全省经界总局，清丈屋宇田亩缘由，是否有当，理合拟具规程十三条，呈请察核令遵。俟奉核准，再行拟具本局预算书及施行细则呈候鉴定施行"等情，并附呈经界总局规程一折前来。据此，查该厅所拟设立广东全省经界总局清丈屋宇田亩，事属可行。核阅规程，亦尚妥协，应予照准。合行令仰该部长、省长转饬该厅遵照办理，仍将预算书及施行细则呈转候核。经界总局规程抄发。此令。

              （中华民国陆海军大元帅之印）

              中华民国十二年八月 日

---

  ① 原件未署日期。按大元帅训令第二五五号和二五七号，发令日期分别为 8 月 7 日、11 日，故此件时间可能亦在此间。

附录　广东全省经界总局规程

第一条　本局以厘正经界,确定民业为宗旨。

第二条　本局隶属财政厅,秉承财政厅长办理。

第三条　本局局长由财政厅委任,局员由局长委任。

第四条　全省屋宇、田土均由本局次第清丈。

第五条　屋宇、田土、典当、买卖应税契登记事项,概归本局办理。司法官厅已设有登记局,地方仍由该局登记,未经派员清丈各县,该县税契事宜暂由该县长办理。

第六条　屋宇、田土未经税契验契者,清丈后均责令补税、补验并登记,始得管业。

第七条　屋宇、田土已税验契未测量登记者,清丈后应补登记。

第八条　屋宇、田土已税验契测量登记者,仍应复加清丈,如有错误即更正,另发图照管业。

第九条　第六、第七两条之清丈及登记费,均各照价值百分之一计算,契税率及附加等概照向章办理。

第十条　第八条之清丈费豁免之,图照费每张二元。

第十一条　经界确定及登记后,即为完全民业之证据。

第十二条　本局施行细则另定之。

第十三条　本规程如有应行更改事宜,由财政厅长随时呈报省长更定之。

据大本营秘书处编《陆海军大元帅大本营公报》第二十四号(广州一九二三年八月十七日)

发给李肖廷旅费令

（一九二三年八月十一日）

着会计司发给李肖廷旅费五百元。此令。

孙　文

民国十二年八月十一日

据中国国民党中央文化传播委员会党史馆藏一般档案 051/93

给杨希闵的训令

（一九二三年八月十一日）

大元帅训令第二五七号

　　令中央直辖滇军总司令杨希闵

　　该部游击司令董鸿勋，无故称兵，扰害地方，着即勒令解职，听候查办。此令。

（中华民国陆海军大元帅之印）

中华民国十二年八月十一日

据大本营秘书处编《陆海军大元帅大本营公报》第二十五号（广州一九二三年八月二十四日）

给李济深黄绍雄的训令

（一九二三年八月十三日）

大元帅训令第二五八号

　　令西江善后督办李济深、中央直辖西路讨贼军第五师师长黄绍雄

　　中央直辖西路讨贼军第五师师长黄绍雄所部,着暂归西江善后督办李济深节制调遣。此令。

（中华民国陆海军大元帅之印）

中华民国十二年八月十三日

据大本营秘书处编《陆海军大元帅大本营公报》第二十五号(广州一九二三年八月二十四日)

给程潜的训令

（一九二三年八月十三日）

大元帅训令第二六〇号

　　令大本营军政部长程潜

　　据大本营审计局长刘纪文呈称:"窃职局现奉钧座委办,审查航空局七月份预算书一案,当即遵令审核。查航空局编制现未颁布,暂行编制未经厘定以前,殊难得所依据。现据该局七月份预算,所列用人员虽似太多,惟有无浮滥,因是实难考核。再该局系属军政机关,恳请钧帅饬令军政部,先将该局编制编定,转呈钧帅发下职局备案,以便审查"等情。据此,除指令照准外,合行令仰该部长即将航空局编制妥为厘定,呈候核颁。此令。

（中华民国陆海军大元帅之印）

中华民国十二年八月十三日

据大本营秘书处编《陆海军大元帅大本营公报》第二十五号(广州一九二三年八月二十四日)

批各部部长联衔请派惩戒委员呈

（一九二三年八月十三日）①

委任李执中、邵力子、庞元澂、刘芷芬、彭介石五人为惩戒委员，组织惩戒委员会审查之。中央干部会议提出惩戒叶夏声一案，着并交该会审察。此批。

孙文（谢持代）

中华民国十二年八月十三日

据中国国民党中央文化传播委员会党史馆藏一般档案052/40

给杨仙逸的指令

（一九二三年八月十三日）

大元帅指令第三九一号

  令航空局长杨仙逸

  呈缴七月份预算书请饬审查示遵由

  呈悉。该局七月份预算书经饬局查复，尚多不合，应即发还。令饬军政部先将该局编制厘定，呈候核定颁行，再由该局遵照编制预算，呈候核发可也。此令。

（中华民国陆海军大元帅之印）

中华民国十二年八月十三日

据大本营秘书处编《陆海军大元帅大本营公报》第二十五号（广州一九二三年八月二十四日）

---

① 据秦孝仪主编《国父全集》注：原件无年代，当为民国十二年曹锟贿选惩戒国民党籍议员事。

给邹鲁的指令①

（一九二三年八月十三日）

大元帅指令第三九三号

　　令广东财政厅长邹鲁

　　呈为拟定商业牌照税条例施行细则及各项书据格式，请鉴核令遵由

　　呈及细则书据格式均悉。应照准。仰即遵照办理。此令。

（中华民国陆海军大元帅之印）

中华民国十二年八月十三日

据大本营秘书处编《陆海军大元帅大本营公报》第二十五号（广州一九二三年八月二十四日）

命追赠并优恤萧觉民令

（一九二三年八月十四日）

大元帅令

　　据东路讨贼军总司令许崇智呈报："所部团长萧觉民，在永湖附近地方与贼应战，身先士卒，重伤阵亡"等情。该故团长萧觉民英年从军，矢志为国，援赣援闽，迭著勤劳；还兵潮、惠，屡摧强敌。此次永湖战役，竟身先士卒，以身报国，闻兹噩耗，惋惜殊深。萧觉民着追赠陆军少将，由大本营会计司发给治丧费一千元，并着大本营军政部照少将阵亡例从优议恤，以慰忠烈，而矜遗孤。此令。

---

　　① 邹鲁奉令按照政务会议通过的商业牌照税条例，拟订出施行细则二十二条，连同各项书据格式，于8月6日呈请孙中山鉴核。

（中华民国陆海军大元帅之印）

中华民国十二年八月十四日

据大本营秘书处编《陆海军大元帅大本营公报》第二十五号（广州一九二三年八月二十四日）

给许崇智的指令

（一九二三年八月十五日）

大元帅指令第三九四号

　　令东路讨贼军总司令许崇智

　　呈请抚恤阵亡团长萧觉民并追给少将由

　　呈悉。业明令追赠少将发给治丧费一千元，并着军政部照少将阵亡例从优议恤矣。仰即知照。此令。

（中华民国陆海军大元帅之印）

中华民国十二年八月十五日

据大本营秘书处编《陆海军大元帅大本营公报》第二十五号（广州一九二三年八月二十四日）

命赶造八生炮引信令

（一九二三年八月十五日）

着兵工厂长火速赶造八生炮碰火四百个，交东江刘军①应用。此令。

孙　文

中华民国十二年八月十五日

据谭延闿编《总理遗墨》第三辑（印行时间不详，广东省社会科学院藏）

---

① 刘军，即刘震寰部。

发给萧觉民恤费令

（一九二三年八月十五日）

着会计司发萧团长觉民恤费一千元。此令。

孙　文

中华民国十二年八月十五日

据中国国民党中央文化传播委员会党史馆藏一般档案 051/121

给罗翼群的指令①

（一九二三年八月十五日）

大元帅指令第三九五号

　　令大本营兵站总监罗翼群

　　呈请拨专款办理收束西北两江兵站等机关由

　　呈悉。结束西北两江兵站各机关，应就指定拨付之款，统筹办理。所请着无庸议。仰即遵照。此令。

（中华民国陆海军大元帅之印）

中华民国十二年八月十五日

据大本营秘书处编《陆海军大元帅大本营公报》第二十五号（广州一九二三年八月二十四日）

---

① 8月14日，罗翼群为遵令收束西北两江兵站事，呈请孙中山迅拨现款五万元，专为两江兵站及各卫生队、病院、输送队收束之用。

命熊克武节制四川各军令

（一九二三年八月十六日）

大元帅令

四川所有讨贼各军,着统归川军讨贼军总司令熊克武节制调遣。此令。

（中华民国陆海军大元帅之印）

中华民国十二年八月十六日

据大本营秘书处编《陆海军大元帅大本营公报》第二十五号（广州一九二三年八月二十四日）

命梅光培等筹款令

（一九二三年八月十六日）①

着梅处长、公安局长、市政厅长②共同设法,供足无线电局每月经费,并另筹三万,将军用电机三套速行取出,送往前线应用,至急。文批。

据谭延闿编《总理遗墨》第一辑（一九二八年印行,广东省社会科学院藏）

---

① 原件未署时间,但有钢笔字注"八月十六日呈",今据此定。
② 梅处长、公安局长、市政厅长,即梅光培、吴铁城、孙科。

给邹鲁的训令

（一九二三年八月十六日）

大元帅训令第二六一号

  令广东财政厅长邹鲁

  据广东电政监督兼广州电报局局长范其务呈称："呈为收入短绌，经费困难，恳请准予拨款，以维电政事。窃以电局虽为交通机关，仍属营业性质，全赖报费收入以为月中经费。现查广东隶于大元帅辖下各地电报局，以大局平靖时论，每月收入共约一万二千八百九十元，其经常综计须一万九千五百一十一元。现因军事影响，前有盈余之局变为不敷，尚属不敷之局更形奇绌。收入已不如平时，支出又增多军用一十一款共三千二百三十四元，总共每月支出二万二千七百四十五元，收支比对每月实不敷九千八百五十五余元。各局已欠薪数月，困苦不堪，来省面请收束者亦不乏人，令其回局则情有不能，准其停办又势有不可，再四思维，终窘应付；且近一个月间，竟三遭暴风，江门局吹断十二丈高杆二枝，陈村局煤炭厂吹断十二丈高杆二枝，虎门局吹断十二丈高杆二枝，香山局猪头山吹断十二丈高杆三枝，新昌局旺北围吹断九丈六尺高杆一枝，四会局塔冈吹断八丈高杆二枝，约共需工料费银六千余元，其余北江、西江、广宁、四会及近海各局，因战事、暴风，被斩断、吹断线杆之工料费，亦约需三千余元。因无款及潦水未退之故，各处杆线多未修复，几于无电可发，日收仅得数十元，非先行领款，实无法责令各局兴工修理也。职体验时艰，对于杆线有可暂用者，则撑植之，对于用人其可裁汰者，则分别减却之。奈不敷太多，终非节省所能将事，此中实在困难情况，经职于本月三日面陈胡总参议，蒙函财政厅、运使署共拨三千元暂为分拨，令将军用要线，先行兴修在案。其余六千余元尚付缺如，理合再将经费无着及杆线待款修理情形，并具收支比对表，呈恳钧座察核，乞准如数拨下，俾得各处杆线早日修复，以便交通而利戎机。至每月额定经费不敷九千八百五十五元,应由何财政机关拨出补助之处,仍候一并指令祗遵,实为公便"等情。据此,除指令呈悉,已令行广东财政厅按月拨给五千元外,合行令仰该厅长即便遵照办理。此令。

（中华民国陆海军大元帅之印）
中华民国十二年八月十六日

据大本营秘书处编《陆海军大元帅大本营公报》第二十五号（广州一九二三年八月二十四日）

给邓泽如的指令

（一九二三年八月十六日）

大元帅指令第三九七号

  令两广盐运使邓泽如

  呈请裁撤缉私舰队办事处由

  呈悉。应照准。此令。

（中华民国陆海军大元帅之印）
中华民国十二年八月十六日

据大本营秘书处编《陆海军大元帅大本营公报》第二十五号（广州一九二三年八月二十四日）

给范其务的指令

（一九二三年八月十六日）

大元帅指令第三九八号

  令广东电政监督兼广州电报局局长范其务

  呈报收入短绌,经费困难,请准予拨款以维电政由呈悉。已令行广东财政厅按月拨给五千元。仰即知照。此令。

（中华民国陆海军大元帅之印）

中华民国十二年八月十六日

据大本营秘书处编《陆海军大元帅大本营公报》第二十五号（广州一九二三年八月二十四日）

给姚雨平的指令

（一九二三年八月十六日）

大元帅指令第三九九号

令前中央直辖警备军司令姚雨平

呈缴暂定中央直辖警备军旗帜图式，请备案由

呈悉。该警备军司令已准辞职在案，该军从前之军旗图式无须备案。仰即知照。此令。

（中华民国陆海军大元帅之印）

中华民国十二年八月十六日

据大本营秘书处编《陆海军大元帅大本营公报》第二十五号（广州一九二三年八月二十四日）

给邓泽如等的训令

（一九二三年八月十七日）

大元帅训令第二六二号

令两广盐运使邓泽如、广东财政厅邹鲁、广州市政厅孙科、广州市公安局吴铁城、广东全省官产清理处梅光培

据大本营兵站总监罗翼群呈称："窃据卫生局长李奉藻呈称：'查职局

所辖前后方各病院、各卫生队等,每月领支薪饷、公费共需二万零五百余元,加以后方各院现所收容留医伤病官兵将达二千六百名,每日约需伙食六百元左右。前方战事方殷,伤兵尚源源而至;又各院、队暨前方各军来领卫生材料,日凡数起,需费甚巨,统共每日匀领三千二百余元方敷分配。惟因库储支绌,每日只由经理局拨发千余元至二千元不等,以之分配支给各院留医伤病官兵伙食、殓埋费及零星店账,已属不敷,以致积欠各院、队薪饷,竟无从支发。日前经将困难情形电呈请予清发,奉交经理局办理,旋准徐局长函知:俟催收有款,尽先筹发等由。迄今旬日,仍尚未准清发旧欠,而新款仍不能领足,似此无米为炊,难为巧妇。现计各院、队五六月份应领薪饷公费,固全未清给,而七月份又将届满,层叠积欠,为数尤巨。查前迭据各院、队长以各员役夙夜在公,异常劳苦,屡以薪饷未奉给发,养赡乏资,要求转请清发,否则一律请予辞职,以免枵腹等情,面请维持前来。当经局长迭予安慰,嘱令安心服务,静待领发去后,现复据各员前来,呈请速发,否则行将解体等情。又经一再安慰,惟虽舌敝唇焦,仍恐无济于事,倘果实现,则各院、队无人经理,贻误事机实非浅鲜。局长职责所在,亟当维持,再四思维,非予设法筹款清理前欠,及以后随时清发,殊不足以维现状,而利进行。所有职局领款短少积欠薪饷,据各员役要求清发各缘由,理合开具清单,具文呈请察核,俯赐维持,立先提拨款项,清理前欠各院、队薪饷及请筹定的款,以后按照应领数目拨足,俾资应付而免贻误'等情,并连同欠款清单一纸前来。据此,窃查本部款项,向由财政各机关按额拨给,以资支付。迩月以来,当局对于兵站领发各款,多方推宕,漫不负责,以致收入日绌,积欠日多。兹据前情,理合转呈察核,俯念留医各官兵伤病攸关,迅予拨款维持,实叨公便"等情。据此,除指令照准外,合行令仰该运使、厅长、市长、局长、处长即便遵照,对于指拨兵站之款,务须如额交付,不得延宕积欠,以利戎机。此令。

(中华民国陆海军大元帅之印)

中华民国十二年八月十七日

据大本营秘书处编《陆海军大元帅大本营公报》第二十五号(广州一九二三年八月二十四日)

给范其务的训令

（一九二三年八月十七日）

大元帅训令第二六三号

　　令广东电政监督范其务

　　据西江讨贼军总指挥魏邦平鱼日代电称："冬日据梧州电报局局长康一谔邮电称：'窃查职局常年经费，向以商报收入为命脉，报费收入又视线路通阻为转移。报费失收则阖局生机中绝，困难情形业经沥陈在案。查东路电信梗阻频仍，一因日久失修，复因洪流倾倒，此为职局所辖电线情形。其广东线路，断阻已久，叠经电请广东电政监督责成修理，置若罔闻。应请钧部电呈大元帅，饬令广东电政监督从速兴修，以期通畅'等情。据此，查电报为行军需要，现值戒严时期，消息尤贵敏捷。该局长所陈尚属实情，应请钧座令饬广东电政监督速将该路电线克日修理，以捷戎机而资军用"等情。据此，合行令仰该监督即将该路电线从速修复，以便交通。此令。

　　　　　　　　　　　　　　　　（中华民国陆海军大元帅之印）

中华民国十二年八月十七日

据大本营秘书处编《陆海军大元帅大本营公报》第二十五号（广州一九二三年八月二十四日）

给梁鸿楷的训令

（一九二三年八月十七日）

大元帅训令第二六四号

　　令中央直辖广东讨贼军第四军军长兼两阳、三、罗等处安抚使梁鸿楷

　　自西江军兴以来，生民荡析，未获安居，乡团民军或因保卫地方，或因协

助大军,所在多有,事定之后,或未还农,而各部正式军队,亦间有临时扩充,超逾原额。兹因西江一带已告肃清,特派该军长兼两阳、三、罗等处安抚使,仰即绥靖地方,裁遣军队,用副本大元帅轸恤民生、整饬军政之至意。现在钦廉一带桂盗余孽,时滋椒〔俶〕扰,并仰协助高雷绥靖处共同捍御,保卫地方,有厚望焉。此令。

(中华民国陆海军大元帅之印)

中华民国十二年八月十七日

据大本营秘书处编《陆海军大元帅大本营公报》第二十六号(广州一九二三年八月三十一日)

批程潜呈

(一九二三年八月十七日)

大元帅指令第四〇三号

呈悉。该故旅长陆兰清,业明令着由该部查照陆军中将积劳病故例从优议恤矣。仰即知照。此令。

(中华民国陆海军大元帅之印)

中华民国十二年八月十七日

据大本营秘书处编《陆海军大元帅大本营公报》第二十五号(广州一九二三年八月二十四日)

命优恤陆兰清令

(一九二三年八月十七日)

大元帅令

据西路讨贼军总司令刘震寰电呈:该部第十独立旅旅长陆军中将陆兰

清率部随攻惠州,积劳病故,恳请追恤等情。该故旅长陆兰清,久历戎行,备尝艰险,今春讨贼军东下,该故旅长在三水首先响应,深明大义。此次攻惠,力疾视师,始终弗懈,竟以积劳致病,尤征忠勇。兹闻溘逝,悼殊深,该故旅长陆兰清,着大本营军政部查照陆军中将积劳病故例,从优议恤,以慰忠魂。此令。

(中华民国陆海军大元帅之印)

中华民国十二年八月十七日

据大本营秘书处编《陆海军大元帅大本营公报》第二十五号(广州一九二三年八月二十四日)

给姚雨平的指令

(一九二三年八月十七日)

大元帅指令第四〇四号

令惠州安抚使姚雨平

呈报设立行署及后方办事处请饬兵站接济由

呈悉。该使所设行署及后方办事处,应就所领经费开支,无须兵站供给,所请着毋庸议。此令。

(中华民国陆海军大元帅之印)

中华民国十二年八月十七日

据大本营秘书处编《陆海军大元帅大本营公报》第二十五号(广州一九二三年八月二十四日)

给程潜的指令

（一九二三年八月十七日）

大元帅指令第四〇五号

　　令大本营军政部长程潜

　　呈报查明冼善之等附逆情真请将该逆等家产召变充饷乞核示由

　　呈悉。既据查明冼善之等附逆有据，该逆等家产准予变卖充饷，以儆凶顽。仰即会同广东省长办理可也。此令。

（中华民国陆海军大元帅之印）

中华民国十二年八月十七日

据大本营秘书处编《陆海军大元帅大本营公报》第二十六号（广州一九二三年八月三十一日）

谕航空局拨机开往淡水协助进攻海陆丰

（一九二三年八月十七日）①

　　着即准备一切，分拨飞机一队，开往淡水方面，以便侦探敌情，协助进攻海陆丰。

据《广州民国日报》一九二三年八月十七日

---

① 此件所标时间为《广州民国日报》刊出日期。

命胡汉民等将人械分运招降部队令

（一九二三年八月十八日）

对于招降李根云之残部，已与蒋军长说明，须要人械分运而过西江，并要彼立出前敌，如是则其人直由梧州乘轮出香港，由港再搭渡往澳头登岸，而集中淡水，或搭车往平湖，而赴淡水，此实较廉较速。至其枪械，则由蒋军派人接收，另运往淡水集中整理，决不准其于梧州淡水之间停留，以免误会而滋流弊乃妥。着总参议及秘书长，照此发训令与蒋军长光亮，依照办理，不得稍违。此令。

孙　文

据中国国民党中央文化传播委员会党史馆藏一般档案 051/148

准李国柱代造步枪令

（一九二三年八月十八日）

李旅长国柱备价请代造步枪五百枝。应照准。此令。

孙　文

民国十二年八月十八日

据中国国民党中央文化传播委员会党史馆藏一般档案 051/258

发给孙扶邦路费令

（一九二三年八月十九日）

着会计司发给孙扶邦路费二十元。此令。

孙　文

中华民国十二年八月十九日

据中国国民党中央文化传播委员会党史馆藏一般档案 051/109

给廖仲恺的训令

（一九二三年八月十七日至二十日间）①

大元帅训令第二六五号

据广东广州总商会呈请取销商业牌照税。查该总商会所述理由，一以施行此种新税，宜在裁厘加税之后，不加裁厘加税为一事，推行此种牌照税又为一事，不能混为一谈，以异耸听；一以粤中向有行厘、有坐厘、有台厘，实已一物数征。不知行厘、台厘系属厘金之一种，亦与此项牌照税课自营业迥不相蒙，未得误为重征。现在香港等处均有牌捐，近在咫尺，各商必能深悉，更不能以各省所无，借口请免。况此项牌税一次收过，永无再征，无〔与〕普通之营营〔业〕税、牌照捐按年缴纳者亦大不相同。当此军事倥偬，库饷支绌之时，筹措军需，商民人等各宜勉励其力。广州市内铺屋业主既已两次输捐，街坊庙尝亦多举投变，商人急公好义，当不宜独居人后。为此，令仰该省

---

① 此令见广东省长公署给财政厅的训令中，但《陆海军大元帅大本营公报》第二十五号"大元帅第二六五号训令"缺载，据"第二六四号训令"为 8 月 17 日，"第二六六号训令"为 8 月 20 日推算，此令发布日期当在 8 月 17 日至 20 日之间。

长谕令该商会,转知各行商及商业团体,务宜竭力劝遵,踊跃输将,勿得稍事误会,有妨功令。并一面严饬广东财政厅迅行征收,不得延宕,致误军需。切切。

据《广州民国日报》一九二三年八月二十二日《商业牌照税不准取销》

给廖仲恺的训令

（一九二三年八月二十日）

大元帅训令第二六六号

  令广东省长廖仲恺
  据大本营军政部长程潜呈称:"卷查宝安县公民曾容等,及中央直辖西路讨贼军第三师师长黎鼎鉴先后呈称:宝安县莠民冼善之等,帮助练逆演雄,祸乱粤局,罪证确凿,请查封其家产,召变充公一案。经职部令行署宝安县县长张沥林查明具复去后,旋据复称:呈确。经职部据情呈奉钧座批示,详查严办等因。奉此,遂令宝安县张县长将冼善之、陈斗文、陈星舫在宝安境内家产,先行查封,其冼善之一人所管在虎门境内家产,则由黎师长于具呈后即行查封。旋据香港侨民曾容及冼善之本人先后诉称:冼善之并无附逆情事。又据陈善章、谭牛等先后呈称:虎门境内被封产业,并非冼善之一人所管。种种情形,各先后列具在卷。职以此案情形颇多纠葛,复委职部秘书姚大慈前赴虎门、宝安,会同张县长将案内纠葛情形彻查具报去后,兹据会称:'呈为呈复事:案奉钧部第一三三号训令内开:以查封冼善之等逆产一案,罪证是否确凿;港虞电署名之曾容,是否系曾容记假名图混;陶园酒楼及同益航业公司之产业,是否系谭牛、陈善章、冼善之等所共有等因,饬令秘书、县长会查具报,以凭核办。奉此,遵即逐一确查,谨合词为我部长缕晰陈之:伏查冼善之以油漆匠出身,因缘致富,雄于资财,向以贿赂交结达官及本县不肖县吏,身居香港,而把持县政,驱使贪吏,俨如上司。当本年春间,冼善之以逆部参议资格,在港大东酒店设立机关,所有练演雄叛变之逆谋,皆定计于此时此地,凡港人之关心时局者,多习闻而习见之。迨练逆在宝安发难时,冼善之竟敢使其子冼海、其党陈泽恩由港运送巨款,助逆军饷及充逆军向导,嗣在阵地中枪伤足,舁港就医,邑人见者,莫不称快。当未发难之前,冼善之且与练逆密谋盗运沙角炮台抬枪子弹,屯藏宝安县属西路,备作后应。嗣经游击队查起,现仍存团保局,是冼善之助逆谋叛罪证确凿者一也。又查宝安公民曾容系世居宝安县境,姓曾名容,别无其他名号,其人最富于公益心,邑人每推许之,此次愤冼逆之助乱,糜烂桑梓,因而出首呈控,断无反汗之理。至香港拍发虞电署名之曾容,系向在香港西营盘开曾容记店作泥水匠扫灰水生意之曾容荣所假名,其人素来无赖,交结匪类,邑人多不齿之。此次为冼逆所收买,竟不惜以自己曾容荣之姓名,忽然截断一字,一变而为曾容,在港拍发虞电为冼辩护,曾经公民曾容续呈申驳,当蒙洞鉴。且其中尤有足证其伪者,曾容记拍发虞之稿,曾用电版摄影粘呈省宪,其稿末既署名曾容之笔,复又钤以曾容荣小章,作伪心劳日拙,殆其此之谓矣。是港虞电署名之曾容,确为侨港之曾荣记假名图混者二也。又查陶园酒楼及同益航业公司之产业,纯属冼逆善之一人所独有,谭牛者不外冼逆之雇役,初在同益轮拖管收渡费,近乃改充陶园酒楼司柜。陈善章者,实则并无其人,不外冼善之最初与县属福永村人陈丽章合办同益轮拖,因以善之、丽章两人之名,各抽一字合组一名,以为承商名字,嗣因经理不善,寻至亏本,陈丽章情愿退股,自时厥后亦迄于今,同益航业公司之产业,遂专归冼逆一人所独有。故财厅执照亦纯用冼善之名字。现陈丽章之子陈洪,尚充西路讨贼军第三师连长,言其父与冼逆当年合股拆股情形甚悉。唯冼逆自知逆产已封,势必召变,故欲藉谭牛、陈善章等名瞒请给还,希图狡脱,是陶园酒楼及同益航业公司产业,并非谭牛、陈善章等所共有者三也。以上各节,迭经秘书、县长会同逐一详查,确无疑义,谨合词具复,伏乞察核,克日派员莅县会同评价召变,藉充军饷,实为公便'等情。据此,查冼善之等既属附逆情真,甘心破坏大局,挟其资财助恶长乱,揆厥情形,实堪痛恨。可否准于宝安县公民及黎师长等所请,将冼善之等家产召变充饷,以儆凶顽,而彰顺逆,理合备文呈候钧座俯赐察核,迅予批示施行,实为公便"等情。据此,除指令呈悉,既据查明冼善之等附逆有据,该逆等家产,准予变卖充饷,以儆凶顽。仰即会同广东省长办理外,合行令仰该省长即便遵照办理。此令。

（中华民国陆海军大元帅之印）

中华民国十二年八月廿日

据大本营秘书处编《陆海军大元帅大本营公报》第二十六号(广州一九二三年八月三十一日)

给姚雨平的训令

（一九二三年八月二十日）

大元帅训令第二六七号

令惠州安抚使兼中央直辖警备军司令姚雨平

为令遵事:照得我军此次出征东江,义在伐罪救民,歼厥逆魁,余无所问。所有胁从官兵,应予招抚收编,以安反侧,而示宽仁。仰该司令体念斯旨,即赴东江前敌,设法招抚,以免敌兵流散,重贻民害,仰即遵照毋违。切切。此令。

（中华民国陆海军大元帅之印）

中华民国十二年八月廿日

据大本营秘书处编《陆海军大元帅大本营公报》第二十六号(广州一九二三年八月三十一日)

给杨仙逸的指令

（一九二三年八月二十日）

大元帅指令第四〇六号

　　令航空局局长杨仙逸

　　呈报东江水涨，拟将陆机二架装成水机以备赶赴前敌由

　　呈悉。照准。此令。

（中华民国陆海军大元帅之印）

中华民国十二年八月廿日

据大本营秘书处编《陆海军大元帅大本营公报》第二十六号（广州一九二三年八月三十一日）

发给行营金库长款令

（一九二三年八月二十一日）

着会计司发给行营金库长一万元。此令。

孙　文

中华民国十二年八月二十一日

据中国国民党中央文化传播委员会党史馆藏一般档案051/97

给古应芬的指令

（一九二三年八月二十二日）

大元帅指令第四〇八号

　　令大本营驻江苏办事处全权主任古应芬

　　呈请将补充团收归中央直辖,暂归善后督办李济深节制由

　　呈悉。准如所请办理,已令行西江善后督办矣,仰即知照。此令。

　　　　　　　　　　　　　　　（中华民国陆海军大元帅之印）

　　　　　　　　　　　　　　　中华民国十二年八月廿二日

据大本营秘书处编《陆海军大元帅大本营公报》第二十六号(广州一九二三年八月三十一日)

给刘纪文的指令

（一九二三年八月二十二日）

大元帅指令第四〇九号

　　令大本营审计局长刘纪文

　　呈请通令各文武机关迅行依式编造各预计算书表由

　　呈悉。准如所请,已分令军政各机关查照办理矣,仰即知照。此令。

　　　　　　　　　　　　　　　（中华民国陆海军大元帅之印）

　　　　　　　　　　　　　　　中华民国十二年八月廿二日

据大本营秘书处编《陆海军大元帅大本营公报》第二十六号(广州一九二三年八月三十一日)

给军政各机关长官的训令

(一九二三年八月二十二日)

大元帅训令第二六八号

令军政各机关长官

据大本营审计局长刘纪文呈称："窃职局权司审计,举凡国库出纳之款项,自应依法审核,以仰副钧帅慎量度支、维系公帑之至意。故自职局成立以来,迭经呈请通饬各文武机关,依法编造预算,呈由钧帅核定发局备案,及按月编造支付预算,暨每月计算发局审查各在案。惟查十一年度十二年六月以前各机关遵令造报者,除内政、财政、兵站、建设等部及宪兵司令部外,其余军政、外交等部、会计司、法院,暨中央直辖各机关等,多尚阙如;且造报者,或有预算而无计算,或有计算或无预算,或间或断,或程式不符,或手续不合,亦多未尽符章制,所有审查经过情形,复经分别呈复察核又在案。窃以国家财政,首贵整理之得宜,其整理之方,自宜于每年度末开始之先,确定预算,以为出纳之根据。考诸会计法例,国家之租税及其他收入为岁入,一切经费为岁出,岁入岁出均应编入总预算。又审计法例,各官署应于每月五日以前,依法决定预算定额之范围,编造次月预算书,送由财政部查核发款后,转送审计院备查,及各官署应于每月经过十五日以内,编成上月收入计算书、支出计算书,送审计院审查等规定。是一则为整理之方,一则为防弊之法,推行已久,成案可稽。今各机关既未能依法编造于前,尤不遵令补报于后,似于钧帅设置职局,与整理财政、慎重度支之旨,不无径庭。用敢再呈钧座,拟请迅令各文武机关,对于上年度,即十二年六月以前之预算、计算已报未完,或程式不符,及未经造报者,一律依照财政部编定书式,参照会计审计法例,克期补造,呈报钧座,发局分别审查备案。其十二年度总预算,亦应迅照财政部通行期限,依式编送该部汇总呈核,嗣后仍按月编造支付预算书,及收支预算书表,参照审计法例,分别呈送发款审核,以符法系而资整理。所有呈请通令各文武机关迅行依式编造各预、计算书表分别呈送各缘由，理合具文呈请鉴核，伏乞俯赐分令饬遵，实为公便"等情。据此，除指令准如所请分令军政各机关查照办理外，合行令仰该部长、总司令、军长、院长、司令、司长查照，并转饬所属，迅行依式分别补造、编造各预算书表呈候发核，以资整理而重度支。此令。

（中华民国陆海军大元帅之印）

中华民国十二年八月廿二日

据大本营秘书处编《陆海军大元帅大本营公报》第二十六号（广州一九二三年八月三十一日）

给李济深的训令

（一九二三年八月二十二日）

大元帅训令第二六九号

令西江善后督办李济深

据大本营驻江办事处全权主任古应芬呈称："呈为补充团业已成立，拟请收归中央直辖，恭呈仰祈睿鉴事。窃照本处组织补充兵一团，遴委冯宝桢为团长，严博球为中校团附，高汉宗为少校团附，业经呈报在案。查该团虽成立未久，而训练颇有可观，本处现已奉裁，该团无所隶属，拟恳准予收归钧府直辖，并改名为中央直辖广东讨贼军步兵独立团，仍驻西江，暂归善后督办李济深节制，俾可练成劲旅，听候指挥。所有拟请将本处所辖补充团改隶中央更易名称各缘由，备文呈请察核，是否有当，伏乞指令祗遵。再如蒙照准，该团长、团附各职，并请分别加给任命，以重职守，合并具陈"等情前来。除指令准如所请办理外，合行令仰该督办查照。此令。

（中华民国陆海军大元帅之印）

中华民国十二年八月廿二日

据大本营秘书处编《陆海军大元帅大本营公报》第二十六号（广州一九二三年八月三十一日）

给邓泽如的训令

（一九二三年八月二十三日）

大元帅训令第二七〇号

令两广盐运使邓泽如

据大本营军政部长呈称："据广东陆军医院院长陈世圻呈称：'呈为薪饷日久无着，办理竭蹶万分，沥情吁请俯赐维持并予转呈事。窃世圻辱承宠命，畀以今职。任事之始，正值军兴，所有各路伤病官兵源源而来，人数骤增，医务日繁，经世圻督同军医、司药等员悉心疗治，加意维护，三月以来幸无贻误。该员等在朱前院长宗显任内，服务四月，此次倏又三月，前后七月未得分毫。似此久任义务，窘况可想，各有家室之累，实藉月薪糊口；且省垣米珠薪桂，居大不易，若按月薪饷日久无着，揆诸情势，实有难行。至下级之看护、士兵、杂役月饷或十余元，或仅只数元，久未清给，困苦尤甚，虽经多方勖勉设法维持，无如世圻任事以来，如垫支过不敷之伤兵伙食、购办缺乏之药费品以及临时添置床板、寝具，并办事人员之膳费，无一不在张罗，勉力支撑，以致债累满身，清还无从。前项薪饷问题，总竭其智能亦无法解决。所有种种困难情形，迭经面陈聪听，请赐维持在案。现世圻任内，积欠经常薪饷、暨垫支过临时购置接济药品及不敷伤兵伙食等款，均系立待开支，万难再事延缓，致滋瓦解。世圻目击现状，忧心如焚，虽知库帑奇绌之秋，不敢不据实上陈。盖各该员之苦况已达极点，势难再支，设致贻误公务，负疚愈深，再四筹维，惟有沥情呈请鉴核，俯赐设法维持，并乞据情转呈元首，早日指拨的款发给下院，以苏涸辙。迫切陈词，无任悚惶待命之至'等情。据此，查该院长所陈各节均属实情，计该院经费每月二千八百四十七元七毫，又伙食及临时费二千五百一十元，除奉钧令每日由会计司发五十元外，每月仍不敷三千八百五十七元七毫。似此积欠日多，应付綦难，拟请钧座特予批发的款五千元下部转发该院长妥为维持,是否有当,理合据情转呈,伏乞察核指令祗遵"等情。据此,除指令照准外,合行仰该运使遵即迅发五千元交由军政部领收转发可也。此令。

（中华民国陆海军大元帅之印）

中华民国十二年八月廿三日

据大本营秘书处编《陆海军大元帅大本营公报》第二十六号（广州一九二三年八月三十一日）

命将程天斗交军法裁判令

（一九二三年八月二十三日）

大元帅令

程天斗着交大本营军法裁判。此令。

（中华民国陆海军大元帅之印）

中华民国十二年八月二十三日

据大本营秘书处编《陆海军大元帅大本营公报》第二十六号（广州一九二三年八月三十一日）

给赵梯昆的指令

（一九二三年八月二十三日）

大元帅指令第四一〇号

令永翔舰长兼海军司令部参谋长赵梯昆

呈请开去海军司令部参谋长兼职由

呈悉。该参谋长数月以来,于海军司令部务擘画周详、正殷倚畀,尚冀统筹兼顾,勉力赞襄,以副本大元帅整饬海军之至意。所请开去参谋长兼职之处,着毋庸议。此令。

（中华民国陆海军大元帅之印）

中华民国十二年八月廿三日

据大本营秘书处编《陆海军大元帅大本营公报》第二十六号（广州一九二三年八月三十一日）

给魏邦平的指令

（一九二三年八月二十三日）

大元帅指令第四一一号

  令琼崖实业督办魏邦平

  呈为琼崖实业尚难筹备,请予收回督办成命由

  呈悉。该督办对于琼崖实业,筹画有素,今为事择人,特授斯职。尚冀极力经营,本所夙抱,见诸实际,以濬发琼海全岛之富源,而副本大元帅振兴实业之至意。所请收回督办成命之处,应毋庸议。此令。

（中华民国陆海军大元帅之印）

中华民国十二年八月廿三日

据大本营秘书处编《陆海军大元帅大本营公报》第二十六号（广州一九二三年八月三十一日）

给程潜的指令

（一九二三年八月二十三日）

大元帅指令第四一二号

  令大本营军政部长程潜

  呈请批发的款维持陆军医院由

呈悉。准如所请,候令行两广盐运使迅拨款五千元交由该部核收转发,仰即知照。此令。

(中华民国陆海军大元帅之印)

中华民国十二年八月廿三日

据大本营秘书处编《陆海军大元帅大本营公报》第二十六号(广州一九二三年八月三十一日)

发给北京法文报津贴令

(一九二三年八月二十三日)

着会计司每月发给北京法文报津贴大洋一百五十元。由本月起发,交韦玉手汇去。此令。

孙　文

中华民国十二年八月廿三日

据中山大学孙中山纪念馆藏原件

给罗翼群的指令

(一九二三年八月二十四日)

大元帅指令第四二〇号

　　令大本营兵站总监罗翼群

　　呈据交通局长周演明呈:广东工团海面货船协会严月生等,伪造事实,营私舞弊,转请核办由

　　呈悉。仰即严查,如果属实,应行从重究办。此令。

(中华民国陆海军大元帅之印)

中华民国十二年八月廿四日

附录　罗翼群呈

呈为呈请事：现据职部交通局长周演明呈称：现据广东工团同盟会、中华海面货船协会总部会长严月生、黄曜等快邮篠电称：窃自沈逆叛变，各江用兵，我大元帅率师讨贼，我工人等即首先输诚，尽其棉薄，赞襄义军。盖以水路交通首需船舶，我工人自置船渡，以运载米谷为业，即俗所称为米艇者也。军兴伊始，即由本工会具呈大本营兵站总监，称军事如用船只，请知照本工会，本工会当着会友将船报效，惟请勿以强力威迫，致生误会。盖办事人员或不能仰体我大元帅嘉惠劳工之旨趣，假藉威权，恣意凌迫，其不肖者难保不有欺诈取财之举，则非惟有玷我兵站职员之名誉，且无形之中丛积怨愤，致伤大元帅之威德。一片苦衷，经由罗翼群总监俯察批准在案，本会因而组织一联保会，凡我工友以米艇为军事效力者，每艘每日由会给回二十元以为伙食，或遭不测，则本会每船送回该遇险之船补置费二十五元。计全会米艇不下三百余艘，统计一船遇险，可得回补置费七千余元，此皆本会自动的为我大元帅效力之可稽者也。数月以来，相安无异，盖我工会全体工友均为中国国民党党员，对于国家须尽我国民之天职，对于本党亦同时须尽我党员之责任。去年陈逆之变，我工会米艇集中鹅潭拥护帅座，身命财产概置度外，足见我工会工人为国效劳、为党效忠、为大元帅效死不自今日始也。万不料本月十六日下午十一时三十分，突有兵站部交通局委员钟昌谱等率同卫兵数人，偷登我会员广发昌、广联发米艇，声称封船，不由分说，放枪威吓。妇人孺子奔走无路，黑夜沉沉，官贼实在难辨，迫得率同家人妇子逃匿别船。该委员竟大肆咆哮，将系船之链抛掷于河里。窃思我米艇工人，以船为家，今该委员既未知会警察，黑夜擅进船中，实与于黑夜闯入人家何异？锚链为稳固船艘之要具，一旦失去，即成不系之舟。现时西潦盛涨，河流湍急，全船覆没在于意中。该委员竟下此毒手，法律人道荡然无存。更有足令公愤者，我大元帅以党治国，青天白日之党旗凡我党员理当尊重，乃该委员竟取党旗而撕碎之，此而可忍，孰不可忍！该委员既可将党旗撕碎之，即无异将我党捣毁之,目无我党,即目无我大元帅。我工人等今为自卫计,谨率同业系船待命,其有不奉我大元帅命令及中国国民党广东支部长通告,擅敢近我船者,即以盗匪偷劫论,迎头痛击之。官不能卫民,反而虐民,则民当自卫,非工人敢为轨外之行动也。等情。据此,查该会长严月生前据到局面称:封雇各民船差用,劳逸未免不均,不如由该会轮派当值,限期瓜代,则船户仍有营业时期,而职局复无缺船之患。当以其言之成理,经予照行。乃严月生竟借此轮值名目,月收该各船保护费每艘数十元,轮值与否以交费与否为断。凡未交费之船,即载满货物亦强饬其到局差用,一经交费又复来局,饰词取消另觅别船替换,往复辗转,每封一船非一二日不就。事关军事运输,未便听其傀儡,万不获已,始将该议取消,仍前由局封雇,冀免贻误。乃严月生因失各船户之信仰,保护之费难收,竟敢身佩短枪闯进职局办公厅,将委员李国权强殴致伤。当时职适因午假虽未目击,而合局职员佥称属实,当时职仍勉励各员勿以意气用事,当以前方军事为重,饬令照常办公,幸皆听命不至滋生事端。本月十四、五等日,准巩卫帅府之广东讨贼军第三团邓团长演达派员到局称,即护帅节督师东江,需大民船数艘载运士兵,沿途巩卫座船。又准公安局司徒大队长,请封雇大船载运游击队前往江门。职以事关帅节出巡,及江门军事至为重要,立派委员钟昌谱,赶速驰往封雇。查该委员此次封雇民船,时间系本月十六日上午十二时起,至本日下午五时止,封雇所得广发昌、广联昌二艘回局,该电捏称为本月十六日下午十一时三十分,直以昼为夜,殊非事实;又称不由分说,放枪指吓等语。查该船泊在珠江河面,水警梭巡,民船棋布,繁盛之区倘枪声一起,秩序势必凌乱。何以除严月生外,皆无闻见?其为伪造事实故入人罪不攻自破,况职迭经训谕职员处事当以和平,勿用意气。自开办至今,皆以理解情喻为主,非礼之言尚不出口,岂有遽行放枪情事。所封之船,仍泊河面,系船铁链仍存,并未抛于河里。经职传该船主、船员,分别到局查询,佥称并无放枪、毁旗、抛链情事。则事之虚伪,该船主、船员可以证明。查兵站因军事封雇船艘,亦无知会警察之规定,种种谰言,无非希冀混淆观听。至称撕碎党旗一事,尤为荒谬,推其用意,不过欲架捏大题鼓动社会,激起一般工党阻碍兵站封雇民船,彼则从中包庇,以遂其私。青天白日光明正大之旗，严月生竟假为滋事营私之具，洵为罪大恶极，非尽法严惩无以肃纲纪而儆奸邪。再查该米艍船据称三百余艘，自七月十七日迄今并无封用。此次因巩卫帅节，并运载警察、游击队前往江门，始封用二艘，即虚构若干事实，以为抵制。其把持船艘事小，而阻碍军事进行事大，事实具在，岂可厚诬？严月生不过假国民党之威名，而行其营私舞弊之实，此种败类实为国民党之玷。演明本不屑与辩，惟恐以伪乱真，以致外间不察，莫明真相。理合将严月生种种伪造事实各情由，呈请钧部察核。可否转呈大元帅立予惩办，以免效尤而利戎机之处，敬祈指令祗遵。等情前来。据此，查此案昨据该局长函报前来，业经呈报钧座衡核在案，据呈前情，理合转呈察核。应何如办理之处，伏祈指令祗遵。谨呈
大元帅

兵站总监罗翼群（印）
中华民国十二年八月廿一日

据大本营秘书处编《陆海军大元帅大本营公报》第二十六号（广州一九二三年八月三十一日）

给叶恭绰的训令

（一九二三年八月二十五日）

大元帅训令第二七一号

令大本营财政部长叶恭绰

据大本营兵站总监罗翼群呈称："现据职部各局长暨前方各站、所长到部环集，佥以款项竭蹶无法维持，坚请辞职等情。当即于是夜开全部紧急会议，据各该主管开列每日最低限预算：一、经理局军米九千元，油盐菜等副食物一千元，草鞋、雨笠、水壶、弹带等共一千五百元，燃料、飞机油、煤油、电油、油渣等一千元，煤炭二千元。每日需支一万四千五百元。二、交通局船租、伕费、输送队、电信队伙食每日需支一千七百元。三、卫生局药料一千

元,各院、队伤病官兵伙食暨市内各院留医费并殓埋费共二千元。每日需支三千元。四、支部、站、所经费除西北江已在结束期间不计外,每日需支一千元。五、守备队每日二百元。六、本部经费及公旅费、调查等费每日约六百元。六项合计每日需支二万一千元,又旧欠五十万元,每日摊还百分之一,需五千元。合共需支二万六千元。职再三考核,确系实情。伏查前奉帅令,自八月四日起,指定各机关拨款每日二万元,即全数拨足,尚不敷六千元。现据经理局报告,本月领款平均每日得一万三千九百余元,除镍币损失,实得一万二千余元,仅及半数,即不还旧欠,亦不敷近七千元。此七千元之数。几占军米全数十分之八。职部人员,即破产倾家亦无能垫此巨款。现在战事方殷,军粮倍急,时日愈积,疮孔愈多,终必至无法办理,贻误大局。职再四焦思,不敢肩此重责,惟有作最后之泣血,吁请帅座除勒限各机关每日如数拨足外,另拨现款十万元以应眉急,否则纵糜职部人员之躯,亦不足果前敌将士之腹。惟有随同全部一律请予解职待罪,免误全局。所有办理为难情形,理合备文呈请衡核,立候指遵,不胜惶恐待命之至"等情前来。据此,除指令准如所请办理,并分令指定各机关将指定款项按日如数拨交外,合行令仰该部长即便遵照,克日筹款十万元,拨交该兵站总监部,以资应付。此令。

(中华民国陆海军大元帅之印)

中华民国十二年八月廿五日

据大本营秘书处编《陆海军大元帅大本营公报》第二十七号(广州一九二三年九月七日)

给邓泽如等的训令

(一九二三年八月二十五日)

大元帅训令第二七二号

令两广盐运使邓泽如、广东财政厅长邹鲁、广州市市政厅长孙科、广州

市公安局长吴铁城

据大本营兵站总监罗翼群呈称："现据职部各局长暨前方各站、所长到部环集，佥以款项竭蹶，无法维持，坚请辞职等情。即于是夜开全部紧急会议，据各该主管开列，每日最低限预算：一、经理局军米九千元，油盐菜等副食物一千元，草鞋、雨笠、水壶、弹带等共一千五百元，燃料、飞机油、煤油、电油、油渣等一千元，煤炭二千元，每日需支一万四千五百元。二、交通局船租、伕费、输送队、电信队伙食，每日需支一千七百元。三、卫生局药料一千元，各院队伤病官兵伙食暨市内各院留医费并殓埋费共二千元，每日需支三千元。四、支部、站、所经费，除西北江已在结束期间不计外，每日需支一千元。五、守备队每日二百元。六、本部经费及公旅费、调查等费每日约六百元。六项合计，每日需支二万一千元，又旧欠五十万元，每日摊还百分之一，需五千元，合共需支二万六千元。职再三考核，确系实情。伏查前奉帅令，自八月四日起，指定各机关拨款每日二万元，即全数拨足，尚不敷六千元。现据经理局报告，本月领款平均每日得一万三千九百余元，除镍币损失，实得一万二千余元，仅及半数，即不还旧欠，亦不敷近七千元，此七千元之数，几占军米全数十分之八，职部人员即破产倾家，亦无能垫此巨款。现在战事方殷，军粮倍急，时日愈积，疮孔愈多，终必至无法办理，贻误大局。职再四焦思，不敢肩此重责，惟有作最后之泣血，吁请帅座除勒限各机关每日如数拨足外，另拨现款十万元，以应眉急，否则纵糜职部人员之躯，亦不足果前敌将士之腹，惟有随同全部，一律请予解职待罪，免误全局。所有办理为难情形，理合备文呈请衡核，立候指遵，不胜惶恐待命之至"等情前来。据此，除指令准如所请办理外，合行令仰该运使、厅长、市长、局长即便遵照前令，务将指定之款，按日如数拨足，以裕饷糈而利军行。此令。

（中华民国陆海军大元帅之印）

中华民国十二年八月廿五日

据大本营秘书处编《陆海军大元帅大本营公报》第二十七号（广州一九二三年九月七日）

给罗翼群的指令

（一九二三年八月二十五日）

大元帅指令第四二一号

　　令大本营兵站总监罗翼群

　　呈报该部款项竭蹶情形,请令饬各财政机关依照前令,每日如数拨足,并速拨现款十万元,以应急需由

　　呈悉。已准如所请,令行各该财政机关按日如数拨给,并着财政部特筹十万元交该总监部,以资应付。仰即知照。此令。

（中华民国陆海军大元帅之印）

中华民国十二年八月廿五日

据大本营秘书处编《陆海军大元帅大本营公报》第二十七号（广州一九二三年九月七日）

给梅光培的指令

（一九二三年八月二十五日）

大元帅指令第四二二号

　　令广东全省官产清理处处长梅光培

　　呈请转饬将查封宝安县属冼善之等逆产案卷咨送过处,以便投变由

　　呈悉。准予令行大本营军政部将该案卷宗移交该处办理矣。仰即知照。此令。

（中华民国陆海军大元帅之印）

中华民国十二年八月廿五日

据大本营秘书处编《陆海军大元帅大本营公报》第二十七号（广州一九二三年九月七日）

命廖行超速赴博罗解围令

（一九二三年八月二十六日）

行第八十五号

　　兹得赵师长①由始兴来电，彼已与赣边友军联络，北江防务已臻巩固，无需多加军队；而博罗杨师长②报告：博罗已被敌包围，情势危急。着该师长速率所部赶赴博罗解围。至急。切切。此令。

　　廖师长行超

孙　文（印）

午后十一时于石龙

据中国国家博物馆藏原件

给程潜的训令

（一九二三年八月二十七日）

大元帅训令第二七三号

　　令大本营军政部长程潜

　　据广东全省官产清理处处长梅光培呈称："现据东、增、宝③官产清理分处呈称：'窃查宝安县属土名福永处有沙田一段，海坦一段；土名火山处有荔枝园一所；土名洪田村有大屋一间，均系冼善之产业。又土名沙井村有大屋两间，系陈星舫产业；又土名沙井村有书房二间，联丰号杂货店一间，系陈斗文产业。以上数宗，因附逆嫌疑，于夏历六月初旬被大本营查封有案。查

---

①　赵师长，即赵成梁。
②　杨师长，即杨廷培。
③　东、增、宝，即东莞、增城、宝安。

《修正粤东查变官有不动产地章程》第一章乙种规定:凡由官没之产,均准照章办理。前项逆产既经查封,尚未投变,应归职处照章处分。理合备文呈请察核,伏乞转呈大元帅转饬大本营,将查封宝安县属逆产案卷咨送过处,转发职处招商投变,以济饷糈。是否有当,仍候指令祗遵'等情。据此,除指令该分处候据情转请检发卷宗,并请指示办法再行饬遵外,据呈前情,理合呈请钧座令饬查案检发下处,并指示办法,以便转饬遵办,实为公便"等情前来。据此,除指令呈悉准予令行大本营军政部,将该案卷宗移交该处办理外,合行令仰该部长即便遵照移交为要。此令。

(中华民国陆海军大元帅之印)

中华民国十二年八月廿七日

据大本营秘书处编《陆海军大元帅大本营公报》第二十七号(广州一九二三年九月七日)

给李济深的训令

(一九二三年八月二十七日)

大元帅训令第二七四号

　　令西江善后督办李济深

　　据广东电政监督兼广州电报局局长范其务呈称:"案据长冈电报局局长张尧昌篠日邮电呈称:'自西军退后,群盗继起,长冈附近共有匪帮二十余处;由都城至长冈沿途,亦有匪帮一十二处;掳人劫掠,无日无之。军警林立,莫如都城,官兵之多,莫如长冈,而墟内掳人打单之事,视若等闲,甚至打单索取三二十元,掳人勒赎及至十元数元不等,上至殷商,下至走贩,无一幸免,目下凡百工商,因此停业者不可胜数。职局收来专送各处电报,多属无人愿送,而局内员生工丁等咸为之惧,似此情形,不寒而栗,万乞转呈大本营暨知照西江督办处,立派得力军队前来驻防,庶地方不致糜烂,战局幸甚,地方幸甚'等情前来。查该处地方匪多,各处电报无人愿送,请立派正式得力军队驻防,以卫地方。所称似属实情,理合据情呈请钧座察核,令饬西江督办处查明该处地方情形,酌调得力军队驻防,或遇报局修理杆线时,由该局长就近请派驻防军队,以资保护,俾交通得以早日恢复,实为公便。"等情前来。据此,除指令呈悉,准予令行西江善后督办酌派军队严加保护外,合行令仰该督办即便遵照办理,以靖地方而维电政。此令。

(中华民国陆海军大元帅之印)

中华民国十二年八月廿七日

据大本营秘书处编《陆海军大元帅大本营公报》第二十七号(广州一九二三年九月七日)

命冯侠民将运船押回石龙令

(一九二三年八月二十八日)

着兵站押运委员冯侠民,于各军在礼村登岸后,即将各运船押回石龙,不得逗留。切遵。此令。

孙 文

十二年八月二十八日

据中国国民党中央文化传播委员会党史馆藏一般档案051/298

给叶恭绰的指令

(一九二三年八月二十八日)

大元帅指令第四二八号

　　令大本营财政部长叶恭绰

　　呈报拟订《广东造币分厂造币余利凭券条例》及《余利凭券基金委员会

章程》，请明令公布施行由

呈及条例章程均悉。准予施行，仰即知照。此令。

（中华民国陆海军大元帅之印）

中华民国十二年八月二十八日

附录一　叶恭绰呈

呈为拟订《广东造币余利凭券条例》仰祈鉴核事：窃以广东省银行纸币亟待整理，前经本部拟订整理办法大纲及消纳纸币各项办法，呈奉令准各在案，自应恪遵明令，按照所拟办法订立细目，以便次第施行。查广东造币厂余利，前经整理纸币案内规定为省银行纸币之兑现，及发行凭券消纳纸币之用，是纸币兑现及凭券基金业经前案确定，亟应规定办法，从速进行。兹先拟定《广东造币余利凭券条例》十七条，并附该凭券基金委员会章程九条，理合缮具清折呈请鉴察，伏乞明令公布施行，实为公便。

再曾经检验盖戳之纸币，准其十足兑现，业于整理纸币办法总纲第二条已有规定，前呈《有价证券消纳纸币办法》第五条，于购取造币余利凭券时，按折半计算，似未足以昭公允而维信用。故此次拟定条例，即将该项办法修正，仍按票面十足计算，其应行搭收省银行纸币之成数，亦于该条例第十二条内，酌量一并修正为搭收百分之二十分，以期财政金融双方兼顾，合并附陈。此呈
大元帅

大本营财政部长叶恭绰（印）

中华民国十二年八月十九日

附录二　广东造币余利凭券条例

第一条　政府为维持金融、整理纸币起见，发行造币余利凭券，其发行总额为三百万元。名曰"广东造币余利有息凭券"。

第二条　此项凭券利率定为月息六厘。

第三条　此项凭券之利息自发行后，按月计算，于中签还本时一并付给之。

第四条　此项凭券分两期发行，每期发行一百五十万元。

第五条　此项凭券每期均自发行之第二个月起，每月用抽签法还本一次，分五个月还清，每次抽还五分之一。

前项抽签每月在广州执行。

第六条　此项凭券均自发行第二个月起，定为每月十五日抽签，每月月底还本付息。

第七条　此项凭券还本之基金，由政府指定造币厂余利每月提拨三十万元充之，由该厂直接交与本凭券之基金委员会，分存中外殷实各银行预备还本之用。无论何项机关，有何项要需，不得挪借移用，其利息由政府拨的款充之。

第八条　凭券基金委员会由下列各团体各推代表一人与政府代表二人（财政部、省长各派一人）共同组织，其章程另行规定之：

（甲）广州总商会。

（乙）银业公会。

（丙）市参事会。

（丁）广东商会联合会。

（戊）七十二行商。

（己）九善堂。

（庚）总工会。

该委员会最大之权责为维持凭券之信用，保护凭券人之利益，及监督凭券之发行。无论何项机关、个人，对于该会行使上列权责不得加以侵害。

第九条　此项凭券之还本付息，由凭券基金委员会委托中外殷实各银行办理。

第十条　此项凭券票面分为五种如下：

（一）五百元。

（二）一百元。

（三）五十元。

(四)十元。

(五)五元。

第十一条　此项凭券编印号码讫,须加凭券基金委员会戳记方能发行。

第十二条　此项凭券发行时,按照票面价格九五折发售现银,但于一定期间内,得搭收前广东省立银行纸币百分之二十分,此项纸币以曾经整理省银行纸币委员会盖戳者为限。

第十三条　此项凭券概不记名,得随意买卖抵押;其他公务上交纳保证时,并得作为担保品。

第十四条　此项凭券得为银行之保证准备金。

第十五条　此项凭券如遇有伪造及毁损信用之行为,应依法分别惩罚。

第十六条　本凭券发行规则由财政部另定之。

第十七条　本条例自公布日施行。

中华民国十二年八月廿八日

附录三　广东造币余利凭券基金委员会章程

第一条　本会为维持造币余利凭券之信用及保护凭券所有人之利益而设,由下列各团体各推代表一人与政府所派代表二人组织之:

(甲)广州总商会。

(乙)银业公会。

(丙)广州市参事会。

(丁)广东商会联合会。

(戊)七十二行商。

(己)九善堂院。

(庚)总工会。

政府代表二人,应由财政部、广东省长各指派一人。

第二条　本会负保管造币余利凭券还本付息基金之责任,由政府授与全权。无论如何,该项基金不得移作他用。

第三条　本会由委员中推选委员长一人,副委员长二人,凡一切对外事务及款项出纳,须经委员长、副委员长会同签名盖章,方有效力。

第四条　本会遇有重要事件发生,应召集各委员开会议决之。会议时,以委员长为主席。

第五条　本会各委员均有检查基金、维持信用、保障应还本息,及监督发行凭券之权责。

第六条　本会收到造币厂或政府拨到之基金,应以本会名义分存于中外各殷实银行负其全责。其还本付息,亦应会同财政部委托各银行办理。

第七条　本会设秘书二人,事务员若干人,分掌本会各事务。

第八条　本会对于凭券基金实收实付数目,应以本会名义按月登报宣布。

第九条　本章程自公布日施行。

中华民国十二年八月廿八日

据大本营秘书处编《陆海军大元帅大本营公报》第二十七号(广州一九二三年九月七日)

给杨希闵等的训令

（一九二三年八月二十九日）

大元帅训令第二七五号

　　令中央直辖滇军总司令兼广州卫戍总司令兼中央直辖滇军第一军军长杨希闵、中央直辖第一军军长朱培德、中央直辖西路讨贼军总司令刘震寰、东路讨贼军总司令许崇智、东路讨贼军第三军军长李福林、中央直辖第三军军长卢师谛、中央直辖第七军军长刘玉山、广东江防司令杨廷培、广东海防司令陈策、中央直辖广东讨贼军第四军军长梁鸿楷、海军舰队司令部参谋长赵梯昆、中央直辖滇军第二军军长范石生、中央直辖滇军第三军军长蒋光亮、大本营兵站总监罗翼群、西江善后督办李济深据广东电政监督范其务呈称:"窃查讨贼军兴以来,职前任曾派报生携机件材料前往行营服务者已有十一处,现有未奉帅令如滇军赵师长①,径行催派报生随营值报,职处因该处军事要地防务紧急,经已从权先行派往。惟报生派往别处,须先发给薪伙一月,以及川资等费,所费不赀。现职处经费困竭已达极点,此后各军须报生随营,若仍到职处催派,恐供不应求,无法应付。用特备文呈请钧座,迅予通令各军,嗣后如因军事紧急须派报生随营值报时,应先呈请帅府核饬职处遵令照办,以资限制,实为公便"等情。据此,除指令照准并分令各军长官遵办外,合行令仰该司令、军长、总司令、参谋长、总监、督办即便遵照办理。此令。

(中华民国陆海军大元帅之印)
中华民国十二年八月廿九日

据大本营秘书处编《陆海军大元帅大本营公报》第二十七号(广州一九二三年九月七日)

给刘纪文的指令二件

(一九二三年八月三十日)

一

大元帅指令第四三二号

令大本营审计局长刘纪文

呈复审查内政部十二年度全年三个半月预算书情形,请明令祗遵由

呈悉。内政部职员月俸预算书已准予备案,该部三月份至六月份职员月俸应暂照该部呈案预算书办理。仰即知照。此令。

(中华民国陆海军大元帅之印)
中华民国十二年八月卅日

---

① 赵师长,即赵成梁。

二

大元帅指令第四三三号

　　令大本营审计局长刘纪文

　　呈复审查兵站第二支部饷册核算不符,请饬依原定编造更正由

　　呈悉。业准如所请,令行兵站总监转饬该第二支部依照原定预算编造矣。仰即知照。此令。

（中华民国陆海军大元帅之印）
中华民国十二年八月卅日

据大本营秘书处编《陆海军大元帅大本营公报》第二十七号（广州一九二三年九月七日）

给罗翼群的训令

（一九二三年八月三十日）

大元帅训令第二七六号

　　令大本营兵站总监罗翼群

　　据大本营审计局长刘纪文呈称:"现奉钧帅发下兵站总监第二支部饷册一本,原呈一件到局,谕交审查备案等因。奉此,查该部所请增加薪水,尚属无多,似应如数照准,惟所称各支部编制,原定薪饷、公费折实银一千七百五十七元一节,核与原定预算不符。该支部饷额公费,经职局核定月支一千六百三十四元,呈奉核准在案。今比较多列一百二十三元,实与原定数目不符,碍难备案,应请发还更正,饬令依照原核定额编造,再行呈请增加,实为公便。奉令前因,理合具文呈复。原呈、饷册,随文呈请察核"等情前来。据此,除指令照准外,合行令仰该总监即便遵照,转饬该第二支部依照原定预算编造再行呈核,原饷册及呈一并

附还。此令。

(中华民国陆海军大元帅之印)

中华民国十二年八月卅日

据大本营秘书处编《陆海军大元帅大本营公报》第二十七号(广州一九二三年九月七日)

给徐绍桢的训令

(一九二三年八月三十日)

大元帅训令第二七七号

  令大本营内政部长徐绍桢

  据大本营审计局长刘纪文呈称:"案准大本营秘书处第二八一号公函,转奉钧帅发下内政部三、四两月份支出计算书,及附属表簿共十本送局审理等由。经将该书、表法详细审查。内列数目,核实者尚多。惟俸给一项,官俸条例未奉颁发,职局无所依据;案经将该部上年度三月至六月份预算书,呈候钧帅核夺,虽未奉令准,职局为审查便利计,拟暂先以该部原预算为依归,将来官俸条例颁布,或间有与该预算俸薪参差者,自应另行呈请核夺外,现细核计算书所列,秘书月薪五百元,书记月薪九十元,均与该预算书所列不相符合,似应依照原预算所定,秘书月支四百元,书记月支三十至四十元。计秘书、书记等三月下半月应核删银一百二十五元,四月份银二百五十元。又差弁一节原预算列二名,每月各支二十元,而计算书则列六名,月各支二十四元,是人数与工金均与预算不符。三月半月应照核删银五十二元,四月份银一百零四元。又差役工食各机关多系列支月饷十二元,该计算书列十四元,前经函请该部核减,以照划一。计三月半月核减八元,四月份十六元。至公费一项,两月份均有捐助费开销。查办公费之性质,既名定为办公,则其用途原限于机关上之费用。捐助等费实属私人行为,与机关上实毫无相关,自不能任意报销,淆乱公私款项。计应核删三月份捐助省、港、澳工团一单五十元,四月份捐助军人慰劳会一单五十元,以昭核实。又香烟、香枧、手巾等,均属私人用品,均不宜于公费上开销。三月份香烟等物共计十元二毫,四月份八元,概应核删。其余附属表册间有数目错误者,经逐一签明,声请更正。计该部计算书三月份经费原报一千八百五十三元五毫四仙,共应删银二百四十二元二毫,该半月份职局核定应支银一千六百一十一元三毫四仙。四月份经费原报三千三百三十一元八毫四仙,共应核删银四百二十八元。该月份职局核定应支银二千九百零三元八毫四仙,除将该部三、四月份支出计算书册粘存薄〔簿〕等,抽存一份备案外,理合具文连同书、表等,呈请察核转发。再该部三、四月份预算书,刻尚未奉转,应请饬令补造呈发下局备案,实为公便"等情。据此,除指令照准,已令行该部长依照办理外,合行令仰该部长依照更正,并将该部三、四月份预算补造,呈候发局备案。计算书及表册发。此令。

(中华民国陆海军大元帅之印)

中华民国十二年八月卅日

据大本营秘书处编《陆海军大元帅大本营公报》第二十七号(广州一九二三年九月七日)

命财政机关及兵站酌拨饷弹令

(一九二三年八月)

令财政机关酌量拨款,兵站酌量拨子弹,接济黄明堂。此令。

孙 文

民国十二年八月

据中国国民党中央文化传播委员会党史馆藏一般档案051/148

命无线电总局将无线电机送回博罗令

（一九二三年八月）

令无线电总局，即将博罗无线电机赶快送回博罗。

孙　文

民国十二年八月

据秦孝仪主编《国父全集》第六册（台北近代中国出版社一九八九年版）

命前敌飞机人员听许崇智指挥令

（一九二三年八月）

令航空局长饬前敌飞机人员，须听博罗许总司令部命令。

孙　文

民国十二年八月

据秦孝仪主编《国父全集》第六册（台北近代中国出版社一九八九年版）

批谭延闿呈[①]

（一九二三年八月）

如攻长沙不得手，须要立变方针，对长沙取守势，对赣南取攻势。赣南

---

① 湘军总司令谭延闿向孙中山报告：沈鸿英窜扰汝城，请调兵入湘。原件未署年月。所提"如攻长沙不得手"，是指1923年8月下旬谭自任中路总司令，由衡州直取长沙，任蔡钜猷为副司令，由湘西侧击长沙之事。现酌定时间为8月。

有樊、常两部,确能与我一致行动。有此好机〈会〉,我当合湘、粤、北三力先取江西,亦破敌之一妙法。如湘军能以大部由醴、萍入江西,以小部守衡州之线,文当出大庾,沈逆败残之余,殊无战斗力,不必畏也。

文

据谭延闿编《总理遗墨》第三辑(印行时间不详,广东省社会科学院藏)

给杨希闵等的训令

(一九二三年九月一日)

大元帅训令第二七九号

令中央直辖滇军总司令兼广州卫戍总司令兼中央直辖滇军第一军军长杨希闵、中央直辖第一军军长朱培德、中央直辖西路讨贼军总司令刘震寰、东路讨贼军总司令许崇智、东路讨贼军第三军军长李福林、中央直辖第三军军长卢师谛、中央直辖第七军军长刘玉山、中央直辖广东讨贼军第四军军长梁鸿楷、中央直辖滇军第二军军长范石生、中央直辖滇军第三军军长蒋光亮

据大本营兵站总监罗翼群呈称:"现据职部交通局长周演明梗电称:'前六月四日据职部第一科科长梁鸣一报称:募伕困难,市民惊惧,拟请变通募伕办法。当将为难情形,呈请变通办理。随奉钧部第一八〇号指令内开:当经据情转呈大元帅,奉第二四六号指令内开:准如所请,办理在案。惟职局虽奉到此项指令,仍然设法雇募,务使源源解送,以应各方之需求,迄今两月有余,从不敢意存卸责,解单俱在,有案可稽。无如迩来各军纷纷开赴东江,需伕尤众,每次到取,动以数百名为额,稍有不足,则责以"贻误戎机",竭力代募,又苦于苦力无几。窃思募伕数月,计达二万余名,本市苦力中人雇募殆尽,即或间有漏网,亦忍饿不敢出门,四乡小贩相戒不敢来城。而取伕者函电纷驰,急如星火,连日迭据各军催取伕役,经即派委员冯达材

到公安局屡次商请代募。旋据复称:经往谒公安局,各科长等佥称广州市面已绝少苦力之人,即使有之,亦均佩有襟章,一经被募,群来交涉,现惟有将轻罪人犯数十名解来充伕,从此更难招募。等语。似此情形,益难为继。更闻近日有因伕役逃走,被军士开枪乱击,当场击毙者多起,并有在各街上向途人强拉乱殴情事,以致行人奔避,商贾裹足,募伕前途越加一层障碍。且本市伕役有限,而各军到取者无穷,累百盈千,一呼即至,一若片刻可以制造而成者。来日方长,虽海水亦有时而涸,况职局只靠各区募集,今既有种种困难,每日所募者至多不过数十名,少则十余名不等,一旦各军到取,职局实无从应付,各军责备,有口难言。除仍竭力募集外,迫得飞电陈明,重申前请。伏乞转呈大元帅明令各军,节省伕力,并依照前令,通令各军变通办理,各在原驻地点就近警区商会代为招募,以补职局之不足;一面优待伕役,优给工值,以免逃亡,而杜强拉。是否可行,伏候令遵,不胜急切待命之至'等情。据此,查前据该局长呈称:募伕困难拟请变通办法等情,当经转呈帅座,并奉第二四六号指令,准如所请在案。据电前情,合再备文转呈察核,通令各军查照办理,并候指遵"等情。据此,除指令照准,并分令各军长官遵办外,合行令仰该总司令、军长即便遵照办理。此令。

(中华民国陆海军大元帅之印)
中华民国十二年九月一日

据大本营秘书处编《陆海军大元帅大本营公报》第二十八号(广州一九二三年九月十四日)

给廖仲恺的训令

(一九二三年九月一日)

大元帅训令第二八〇号

令广东省长廖仲恺

据滇军中路第一独立旅旅长何克夫呈称:"此次逆党黄公汉、叶青钱等再寇连阳时,连山县县长彭嗣志附逆招寇,代逆筹饷,事后挟印潜逃,罪证确凿。又连县县议会议长叶其森,勾引黄、叶两逆入寇连县,复为运动职部希图反攻,经缉获拟办,由连县商会会长刘剑虹具保候讯,乃竟畏罪一同串计潜逃"各等情,先后呈请通令严缉归案惩办前来。据此,均应予照准,除令行滇军第三军长转令该旅长仍饬部队严密侦缉获办外,合行并案令仰该省长即便查照,咨行各军饬属,并分令各县一体严缉,务获归案究办。原呈二件抄发。此令。

（中华民国陆海军大元帅之印）

中华民国十二年九月一日

据大本营秘书处编《陆海军大元帅大本营公报》第二十八号（广州一九二三年九月十四日）

给叶恭绰的训令

（一九二三年九月一日）

大元帅训令第二八一号

　　令大本营财政部长叶恭绰

　　据大本营审计局长刘纪文呈称:"窃职局现准财政部第四百五十号公函开:'现准贵局函开:现奉大元帅发下贵部开办费及三月份至六月份计算书、表、册共十五本,谕令审查等因。奉此,当应依法审查,惟贵部各月份预算书尚未分发到局,对于审查上无所根据,相应函请贵部速为编造三月份至六月份预算书,呈请大元帅转发敝局备案,以便审查等由。准此,查接管卷内三月份至五月份,又六月一日起至廿四日止共计二十四天,各月份预算表均经邓前任编造,面呈大元帅在案。准函前由,相应函复希为查照是荷'等由。准此,理合具文呈请钧帅,将该部已缴之三月份至六月份预算书检发下局备案。俾审查决算有所根据,实为公便"等情前来。据此,合行令仰该部长,即将部已缴之三月份至六月份预算表各补缮一分,送交该局备案,以资依据。此令。

（中华民国陆海军大元帅之印）

中华民国十二年九月一日

据大本营秘书处编《陆海军大元帅大本营公报》第二十八号（广州一九二三年九月十四日）

给林森的训令

（一九二三年九月一日）

大元帅训令第二八二号

令大本营建设部长林森

据大本营审计局长刘纪文呈称："窃职局现准建设部第四号函开。前准贵局函开：本部各月份预算书速为编造，以便审查一案。当经函送前任邓部长查照办理去后，旋准函复开，案准大本营审计局函开：除原函有案免叙外，后开相应函达，请烦查照办理等由。准此，查本部各月份预算表早经造具，呈请大元帅核准，发存会计司在案。应请该局向会计司取阅根据审查可也。准函前由，相应函复，希烦查照办理等由。准此，相应函复，请烦查照办理为荷。等由。准此，理合具文呈请钧帅，令饬该部将已缴各月份预算书补缮一份，呈由钧府转发下局备案，俾审查决算有所依据，实为公便"等情前来。据此，合行令仰该部长，即将该部已缴各月份预算书各补缮一份，送交该局备案，以资依据。此令。

（中华民国陆海军大元帅之印）

中华民国十二年九月一日

据大本营秘书处编《陆海军大元帅大本营公报》第二十八号（广州一九二三年九月十四日）

给蒋光亮的训令

（一九二三年九月一日）

大元帅训令第二八三号

　　令中央直辖滇军第三军军长蒋光亮

　　据滇军中路第一独立旅旅长何克夫先后呈称："前连山县长彭嗣志附逆有据；又连县县议会议长叶其森等甘心附逆，均请通令缉办"各等情。据此，均予照准，除并案令行广东省长遵照咨行各军饬属并令行各县一体严缉，务获归案究办外，合行令仰该军长即便转令该旅长，仍饬部队严缉获办，仰即知照。此令。

　　　　　　　　　　　　　　　（中华民国陆海军大元帅之印）

　　　　　　　　　　　　　　　中华民国十二年九月一日

据大本营秘书处编《陆海军大元帅大本营公报》第二十八号（广州一九二三年九月十四日）

给徐绍桢的指令

（一九二三年九月一日）

大元帅指令第四三八号

　　令大本营内政部长徐绍桢

　　呈请褒扬贞妇邓黎氏并题字给章由

　　呈悉。准予题颁"贞操可风"四字，并给予银质褒章一枚，发交该部转饬具领。仰即遵照。此令。

　　　　　　　　　　　　　　　（中华民国陆海军大元帅之印）

　　　　　　　　　　　　　　　中华民国十二年九月一日

据大本营秘书处编《陆海军大元帅大本营公报》第二十八号（广州一九二三年九月十四日）

给廖仲恺的训令

（一九二三年九月三日）

大元帅训令第二八五号

　　令广东省长廖仲恺

　　据大本营粮食管理处督办赵士觐呈称："窃士觐奉令督办粮食管理处事宜，经将与港商、盐商接洽情形呈报在案。惟迩来商民对于政府措施未甚明了，际此军事未结束以前，若责其投资合办，类多迟疑观望。士觐以为统筹粮食，系奉大元帅民生主意〔义〕为实验之初阶，势难听其久延，再四思维，惟有另筹资本办理。近与财政厅长邹面商办法，适有耆民曾介眉举报黄沙官产一宗，林达举报芳村官产一宗，李铨举报旧藩司前惠爱路官产一宗，并恳士觐及黄隆生向财政厅请求派员专理，以免隔阂。经邹厅长特别指定该上项官产由财厅派员协同士觐、黄隆生三人处理，所得产价，以一半拨归职处办理粮食，余一半由财厅拨充军饷。兹准财政厅长邹函开：'案查清理官产处，系奉令归本厅管辖处理，现据民人曾介眉举报黄沙官产、林达举报芳村官产、李铨举报惠爱路官产，均请求由厅专案处理，现由厅遴选委员一人，专请执事督同分别妥办。此系特别要案，并希面禀帅座陈明一切，着手勘查'等由。准此，现拟日间开始勘查，兹特陈请钧座令饬财政厅，将曾介眉、林达、李铨所举报之官产产价总额照拨一半，归职处以为办理粮食之用，是否有当，伏候钧令祗遵"等情。据此，除指令照准外，合行令仰该省长即便转令广东财政厅长遵照办理。此令。

（中华民国陆海军大元帅之印）

中华民国十二年九月三日

据大本营秘书处编《陆海军大元帅大本营公报》第二十八号（广州一九二三年九月十四日）

给张开儒的指令

（一九二三年九月三日）

大元帅指令第四四七号

　　令大本营参谋长张开儒

　　呈称陆军测量局局长黄为材呈请辞职，并请给发积欠薪饷，转呈鉴核由

　　呈悉。陆军测量局局长兼测量学校校长黄为材，业明令准辞本兼各职，并令行会计司给发该局积欠经费矣。仰即知照。此令。

（中华民国陆海军大元帅之印）
中华民国十二年九月三日

据大本营秘书处编《陆海军大元帅大本营公报》第二十八号（广州一九二三年九月十四日）

核复邹鲁等呈称所有收支概照国币条例前令搭收二成镍币办法准予取消令[①]

（一九二三年九月三日）

呈悉。准如所请办理，此令。

孙　文

据《广州民国日报》一九二三年九月四日《取消镍币搭成办法之布告》

[①] 广东财政厅在1923年9月3日之布告中，叙明系奉大元帅第四四五号指令办理。

命胡汉民杨庶堪拟稿慰问日灾令①

（一九二三年九月一日至四日间）

汉民、沧白拟稿作答，并慰问日灾。另作一函致慰田中将军②。

据中国国民党中央文化传播委员会党史馆藏一般档案 052/146

命传谕陕西各军将领讨贼救国令③

（一九二三年九月四日）

密令

派大本营出勤委员赵西山前赴陕西传谕同志各军将，令迅速协同一致，讨贼救国。此令。

孙　文（印）

中华民国十二年九月四日

据北京《团结报》一九八三年七月三十日

---

① 9月1日日本发生大地震，文中"日灾"当指此事。原函未署日期，据内容及孙中山《致日本国摄政裕仁亲王电》，时间应在9月4日前。今酌定为9月1日至4日间。

② 田中将军，即日本陆军大臣田中义一。

③ 据北京《团结报》作者考证，"密令"中的传谕对象系陕西靖国军将领于右任、张钫、曹俊夫、胡景翼等，令其讨伐的"贼"系指北洋军阀在陕西的代理人刘振华、吴新田等。

给廖仲恺的训令

（一九二三年九月五日）

大元帅训令第二八六号

  令广东省长廖仲恺

  现在军用浩繁，着该省长饬令香山、顺德、新会、台山、南海、番禺、开平、鹤山等县一律协力筹助。香山县应每日筹解三千元，顺德县应每日筹解二千五百元，新会县除解西江财政整理处外，应每日筹解一千元，台山县除解西江财政整理处外，应每日筹解一千五百元，南海县应每日筹解一千五百元，番禺县应每日筹解八百元，开平、鹤山两县除解西江财政整理处外，应每日筹解八百元，均应一律解缴大本营会计司核收，以资应付。事关军需，勿得延误。并着该省长严行督催，毋许宽假，各该县长倘有奉行不力，不能照数解缴者，应即行撤任，以示惩戒。切切。勿违。此令。

             （中华民国陆海军大元帅之印）

             中华民国十二年九月五日

据大本营秘书处编《陆海军大元帅大本营公报》第二十八号（广州一九二三年九月十四日）

给伍朝枢的指令[①]

（一九二三年九月五日）

大元帅指令第四四九号

  令大本营外交部长伍朝枢

[①] 驻香港意大利领事来函要给叶恭绰颁赠勋章，9月5日，伍朝枢呈请孙中山指示应否收受佩带。

准义大利赠送财政部长叶恭绰勋章由

呈悉。义大利国赠送大本营财政部长叶恭绰勋章,即准其收受佩带。此令。

（中华民国陆海军大元帅之印）

中华民国十二年九月五日

据大本营秘书处编《陆海军大元帅大本营公报》第二十八号（广州一九二三年九月十四日）

给朱和中的指令

（一九二三年九月五日）

大元帅指令第四五一号

令广东兵工厂厂长朱和中

呈滇军第三军拟备价制造手机关枪,应否照造由

呈悉。所有该厂制造手机关枪仍准照六九号命令①办理。此令。

（中华民国陆海军大元帅之印）

中华民国十二年九月五日

据大本营秘书处编《陆海军大元帅大本营公报》第二十八号（广州一九二三年九月十四日）

给赵梯昆的指令

（一九二三年九月六日）

大元帅指令第四五二号

令海军司令部参谋长赵梯昆

---

① "六九号命令"系命令兵工厂长将所造手机关枪悉解大元帅卫士用,不得发给各军。

呈报八月二十九日完全克复藤县由

呈悉。该参谋长编成浅水舰队,协同各军,攻克名城,将士忠勇,至堪欣慰。仰即传令嘉奖,以励有功。此令。

（中华民国陆海军大元帅之印）

中华民国十二年九月六日

据大本营秘书处编《陆海军大元帅大本营公报》第二十八号(广州一九二三年九月十四日)

批胡汉民等呈

（一九二三年九月八日）

呈及判决书并悉。该犯前财政厅长广东省银行行长程天斗,去年于改道攻赣之际,本大元帅宠以重任,责令筹备饷糈,应如何洁己奉公,妥筹接济,以利军行。兹据来呈及判决书所称:该犯竟侵吞省银行公款至三百八十余万之巨,以至军需无着,北伐饷辍,师出无功。追维前事,殊堪痛恨,自应如文处以死刑,以昭炯戒。至来呈所称该犯奔走国事,侍余有年,不无前劳可念,可否法外施仁,予以减免,俾图自新等情。仰即责令该犯于七日内将侵吞公款三百八十余万元悉数交出,再行呈候减免,如逾期不缴或交不足额,应即照原判执行,万难再予宽贷。仰即知照。此批。

文

据中国国家博物馆藏原件

附录　胡汉民等呈

呈为呈请核示判决书,仰乞睿鉴事:窃奉钧令组织特别军法会审,审理前广东省银行行长兼财政厅长程天斗侵吞军饷一案。等因。奉此,汉民遵即会商,悉心研讯,将广东省银行各数目详细核算。查明程天斗实侵吞纸币二百三十七万元,又库存现金私提各款一百五十余万元,合计侵吞公款三百八十余万元。虽供词闪铄,坚不承认,而据证人汪宗洙及黄伯诚、杨子毅、林文铨等指攻确凿,已无置辩之余地,应亟依法拟处治以应得之罪。理合将判决书备文呈请察核,是否有当,伏候指令祗遵。再查被告人程天斗,奔走国事随侍钧座有年,北伐用兵之际,尚能筹济军需。此次虽陷刑章,不无前劳可念。我大元帅威中寓爱,法外施仁,可否减免,准予自新之处,出自钧裁,合并陈明。谨呈

大元帅

　　计呈程天斗判决书一本。

胡汉民　程潜　罗翼群(印)
中华民国十二年九月八日

据大本营秘书处编《陆海军大元帅大本营公报》第三十号(广州一九二三年九月二十八日)

给罗翼群的指令

(一九二三年九月十日)

大元帅指令第四五四号

　　令大本营兵站总监罗翼群

　　呈复刘军长玉山请设军医院一案,据卫生局查复,无设立之必要。抄呈野战医院薪饷表请饬遵由

　　呈悉。据呈该军无设立军医院之必要,应准如所议,已令行刘军长遵照缓办矣。此令。

(中华民国陆海军大元帅之印)
中华民国十二年九月十日

据大本营秘书处编《陆海军大元帅大本营公报》第二十九号(广州一九二三年九月二十一日)

嘉奖杨廷培部的命令

（一九二三年九月十日）

大元帅令

　　查此次逆贼李易标、陈修爵等率领逆众数千，犯我博罗，势极猖獗，中央直辖滇军第三师师长杨廷培，忠勇奋发，力任艰巨，以少击众，连日苦战，杀敌甚多，以致逆贼宵遁，城赖以全，厥功甚伟。大元帅深用嘉慰，兹特赏给洋一万元，着该财政厅长迅即备送，以示鼓励而奖有功。此令。

孙文　九月十日于博罗行营

据《广州民国日报》一九二三年九月十五日《大元帅命令》

批魏邦平呈[①]

（一九二三年九月上旬）

必须全数交出，方能免死。

文

据中国革命博物馆藏原件

[①] 9月7日，魏邦平呈报：程天斗家属无法交出全部赃款，只能交出三十万，可否交出此数即贷程一死。批件未署日期。魏呈由程潜带往石龙，时间应在9月7日之后1、2间，今据此酌定为9月上旬。

给王棠的训令

（一九二三年九月十二日）

大元帅训令第二九〇号

　　令大本营会计司长王棠

　　据大本营参军长朱培德呈称："呈为呈请发给川资俾便回籍徐图报效事：案奉钧府发下东路讨贼军第三旅职员桑文俊等呈称：'呈为联名吁恳恤资回沪，俾免沦落，为国宣劳，巩固政府事：窃职员等籍多三江、直、鲁、豫、鄂，力谋革命，矢志护法，昔列粤军，平桂援赣，靡役不从。旋陈逆叛变，绝我粮道，转战而定八闽。讨贼令下，间关日日东下，师次潮汕，陈逆已遁。迨今春沈贼勾引北军，谋叛近畿，陈逆又复变乱，冀欲乘虚内犯。我军转战旬日，始与联军会合作战，各地阻遏惠援。职员等正欲协心进取，不料月初旅长去职，复下解散职员之令，且各给二十元回籍。职员等领此意外，措手无从，惟有相率来省，寄食旅次。然囊内空虚，衣难蔽体，回忆连年转战数省，恨不马革裹尸，职员等虽矢一身许国，奈用武无地，行见穷困，势迫作浪，死心能甘乎！刻幸北无政府，人心皇皇，浙卢、奉张虽联合一致，而荆棘遍地，尚待铲除。语云：先发制人，此其时也。吴贼野心，世所共知，阿瞒奸险，路人皆见，言念及此，目裂发指，若不速加制止，患将无穷。职员等管见所及，雄心鼓舞，是以联恳大元帅赏给川资，乘此回申，各转内地，或招旧部，或运用军队，抑暗杀破坏，纵不能尽数铲除，亦可牵制，且使逆贼寒心。我大元帅得以从容建设，应时进取，职员等亦得借此稍偿素愿，不负有生，一举两得，利莫大焉。伏恳大元帅俯鉴下情，准如所请，实为德便'等情。下处并奉批示：'查明办理'等因。奉此，遵即派副官黎工伙前往查明去后，旋据该副官呈报称：'副官奉令前往华宁里怡昌客栈，窃查桑文俊等均属东路讨贼军第三旅职员，均有该军委任状、襟章为证，谨将各员职别，开单呈请鉴核'等情。据此，窃查桑文俊等确系东路讨贼军第三旅职员，且皆久经战阵，为国宣劳、今该旅职员既被解散,倘任其沦落异域,不加矜恤,殊失我大元帅泽及群生之旨。职再三思维,谨拟每名发给川资二十元,照二十一名计算,合共需银四百二十元。如此,则公家之耗费有限,而彼等之感德无穷,伏恳我大元帅俯如所请,迅饬会计司将款交处,再由职处派副官黎工伙代购船票二十一张,仍将余款分给彼等,以免再行流连。所有呈请发给川资缘由,理合具文恭呈钧座,是否有当,伏乞鉴核指令祗遵,实为德便"等情前来。据此,除指令照准外,合行令仰该司长即便遵照,迅将该项川资四百二十元拨交参军处核收,转给第三旅职员。人名表一纸附发。此令。

(中华民国陆海军大元帅之印)

中华民国十二年九月十二日

据大本营秘书处编《陆海军大元帅大本营公报》第二十九号(广州一九二三年九月二十一日)

给杨希闵等的训令

(一九二三年九月十三日)

大元帅训令第二九一号

　　令中央直辖滇军总司令兼广州卫戍总司令兼中央直辖滇军第一军军长杨希闵、中央直辖第一军军长朱培德、中央直辖西路讨贼军总司令刘震寰、东路讨贼军总司令许崇智、东路讨贼军第三军军长李福林、中央直辖第三军军长卢师谛、中央直辖第七军军长刘玉山、广东江防司令杨廷培、广东海防司令陈策、高雷讨贼军总司令兼绥靖处处长林树巍、中央直辖广东讨贼军第四军军长梁鸿楷、海军舰队司令部参谋长赵梯昆、中央直辖滇军第二军军长范石生、中央直辖滇军第三军军长蒋光亮、西江善后督办李济深

　　据广东电政监督兼广州电报局局长范其务呈称:"窃职局于九月五日据韶州电报局局长卢菊墀江日电称:'本月江日接来广局邮递之电报一件,内有广州局去军第一二三七号送朱旅长收一件,收到后即照送去,旋由朱旅

长派兵来局,将局长押解回部,不由分说,即行将局长捆绑,并令吊打枪毙,幸得彭县长飞行到旅部保领回局,并限令将该报何故交邮各情形查复。窃局长奉令来韶未及一月,各路杆线早已修通整理,幸无陨越。此次之事,局长生命垂危,乞火速派专员来韶,与该军交涉。局长奉职无状,恳准予解职,听候办理。临电不胜急切待命之至'等情前来。查广州至韶州原有电线三条,第二线前由滇军总部借安电话,第三线又为兵站部电话队借用。现广州通韶关只得一线,遇与源潭通报时,即不能与英德、韶州通报,遇与英德通报时,即不能与韶州、源潭通报,且军报繁多,致多延阻。此次韶州电报局长接到广局邮递之电报一件,内有广州局去军电第一千二百三十七号送朱旅长收一件,原系本月一日线阻修理,迫得邮递,该局长照收照送,本无过错,朱旅长不问理由,竟行捆绑吊打,威施无辜之人,来日方长,电政何堪设想。况广韶三线,今仅得一线,现目〔值〕军事时期,报务堆积,线不敷用,亦为军队兵站借线所致,延滞之咎,电政界实难完全负责。除咨会外,理合呈请帅座通令驻防各军,对于电报之迟速,务须详察因由,不得任意苛责。即行营电报材料欠缺,只能向职处拨给,不能在就近各局携取,以维电政,实为德便"等情前来。据此,除指令照准外,合行令仰该参谋长、司令、总司令、督办、军长即便遵照转饬所部,嗣后对于电报迟速,务须详察因由,不得任意苛责电局人员,凡需用电报材料,亦须依照手续,向该电政监督处拨给,不能在就地各局任意携取,以维电政而利交通。此令。

(中华民国陆海军大元帅之印)

中华民国十二年九月十三日

据大本营秘书处编《陆海军大元帅大本营公报》第二十九号(广州一九二三年九月二十一日)

给程潜的训令

（一九二三年九月十三日）

大元帅训令第二九二号

　　令大本营军政部长程潜

　　据广东虎门要塞司令廖湘芸呈称："案查职部接管卷内，旧存前清专备接差燃放礼炮之土药一库，约三千磅，并废土炮九十二门，废土炮床六架，约三百五十余吨。查此项土药已不适用，且年深月久，渐失燃性。废炮经莫前督卖去一千余吨，遗留此数，堆置炮台，毫不适用，又不雅观。丁兹饷糈奇绌，职部应领伙食公费，积欠两月有余，未曾领到，现已罗掘俱穷，无从筹垫，拟将此项土药、废炮，招商投变，废物利用，以济急需。所有拟变卖土药、废炮原由，是否可行，理合备文呈请帅座察核，指令祗遵"等情。据此，除指令呈悉，所请是否可行，候行令大本营军政部长查明具复再行核办外，合行令仰该部长遵照，即便查明情形复候核办，是为至要。此令。

（中华民国陆海军大元帅之印）

中华民国十二年九月十三日

　　　　　据大本营秘书处编《陆海军大元帅大本营公报》第二十九
　　　　号（广州一九二三年九月二十一日）

给罗翼群的指令

（一九二三年九月十三日）

大元帅指令第四六〇号

　　令大本营兵站总监罗翼群

　　呈复忠信电船公司饰词耸听，希图抗匿，谨将办理经过情形并抄结，呈

请察核令遵由

呈及抄结均悉。该公司轮船三艘,应照常暂留总舰部应用,仰原知照。此令。

(中华民国陆海军大元帅之印)

中华民国十二年九月十三日

据大本营秘书处编《陆海军大元帅大本营公报》第三十号
(广州一九二三年九月二十八日)

给廖仲恺等的训令

(一九二三年九月十四日)

大元帅训令第二九三号

令广东省长廖仲恺、中央直辖滇军总司令兼广州卫戍总司令兼中央直辖滇军第一军军长杨希闵、中央直辖第一军军长朱培德、东路讨贼军总司令许崇智、东路讨贼军第三军军长李福林、中央直辖第三军军长卢师谛、中央直辖第七军军长刘玉山、广东江防司令杨廷培、广东海防司令陈策、高雷讨贼军总司令兼绥靖处处长林树巍、中央直辖广东讨贼军第四军军长梁鸿楷、海军舰队司令部参谋长赵梯昆、中央直辖滇军第二军军长范石生、中央直辖滇军第三军军长蒋光亮、西江善后督办李济深

据中央直辖西路讨贼军总司令刘震寰呈称:"据职部湘军总指挥廖湘芸呈报:'职属独立第二支队司令孙悦隆新收编之第一营营长张合、第二营营长王润女、营副陈嘉旺等,当调其部队驻防虎门,颇就范围,似有改过自新之状。顷奉大元帅密谕:张合受逆党运动。又据篁竹绅耆携带打单证据来部报告,王润女、陈嘉旺野心不死,时出抢劫,扰害人民。该营长等屡经严令诰诫,毫不改悔,近且暗受逆党运动,窃图暴举,响应敌人。似此怙恶不悛,又复包藏逆志,若不及早铲除,势必养成大患。遂于本月二十五日拂晓,派队前往,将该张、王两营全数缴械解散,登时所获要犯王辉、方洪、王珍、王明

等四名讯供不讳，比经枪决。其余各犯俟研讯明白，分别办理。惟该首恶张合、王润女、陈嘉旺等三名在事前他往，漏脱未获。恐犹贼心不死，仍集余党为害地方，亟应呈请钧座转呈大元帅通令各友军警一体协缉，务获归案究办，以肃军纪而靖逆氛'等情。据此，除指令该总指挥严密防范侦缉，并通令职部各部队一体协缉外，理合呈请钧座，准予通令各军警一体协缉，务获惩办，以靖逆氛，而遏乱萌"等情前来。除指令照准外，合行令仰该督办、司令、省长、总司令、军长、参谋长转饬所属，一体协缉，务获惩办。此令。

（中华民国陆海军大元帅之印）

中华民国十二年九月十四日

据大本营秘书处编《陆海军大元帅大本营公报》第三十号

（广州一九二三年九月二十八日）

给廖仲恺等的训令

（一九二三年九月十五日）

大元帅训令第二九四号

令广东省长廖仲恺、中央直辖滇军总司令兼广州卫戍总司令兼中央直辖滇军第一军军长杨希闵、中央直辖西路讨贼军总司令刘震寰、东路讨贼军总司令许崇智、中央直辖第一军军长朱培德、中央直辖第三军军长卢师谛、中央直辖第七军军长刘玉山、东路讨贼军第三军军长李福林、中央直辖广东讨贼军第四军军长梁鸿楷、中央直辖滇军第二军军长范石生、中央直辖滇军第三军军长蒋光亮、广东江防司令杨廷培、西江善后督办李济深

查近日有用广三铁路附近财政处名目，在佛山等处征收商业牌照费，殊属不合。须知此次所征收之商业牌照费，系由本大元帅指明用途，饬由广东财政厅令行各委任经收之各县长或专员实行确解，由该厅总司其事，以专责成。其他各机关人员，一律不许有截留及抵解情事，以免统系凌乱，妨碍进

行。况该项商业牌照费,须由法定财政机关发给牌照,为商业资本之保证,然后在法律上始有根据,其保障始能确实。凡非财厅所发之牌照,当然一切不生效力。若用广三铁路附近财政处名目征收商业牌照费,非特与本大元帅所指定用途有碍,亦且与保障商业之旨相悖。除饬令滇军蒋军长查明,立予取消外,合行令仰该省长即便通令所属各地方机关一体遵照办理。总司令、司令、军长、督办转知所属一体遵照办理、该军长迅行查明立予取消。切切。此令。

(中华民国陆海军大元帅之印)

中华民国十二年九月十五日

据大本营秘书处编《陆海军大元帅大本营公报》第三十号
(广州一九二三年九月二十八日)

给蒋光亮的训令

(一九二三年九月十五日)①

大元帅训令

　　令中央直辖滇军第三军军长蒋光亮

　　商业牌照费,专责财厅征收,各县不得截留,并不得以别名义征收,以失商民之保障。此项税则,系一次过之征收,已指定用途,军队不得据收。除分令外,仰该军长查照。此令。

据《广州民国日报》一九二三年九月十五日《帅令军队不得代征牌照费》

---

① 此件所标时间系《广州民国日报》发表日期。

命徐天琛部暂归胡谦指挥令

（一九二三年九月十七日）

着该团长迅率所部开赴增城暂归胡所长谦指挥调遣。此令。
上令徐团长天琛

孙　文

中华民国十二年九月十七日

据中国国民党中央文化传播委员会党史馆藏一般档案051/162

给刘玉山的训令

（一九二三年九月十七日）

大元帅训令第二九五号

令中央直辖第七军军长刘玉山

据中央直辖第七军第三师长陈天太呈称："窃师长去岁奉令讨贼，率师东下，旧日部队留桂尚多，现因转战数月，前敌士兵伤亡甚众，亟应从事补充。前经令饬陈旅长先觉遄返梧、濛，召集旧部，预备补充。兹据报称，业经召集七百余人，集中梧州人和墟听候调遣等语。除由师长电调该旅长克日率队来粤听候补充外，理合备文呈请察核，俯赐电饬西江驻防各军一体知照，俾免误会，而利遄行，实为公便"等情前来。据此，除电饬西江善后督办转饬驻防各军一体知照外，合行令仰该军长即便转令该师长知照。此令。

（中华民国陆海军大元帅之印）

中华民国十二年九月十七日

据大本营秘书处编《陆海军大元帅大本营公报》第三十号（广州一九二三年九月二十八日）

给杨希闵等的训令

（一九二三年九月十八日）

大元帅训令第二九六号

　　令中央直辖滇军总司令兼广州卫戍总司令兼中央直辖滇军第一军军长杨希闵、中央直辖第一军军长朱培德、中央直辖西路讨贼军总司令刘震寰、东路讨贼军总司令许崇智、东路讨贼军第三军军长李福林、中央直辖第三军军长卢师谛、中央直辖第七军军长刘玉山、中央直辖广东讨贼军第四军军长梁鸿楷、中央直辖滇军第二军军长范石生、中央直辖滇军第三军军长蒋光亮、西江善后督办李济深

　　据大本营兵站总监罗翼群呈称："现据职部卫生局长李奉藻呈称：'窃自北江战事发生以来，伤病官兵留医本部后方病院及第一、第二分院数达五千余人，除医愈归营外，现尚约三千之数。其留医私立各医院约五百人，各军后方病院暨陆军医院共约八百人，统计约共四千余人。据调查所得，医理全愈人数约居三分之一，虽经各医官劝导，多不肯离院。其中即难免有滋事、打架、聚赌、吸烟等弊。亟应饬回前方，一可增加战斗能力，二可减轻公家负担，三可疏通病室，以便收容继至者。现在东江战事方殷，伤病官兵源源而至，后方各病院及市立各医院，均有人满之患，可否即由钧部转呈请大元帅，饬令各军长官派员到各医院，将伤病业已痊愈之士兵提回前方服务。理合具文呈请察核施行'等情前来。据此，查该局长呈称各节，尚属实情，据呈前情，理合备文转呈帅座，准予分令各军长官查照办理，实为公便"等情。据此，除指令照准并分令各军长官遵照办理外，合行令仰该军长、总司令、督办即便遵照办理。此令。

（中华民国陆海军大元帅之印）

中华民国十二年九月十八日

据大本营秘书处编《陆海军大元帅大本营公报》第三十号
（广州一九二三年九月二十八日）

给廖仲恺的训令

（一九二三年九月十八日）

大元帅训令第二九七号

　　令广东省长廖仲恺

　　据广东财政厅长邹鲁呈称："据南海县县长李宝祥呈称：'案奉钧厅令饬举办商业牌照费，当以佛山为繁盛市镇，委员前往开办，呈报在案。兹据该委员等面称：遵往设局筹办，分投晓导，颇有端绪。讵忽有广三路附近财政处布告，内称广三铁路附近各埠商业牌照税，呈准奉令委该处征收，谕饬商民前赴该处缴税领照等语。因之商民群相观望，请示办法前来。伏查县属商业牌照费，奉饬由职县办理。广三铁路附近财政处又在佛山布告，奉准由该处征收，是否钧处所准，语虽模糊，实淆观听。有兹原因，不特于职县进行障碍，即商人亦无所适从。理合将揭存该处布告一张呈缴察核，究应如何办理，伏候指令祗遵。计缴广三铁路附近财政处布告一纸'等情。据此，查此次举办商业牌照费，系遵照钧座命令，依据条例及细则之规定，应由职厅主管。需用各种牌照并应由职厅印发，迭经呈奉核准，通饬所属机关遵照在案。兹据该县长所呈，广三铁路附近财政处布告征收佛山牌照费一节，查佛山镇先经职厅令南海县署委办理。据呈前情，究应如何之处，理合据情呈请核示，转饬祗遵"等情。据此，除已令行滇军第三军蒋军长饬即取消并通令外，合行令仰该省长转令财政厅长知照。此令。

　　　　　　　　　　　　　　　　　　（中华民国陆海军大元帅之印）

　　　　　　　　　　　　　　中华民国十二年九月十八日

据大本营秘书处编《陆海军大元帅大本营公报》第三十号
（广州一九二三年九月二十八日）

给王棠的训令

（一九二三年九月十八日）

大元帅训令第二九八号

　　令东江商运局局长王棠

　　东江自逆党变乱以来，商货停滞，土产不能运出，要需不能运入，加之两次水灾，损失无算。石龙以上十数县农工失业，人民困苦颠连，情殊可悯，不有救济，将伊胡底？特设商运局以济时势之穷，而救灾区之困。着该局长悉心调查，妥筹善法，务使运输利便，而东江上游之十数县土货，得以畅销，需要有所取给，俾农工生计得以复原，人民困苦早日消灭，以副设局之本旨，有厚望焉。此令。

（中华民国陆海军大元帅之印）

中华民国十二年九月十八日

<small>据大本营秘书处编《陆海军大元帅大本营公报》第三十号</small>
<small>（广州一九二三年九月二十八日）</small>

给廖仲恺的指令

（一九二三年九月十八日）

大元帅指令第四六七号

　　令广东省长廖仲恺

　　呈报连山县县长彭嗣志现由何克夫军队捕获，经警转送广州市公安局押留，查该犯官系奉令饬通缉事属军事范围，似应解送军政部依法审办，乞核示遵由呈悉。准如所拟办理。此令。

(中华民国陆海军大元帅之印)

中华民国十二年九月十八日

据大本营秘书处编《陆海军大元帅大本营公报》第三十号
(广州一九二三年九月二十八日)

给伍朝枢的训令

(一九二三年九月十九日)

大元帅训令第二九九号

　　令大本营外交部长伍朝枢

　　据南洋砂朥越国民党分部刘友珊及郭川衡函称："敝处辖境咪厘埠于七月九日煤油矿华工某,因与一番妇言词暧昧,忽来一爪哇人持刀行凶,遂至口角互殴,同逮警区。当时该华工有少数同业,目睹爪哇人骄横无状,不忍袖手旁观,追随探视,或亦有所情于警署长官者。同时华侨工商各界数十百人以未明肇事真相,耳目喧传,麕集署前。不意警署长官遽下令迫群众退散,于时人数杂遝,多隶鲁籍,言语不通,未遑趋避,而士兵已操械任意冲挞,未几复实弹开火。排枪一发,当场惨毙华侨一十二名,重伤者四十余名,昇赴医院不治者二名,而流弹直透人群,致对街无辜商店亦遭池鱼之殃。案情重大,实我华侨近数十年来罕闻之浩劫。噩耗传至敝处,阖埠震惊,刻已函致驻哑〔亚〕庇中国领事,请其电促政府从速严重交涉。查本案原起,双方或各不得辞其咎,然商店营业,行人驻足,于律何罪,竟至惨死?彼居留政府弁髦法律,草菅人命,至于此极,来日大难,殷忧未已,剥肤挝髓,行无噍类。国民一息尚存,势难缄默,国体攸关,政府亦恶得置若罔闻?伏思我孙总理爱国爱民,海内外同志共守不渝,于兹事出非常,骇人听闻,意外之变,其必速筹相当对付之策,而有以慰我异域侨胞于水深火热之际无疑矣。同人等不胜徬徨盼切之至"等情前来。据此,查南洋群岛之开辟,我华侨实居首功,今日侨居南洋各岛之同胞,即当年荜路蓝缕、披荆斩棘者之后裔,该所在地政府对于我华侨,论功宜有相当报酬,论法宜予尽力保护。乃年来南洋各岛中,我华侨被该处土人惨杀之耗,迭有所闻,而尤以此次杀毙十余人,杀伤四十余人为最烈。该所在地政府,既迭颁苛例,剥削我华侨之自由,复屡纵容军警,伤残我华侨之生命。该所在地政府如此行为,对外为蔑视国际友谊,对内为弁髦自国法律,不惟人道正谊所不容,亦文明国家法律所不许。合行令仰该部长即向英国领事提出抗议,要求依法补恤惩凶,以慰侨望而警凶横,是为至要。切切。此令。

(中华民国陆海军大元帅之印)

中华民国十二年九月十九日

据大本营秘书处编《陆海军大元帅大本营公报》第三十号
(广州一九二三年九月二十八日)

给赵士北等的训令

(一九二三年九月十九日)

大元帅训令第三〇〇号

令大理院院长赵士北、大本营军政部长程潜、广东省长廖仲恺

据大本营财政部长叶恭绰呈称:"窃以印花税为国税之一,应由本部直接派员征收,并照章得招商承办,历经照办有案。当此财政困难,军需孔亟,亟应设法推行,以裕税收。前据商人张式博条陈爆竹类征收印花税办法前来,本部以爆竹类与烟酒同为消耗物品,自可援照烟酒贴用印花税票条例办理。其税率暂按烟酒税则减半征收,定为照物价十分之一征收。所拟办法,经本部详加复核,尚属可行,现拟仍归本部直接管辖,并暂以广东全省境内先行试办,俟办有成,再酌量情形,次第推行。当由本部委任该商张式博充广东全省爆竹类印花税总办,准其在广东省域设立广东全省爆竹类印花税分处,其省河及广东全省各属,准其分设支处,或派委专员委托商店设法推

销;并援商人承办税捐认额包征办法,责令每年暂以包销爆竹类印花税票价十二万元,为其征缴定额。如办有成效,再将定额酌量增加;倘销不足额,得照章责令赔缴,或酌予罚款,并得撤销包办原案,另行派员或招商承办,俾昭公允。业据张式博缴呈票价、请领税票,刊刻关防,呈报启用各在案。惟印花税推行,于爆竹类事属创办,承办商人于事前调查及开办经费垫支较巨,特准于三个月试办期内,领票售票均以毫银伸算,并给予补助经费一成,以示体恤,而资奖励。一面由部规定,自本年九月十六日起至十二月十五日止,为试办期限,以促进行而示限制。又虑推行之初,或其所派调查、稽查、劝销各员,有与商家牴牾或骚扰情事,致碍进行而招反感;并于章程内规定,须由该处地方官厅警察区署,或商会派员会同前往,以防流弊而杜口实。但事前调查、劝销及此后稽查、惩罚,有需各该处地方官厅、警察区署暨各商会协助及各军队保护之处正多,除由本部咨行各机关查照,并由该商自与各商会接洽外,拟请大元帅训令大理院、大本营军政部、暨广东省长转行所属遵照。兹由本部根据该商所拟征收爆竹类印花税办法,分别编正改订,核定为征收广东全省爆竹类印花税暂行章程二十六条,及招商承办广东全省爆竹类印花税暂行章程十八条,理合照录该项章程,备文呈报大元帅鉴核备案。其征收章程内分别订有罚则,应请明令公布施行,用昭慎重。至该章程附表应订税额,已饬令该商查明呈报本部核定,届时再行专案呈报,合并附陈"等情。据此,查所拟事属可行,应予照准,除指令并分令外,合将暂行章程抄发,仰该院长即便转饬所属一体遵照办理。此令。

  计抄发暂行章程二份。

(中华民国陆海军大元帅之印)
中华民国十二年九月十九日

据大本营秘书处编《陆海军大元帅大本营公报》第三十号
(广州一九二三年九月二十八日)

给叶恭绰的指令

（一九二三年九月十九日）

大元帅指令第四六九号

　　令大本营财政部长叶恭绰

　　呈拟征收广东爆竹类印花税暂行章程及招商承办该项印花税暂行章程由

　　呈及章程均悉。准如所拟施行，并已令行大理院、大本营军政部暨广东省长，转饬所属一体遵照矣。此令。

（中华民国陆海军大元帅之印）

中华民国十二年九月十九日

据大本营秘书处编《陆海军大元帅大本营公报》第三十号
（广州一九二三年九月二十八日）

给赵士北的指令

（一九二三年九月十九日）

大元帅指令第四七三号

　　令大理院长兼管司法行政事务赵士北

　　呈报拟请将广州及茂名等三十厅庭具报已决人犯，核明减刑，列册呈请鉴核令遵由

　　呈及清册均悉。准如拟办理，仰即遵照。此令。

（中华民国陆海军大元帅之印）

中华民国十二年九月十九日

据大本营秘书处编《陆海军大元帅大本营公报》第三十号
（广州一九二三年九月二十八日）

给朱和中的指令

（一九二三年九月二十日）

大元帅指令第四七四号

  令广东兵工厂厂长朱和中

  呈拟具大本营规定各军请造枪枝办法请察核令遵由

  呈折均悉。准如所请办理，候令行军政部通行各军查照可也。此令。

（中华民国陆海军大元帅之印）

中华民国十二年九月廿日

据大本营秘书处编《陆海军大元帅大本营公报》第三十号

（广州一九二三年九月二十八日）

给程潜的训令

（一九二三年九月二十日）

大元帅训令第三〇一号

  令大本营军政部长程潜

  据广东兵工厂厂长朱和中呈称："窃查职厂内枪厂，从前每日只出枪十余枝，连开夜工亦不过二十余枝。自和中到差，极力整顿，加开夜工未尝间断；并于每日上下午放工时派各工匠轮班接替，务令机器不停。每日工作时间，将及十五点钟之久，工人固属辛劳，机器之能力亦尽。现出枪至三十五枝，实不能再多，此固开厂以来所仅见，乃各军之备价来请造枪者，未知其中为难情形，不加体谅，已造者尚欲加多，未造者更多烦言，分配不敷，争论不决，终日解说，舌敝唇焦，穷于应付。计各军携有帅令并已交款造枪者，共有九处，即每日每处交枪五枝，亦需四十五枝。惟职厂所出之枪，充其量不过三十五枝,实在不敷,分配极感困难;倘日后再有请造者,不知如何应付,再四思维,惟有拟具办法四条,并开列收款交枪数目表二纸,备文呈请察核,恳请令饬各军遵照,实为公便,是否有当,伏祈指令祗遵"等情,并拟具各军请造枪枝办法前来。据此,除指令准如所请办理外,合行令仰该部长即便通行各军查照办理,办法抄发。此令。

计抄发规定各军请造枪枝办法一纸。

（中华民国陆海军大元帅之印）

中华民国十二年九月廿日

据大本营秘书处编《陆海军大元帅大本营公报》第三十号
（广州一九二三年九月二十八日）

在博罗给各军的指令

（一九二三年九月二十日）

限三日内先复惠城。

据天津《大公报》一九二三年九月二十八日《东北江军事将同时大结束》

给胡汉民等的指令

（一九二三年九月二十一日）

大元帅指令第四七六号

令大本营军法裁判官程潜、胡汉民、罗翼群

呈为遵令审理程天斗侵吞军饷一案,拟具判决书,请予察核示遵由

呈悉。所称该犯奔走国事有年,不无前劳可念,可否法外施仁,予以减

免,俾其自新等情。程天斗准予特赦。此令。

（中华民国陆海军大元帅之印）

中华民国十二年九月廿一日

据大本营秘书处编《陆海军大元帅大本营公报》第三十号（广州一九二三年九月二十八日）

给赵士北的训令

（一九二三年九月二十一日）

大元帅训令第三〇三号

令大理院长兼管司法行政事务赵士北

据广州律师公会会长赵敬等呈称："窃据会员关作瑸、钱树芬、温天铎、曾传鲁、霍鸾藻等提议：'以大理院新颁律师领用小章规程第三、第四、第五、第八、第九各条所定理由,于法律事实间有未合,应请修正'等语,附请议书一件前来。当经于本年九月九日召集大会解决,嗣因法定人数不足,改开评议会,议决结果认为大理院新颁律师领用小章规程,有应行修正及明示办法者,厥有六端,理合查照。是日议决案造具请求书,备文呈请钧座,伏乞俯予令行该院采纳,如议修正,以利遵行,实为公便。并查该院自新章颁布后,对于律师代理诉讼行为未领院颁小章者,概行批驳,对于诉讼上不变期间,殊多窒碍,似无因律师小章而剥夺当事人法律赋予诉权之理,拟请钧座指令,准予于大理院新颁律师领用小章规程未修正以前,仍准沿用原日律师图章,更叨德便"等情,附呈请求书及规程前来。据此,查该呈所列各节不无可采之处,合行令交该院长酌量办理。请求书附发。此令。

（中华民国陆海军大元帅之印）

中华民国十二年九月廿一日

据大本营秘书处编《陆海军大元帅大本营公报》第三十一号(广州一九二三年十月五日)

饬廖仲恺转饬公安局释放程天斗令

（一九二三年九月二十一日）

程天斗已有令特赦，即着该省长转饬公安局将程天斗释放。此令。

据《广州民国日报》一九二三年九月二十一日《程天斗特赦无罪》

撤销鱼雷局令

（一九二三年九月二十六日）

大元帅令

鱼雷局着即撤销，所有鱼雷事宜，暂归长洲要塞司令管理。此令。

（中华民国陆海军大元帅之印）

中华民国十二年九月廿六日

据大本营秘书处编《陆海军大元帅大本营公报》第三十一号（广州一九二三年十月五日）

给廖仲恺的训令

（一九二三年九月二十六日）

大元帅训令第三〇四号

令广东省长廖仲恺

据佛山商会会长陈恭受等呈称："案查佛山碉楼缘起于民国四年龙上将军、李巡按使①莅粤时代。因佛镇为省城屏蔽，地当要冲，户口殷繁，商旅

---

① 龙上将军、李巡按使，即龙济光、李国筠。

辐辏，一遇事变无险可守。三年冬十一月，股匪扑攻佛山，幸赖军队击退，地方得以保全。镇人鉴戒前车，绸缪未雨，是以会集绅商而有建设碉楼之议，其建筑费初由佛山商会团保局收支所合力借筹，以为之倡，复向镇内店户抽收一月租捐，并在平粜赈款各项下多方凑集，共费地方款三万二千余元，择定火车头、太平沙、聚龙沙、东莞地、文昌沙、文塔脚、平政桥、白花社、大基尾、永安社、学城门头等处兴筑碉楼十一座，凡数阅月始告竣事。从此壁垒一新，防卫周密，为邦人士所乐观厥成，亦守土者宜永保勿替也。近闻佛山官产清理分处为军饷紧迫，遽将碉楼十一座共估价数千元立行变毁。夫筹饷固军事大计，筹防亦地方要图，若只顾军事于目前，而置地方于脑后，顾彼失此，甚非所以安内而防外也。今碉楼虽无护勇守望，然有客军驻防佛山，暂亦足资镇慑。但防军抽调靡常，一旦地方空虚，碉楼即须拨团握〔据〕守，居高临下，以逸待劳，洵为地方要隘。是以碉楼之存废，关乎全镇之安危，与别项建筑物业利害轻重，要不可同日语也。现我佛山各界团体暨全镇公民，于九月十二日假座佛山商会大集会议，佥以碉楼工程浩大，当年几费经营，艰难缔造，然后克底于成，至今垫款尚未归还清楚，倘竟废诸一旦，不避千夫所指，徒供一掷之需，窃为地方危之。今镇人心理，惩前毖后，咸主张一致保留。理合将各团体暨全镇公民会议缘由，备文呈请睿鉴，俯赐檄饬广东全省官产清理处转令佛山镇官产清理分处主任胡思清，爱惜物力，尊重地方，将毁变碉楼案取消，制止承办商人，即日停工，以顺人心而顾清议，实为公便"等情前来。据此，查佛山镇各碉楼，据称系地方团体集资所建筑，为全镇防卫之要隘，自应予以保留，以重防务。合行令仰该省长遵照转饬办理。此令。

（中华民国陆海军大元帅之印）

中华民国十二年九月廿六日

据大本营秘书处编《陆海军大元帅大本营公报》第三十一号（广州一九二三年十月五日）

优恤杨仙逸等令

（一九二三年九月二十七日）

大元帅令

　　故航空局局长杨仙逸、长洲要塞司令苏从山、鱼雷局局长谢铁良，均技术湛深，志行纯洁，尽瘁国事，懋著勋劳。本大元帅正倚为干城腹心之寄，此次在白沙堆轮次，猝遭变故，死事甚惨。遽闻凶耗，震悼殊深。杨仙逸、苏从山、谢铁良均追赠陆军中将，并着军政部照陆军中将阵亡例，从优议恤，以彰忠荩，而慰烈魂。此令。

　　　　　　　　　　　　　　　　（中华民国陆海军大元帅之印）
　　　　　　　　　　　　　　　　中华民国十二年九月廿七日

据大本营秘书处编《陆海军大元帅大本营公报》第三十一号（广州一九二三年十月五日）

给程潜的训令

（一九二三年九月二十八日）

大元帅训令第三〇七号

　　令大本营军政部长程潜

　　据乳源县县长欧维纲巧日代电称："职县八月宥日邮电报告，拿获自称大元帅直辖讨〈贼〉军第二路独立支队司令阙应麟、副官李祥茂等二名在乳招抚绿林、运动军队，希图扰乱。讯据供认不讳，请予分别将阙应麟处以死刑，李祥茂处以四等有期徒刑一年一案，谅经早邀钧鉴。现奉省长、杨总司令指令开：既据邮电呈报大元帅，仍候核示祗遵。等因。奉此，迄今尚未奉到批示，合再邮电，呈请察核。应如何办理之处，伏乞即迅赐电示祗遵"等情。据此,合行令仰该部长即便查明阙应麟、李祥茂等是否冒充军官,及所犯如果情确,应即依法惩治,以儆效尤。仍将办理情形呈复。此令。

(中华民国陆海军大元帅之印)
中华民国十二年九月二十八日

据大本营秘书处编《陆海军大元帅大本营公报》第三十一号(广州一九二三年十月五日)

给刘纪文的指令

（一九二三年九月二十八日）

大元帅指令第四七九号

　　令大本营审计局局长刘纪文

　　呈请辞职并请任李蟠接替由

　　呈悉。所请辞职之处应照准,递遗该缺已有明令任命林翔接替矣。仰即知照。此令。

(中华民国陆海军大元帅之印)
中华民国十二年九月二十八日

据大本营秘书处编《陆海军大元帅大本营公报》第三十一号(广州一九二三年十月五日)

给罗翼群的指令

（一九二三年九月二十八日）

大元帅指令第四八〇号

　　令大本营兵站总监罗翼群

　　呈请该部职员月薪在三十元以下者,准予免折,及裁撤分站闲员,拟派出各所供职,与编制原定额略有增加,请鉴核训示,饬局知照由呈悉。该部职员月薪在三十元以下者，准予免折。惟该部所辖各所用人，仍须认真核实，不得为安置闲员计，致涉冗滥。仰即知照。此令。

（中华民国陆海军大元帅之印）

中华民国十二年九月廿八日

据大本营秘书处编《陆海军大元帅大本营公报》第三十一号（广州一九二三年十月五日）

给李济深的训令

（一九二三年九月二十八日）

大元帅训令第三〇八号

令西江善后督办李济深

据广东省长廖仲恺呈称："现据粤海关监督傅秉常呈称：现据开平口征收税委员呈称：现准中央直辖广东讨贼军第一师军需处函开：现奉西江善后处督办李电令，内开：本署设财政整理处，统一西江财政事宜。查四邑各属税收，向由江门大本营办事处办理，仰该员暂行接收，继续办理。等因。奉此，遵于本月二十二日暂行接收，继续办理，除分函外，相应函达，即希查照等由。准此，理合备文呈请察核，指示每月征收税款如何解缴，俾得祗遵等情前来。查关税为国家收入，系解中央之款，与他项税收不同，除令饬该口委员毋得擅行拨解外，理合备文呈报钧署察核，转呈大元帅令饬西江善后李督办，毋得截留关款，以重国库等由。准此，查该监督所呈各情，系为统一关税起见，理合呈请帅座察核，俯赐令饬西江善后李督办，毋得截留关款，以重国库，实为公便"等情前来。据此，除指令呈悉，准如所请令行西江善后督办遵照办理外，合行令仰该督办即便遵照办理为要。此令。

（中华民国陆海军大元帅之印）

中华民国十二年九月廿八日

据大本营秘书处编《陆海军大元帅大本营公报》第三十一号（广州一九二三年十月五日）

给廖仲恺的指令

（一九二三年九月二十八日）

大元帅指令第四八三号

　　令广东省长廖仲恺

　　呈请令饬西江善后督办毋得截留关款，以重国库由

　　呈悉。准如所请，令行西江善后督办遵照办理。仰即知照。此令。

（中华民国陆海军大元帅之印）

中华民国十二年九月廿八日

<small>据大本营秘书处编《陆海军大元帅大本营公报》第三十一号（广州一九二三年十月五日）</small>

给赵士觐的指令

（一九二三年九月二十九日）

大元帅指令第四八六号

　　令大本营粮食管理处督办赵士觐

　　呈为省河引盐现已脱清，请准由管理处采办沿海余盐二十万包运省，以济民食而裕库收由

　　呈悉。所请准由粮食管理处采办沿海余盐二十万包运省应销，以济民食而裕库收，事属可行，应准照办，并着即筹议，详细章则，呈候核定。此令。

（中华民国陆海军大元帅之印）

中华民国十二年九月廿九日

<small>据大本营秘书处编《陆海军大元帅大本营公报》第三十一号（广州一九二三年十月五日）</small>

给罗翼群的训令

（一九二三年九月二十九日）

大元帅训令第三〇九号

　　令大本营兵站总监罗翼群

　　据大本营审计局长刘纪文呈称："案奉钧帅发下大本营兵站总监罗翼群原呈一件，补签十二年六月份原预算书一本，输送队、守备队饷章表各一册，谕令审查等因。奉此，当即遵照核办。查该原预算补签各节，尚属核实，应准备案。惟东路讨贼军第十四路司令部军队，是否全部拨归总监兼辖，抑或指拨二营担任守备，若仅得二营，编为统领部已属通融办理，该队照各路司令部编制，似属不合，而于额定薪饷公费之外，另加活支及死亡、医药等费六百余元，亦欠充分理由。至该部拨归兵站总监后，是否不另向东路讨贼军总司令部报销薪饷，仍应明白声叙，俾便审查。至输送队所列饷薪，间有违背定章者，均经逐一签出，使之改正。奉令前因，除将补签原预算书暂留职局，俟核定后再行呈发外，所有该部原呈及所属守备队、输送队饷章表各一册，理合随文呈缴钧帅，伏祈发还改编，实为公便。再据该部预算书，说明栏内声叙第二、第三卫生队，第二、第三、第四野战病院，后方病院第一、第二分院掩埋队，第一、第二、第三伤兵收容所，各详细数目，应自调齐再行呈核等语。现阅时已久，尚未奉转下局有关统计。又，以后该部无论呈缴预算、计算或所属饷章表，均应照缮三份，俾便存发，统祈迅赐饬遵"等情。据此，除指令照准外，合行令仰该总监即便按照呈开各节，明白声叙，并将签发守备队、输送队饷章表，依照改编呈候备案。仍迅将卫生队、野战后方各病院暨掩埋队、伤兵收容所等处，数目调齐，列呈候核，饷章表二册并发。此令。

　　　　　　　　　　　　　　　（中华民国陆海军大元帅之印）

　　　　　　　　中华民国十二年九月廿九日

据大本营秘书处编《陆海军大元帅大本营公报》第三十一号（广州一九二三年十月五日）

给杨希闵的训令

（一九二三年九月二十九日）

大元帅训令第三一〇号

  令中央直辖滇军总司令杨希闵

  据广东电政监督兼广州电报局局长范其务呈称："案据源潭电报局局长胡瑞昌呈称：'职局至韶州及广州，均原设一、二、三线，其韶州二、三及广州二线，固已被军队搭挂电话用去。而现在用以工作之韶州一线，每日亦有电话发现多次，广韶直达固属窒碍，而源韶工作因此亦时有不灵。乞设法转请卸去，以利交通'等情前来。查广韶原设有三线，其第二、第三线，系被军队搭挂电话，广韶局只有第一线以供工作，每日均仍有电话发现，不特广韶不能直达，而源韶亦因此不能工作。尚属实情，理合呈请钧座察核，乞准令饬驻防沿途各军队，如挂电话线须一律挂第二线，勿再搭挂第一、第三线，免生窒碍，以利交通，实为公便"等情前来。据此，除指令照准外，合行令仰该总司令，即便遵照。转饬驻广州至韶关各军，嗣后悬挂电话线，须一律搭挂第二线，勿再搭挂第一、第三两线，以免窒碍，而利交通为要。此令。

（中华民国陆海军大元帅之印）
中华民国十二年九月二十九日

据大本营秘书处编《陆海军大元帅大本营公报》第三十一号（广州一九二三年十月五日）

着兵工厂长按价代刘震寰造枪令

（一九二三年九月三十日）

着兵工厂长按次代刘总司令震寰造步枪八百枝，工料价照最后所定交缴。此令。

孙　文

中华民国十二年九月三十日

据中国国民党中央文化传播委员会党史馆藏一般档案 051/252

命许崇智古应芬查办作弊人员令

（一九二三年九月三十日）①

着秘书处拟两命令如下：

一、着许崇智查办兵站作弊人员。

一、着古应芬查办各财政机关内部人员之积弊。

孙　文

据谭延闿编《总理遗墨》第三辑（印行时间不详，广东省社会科学院藏）

---

① 此件未署时间，今所标时间系参照《陆海军大元帅大本营公报》内容相同之命令的日期酌定。

命查核各机关公款出纳情形令

（一九二三年九月三十日）

大元帅令

自军兴以来,需款孔亟,分设机关职司财政,戎马倥偬,监督或疏,利之所汇,弊窦易生,非考核整饬,点滴归公,无以昭示人民,慎重国币,兹特派行营秘书长古应芬,秉公查办。自两广盐运使署、广东财政厅、市政厅、公安局、官产处等各机关所有经理财政职员,一切公款出纳事件,着一律分别查核,条列情状,呈候裁夺。切切。此令。

（中华民国陆海军大元帅之印）

中华民国十二年九月三十日

据大本营秘书处编《陆海军大元帅大本营公报》第三十二号(广州一九二三年十月十二日)

命查核兵站人员办事情形令

（一九二三年九月三十日）

大元帅令

自兵站设立于今数月,供给军需关系重大。比日人言啧啧,指摘孔多。事以久而弊生,人亦众而难齐。不有整饬,无以别是非而明赏罚,综名实而示惩劝。兹特派东路讨贼军总司令许崇智秉公查办。仰即分别贤愚,详具功罪条列情状,呈复核夺。切切。此令。

（中华民国陆海军大元帅之印）

中华民国十二年九月卅日

据大本营秘书处编《陆海军大元帅大本营公报》第三十二号(广州一九二三年十月十二日)

给邓泽如的训令

（一九二三年九月三十日）

大元帅训令第三一一号

　　令两广盐运使邓泽如

　　据广东省长廖仲恺呈称："现准大本营建设部长林森函开：'黄花岗七十二烈士墓场，现已拓地五十余亩，所种花木、果树日渐成林。历来只雇长工一人专为看守坟墓，不及兼顾灌溉树木，以致旧植花木失时培养，多半凋谢。际此秋令风高，遍地蔓草，人稀地广，时见牛马奔窜。而红花岗四烈士墓场，向无工人看守，其荒芜丛杂，殆有甚于黄花岗。广州自整顿市政以来，中西人士来粤观光者，常到七十二烈士及四烈士坟场瞻仰。设非增雇工人料理花木，芟除芜秽，则坟场日就荒凉，有失观瞻，实堪抱憾。兹特沥情函请省公署立案，按月给发毫洋一百元，为添雇工人花匠薪资伙食等用，其余款项，则为工具、肥料、种子之用，并希呈请大元帅核准，指令盐运使署由盐余项下支付，以垂永久。俾便按期具领，并将所有支出用途造册呈报省公署鉴核，以重公款，而清手续等由。'准此，查黄花岗七十二烈士与红花岗四烈士坟场，中西人士时多来游、凭吊，自未便任令荒废，致失观瞻。现准建设部林部长函请，在于运库盐税盈余项下，按月提拨毫洋一百元交给该坟场经理人，为添雇花匠、工役薪伙及工具、肥料、种子之用，筹有常之经费，阐先烈之幽光。似属可行，理合备文呈请大元帅鉴核俯赐，檄行广东盐运使立案照办，按月列册报销，以垂久远，实为公便"等情。据此，除指令照准外，合行令仰该盐运使即便查照办理。此令。

（中华民国陆海军大元帅之印）

中华民国十二年九月卅日

据大本营秘书处编《陆海军大元帅大本营公报》第三十二号（广州一九二三年十月十二日）

给何克夫的训令

（一九二三年九月）

训令

  着即率所部进攻富贺，扫灭该处敌人而固守之。此令。

  何克夫

孙　文

民国十二年九月

据中国国民党中央文化传播委员会党史馆藏一般档案 051/148

颁给郑螺生奖凭证明

（一九二三年十月一日）

  大元帅发给奖凭事：自逆贼叛国，挞伐用张，师行裹粮，需财孔亟，常赖海外侨胞踊跃输将，藉济财政之困，促成革命之成功；凡兹义举，奖典应颁。

  兹据中央筹饷会汇报，查有郑螺生捐助军饷，合于奖章条例第八条规定，呈请给予一等金质奖章一枚。除准予发给一等金质奖章用示奖励外，合填给奖凭，以资证明。

  上给郑螺生

中华民国十二年十月一日

据黄警顽编《南洋霹雳华侨革命史迹》（上海文华美术图书公司一九三三年版）

给徐绍桢的指令

（一九二三年十月一日）

大元帅指令第四八九号

　　令大本营内政部长徐绍桢

　　呈请褒扬寿妇郑黄氏由

　　呈悉。准予题颁"百龄人瑞"四字匾额，并给予银质褒章一枚。仰即转给具领。此令。

　　　　　　　　　　　　　　　　（中华民国陆海军大元帅之印）
　　　　　　　　　　　　　　　　中华民国十二年十月一日

据大本营秘书处编《陆海军大元帅大本营公报》第三十二号(广州一九二三年十月十二日)

发给邓卓两部伙食费令

（一九二三年十月二日）

　　邓演达团、卓仁机旅两部伙食，由十月十六日起归回第一师部发给，大本营所发伙食至是月十五止截。此令。

　　　　　　　　　　　　　　　　　　　　　　　　孙　文

据谭延闿编《总理遗墨》第一辑(一九二八年印行，广东省社会科学院藏)

给廖仲恺的训令

（一九二三年十月二日）

大元帅训令第三一二号

　　令广东省长廖仲恺

　　前因军用浩繁，令由该省长转饬各县分筹的款缴解来营，以资应用，至今多日未著成效。兹仰该省长于所属各县设立筹饷局，遴派得力人员专管各县所有正杂税捐征收事宜，并于省会设立大本营筹饷总局，由该省长总司其事。凡各县筹饷局缴解款项，统由总局核收，听候命令指拨。仰即克日进行，切实规划，严重监督，毋得因循，有误军需。切切。此令。

（中华民国陆海军大元帅之印）

中华民国十二年十月二日

据大本营秘书处编《陆海军大元帅大本营公报》第三十二号（广州一九二三年十月十二日）

给廖仲恺的训令

（一九二三年十月三日）

大元帅训令第三一三号

　　令广东省长廖仲恺

　　迭据前敌报告：惠州、惠阳逆军绝粮数日，逃散渐多，两城旦夕可下，等情。东江用兵以来，逆军凭依惠城之险，抗拒经月，现其兵已绝粮，居民愈可概见，哀此无辜罹兹惨祸，仰该省长转饬各善堂，迅行预办米粮一百万斤以上，一俟城下之日，即行飞运前往赈济穷乏，毋得迟延，致令他日无数民人转成饿莩。切切。此令。

（中华民国陆海军大元帅之印）

中华民国十二年十月三日

据大本营秘书处编《陆海军大元帅大本营公报》第三十二号（广州一九二三年十月十二日）

给林森的指令

（一九二三年十月四日）

大元帅指令第四九二号

  令大本营建设部长林森

  呈缴拟订暂行工艺品奖励章程请鉴核明令施行由

  呈及章程均悉。准如所拟办理。此令。

（中华民国陆海军大元帅之印）

中华民国十二年十月四日

附录一　林森呈

  呈为拟订《暂行工艺品奖励章程》仰祈鉴核事：窃富国之道，工商为重，改良商品，工艺为先。吾国工业方在萌芽，提倡奖励，责在政府。本部设有工商局，关于奖励工业事项，不可无章程规定，以资奖励而策进行。兹拟订《暂行工艺品奖励章程》十八条，理合缮具清折，呈请鉴察，伏祈明令施行，实为公便。谨呈

大元帅

  附呈《暂行工艺品奖励章程》一扣。

大本营建设部长林森（印）

中华民国十二年九月二十四日

附录二　暂行工艺品奖励章程

第一条　关于工艺上之物品及方法,首先发明及改良或应用外国成法制造物品著有成绩者,得按照本章程呈请奖励。

第二条　享有奖励权利者,以中国人民为限。

第三条　奖励之类别分列于下:

(一)凡关于工艺上之物品及方法,首先发明或改良者,得呈请专利,其年限定为三年、五年二种,由建设部核准。此项限期,均由批准之日起算。

(二)凡应用外国成法制造物品著有成绩者,得呈请给予褒状。

第四条　下列之工艺品不得呈请奖励:

(一)有紊乱秩序、妨害风俗之虞者。

(二)业有同样发明或改良呈请核准在先者。

第五条　下列之工艺品不得呈请专利:

(一)饮食品。

(二)医药品。

工艺品之发明或改良,有关公益须普及者,得不予专利,或加以限制。

第六条　呈请文受理后,经审查准予专利者,由部发给执照,准予褒奖者,由部发给褒状。

第七条　呈请奖励者应于呈文外,将详细说明书及图式、制品、模型等件呈部审查。

第八条　呈请奖励者应按下列照费、褒状费随同呈文缴纳。

(一)专利三年者五十元。

(二)专利五年者一百元。

(三)褒状五元。

以上照费、褒状费,如不准奖励时,仍将原费发还。

第九条　已经核准奖励之制造品,其呈请人之姓名、商号、制品名称、种类、专利年限、专利执照或褒状之号数,均应于公报公布之。

第十条　工艺品之发明或改良为军事上应守秘密者,得依主管官署之请求,不予专利,或加以限制,但应由主管官署给与相当报酬。

第十一条　已得专利者于专利期内,复将其专利物品有所发明改良者,再呈请核准专利。

第十二条　呈请人所发明或改良之物品,有一部分与先行呈请之物品相同者,其相同之部分应准先行呈请者享有专利权。

第十三条　专利权得承继或转移之,但须呈请建设部核准换给执照。

第十四条　在专利年限以内,如有他人私自仿造防〔妨〕害专利权时,享有专利权者得呈请禁止。

第十五条　已得专利者如有下列情事之一,其专利权应即取消：

(一)已得专利权自给照之日起,满一年尚未实行制造营业者。

(二)贩运外国货品冒充自制专利品发行者。

(三)所制物品与说明书所载或与各样模型不符者。

(四)专利期内无故休业一年以上者。

(五)违反本章程第四条所规定者。

(六)以诈伪方法蒙请核准者。

在专利年限内,建设部认为必要时得遴派专员检查专利品之制造事项。

第十六条　专利年限期满或取消,应于公报公布之。

第十七条　《暂行工艺品奖励章程施行细则》由大本营建设部定之。

第十八条　本章程自公布之日施行。

据大本营秘书处编《陆海军大元帅大本营公报》第三十二号(广州一九二三年十月十二日)

给孙科的训令

（一九二三年十月五日）

大元帅训令第三一五号

　　令广州市市长孙科

　　据前大本营审计局局长刘纪文呈称："窃纪文前由林业明附来军用公债券一箱共十一包，内五元券五包，每包五百张，由三千零一号起至五千五百号止，计二千五百张；一十元券五包，每包五百张，由二千五百零一号起至五千号止，计二千五百张；一百元券一包，共五百张，由四万一千零零一号起至四万一千五百号止。该券附到后，经即通讯各处，请将原收条改换。计到换者由三千零零一号起至三千零四十八号止。简崇光经手，共换去四十八张十元券，由二千五百零一号起至二千五百二十九号止；简崇光、陈迫清、戴金华等经手，共换去二十九张一百元券，由四万一千零零二号起至四万一千零一十三号止；简崇光、吴庆余经手，共换去十二张。其余存贮者，计五元券由三千零四十九号起至五千五百号止，共余二千四百五十二张十元券；由二千五百三十号起至五千号止，共余二千四百七十一张一百元券；由四万一千零零一号、四万一千零一十四号起至四万一千五百号止，共余四百八十八张。除将该券暂行存贮外，理合具文，连同券额分析表暨公债收条表呈请察核。现纪文因事出洋，一时未能返粤，至所存公债券应交何处接收经理，伏祈批示祗遵"等情。据此，除指令呈表均悉，仰将公债券交由市政厅孙市长暂行接收保管外，合行令仰该市长即便遵照办理。此令。

　　　　　　　　　　　　　　　　（中华民国陆海军大元帅之印）
　　　　　　　　中华民国十二年十月五日

据大本营秘书处编《陆海军大元帅大本营公报》第三十二号（广州一九二三年十月十二日）

谕代支罗劲夫款令

（一九二三年十月五日）①

见字请代支罗劲夫先生洋二百元。此致。纪文先生照。

孙文　十月五日

据中国国民党中央文化传播委员会党史馆藏一般档案051/284

通缉吕春荣令

（一九二三年十月五日）

大元帅令

据高雷讨贼军总司令兼绥靖处处长林树巍呈报"东路讨贼军第四师师长吕春荣蓄意谋叛，已非一日，曲予优容，冀其悔悟，讵鬼蜮存心，冥顽罔觉。此次钦廉告警，令其布置防务，乃竟勾结逆军，谋为不轨，经各将领一致通电，声其罪状，似此逆迹昭著，难再姑容，请将吕春荣褫职，通缉获办"等情。查东路讨贼军第四师师长吕春荣甘心附逆，罪无可逭，着即褫夺本职，仰各军长官一体严拿，务获解办，以儆凶顽，而肃军纪。此令。

（中华民国陆海军大元帅之印）
中华民国十二年十月五日

据大本营秘书处编《陆海军大元帅大本营公报》第三十二号（广州一九二三年十月十二日）

---

① 原件无年代，按其内容，当在1923年。

给杨希闵的指令

（一九二三年十月五日）

大元帅指令第四九三号

　　令兼卫戍总司令杨希闵

　　呈复看守永捷轮船赖铭光已开释，该轮究应发还周少棠，抑给葡商志利洋行具领，请令遵由

　　呈悉。永捷轮船着即先交大本营参军处候令办理，仰即遵照。此令。

（中华民国陆海军大元帅之印）

中华民国十二年十月五日

据大本营秘书处编《陆海军大元帅大本营公报》第三十三号（广州一九二三年十月十九日）

给叶恭绰的指令二件

（一九二三年十月五日）

一

大元帅指令第四九六号

　　令大本营财政部长叶恭绰

　　呈送整理纸币奖券章程请核示施行由

　　呈及章程均悉。准如所拟办理，此令。

二

大元帅指令第四九八号

　　令大本营财政部长叶恭绰

呈复查核抽收广州市防务馆馆租以充警饷事属可行请鉴核由

呈悉。照准。此令。

（中华民国陆海军大元帅之印）

中华民国十二年十月五日

据大本营秘书处编《陆海军大元帅大本营公报》第三十二号（广州一九二三年十月十二日）

给孙科的指令

（一九二三年十月六日）

大元帅指令第五〇五号

令广州市市长孙科

呈复查明红花岗地段四十亩均属寺尝公地，应准全段划拨广东公医校院，代兵站部抵还伤兵留医欠款，业经转饬办理，乞赐备案由

呈悉。准予备案。此令。

（中华民国陆海军大元帅之印）

中华民国十二年十月六日

据大本营秘书处编《陆海军大元帅大本营公报》第三十三号（广州一九二三年十月十九日）

讨伐曹锟令

（一九二三年十月八日）

大元帅令

伪巡阅使曹锟，贿诱议员，迫以非法，僭窃中华民国大总统，其背叛民国，罪迹已为昭著。当贿选将行之顷，奉、浙当局与西南诸将领，暨海内名流

硕彦,以及公私各团体,函电交争,冀阻非分。该逆充耳无闻,悍然不顾天下之是非,其怙恶不悛,甘自绝于吾民,已可概见。年来于粤、蜀、湘、闽、桂诸省,犯顺侵疆,屡为贼害,虽被殄克,狼心未已。我同袍将士护国护法,已历年所,岂能容庇国贼妄干大位。兹特宣布罪状,申命讨伐。我全国爱国将士,无问南北,凡能一致讨贼者,悉以友军相视,共赴国难,以挽垂危之局。庶我先烈艰难缔造之国,不因逆贼而中斩,亿兆人民实利赖之。此令。

(中华民国陆海军大元帅之印)

中华民国十二年十月八日

据大本营秘书处编《陆海军大元帅大本营公报》第三十三号(广州一九二三年十月十九日)

通缉附逆国会议员令

(一九二三年十月八日)①

大元帅令

此次国贼曹锟输金国会议员,以贿成选,妄干大位,业经宣布罪状,申命讨伐。而所谓国会议员,多以非法分子滥行列席,秽德腥闻,彰播远迩。议员职责在代表人民监督政府,乃贪赇受贿,危害国家,法律纪纲斩焉俱尽,不有严惩重罚,无以禁贪邪而儆淫顽。着护法各省区长官,将此次附逆国会议员一律查明,通缉惩办,以昭炯戒,而立国纪。此令。

(中华民国陆海军大元帅之印)

中华民国十二年十月[十]八日

据大本营秘书处编《陆海军大元帅大本营公报》第三十三号(广州一九二三年十月十九日)

---

① 底本为"十八日",但底本中前件及后件均为"八日",且是按时间顺序排列的。再查《陆海军大元帅大本营公报》目录,亦为"八日",故酌改"十八日"为"八日"。

命发给朱培德军队子弹令

（一九二三年十月八日）

着兵工厂长直接发给朱培德军队七九子弹四万、六八子弹壹万。此令。

据孙修福、喻春生《新发现的孙中山大元帅手令（一）》，载
《民国档案》二〇〇一年第一期

给杨希闵廖仲恺的训令

（一九二三年十月八日）

大元帅训令第三一七号

　　令卫戍总司令杨希闵、广东省长廖仲恺

　　近有地方痞棍串同不法军人，假托各军司令部或后方办事人员名义，干涉地方行政、财政，及侵害人民商业、财物等轨外行为，殊堪痛恨。着该总司令、省长出示晓谕，严行禁止。嗣后遇有此等情事，一经查获，悉当军法从事，不得宽贷。切切。此令。

（中华民国陆海军大元帅之印）
中华民国十二年十月八日
据大本营秘书处编《陆海军大元帅大本营公报》第三十三
号（广州一九二三年十月十九日）

给杨希闵的训令

（一九二三年十月八日）

大元帅训令第三一八号

  令中央直辖滇军总司令杨希闵

  据广东财政厅长邹鲁呈称："现据南海县长李宝祥呈称：'窃县属九江地方，先有东路讨贼军朱联、关义和军队驻扎，将屠牛捐各项据收，迭经呈报省署在案。日前朱联所部与关义和所部冲突，招匪相助，乘机焚掠。及关义和败窜，又有滇军前往，复与朱联冲突。朱联所部退守北方，滇军遂在九江设立财政局，征收一切税项，该局业已遍贴布告开办。九江为县属繁盛市镇，职局设有粮站在墟市栅外，现因两军互战，秩序纷乱，商市停业，居民惶恐迁徙，粮站因之停收，商业牌照费亦不能办理。似此情形若不速求解决，不特地方糜烂日甚，而当此军需紧急，职县收入停滞，实于解款有碍。除呈请省长核示办理外，所有滇军在九江设立财政局，职县收款阻碍情形，理合呈报察核，指令祗遵'等情前来。理合据情呈请钧座察核俯赐指令祗遵，实为公便"等情前来。据此，除指令"呈悉。军队无自设财政局之理，候令行滇军总司令查明撤销可也"外，合行令仰该总司令即便遵照办理。此令。

（中华民国陆海军大元帅之印）

中华民国十二年十月八日

据大本营秘书处编《陆海军大元帅大本营公报》第三十三号（广州一九二三年十月十九日）

给叶恭绰的指令

（一九二三年十月八日）

大元帅指令第五一〇号

令大本营财政部长叶恭绰

呈请出洋华茶减免税厘续展期限又将届满，拟准予继续减免，展至十四年底为止，请察核明令施行由

呈悉。准如所拟办理。

（中华民国陆海军大元帅之印）

中华民国十二年十月八日

据大本营秘书处编《陆海军大元帅大本营公报》第三十三号（广州一九二三年十月十九日）

给邹鲁的指令

（一九二三年十月八日）

大元帅指令第五一二号

令广东财政厅长邹鲁

呈据南海县长李宝祥呈称：滇军在九江设立财政局阻碍税收情形，请察核指令祗遵由

呈悉。军队无自设财政局之理，候令行滇军总司令部查照撤销可也。此令。

（中华民国陆海军大元帅之印）

中华民国十二年十月八日

据大本营秘书处编《陆海军大元帅大本营公报》第三十三号（广州一九二三年十月十九日）

给刘震寰的训令

（一九二三年十月九日）

大元帅训令第三一九号

  令西路讨贼军总司令刘震寰

  据东路讨贼军第三军军长李福林呈称："现据职部第十旅旅长萧秉良转据罗团长家驳报称：'据驻茶山站第二营第二连连长黄海清、驻樟木头站第一营第四连连长吴和义先后呈报：十月二日有西路讨贼军第九支队第一统领陈冠海率队来驻茶山墟，十月一日又有该军第十梯团长邝鸣相率队来驻樟木头，均称东莞系伊防地，理合报请察核等情。据此，窃职部前奉钧令率队保护广九铁路，因车站不敷驻扎，迫得拨队分驻该路近之茶山墟，以便照应。现据称茶山墟、樟木头两处，忽均有西路讨贼军到扎，军队复杂，稽查不便，一有警耗，误会可虞。应如何办理之处，理合报请钧座察核示遵'等情前来。窃维前次广九铁路劫案，系附近土匪与新编不肖民军互相勾通。现查来扎茶山墟、樟木头陈、邝两部，多系新编土匪成军，来往商民对此已生戒心，万一再有疏虞，职部何能当此重咎。况广九沿路一带，职部驻有兵士六营，实力尚堪保护；若杂驻别路新编军队，部分复杂，平时稽查，固属不便，临时呼应，亦属不灵。殊非帅座保护该路之本旨。可否由帅座下令将新驻茶山墟、樟木头陈、邝两部调往别处驻扎，俾职部办事统一，以收实效而专责成，是否有当，伏候指令祗遵"等情前来。据此，除指令"呈悉，广九铁路一带治安，业训令责成该军长所部保护在案，该铁路沿线两旁十里内，应不准有他部分军队驻扎，候令行刘总司令转饬陈、邝两部队调往他处，以免流弊而一事权可也"外，合行令仰该总司令即便遵照办理为要。此令。

          （中华民国陆海军大元帅之印）

中华民国十二年十月九日

据大本营秘书处编《陆海军大元帅大本营公报》第三十三号（广州一九二三年十月十九日）

给李福林的指令

（一九二三年十月九日）

大元帅指令第五一六号

　　令东路讨贼军第三军军长李福林

　　呈报有西路讨贼军第九支队第一统令陈冠海率队驻茶山墟，又有该军第十梯团长邝鸣相率队驻樟木头，恐广九路驻军复杂有事，呼应不灵，殊非保路本旨。请令饬陈邝两部他调以责成候令祗遵由

　　呈悉。广九铁路一带治安，业训令责成该军长所部保护在案。该铁路沿线两旁十里内，应不准有他部分军队驻扎，候令行刘总司令，转饬陈邝两部队调往他处，以免流弊而一事权可也。此令。

（中华民国陆海军大元帅之印）

中华民国十二年十月九日

据大本营秘书处编《陆海军大元帅大本营公报》第三十三号（广州一九二三年十月十九日）

谕发给陈荣广治丧费令

（一九二三年十月十一日）①

发给陈荣广治丧费一百元。

文
十月十一日

据中国国民党中央文化传播委员会党史馆藏一般档案051/280

---

① 原函无年代，按其内容，当在1923年。

命照前数发制弹厂费令

（一九二三年十月十一日）

前取消财政厅官产处各发制弹厂费每日五百元，着令仍依前数发给。此令。

孙　文

据谭延闿编《总理遗墨》第一辑（一九二八年印行，广东省社会科学院藏）

命发给惠州攻城重炮拉火令

（一九二三年十月十一日）

着兵工厂长发给惠州攻城重炮（15生）拉火三百发。此令。

据孙修福、喻春生《新发现的孙中山大元帅手令（一）》，载《民国档案》二〇〇一年第一期

给李福林的命令

（一九二三年十月十一日）

着李军长福林将前日围捕所获之六角火药悉交梅湖重炮应用。此令。

据孙修福、喻春生《新发现的孙中山大元帅手令（一）》，载《民国档案》二〇〇一年第一期

向澳门警厅取回李安邦步枪令

(一九二三年十月十一日)

着前山交涉员卢向澳门警厅取回李安邦步枪12支。此令。

前山交涉员光功

> 据孙修福、喻春生《新发现的孙中山大元帅手令(一)》,载《民国档案》二〇〇一年第一期

给朱和中的命令

(一九二三年十月十二日)

着该厂长酌选七九水机〔关〕子弹五千颗、粤造旱机关子弹一万八千颗,交广东讨贼军第一师第三团邓演达领用。此令。

令朱和中

> 据孙修福、喻春生《新发现的孙中山大元帅手令(一)》,载《民国档案》二〇〇一年第一期

命给予李安邦所部利便通过令

(一九二三年十月十二日)

李安邦所部为大本营直辖军队,其所部现奉命调省,所有经过地方各该驻扎军队应予利便,俾得通过,毋许阻止。此令。

> 据孙修福、喻春生《新发现的孙中山大元帅手令(一)》,载《民国档案》二〇〇一年第一期

给兵站总监部的命令

（一九二三年十月十二日）

着兵站总监部将全部家私什物、电话装修及该部办公地点除出该部收束外，其余拨交商运局接收应用。此令。

据孙修福、喻春生《新发现的孙中山大元帅手令（一）》，载《民国档案》二〇〇一年第一期

向徐树荣所部归王棠指挥调遣令

（一九二三年十月十二日）

着徐树荣所部归商运局长王棠指挥调遣。此令。

据孙修福、喻春生《新发现的孙中山大元帅手令（一）》，载《民国档案》二〇〇一年第一期

给杨希闵的训令

（一九二三年十月十二日）

大元帅训令第三二〇号

令中央直辖滇军总司令杨希闵、中央直辖西路讨贼军总司令刘震寰、东路讨贼军总司令许崇智

查惠州被围百日，内城人民疾苦饥困，殊堪悯恻。前以城破在即，经谕令广州各善堂筹备大宗粮食前往散赈，以慰穷黎在案。现虑城破之际，我军与逆军于内城或生冲突，致人民荡析离居，尤非本大元帅视民如伤之

意,故须豫筹安抚,使不至以饥疲之身,复感兵燹之苦。兹派邓团长演达为惠城安抚委员,克日前往,会同该地方士商妥筹安抚方法,务使城破之日,该民不罹兵灾,不生疾苦,是为至要。该团长行抵该地后,所有安抚事宜,应商承许总司令办理。除分行前敌各总司令知照外,仰即遵照。此令。

(中华民国陆海军大元帅之印)

中华民国十二年十月十二日

据大本营秘书处编《陆海军大元帅大本营公报》第三十三号(广州一九二三年十月十九日)

给程潜等的训令

(一九二三年十月十二日)

大元帅训令第三二一号

　　令大本营军政部长程潜、中央直辖滇军总司令兼广州卫戍总司令杨希闵、东路讨贼军总司令许崇智、西路讨贼军总司令刘震寰、中央直辖第一军军长朱培德、中央直辖第三军军长卢师谛、中央直辖第七军军长刘玉山、大本营命令传达所所长胡谦、大本营兵站总监罗翼群

　　现在战争区域渐狭,兵站总监部及所辖各支部站所,应着一律撤销,以节縻费。惟暂留卫生局及所辖各病院卫生队,办理伤病官兵及补充卫生局材料事宜,归军政部统辖。自十月十六日起,所有作战各部队给养,由各部队自行办理,定为每人每月折发毫洋三元,又草鞋洋四毫,由军政部核明直接给领。查东江自军兴以来,久罹兵燹,重以淫雨为灾,困苦已达极点。自十月十六日以后,各军长官应严行督率部众,对于所需食用物品,应一律平价买入,不得有向民间征发及强勒情事。本大元帅当另行派员,严密查察,务期无使有上项情弊滋生,以维军纪,而恤民艰。除通令外,合行令仰该军长、部长、总司令、所长、总监即便转

饬所属一体遵照。切切。此令。

（中华民国陆海军大元帅之印）

中华民国十二年十月十二日

据大本营秘书处编《陆海军大元帅大本营公报》第三十三号(广州一九二三年十月十九日)

发给参谋部特别费令

（一九二三年十月十二日）

着市政厅长发给参谋部特别费九百元。此令。

孙 文

中华民国十二年十月十二日

据秦孝仪主编《国父全集》第六册(台北近代中国出版社一九八九年版)

命公布各财政机关收支数目令

（一九二三年十月十三日）

大元帅令

着大本营审计局局长林翔，将大本营成立以来各财政机关收支数目，汇成简明统计表，于本月二十日以前，公布于大本营公报并广州各报，以后每月依照此例公布一次。此令。

（中华民国陆海军大元帅之印）

中华民国十二年十月十三日

据大本营秘书处编《陆海军大元帅大本营公报》第三十四号(广州一九二三年十月二十六日)

给刘震寰的指令

（一九二三年十月十三日）

大元帅指令第五二二号

  令中央直辖西路讨贼军总司令刘震寰

  呈报积欠该军军饷数目，拟请由财政厅牌照费项下饬拨由

  呈悉。该军饷糈支绌，素所深知。惟财政厅所收商业牌照费，多已指定用途，仰俟广东大局底定，财政统一，再行设法拨给可也。此令。

              （中华民国陆海军大元帅之印）

中华民国十二年十月十三日

据大本营秘书处编《陆海军大元帅大本营公报》第三十三号（广州一九二三年十月十九日）

命朱培德备价造机关枪弹令

（一九二三年十月十三日）

（奉令取消）

  着兵工厂长代朱军长培德备价造德造六八水机关枪弹壹万五千、粤造七九水机关枪弹壹万五千、粤造旱机关枪弹壹万五千。此令。

据孙修福、喻春生《新发现的孙中山大元帅手令（一）》，载《民国档案》二〇〇一年第一期

准李根云部通过梧州令

（一九二三年十月十四日）

着发令梧防，准李根云军队约四五百人通过。

文

中华民国十二年十月十四日

据中国国民党中央文化传播委员会党史馆藏一般档案 051/148

命发给许总司令子弹令

（一九二三年十月十四日）

着兵工厂长陆续发给许总司令七九弹拾万颗、六八弹拾万颗。此令。

据孙修福、喻春生《新发现的孙中山大元帅手令（一）》，载《民国档案》二〇〇一年第一期

给梁鸿楷的命令

（一九二三年十月十四日）

仰即转令梧州驻在军队李根澐所部尚余四五百人，准予即行通过。此令。

上令梁鸿楷

据孙修福、喻春生《新发现的孙中山大元帅手令（一）》，载《民国档案》二〇〇一年第一期

给梁鸿楷赵梯昆等的命令

（一九二三年十月十四日）

据两广盐运使邓泽如呈请,严缉违抗命令、挟舰逃亡之定海舰长何固,及潜来省河拖带福海舰一并逃亡之江平舰长郑星槎,等情,应予照准。除分令外,仰即遵照,严缉务获,连同各舰一并解送究办。此令。

令梁鸿楷、赵梯昆

外另电梧州、江门、肇庆。

据孙修福、喻春生《新发现的孙中山大元帅手令（一）》,载《民国档案》二〇〇一年第一期

发给东江部队给养及草鞋费令

（一九二三年十月十五日）

着市政厅厅长自十月十六日起,至十月三十一日止,每日发给滇军总司令部所辖东江各部队官兵站给养及草鞋费二千零四十元整。此令。

孙　文

中华民国十二年十月十五日

据秦孝仪主编《国父全集》第六册（台北近代中国出版社一九八九年版）

命发给野战病院及卫生队给养费令

（一九二三年十月十五日）

着市政厅长自十月十六日起至十月三十一日止,每日发给军政部转发

前后方野战病院及卫生队官兵给养费七百一十二元整。此令。

孙　文

中华民国十二年十月十五日

据中国国民党中央文化传播委员会党史馆藏一般档案051/146

命东江各军不得勒收商船来往费令

（一九二三年十月十五日）

通令东江各军队长官禁止沿途各军队勒收商船来往费,自通令之日起如仍有违犯者,严行究治,切切。此令。

文

十二、十、十五

据中国国民党中央文化传播委员会党史馆藏一般档案051/150

给廖仲恺等的训令

（一九二三年十月十五日）

大元帅训令第三二二号

令广东省长廖仲恺、高雷绥靖处处长林树巍、钦廉绥靖处处长黄明堂

据中央直辖西路讨贼军总司令刘震寰呈称:"窃据职部琼崖别动队司令王鸣亚呈称:'为逆贼仇义、任意焚屠、惨无人道、请予援力以便杀贼事:窃职奉命组军讨逆,业于六月间派职部第二支队司令丘海云赍呈晋谒,并属面陈一切,请示机宜。旋奉钧示,以协同陈司令继虞共同动作等因。当即遵示积极进行。讵邓逆本殷,被我军进攻日亟,计不得逞,为探悉我军第二支

队司令丘海云家居澄迈，第三支队司令王贻堃家居临高，其所部健儿，亦以澄迈、临高、儋县三县为多，因之邓逆钉恨，亦即以澄、临、儋三县之人为最。而三县密迩琼城，未为我军克复，该逆遂于夏历七月间，先后派伪旅长陈凤起、营副李业玉率逆队会同澄迈县附逆县长蔡邦献、临高县附逆县长王良弼、儋县附逆县长吴卓峰等，率该县游击队为先导，下乡先将我军第二支队司令丘海云、第三支队司令王贻堃所居之村庄焚毁净尽，次将义军之亲属族邻屋宇，逢人便行掳杀，逢屋即便焚掠，甚至该乡男女老稚，当时奔避不及被掳者，竟施以钉目、钉口、钉指等非刑，令求死不得，以泄其愤。且当逆队在临高下乡焚屠之时，有文潭等乡妇百余跪地哀求，冀免焚杀，而逆旅长陈凤起竟以机关枪扫射尽毙，其惨无人道，洵出黄巢、张献忠之上。月前迭据职部丘司令海云、王司令贻堃等先后据所部呈报转前来，计澄、临、儋三县该司令等及其所部义乡，被逆队屠杀者六百余名，被焚掠者计五千余家，曾经职派员查勘属实，其详数列单附呈。此外各县义军及非附义之各乡，被逆队零星蹂躏者，尤数不胜数。忖思职部丘、王两员奉命讨贼，早已置身家于度外，虽粉身碎骨，在所不计。然所部义乡罹此焚屠，致令死者骸骨无收，生者栖身无所，其颠连惨苦，不独见者伤心，即闻者亦无不发指。今逆贼若此猖獗，倘不早图扑灭，恐此后重罹逆祸，未有纪极①。当时我军闻此恶耗，莫不奋跃狂呼，摩拳嚼齿，立欲与逆搏击者，察其义愤勃结，壮志飚发，军心大有可用。只以逆队子弹充足，我军子弹短欠，驱血肉之躯敌其枪炮，究属无济。为此具呈陈明，敬恳军麾俯念逆祸日炽，毒我逆军，迅派得力军队，渡琼援助。即或以东江逆贼未靖，未便分军，亦恳拨给子弹，以充军实，而便杀贼。并恳分别转请大元帅、省长，令行所属各营、县通缉附逆县长蔡邦献、王良弼、吴卓峰等，解案惩办，俾清余孽而伸民冤，不胜迫切待命之至。计呈各县被焚屠详细表一纸'等情。据此，查邓逆本殷，窃据琼城，滋扰地方，前经令饬该司令王鸣亚会同各友军就近协力进剿，以靖地方。兹据前情，该逆竟敢迁怒良民，焚杀无辜，蹂躏三县人民，焚掠数百户口，实属罪大恶极。除指令该司令

---

① 此处疑有讹误。

仍督率所部相机进剿外，理合缮录所呈被害地方人数，列单具文，呈请钧府迅予通令各军，一体协剿。并转饬广东省长，将附逆各县县长通缉归案惩办，以除逆氛，而安闾阎，实为德便"等语。并录呈被害地方人数单前来。除指令"呈及清单均悉，仰候令行高、雷、钦、廉等处绥靖处相机协剿，并饬广东省长查照通缉归案惩办可也"，并分令外，合行令仰该省、处长即便查照，转饬所属一体严缉，务获惩办，所部相机协剿，以安地方。清单抄发。此令。

（中华民国陆海军大元帅之印）

中华民国十二年十月十五日

据大本营秘书处编《陆海军大元帅大本营公报》第三十四号（广州一九二三年十月二十六日）

给赵梯昆的指令

（一九二三年十月十五日）

大元帅指令第五二四号

令永翔舰舰长兼海军司令部参谋长赵梯昆

呈为因母病故，恳请辞去本兼各职由

呈悉。国家多故，正深倚畀。移孝作忠，古有名训。着给假两星期，在职治丧。所请辞职之处，应毋庸议。此令。

（中华民国陆海军大元帅之印）

中华民国十二年十月十五日

据大本营秘书处编《陆海军大元帅大本营公报》第三十四号（广州一九二三年十月二十六日）

给刘震寰的指令

（一九二三年十月十五日）

大元帅指令第五二五号

　　令中央直辖西路讨贼军总司令刘震寰

　　呈报邓本殷惨杀琼民，焚掠澄、临、儋三县附义乡民五千余家，录呈被害地方人数单，请迅予通令各军一体协剿，并饬广东省长将附逆三县长通缉归案惩办由

　　呈及清单均悉。仰候令行高、雷、钦、廉等处绥靖处相机协剿，并饬广东省长查照通缉归案惩办可也。此令。

（中华民国陆海军大元帅之印）

中华民国十二年十月十五日

据大本营秘书处编《陆海军大元帅大本营公报》第三十四号（广州一九二三年十月二十六日）

命海防舰队饷项煤价归行营金库支发令

（一九二三年十月十六日）

　　海防舰队已令限于十月二十日集中虎门，直接受行营调遣。自二十日起，着西江督办将该舰队饷项煤价，悉缴归行营金库长支发。此令。

　　西江督办李济深、海防司令陈策

文

中华民国十二年十月十六日

据谭延闿编《总理遗墨》第一辑（一九二八年印行，广东省社会科学院藏）

着林森随时切实监督收管新宁铁路经理事宜令①

（一九二三年十月十六日）

第一八六号令

开查现在西江已告肃清，所有从前收管新宁铁路之命令著建设部停止执行。至该路经理事宜，仍随时由林部长森切实监督，以维路政。此令。

据大本营秘书处编《陆海军大元帅大本营公报》第三十六号（广州一九二三年十一月九日）

给杨希闵等的训令

（一九二三年十月十六日）

大元帅训令第三二三号

令中央直辖滇军总司令兼广州卫戍总司令兼中央直辖滇军第一军军长杨希闵、中央直辖第一军军长朱培德、中央直辖西路讨贼军总司令刘震寰、东路讨贼军总司令许崇智、东路讨贼军第三军军长李福林、中央直辖第三军军长卢师谛、中央直辖第七军军长刘玉山、中央直辖广东讨贼军第四军军长梁鸿楷、中央直辖滇军第二军军长范石生、中央直辖滇军第三军军长蒋光亮、西江善后督办李济深

据广州市市长孙科呈称："现据车商函称：'各路军队连日拉去车夫数百名，以致各车夫闻风逃匿，市面交通顿形窒碍'等情。据此，职厅核属实情。查各该车夫原有正当执业，且关系饷源，若任意乱拉，影响所及，实非浅

---

① 据大元帅指令第五七二号所附林森10月27日呈复孙中山察核备案。

鲜。理合敬呈钧察,伏乞转令各部军队,嗣后需用夫役,毋再拉及车夫,以利交通而维饷源,实为德便"等情前来。查任意拉夫,原于例禁,车夫关系市面交通,尤未便令其充作军队输卒,合行令仰该督办、总司令、军长即便遵照,转饬所部一体严禁。此令。

（中华民国陆海军大元帅之印）

中华民国十二年十月十六日

据大本营秘书处编《陆海军大元帅大本营公报》第三十四号（广州一九二三年十月二十六日）

给陈兴汉的指令

（一九二三年十月十六日）

大元帅指令第五二八号

　　令管理粤汉铁路事务陈兴汉

　　呈请辞职由

　　呈悉。该管理任事勤劳,正资倚畀,所请辞职之处,应毋庸议。此令。

（中华民国陆海军大元帅之印）

中华民国十二年十月十六日

据大本营秘书处编《陆海军大元帅大本营公报》第三十四号（广州一九二三年十月二十六日）

给邹鲁的指令

（一九二三年十月十六日）

大元帅指令第五二九号

　　令广东财政厅长邹鲁

呈报派员接收蒋军长①交还各征收机关由

呈及清折均悉。仰该厅长依照向章认真办理,以明统系而裕库收。此令。

(中华民国陆海军大元帅之印)

中华民国十二年十月十六日

据大本营秘书处编《陆海军大元帅大本营公报》第三十四号(广州一九二三年十月二十六日)

命发给朱培德子弹令

(一九二三年十月十六日)

着军政部长分期发给朱军长培德德造六八水机关枪弹壹万五千颗、粤造七九水机关枪弹壹万五千颗、粤造旱机关枪弹壹万五千颗。此令。

据孙修福、喻春生《新发现的孙中山大元帅手令(一)》,载《民国档案》二〇〇一年第一期

命稿存行营参谋处令

(一九二三年十月十六日)

(未列号)

军令。令稿存行营参谋处。

李济深　卢师谛　刘玉山　胡　谦

(未列号)

又军令。稿存行营参谋处。

---

① 蒋军长,即中央直辖滇军第三军军长蒋光亮。

刘震寰　重炮兵队长王庆恩

据孙修福、喻春生《新发现的孙中山大元帅手令（一）》，载《民国档案》二〇〇一年第一期

命发给许总司令部子弹令

（一九二三年十月十六日）

着兵工厂长发给许总司令部粤造旱机关枪弹五万颗。此令。

据孙修福、喻春生《新发现的孙中山大元帅手令（一）》，载《民国档案》二〇〇一年第一期

命停发邓卓两部伙食费令

（一九二三年十月十七日）

前令盐运使每日拨给邓演达部伙食费五百元，卓仁机部伙食费一百七十元，着于本月十五日一律停止支付，自本月十六日起着每日发给该部转发卫生局经费六百元。此令。

上令程部长潜

孙　文
中华民国十二年十月十七日
据中国国民党中央文化传播委员会党史馆藏一般档案
051/146

给徐绍桢等的训令

（一九二三年十月十七日）

大元帅训令第三二四号

  令大本营内政部长徐绍桢、大本营外交部长伍朝枢、大本营财政部长叶恭绰、大本营建设部长林森、大本营军政部长程潜、广东省长廖仲恺、两广盐运使邓泽如、广东财政厅长邹鲁、广州市市长孙科、广东全省官产清理处处长梅光培、大本营会计司长黄隆生、中央直辖滇军总司令兼广州卫戍总司令杨希闵、中央直辖西路讨贼军总司令刘震寰、东路讨贼军总司令许崇智、广东江防司令杨廷培、广东海防司令陈策、海军舰队司令部参谋长赵梯昆、西江善后督办李济深

  据大本营审计局长林翔呈称："窃查职局审计之虚实，须以预算为依归，若预算未经核定，则审计失其标准。职局自成立以来，迭经刘前局长①呈请通令各机关依照财政部颁行预算格式，造具预算书呈由钧帅核定发局备案，以为审查计算之根据。现查接管卷内，未奉令发核准各机关预算案，于审计无所依据，理合具文呈请钧帅，将军民各机关已造呈之预算，核准发局。其未造者，亦请通令从速补造，呈由钧帅核准转发，以重计政而利审查"等情。据此，查各机关预算，前据审计局呈经于二六八号训令，各军政长官迅行分别补造、编造在案，兹复据呈前情，除分令外，合行令仰该处长、厅长、省长、部长、总司令、参谋长、司长、司令、督办、运使查照迅遵前令办理，以重计政。此令。

（中华民国陆海军大元帅之印）
中华民国十二年十月十七日

据大本营秘书处编《陆海军大元帅大本营公报》第三十四号（广州一九二三年十月二十六日）

---

① 刘前局长，即刘纪文。

给杨希闵等的训令

（一九二三年十月十七日）

大元帅训令第三二五号

　　令中央直辖滇军总司令兼广州卫戍总司令兼中央直辖滇军第一军军长杨希闵、中央直辖第一军军长朱培德、中央直辖西路讨贼军总司令刘震寰、东路讨贼军总司令许崇智、东路讨贼军第三军军长李福林、中央直辖第三军军长卢师谛、中央直辖第七军军长刘玉山、中央直辖广东讨贼军第四军军长梁鸿楷、中央直辖滇军第二军军长范石生、中央直辖滇军第三军军长蒋光亮、西江善后督办李济深

　　此次用兵东江，原为吊民伐罪。刻下战事区域缩小，亟应奖励商船贸易，以纾地方疾困。近闻驻扎东江各军队，有沿途勒收商船往来费情事，殊非护商卫民之道。合行令仰该军长、总司令、督办转饬所部，自奉令之日起一体禁止，如敢故违，严行究治。切切。此令。

（中华民国陆海军大元帅之印）

中华民国十二年十月十七日

据大本营秘书处编《陆海军大元帅大本营公报》第三十四号(广州一九二三年十月二十六日)

着兵工厂长先将机关枪一挺移交朱培德令

（一九二三年十月十七日）

　　朱培德部即日出发，其定造之机关铪〔枪〕尚未完竣，着兵工厂长将范

部造竣之枪一挺先移交朱培德用，俟朱培德之枪造竣，交还范部。此令。

孙　文

中华民国十二年十月十七日

据中国国民党中央文化传播委员会党史馆藏一般档案051/251

给廖仲恺的指令二件

（一九二三年十月十七日）

一

大元帅指令第五三一号

令广东省长廖仲恺

呈报奉令设立筹饷局，拟定组织办法及总局暨各属分局简章，请察核令遵由

呈及办法暨各简章均悉。准如所拟办理，仰即切实进行，以裕饷需而利戎机。此令。

（中华民国陆海军大元帅之印）

中华民国十二年十月十七日

二

大元帅指令第五三三号

令广东省长廖仲恺

呈请通令各军，嗣后对于市政厅处理市产事项，勿再干预，以清权限由

呈悉。准如所请，候令行各军，一体知照。此令。

（中华民国陆海军大元帅之印）

中华民国十二年十月十七日

据大本营秘书处编《陆海军大元帅大本营公报》第三十四号（广州一九二三年十月二十六日）

核复广东省长公署呈报承租跑马场地令

（一九二三年十月十七日）①

呈悉。准如拟办理。此令。

据《广州民国日报》一九二三年十月十七日《核准承租跑马场地》

命将捐税解缴军政部令

（一九二三年十月十八日）

公安局每日所收之旅馆捐、码头游戏捐、戏馆捐，着悉数解缴军政部应用。此令。

军政部长程潜

孙　文
中华民国十二年十月十八日

据中国国民党中央文化传播委员会党史馆藏一般档案 051/146

给刘玉山等的训令

（一九二三年十月十八日）

大元帅训令第三二六号

令中央直辖第七军军长刘玉山、中央直辖第一军军长朱培德、东路讨贼

---

① 此处所标时间为《广州民国日报》刊出日期。

军第三军军长李福林、中央直辖滇军第三军军长蒋光亮、中央直辖滇军总司令兼滇军第一军军长兼广州卫戍总司令杨希闵、中央直辖滇军第二军军长范石生、东路讨贼军总司令许崇智、中央直辖西路讨贼军总司令刘震寰、中央直辖第三军军长卢师谛、中央直辖广东讨贼军第四军军长梁鸿楷、西江善后督办李济深

据广东无线电报总局局长冯伟呈称:"现据博罗第一站马队无线电领班张介眉回省面称:'该站无线电机球损坏,不能通报,经将该电球带回修理。查军用电机于通电三小时,即须休息,否则电球烧坏,故发电文不宜太长。并请呈明转饬,此后所发电文以简为主'各等情。据此,理合呈请钧帅通令前敌各机关,所有来往电文,以不过百字为合"等情。据此,除指令照准外,合行令仰该军长、总司令、督办即便查照,并转饬所属一体查照办理。此令。

(中华民国陆海军大元帅之印)

中华民国十二年十月十八日

据大本营秘书处编《陆海军大元帅大本营公报》第三十四号(广州一九二三年十月二十六日)

给廖仲恺的指令

(一九二三年十月十八日)

大元帅指令第五三六号

　　令广东省长廖仲恺

　　呈请由省署设立土地局,试办广州市土地税,编就广东都市土地税条例草案,请令准施行由

　　呈及草案均悉。所编《广东都市土地税条例》尚属妥善,应准予公布,即先由广州市试办,余并如所拟办理。此令。

(中华民国陆海军大元帅之印)

中华民国十二年十月十八日

附录一　广东都市土地税条例草案理由书

土地为生产之要素,而又有限之物也。工业商务发达之区,人口繁殖,欲望增进,需用土地以为生产日益多,求过于供,则地价自然腾贵,无待人工之改良,是以土地增价,实为社会之产品。地价贵则地租随之,地主不劳,坐收增益,而商贾劳工勤劳终岁,反博得负担之增加,物之不平,孰有过于此者？前英国财务大臣雷佐治之言曰：现在我国土地制度之最缺点,在使社会不能自收人民合作之利益,而反自处高抬地价之罪以谢地主,言之可慨也。此种现象随处皆是,岂独英伦一隅已哉？我广州市自拆城辟路后,数年之间,地价骤增数倍,地租之贵,决非一般人民之力可能负担者。虽曰出诸自然趋势,岂非社会经济制度之不良有以致之哉？

我孙大元帅目睹社会失序,贫富悬殊,阶级战争其端已肇,慨然以改革社会为己任,创平均地权之说,以为改良社会经济之方,整理国家租税之具,其要旨系土地皆有税,且重课其不劳而获之收益。夫地价税,良税也,重征之不以为苛。由社会道德方面言之,重税土地则地价贱,地价贱则地租低落,而使用土地之权得以平均。请申言之：地价者,土地收益以普通利率还完之数也。地税者,不能转嫁之负担也。地税不能转嫁,自当向土地收益扣除,土地收益之减少,还完之数亦随之小。埃尔兰学者巴氏谓：经营土地不过求收益而已。凡减少其收益者,即减少其售价,是土地价税,减少地价之具也,地价未税之值也。地价既减,人人得以贱租使用土地,故曰平均地权。不宁惟是,税重而不能转嫁,则繁庶区内向无收益之空地,当变为有建筑地,以求收益。有建筑地如逐渐增加,而需求居常不改,地租降落可立而待也。由国家理财方面讨论之,土地为适宜课税之物,理由有数端：(一)土地为有形不动之物,按物征收无可逃避。(二)地价易于考定,以相邻间土地之买卖价格,及其本身状态评定之,估价无过高或过低之弊。(三)土地不能伸缩,地价涨落比较别物为有常,税收额可预定。(四)我国田亩有赋,其它土地不征租税,原贵普及,彼税而此免,岂得谓平？且纳税能力,宅地远胜于田亩。(五)我国近来国用浩大,杂税繁兴,制度紊乱,苛扰人民,亟待整理以舒民困而裕国计。倘土地价税全国举办,以四百万方英里之土地,其间名城大邑何止千百,每年收入当以百兆计。行之有效,则所有不良之税,自可一律废除,舍繁归简,即整理税制之道也。

附录二　广东都市土地税条例

第一章　总则

第一条　条文所用名词之解释:

一、宅地:凡都市内人烟稠密处所,可作建筑、住居、营业或制造场所之用之土地,即为宅地。

二、无建筑宅地:宅地区域内之空地,或虽设有临时建筑物之宅地,均称为无建筑宅地。

三、农地:在都市内除宅地区域外,所有农田、菜地、果园、苗圃、鱼塘、桑基及其他种植之土地,均包括之。

四、旷地:都市区域内除宅地或农地外,均属旷地。

五、土地改良:于都市土地上建筑、增筑、或改筑房屋、道路、沟渠及其他工作物等,有使土地增加效用而能耐久者,谓之土地改良。

六、土地改良费:改良土地有形之资本,谓之土地改良费。

七、地税:包括普通地税、土地增加税而言。

八、地价:指地价评议会判定之地价。

九、土地增价:凡土地现时价额超出于前判定之地价,其超出之价数即为土地增价。

十、关系人:指有土地权利关系者而言。

十一、铺底顶手:指限于经领有登记局之铺底顶手登记完毕证者。

十二、铺底权利人:即铺底顶手所有人。

第二条　城市、商埠、乡镇,其人口在五万人以上者,均适用本条条例,但须依照第三条之规定行之。

第三条 各都市施行本条例之时期,由广东省长斟酌地方情形,随时以命令定之。

第四条 有税地分为下列三种:

一、宅地。甲,有建筑宅地;乙,无建筑宅地。

二、农地。

三、旷地。

第五条 施行本条例都市之行政长官,应依都市之情形酌拟宅地区域,呈由省长核定公布之。

都市行政长官认为有变更宅地区域界线之必要时,得将情形及酌拟变更界线绘图附说,呈由省长核定公布之。

第六条 都市内未经公布为宅地区域之土地,而有建筑房屋能作住居、营业或制造场所之用者,作有建筑宅地论,但栅厂蓬寮不在此限。

第二章 普通地税

第七条 每年征收普通地税之令(定)率如下:

一、有建筑宅地,征收地价千分之十。

二、无建筑宅地,征收地价千分之十五。

三、农地,征收地价千分之八。

四、旷地,征收地价千分之四。

第八条 全年普通地税依下定期限征收之:

第一期:一月一日至一月三十一日。

第二期:七月一日至七月三十一日。

地方遇有特别情形,不能依前项所定期限纳税时,都市行政长官须将情形具报,由省长核明展期征收之。

第九条 都市行政长官认为地方情形有必要时,得请求省长将第七条第二款规定之税率加重或减轻之。

第十条　免税土地依下列各款定之：

一、关于教育慈善使用之土地；

二、寺庙、庵观、福音堂；

三、公立免费之游戏公园；

四、公共墓地；

五、公立劝业场；

六、其他土地得省长或都市行政长官指定免税者。

前项之规定，限于自己所有或承典及永租土地适用之。

第十一条　前条所列一、二、三、四、五、六各款之土地，如有以一部或全部为有偿的或赠与他人作营利事业者，不得享受第十条规定之待遇。

第三章　地价之判定及登记

第十二条　凡关于土地权利成立所有之书据，无论已未经登记局登记，限于本条例施行之日起，四个月内连同抄白书据一份，申报地价书一纸，呈缴土地局查验登记。

第十三条　缴验书据每件应征费银一元。

第十四条　申报地价书须依式填报下列事项：

一、姓名（土地所有人、永租人、典主或铺底权人）

书据如系用堂名，须加该堂代表人名；如系店名加该店主事人名；如系二人以上共有，则用第一人之名；

二、通信处所（如处所变更时须即申报）；

三、土地种类；

四、座落；

五、面积；

六、每井价值；

七、全段地价；

八、改良费额；

九、前项投资时期；

十、年租；

十一、如有永租、典当或铺底关系须详细报明；

十二、土地现充何用。

第十五条　各种地价当事人依限申报后，由地价评议会审查其申报地价之当否，分别判定之，但有铺底顶手关系者，须照第二十四条之规定办理。

第十六条　地价判定后，地价评议会即将判定之地价，通知土地所有人、永租人或典主。

第十七条　土地所有人、永租人或典主，认判定地价为不合时，得自收到通知书之日起，三十日内向地价评议会申述异议请求复判。

地价评议会对于当事人申述异议所为之复判为最终之判决。

第十八条　土地所有人、永租人或典主，认复判地价为不满意时，得自收到通知书之日起，十五日内申请都市税务官署将土地征收之，其征收地价之标准规定如下：

一、复判地价与申报地价相差百分之一十或以下者，由税务官署照复判地价征收之。

二、复判地价与申报地价相差超过百分之一十者，由税务官署照申报地价加百分之一十征收之。

第十九条　各有税地变更其种类时，土地所有人及关系人应于变更前，将变更事由呈由地价评议会核准，并于变更程序完毕后十日内，呈报土地局登记。

第二十条　凡有税地变为无税地或无税地变为有税地，其土地所有人、关系人应于变更前将变更事由申请土地局核准，并于变更程序完毕后十日内呈报登记。

第二十一条　无税地变为有税地，其土地所有人限于变更程序完毕后十日内，应将地价申报，由地价评议会依于申报价额与土地状况及相邻土地价格之比例判定登记。

第二十二条　凡土地之让与、永租或典当，须于契约成立时呈报登记。

第二十三条　永租权、典当权、铺底权及其他土地之地租如有变更或修改时,关系人限自变更或修改之日起十日内,声请土地局修正登记。

第二十四条　有铺底关系宅地之地价,以全年租金之十二倍及铺底顶手金额合成计算之。

第二十五条　土地改良费于地税征收时,应由地价项下扣出半数免除之,但以经地价评议会核定登记者为限。

第二十六条　土地局地价评议会规则及登记规则另定之。

第四章　普通地税之纳税人

第二十七条　有铺底关系宅地之普通地税,其土地所有人应照年租十二倍缴纳,其铺底权利人应照铺底顶手金额缴纳。

第二十八条　有典当关系土地之普通地税,由典主缴纳。

第二十九条　永租地税由永租人缴纳之。

第三十条　其他地税概由土地所有人缴纳之。

第五章　土地增价税

第三十一条　土地增价税率列下:

一、土地增价超过百分之一十至百分之五十者,课百分之一十。

二、超过百分之五十至百分之一百者,课百分之十五。

三、超过百分之一百至百分之一百五十者,课百分之二十。

四、超过百分之一百五十至百分之二百者,课百分之二十五。

五、超过百分之二百者,课百分之三十。

第三十二条　土地增价免税之定率列下:

一、土地增价在百分之一十或以下者。

二、农地或旷地每亩地价二百元以下者。

三、宅地全段地价在五百元以下者。

第三十三条　土地增价税之征收办法列下：

一、土地转卖时，出卖人照现时地价扣除原价，或最后经纳增价税之地价额，及改良费之半数所余之额依率缴纳。

二、土地继承时，继承人照现实地价扣除被继承人原价，或最后经纳增价税之地价额，及改良费之半数所余之额依率缴纳。

三、土地权或永租权经十五年未有转移时，土地所有人或永租人照现时地价扣除前十五年地价及改良费之半数，所余之额依率缴纳。

第三十四条　土地所有人于土地典当满期赎回时，或典主于期满断典取得土地所有权时，应照现时地价扣除典产原契成立时所值地价，及典当后土地改良费之半数，所余之额依率缴纳。

第三十五条　违背第十二条、第十九条至第二十三条之规定者，处以五元以上百元以下之罚金。

第三十六条　本条例如有未尽事宜，得随时修改之。

第三十七条　本条例由大元帅核准公布施行。

附：说明

一、土地税分为普通地税、土地增价税二种。前种按值抽税，凡价值相等之同种土地，一律受同等之待遇，办法本甚公平，但未足以对付不劳增益，是以普通地税之外，复设土地增价税以补其罅漏。土地增价既系社会之产品，不劳之增益不应全入私人囊中，政府征收一部，以办社会事，自无不合之理。

二、土地亦有因人工改良而增价者，此种增价不得谓之不劳而获，地主之功亦有足纪者，拟免除改良费之半数，借以奖励良好建筑。

三、繁庶都市中，无建筑宅地为最适宜之投机物，税率应较他种为重，以防止投机，并迫促弃地变为有用之地。

惟地方有时而衰落，衰落之地其租必贱，无建筑物者，应减轻税率以昭平允。

四、旷地征收普通地价千分之四,表面上似过轻,恐为投机家所利用。究其实,所谓旷地,大抵未经改良不能使用,难求近利。千分之四已属太重,过此恐难担负。

查英国旷地每磅征半个边士,未及千分之三,有税无收,已不适于投机,而况另有土地增价税以取缔之。

五、政府征收土地,其权利关系人直接或间接必受有一种损失,应照申报地价增加些少,以为弥缝。

六、有铺底顶手关系之土地,其地租不得任意增加,若以相邻间无铺底顶手土地之价值为纳税之标准,则殊非平允,故以年租十二倍计之。

铺底顶手权已视为土地权,其金额亦应视为地价。

据大本营秘书处编《陆海军大元帅大本营公报》第三十四号(广州一九二三年十月二十六日)

给林森的命令

(一九二三年十月十八日)

查现在西江已告肃清,所有从前收管宁阳铁路之命令,着建设部停止执行。至该铁路经理事宜,仍随时由林部长切实监督,以维路政。此令。

令建设部长林森

据孙修福、喻春生《新发现的孙中山大元帅手令(一)》,载《民国档案》二〇〇一年第一期

给罗翼群的命令

(一九二三年十月十八日)

前兵站总监部经理局、交通局所存各种材料及交通用具并局内应用器

物,着即点交军政部接收。此令。

前兵站总监罗翼群

> 据孙修福、喻春生《新发现的孙中山大元帅手令(一)》,载《民国档案》二〇〇一年第一期

给程潜的命令

(一九二三年十月十八日)

前兵站总监部经理局、交通局所存各种材料及交通用具并局内应器材,着军政部部长派员点收。此令。

军政部长程潜

> 据孙修福、喻春生《新发现的孙中山大元帅手令(一)》,载《民国档案》二〇〇一年第一期

命办理革命纪念会令

(一九二三年十月十九日)

着革命纪念会发起人邓泽如、邓慕韩等接收长堤旧官纸局,从速办理革命纪念会事宜。此令。

孙 文

民国十二年十月十九日

> 据中国国民党中央文化传播委员会党史馆藏一般档案051/169

给林森的指令

(一九二三年十月十九日)

大元帅指令第五三七号

　　令大本营建设部长林森

　　呈拟暂行工艺品奖励章程施行细则,请备案由

　　呈及细则均悉,准予备案。此令。

(中华民国陆海军大元帅之印)

中华民国十二年十月十九日

附录　暂行工艺品奖励章程施行细则

第一章　总则

　　第一条　呈请奖励者,其呈文及说明书等件,须用中国文字记之;如说明书内有科学专门名词,必须用外国语者,亦当附加译文。

　　第二条　呈请专利之呈文图说等件,由邮局寄送者,必须挂号。本部即据发寄地邮局戳记之时日,认定呈请人之先后。

　　第三条　如呈请专利之说明书、图式样本、模型不明晰或不完备者,本部应令原具呈人详细补呈。此项补呈须于批示之日起三个月以内投递到部,过期不补呈者,前呈之优先权作为无效。

　　第四条　凡呈文有下列各款之一者,概不受理:一、违背奖励章程第一、第二、第四、第五等条规定者;二、未附缴考验费、照费、褒费及呈文公费者。

第二章　呈请

第五条　随呈文呈送之说明书,应详载下列事项:一、发明或改良之名称;二、发明或改良之主旨;三、如系机械品应详载机械之构造及运用方法(按照图式符号详细说明);四、如系化学品,应列举所用原料之名称与产地及其制造方法;五、请求专利之范围;六、请奖之类别(专利或褒状);七、呈请专利之年限。前项第三及第四款之说明,应用密封呈递,于封面注明由考验专员开拆字样。

第六条　凡以机械品呈请奖励者,应将模型或机械呈送到部,并须附呈机械图式。其图式应按下列各图分别绘之:一、正面图;二、平面图;三、侧面图;四、请奖各部分之详细图。以上各图式均须注明符号、尺寸并用墨水绘画。

第七条　凡以化学品呈请奖励者,应将发明或改良之物品送呈到部,以凭考验。

第八条　机械模型或发明及改良之物品,如于邮送时有损坏,应饬令呈请人补送之。

第九条　呈请人须按照下列各款,随呈文缴纳公费:一、请给专利(五元);二、请给褒状(二元);三、请求专利权之转移(十元);四、请求专利之继承(五元);五、专利执照遗失补发(十元);六、褒状遗失请补发(二元);七、专利权妨害之呈请禁止(十元)。

第三章　审查

第十条　关于奖品之审查承认为必要时,得令原具呈人自行来部,当面试验,考验费依照工业试验所试验章程征收之。

第十一条　关于奖励品之审查终了后,应由审查员出具审查书,记载下列事项:一、制品之名称;二、呈请人之姓名、商号;三、请奖之类别(专利或褒状);四、给奖之类别(专利或褒状);五、审定之主文及理由;六、审定之年月日。

第四章 奖励

第十二条 呈请案既经核准,当即发给奖励执照或褒状,并将审查书抄给阅看。

第十三条 奖励注册底簿,当载下列事项:(一)专利执照或褒状之号数;(二)准与奖励之工艺品名称;(三)呈请人之姓名、住址、商号;(四)如系专利之无效取消者,则载其事由及事由发生之年月日;(五)如系专利之转移或继承,则载其事由;(六)如系专利执照之补发,则载其事由及补发之年月日;(七)如系褒状之补发,则载其事由及补发之年月日;(八)注册之年月日。

第十四条 专利执照及褒状,如有遗失及毁失时,得于登载公报及当地新闻纸一月以后,取得资本殷实并经本部注册之公司、商号证明书,请求补发。

第五章 继承或转移

第十五条 专利权之移转,呈请换给执照时,应由当事人连署,并附呈移转之合同契约,由部核准。

第十六条 因继承移转而取得专利权者,于呈请换照时,应将原有执照缴还本部注销之。专利权移转或继承后,仍依原有专利年限计算。

第六章 取消

第十七条 已给专利执照之制品届专利年限期满时,本部应将专利者姓名、制品、名称及专利执照号数登载公报,公布取消之。

第十八条　已得专利者,如因工艺品奖励章程第十五条规定之情事,取消其专利权时,应由本部将取消理由、专利者姓名、制品名称及专利执照号数登载公报,公布取消之。前项专利权取消时,应令将专利执照缴还本部注销之。

第七章　查禁

第十九条　凡依奖励章程第十四条规定,呈请禁止者,应详细记载发觉私自仿造之实在情形,并将私自仿造物品呈部查验。

第二十条　前条呈请经本部审查结果,认为证据确实者,即由部饬令地方官厅严行处罚。

第八章　公布

第二十一条　专利之准许、批驳、满期及取消,均按日于公报逐件公布之。

第九章　附则

第二十二条　本细则自公布日施行。

据大本营秘书处编《陆海军大元帅大本营公报》第三十四号(广州一九二三年十月二十六日)

命拨给旧官纸局为革命纪念会会址令

(一九二三年十月十九日)

着广东省长转饬官产处拨给旧官纸局为革命纪念会会址。此令。

据孙修福、喻春生《新发现的孙中山大元帅手令(一)》,载《民国档案》二〇〇一年第一期

给陈友仁的命令

（一九二三年十月十九日）

仰该局长饬前敌飞机人员须听博罗许总司令部命令。此令。
上令陈局长友仁①

据孙修福、喻春生《新发现的孙中山大元帅手令（一）》，载《民国档案》二〇〇一年第一期

给冯伟的命令

（一九二三年十月十九日）

仰该总局即将博罗无线电机赶快送回博罗。此令。
上令冯局长伟②

据孙修福、喻春生《新发现的孙中山大元帅手令（一）》，载《民国档案》二〇〇一年第一期

给朱培德的命令

（一九二三年十月十九日）

伤兵调养费，着一律减半发给。此令。
令朱培德

据孙修福、喻春生《新发现的孙中山大元帅手令（一）》，载《民国档案》二〇〇一年第一期

---

① 陈友仁，时任广东航空局局长。
② 冯伟，时任广东无线电报总局局长。

给朱培德的指令

（一九二三年十月二十日）

大元帅指令第五三九号

　　令大本营参军长朱培德

　　呈复前大本营参谋何福昌宾〔实〕犯有通敌嫌疑，致正典刑。前云南参议员蒋应澍函称各节不符，请睿裁由

　　呈悉。何福昌既因通敌致正典刑，蒋议员所称各节，着毋庸议。此令。

　　　　　　　　　　　　　　　　　（中华民国陆海军大元帅之印）

　　　　　　　　　　　　　中华民国十二年十月二十日

　　　　　　　据大本营秘书处编《陆海军大元帅大本营公报》第三十四号（广州一九二三年十月二十六日）

给程潜的指令

（一九二三年十月二十一日）

大元帅指令第五四二号

　　令大本营军政部长程潜

　　呈请开办中央陆军教导团，并拟具条例及军官候补生入团考验章程，请核示由

　　呈及条例、章程均悉。军队教育于军政前途关系至重。该部长所请举办中央陆军教导团一所，冀养成军队之基干，以徐图教育之普及，诚属切要之举，应准照办。着该部长即拟具详细办法，并开列预算呈核。此令。

　　　　　　　　　　　　　　　　　（中华民国陆海军大元帅之印）

　　　　　　　　　　　　　中华民国十二年十月廿一日

附录一 程潜呈

呈为呈请事：窃维军队精神关系于军队之教育至为重要，而在革命时期，关系于革命精神之养成，尤为重大。盖未有驱无教育、无主义之军队，而能期以伟大之精神，冀收革命与主义之成功者。民国建立十有一年，除推倒满清一事而外，政治及社会之腐败，盖与清季不殊，而纷扰且又过之，并统一之局而不能企及，革命之成功反若日趋日远者。虽其原因不止一端，而军队之关系实为至巨，故有假革命之名，以阴为国家社会之蠹者；有方为革命健儿，忽焉又为革命叛徒者。良以军官军队无有中坚镇定之教育、确固不移之主义存于其间，譬犹乱草丛麻，随风偃仰，以是革命而冀获成功，抑何可得？潜以为补救之方，非从军队教育入手不可。拟先办中央陆军教导团一所，冀养成军队之骨干，以树立军队确定不移之精神，由此亦可以就已有之军队，而力求改善，一可以造成革命之人才，而益加精，进行之期，月必有成效可观。谨拟具《中央陆军教导团条例》及《军官候补生考验章程》各一份，呈奉钧座俯赐察核，准予施行。是否有当，伏祈训示祗遵。谨呈
大元帅孙

计附《中央陆军教导团条例》及《中央陆军教导团军官候补生考验章程》各一份。

军政部长程潜（印）
中华民国十二年十月十七日

附录二 中央陆军教导团条例

一、陆军教导团为统一军队教育起见，养成各师旅各兵科模范，下士及军官候补生，而施以最新之军事教育。

二、陆军教导团依陆军步兵团编制，编成步兵一团及炮、工、交通、辎重兵各一连。

三、陆军教导团于团本部加设炮、工、辎重、交通科长各一员,担任各科教员。

四、陆军教导团士兵由军政部招募身体强壮、粗识文字,年龄在十八岁以上二十二岁以下者充补外,并咨令各军师旅长选送上等兵来团(细则另定),训练六个月发还原队。

五、军官候补生由军政部考试各省中学毕业以上之学生(考试细则另定),取其合格者发交陆军教导团训练,六个月升入陆军军官学校。

六、陆军教导团学、术两科以表定之。

附录三　中央陆军教导团军官候补生入团考验章程

一、资格　中学校毕业以上之学生,经军政部派员考试合格,发交陆军教导团练习者,称为军官候补生。

二、报名　自某月某日起,至某月某日止,至某处填具履历一份,带有证书者缴验证书,听候示期考试:

三、身体之检验　视力、听力、握力、肺量、高矮、体重、疾病之有无。

四、学科之考试　国文、英文、数学、小代数、平面几何、平面三角、物理、化学、中国历史、中外地理。

五、揭晓取录者听候示期入团。

据大本营秘书处编《陆海军大元帅大本营公报》第三十五号(广州一九二三年十一月二日)

给杨希闵等的训令

（一九二三年十月二十二日）

大元帅训令第三三一号

　　令中央直辖滇军总司令兼广州卫戍总司令兼中央直辖滇军第一军军长杨希闵、中央直辖第一军军长朱培德、中央直辖西路讨贼军总司令刘震寰、东路讨贼军总司令许崇智、钦廉绥靖处处长黄明堂、东路讨贼军第三军军长李福林、中央直辖第三军军长卢师谛、中央直辖第七军军长刘玉山、广东江防司令杨廷培、广东海防司令陈策、高雷绥靖处处长林树巍、中央直辖广东讨贼军第四军军长梁鸿楷、海军舰队司令部参谋长赵梯昆、中央直辖滇军第二军军长范石生、中央直辖滇军第三军军长蒋光亮、西江善后督办李济深

　　据广东省长廖仲恺呈以请通令各军，嗣后对于广州市政厅处理市产事项，勿再干预，以清权限等情。除原文有案不叙外，尾开："查回龙直街先锋庙，先经财政局核准刘利生承领，并予给照点交管业。民人何绍安事后争承，已属非是，其具呈名义暨年龄、籍贯、住址、职业，又复先后不同，显系有意混争。该市长核明饬局不予置议，自属正当办法。现当军饷紧急，厉行投变市产，以应军糈，该市长负责甚重，所请通令各军对于处理市产事项勿再干预一节，似应照准。除令复外，理合备文呈请大元帅鉴核，俯赐通令各军，嗣后对于该厅处理市产事项，勿再干预，以清权限，而免纠纷，实为公便"等情。据此，除指令"呈悉，准如所请，候令行各军一体知照"外，合行令仰该处长、军长、总司令、司令、参谋长、督办即便知照，并转饬所属一体知照。此令。

（中华民国陆海军大元帅之印）

中华民国十二年十月廿二日

据大本营秘书处编《陆海军大元帅大本营公报》第三十五号（广州一九二三年十一月二日）

给陈策的训令

（一九二三年十月二十二日）

大元帅训令第三三二号

  令广东海防司令陈策

  查盐为国家收入大宗，现当用兵之际，各路饷糈，多恃盐税为供给。兹据探报，时有不法军人串同盐枭、地痞，秘密输运盐斤进口，以致私盐充斥，军饷因而顿绌。此种不法行动，若非严行缉办，实无以维盐税而肃军纪。兹经委任该司令兼理盐务缉私各舰主任，着该司令务将进口私盐严密截缉，如有军人胆敢包庇，应由该司令严拿惩办。除通令各军事长官严勒所部，毋得包庇私盐进口，致干法纪外，合行令仰该司令遵照，认真办理。此令。

（中华民国陆海军大元帅之印）

中华民国十二年十月廿二日

据大本营秘书处编《陆海军大元帅大本营公报》第三十五号（广州一九二三年十一月二日）

给杨希闵等的训令

（一九二三年十月二十二日）

大元帅训令第三三二号

  令中央直辖滇军总司令兼广州卫戍总司令兼中央直辖滇军第一军军长杨希闵、中央直辖第一军军长朱培德、中央直辖西路讨贼军总司令刘震寰、东路讨贼军总司令许崇智、钦廉绥靖处处长黄明堂、东路讨贼军第三军军长李福林、中央直辖第三军军长卢师谛、中央直辖第七军军长刘玉山、广东江防司令杨廷培、高雷绥靖处处长林树巍、中央直辖广东讨贼军第四军军长梁鸿楷、海军舰队司令部参谋长赵梯昆、中央直辖滇军

第二军军长范石生、中央直辖滇军第三军军长蒋光亮、西江善后督办李济深、中央直辖游击司令朱卓文、中央直辖第四师师长周之贞

查盐税为国家收入大宗,现当用兵之际,各路饷糈,多恃盐税为供给。兹据探报,时有不法军人串同盐枭、地痞,秘密输运盐斤进口,以至私盐充斥,军饷因而顿绌,此种不法行动,若非严行缉办,实无以维盐税而肃军纪。兹经委任广东海防司令陈策兼理盐务缉私各舰主任,着该司令务将进口私盐严密截缉,如有军人胆敢包庇,应由该司令严拿惩办。除令该司令遵照认真办理外,合行令仰该督办、参谋长、军长、总司令、司令、处长、师长知照,严勒所部,无得包庇私盐进口,致干法纪,是为至要。此令。

(中华民国陆海军大元帅之印)
中华民国十二年十月廿二日

据大本营秘书处编《陆海军大元帅大本营公报》第三十五号(广州一九二三年十一月二日)

给王棠的指令

(一九二三年十月二十二日)

大元帅指令第五四五号

　　令东江商运局局长王棠

　　呈拟组织大纲请备案由

　　呈悉。查该局系临时性质,所称组织大纲殊属不合,应改为暂行章程,该局组织内容亦嫌扩大,仰该局长另行拟具章程,呈候核夺。原拟大纲发还。此令。

　　计发原拟大纲一件。

(中华民国陆海军大元帅之印)
中华民国十二年十月廿二日

据大本营秘书处编《陆海军大元帅大本营公报》第三十五号(广州一九二三年十一月二日)

着廖仲恺饬各县调查粤籍受贿议员令

（一九二三年十月二十三日）

二十三日大本营消息：孙大元帅对于粤籍各附曹议员，决定一律查封产业，已训令廖省长饬各县地方官分别调查。名单如下：

黄锡铨、易仁善、李自成、李英铨、陈寿如、黄伯耀、沈智夫、黄明新、陈垣、李济源、谭文骏、叶夏声、谭瑞霖、马小进、黄霄九、徐傅霖、黄汝瀛、曾庆模、饶芙裳、郭宝慈、杨梦弼、何铨绳、陈绍元、司徒颖、易次乾、陆祺、许肖嵩、梁成久、林绳武、林树春、王钦宇、唐宝萼、江聪。以上共三十三人。

据上海《民国日报》一九二三年十月二十七日《大元帅令抄猪〈仔〉①议员家产》

给罗翼群的命令

（一九二三年十月二十四日）

据函呈该部经理局、交通局究竟结束完竣时，一切地址器物应交何部接管，等语，仰仍遵照本月18日第187号手令迅办结束，交由军政部接收为要。此令。

令罗总监翼群

据孙修福、喻春生《新发现的孙中山大元帅手令（一）》，载《民国档案》二〇〇一年第一期

---

① 广州方言的"卖猪仔"，指议员受贿投选举票出卖人格。

发给范军长子弹令

（一九二三年十月二十四日）

着军政部酌量分期分给范军长①七九弹拾五万发。此令。

据孙修福、喻春生《新发现的孙中山大元帅手令（一）》，载《民国档案》二〇〇一年第一期

给邹毅的命令

（一九二三年十月二十四日）

仰该管理将广北舰开赴西江，听梁军长鸿楷命令调遣，以便运送军队。此令。

令广北舰正管理邹毅

据孙修福、喻春生《新发现的孙中山大元帅手令（一）》，载《民国档案》二〇〇一年第一期

给梁鸿楷的命令

（一九二三年十月二十四日）

业令广北舰开赴西江，听候军长命令调遣，以便运送军队，仰切知照。此令。

令梁鸿楷

据孙修福、喻春生《新发现的孙中山大元帅手令（一）》，载《民国档案》二〇〇一年第一期

---

① 范军长，系范石生。

给赵成梁的命令

（一九二三年十月二十四日）

着兵工厂长代赵师长成梁造备备〔价〕枪枝五百杆。此令。

据孙修福、喻春生《新发现的孙中山大元帅手令（一）》，载《民国档案》二〇〇一年第一期

给程潜的命令

（一九二三年十月二十四日）

着由该部发给范军长石生马克心机关枪弹壹万，粤造奥式矮脚机关枪弹贰万，新出粤造七九机关枪弹贰万。此令。

令程潜

据孙修福、喻春生《新发现的孙中山大元帅手令（二）》，载《民国档案》二〇〇一年第二期

给胡思舜的命令

（一九二三年十月二十四日）

仰该师长速率全部开赴横沥，以固东江左岸，所遗防地由西路讨贼军派队驻扎。此令。

令胡思舜

据孙修福、喻春生《新发现的孙中山大元帅手令（二）》，载《民国档案》二〇〇一年第二期

给刘震寰的命令

（一九二三年十月二十四日）

胡师长师〔思〕舜所部业令其开赴横沥，以固东江左岸，所遗防地由该部派队驻扎。此令。

令刘震寰

> 据孙修福、喻春生《新发现的孙中山大元帅手令（二）》，载《民国档案》二〇〇一年第二期

给廖仲恺的训令

（一九二三年十月二十五日）①

据沙田清理处长直勉祃日电称："顺德、香山两县沙捐及特别军费，现值开收时期，若稍延迟，则下期收入，又恐落空。所有香属西海沙田，请朱县长派队保护，东海沙田，请周县长派队保护，以专责成。伏乞迅赐明令，俾各遵照理"等情。据此，仰该省长查照，转饬顺德、香山两县长遵照办理。

> 据《广州民国日报》一九二三年十月三十一日《饬县保护开抽沙捐》

---

① 《广州民国日报》载省署系奉大元帅有日电令办理，据此，日期酌定25日。

给朱培德的训令

（一九二三年十月二十五日）

大元帅训令第三三三号

　　令中央直辖第一军军长朱培德

　　据湖南桂阳县公民代表劳斌等电呈开："王道以滇军司令名义,率土豪刘政携杂枪五六十枝,乘防军空虚,盘踞桂阳,胁迫官绅,肆行仇杀,包赌庇烟,比户敲索,杀人越货,掳良勒赎,无法无天,烈于匪盗。全国视听攸关,人心向背所系,我大元帅讨贼拯湘,决不忍使桂阳独遭荼毒。朱军长军纪素著,决不致听王部玷及声威,伏恳睿断,无任屏营"等情前来。据此,除先行电令湖南谭总司令①严行制止外,仰该军长即严行查办,以肃军纪而卫地方。此令。

（中华民国陆海军大元帅之印）

中华民国十二年十月廿五日

据大本营秘书处编《陆海军大元帅大本营公报》第三十五号（广州一九二三年十一月二日）

给朱卓文的训令

（一九二三年十月二十五日）

大元帅训令第三三四号

　　令香山县县长朱卓文

　　据大本营兵站总监罗翼群呈请:令由该部再行派员前往该县长处,接收其泰轮船等情。除原文有案不叙外,尾开该轮系由交通局向商人租赁而来,

---

① 谭总司令,即谭延闿。

曾经订立合同,稍有损失应负完全赔偿之责。况职部已奉令结束,则此种手续尤宜清厘,俾节縻费。若待匪氛稍靖,不知待至何日。查朱司令尚有轮船多艘,足资调遣有余,何必因一商轮使公家坐受无形之损失。职为维持政府威信及赶办结束起见,为此粘朱司令复函,备文呈请帅座察核,伏恳迅发手令,交由职部再行派员前往,务将其泰轮船接收驶回省河,俾得发还商人,以清手续,而符原议等情。据此,除指令照准外,合行令仰该县长即将其泰轮船交由该兵站部接收,以清手续。此令。

（中华民国陆海军大元帅之印）

中华民国十二年十月廿五日

据大本营秘书处编《陆海军大元帅大本营公报》第三十五号（广州一九二三年十一月二日）

给徐树荣的命令

（一九二三年十月二十五日）

着徐司令树荣将湖山轮船借与林处长树巍运送军用品前赴广州,一俟运送完竣,该轮仍归徐司令差遣。此令。

据孙修福、喻春生《新发现的孙中山大元帅手令（二）》,载《民国档案》二〇〇一年第二期

给粤汉铁路公司的命令

（一九二三年十月二十五日）

着粤汉铁路公司将韶关英德两电轮借与军政部运输处暂用十日,以利东江运送。此令。

据孙修福、喻春生《新发现的孙中山大元帅手令（二）》,载《民国档案》二〇〇一年第二期

着兵工厂造步枪令

（一九二三年十月二十六日）

着兵工厂代东路讨贼军第一独立团造步枪贰百枝，由该团备价领取。此令。

据孙修福、喻春生《新发现的孙中山大元帅手令（二）》，载《民国档案》二〇〇一年第二期

给徐树荣的命令

（一九二三年十月二十六日）

着徐树荣即将缉私军舰拨交商运局拖船之用。此令。

据孙修福、喻春生《新发现的孙中山大元帅手令（二）》，载《民国档案》二〇〇一年第二期

给路孝忱的命令

（一九二三年十月二十六日）

仰该司令迅饬所〈部〉星夜赴援郴州。切切！此令。

令路孝忱

据孙修福、喻春生《新发现的孙中山大元帅手令（二）》，载《民国档案》二〇〇一年第二期

给徐绍桢的指令

（一九二三年十月二十六日）

大元帅指令第五五四号

  令大本营内政部长徐绍桢

  呈为李仲岳因公殒命请题给"取义成仁"四字匾额，以示褒恤由

  呈悉。准予题颁"取义成仁"四字匾额。仰即转给具领。此令。

（中华民国陆海军大元帅之印）

中华民国十二年十月廿六日

据大本营秘书处编《陆海军大元帅大本营公报》第三十五号（广州一九二三年十一月二日）

命广东盐务稽核所改名令

（一九二三年十月二十七日）

大元帅令

  广东盐务稽核分所名称，着改为两广盐务稽核所。此令。

（中华民国陆海军大元帅之印）

中华民国十二年十月廿七日

据大本营秘书处编《陆海军大元帅大本营公报》第三十五号（广州一九二三年十一月二日）

给杨希闵等的训令

(一九二三年十月二十七日)

大元帅训令第三三五号

　　令中央直辖滇军总司令兼广州卫戍总司令兼中央直辖滇军第一军军长杨希闵、中央直辖西路讨贼军总司令刘震寰、东路讨贼军总司令许崇智、广东省长廖仲恺、广东江防司令杨廷培、广东海防司令陈策

　　据虎门要塞司令廖湘芸呈称："案据职部守备队第二营营长谢钊呈称：'八月三日派排长陈忠志带同武装兵士五名出差，至霄边乡差竣，搭霄边渡回虎。驶至磨喋口大沙咀河面，忽有蓬艇三艘，内坐数十人，持枪疾驶而来。该排长为保卫商旅军食计，当即发枪射击，匪竟还枪抵抗，相持一句钟之久，击伤班长何胜，匪势浩大，力不能支，致被抢去枪械、军服及客商钱货'等情前来，职即派队驰往追截，匪已兽散。迭经查缉，远飏莫获，询之被抢客商，多有认识匪首为李海东，系锦厦乡人，年约四十岁，身长面黑。查李海东为该地著名巨匪，曾假立团军旗帜，啸聚党羽，往来于莲花山上瑾村一带，肆行抢掠，聚散无常。六月三十日、七月五日，两次抢劫万和墟公和益车渡银钱、货物，为数甚巨，平时拦劫截抢，难以枚举。此次复敢抵抗官兵，劫抢枪械军服，实属目无法纪，罪大恶极，若不严拿务获，贻害地方，良非浅鲜，除由职部随时派队严密踩缉归案讯办外，理合备文呈恳钧座准予通令各属严密协缉，尽法惩治，以靖匪氛;而保治安"等情前来。除指令照准并分令外，合行令仰该总司令、省长、司令即便查照，转饬所部、属一体严缉，务获惩办。此令。

　　　　　　　　　　　　　　　　　　　（中华民国陆海军大元帅之印）

中华民国十二年十月廿七日

　　　　据大本营秘书处编《陆海军大元帅大本营公报》第三十五号(广州一九二三年十一月二日)

命发给朱□□张民达手榴弹令

（一九二三年十月二十七日）

发给朱参军长手榴弹贰千、发给张旅长民达手榴弹叁千。
令卫士队长陈××

据孙修福、喻春生《新发现的孙中山大元帅手令（二）》，载《民国档案》二〇〇一年第二期

给廖行超的命令

（一九二三年十月二十七日）

仰该师长限两日内率部集中石龙为总预备队。此令。
令廖行超

据孙修福、喻春生《新发现的孙中山大元帅手令（二）》，载《民国档案》二〇〇一年第二期

裁撤闽赣边防督办令

（一九二三年十月二十八日）

大元帅令
　　闽赣边防督办着即裁撤。此令。

（中华民国陆海军大元帅之印）
中华民国十二年十月廿八日

据大本营秘书处编《陆海军大元帅大本营公报》第三十六号（广州一九二三年十一月九日）

给陈策的指令

（一九二三年十月二十八日）

大元帅指令第五五五号

令广东海防司令兼广东盐务缉私舰队主任陈策

呈请辞去广东盐务缉私舰队主任兼职并呈缴委任状由

呈悉。缉私关系盐务收入至巨，正赖该司令兼筹并顾，以裕税源，所请辞去兼职之处，着毋庸议。委任状并发。此令。

（中华民国陆海军大元帅之印）

中华民国十二年十月廿八日

据大本营秘书处编《陆海军大元帅大本营公报》第三十六号（广州一九二三年十一月九日）

给王棠的指令

（一九二三年十月二十八日）

大元帅指令第五五八号

令东江商运局局长王棠

呈拟具东江商运局暂行章程，请鉴核由

呈及章程均悉。业予修正，仰即遵照切实办理。章程并发。此令。

（中华民国陆海军大元帅之印）

中华民国十二年十月廿八日

据大本营秘书处编《陆海军大元帅大本营公报》第三十六号（广州一九二三年十一月九日）

给廖湘芸马伯麟的命令

（一九二三年十月二十八日）

行营参谋办〔处〕令

现值戒严时期，该司令官及各台台官士兵等不得无故请假，该司令官非有本大元帅命令来省，不得擅离职守，所有各台防务勿少疏懈。切切！此令。

令廖湘芸、马伯麟

据孙修福、喻春生《新发现的孙中山大元帅手令（二）》，载《民国档案》二〇〇一年第二期

发给李烈钧特别费令

（一九二三年十月二十九日）

着市政厅长发给李烈钧特别费六千六百元。此令。

孙　文
中华民国十二年十月二十九日
据秦孝仪主编《国父全集》第六册（台北近代中国出版社一九八九年版）

给廖仲恺的指令

（一九二三年十月二十九日）

大元帅指令第五五九号

令广东省长廖仲恺

呈据广东全省官产清理处处长等呈请：将召变官产、市产登记期限改为

限十五日为登记确定日期,应否照准,请示饬遵由

呈悉。所有政府召变各项官产、市产,准予限期十五日为登记确定,仰即转令遵照办理可也。此令。

(中华民国陆海军大元帅之印)

中华民国十二年十月廿九日

据大本营秘书处编《陆海军大元帅大本营公报》第三十六号(广州一九二三年十一月九日)

给喻毓西的命令

(一九二三年十月二十九日)

特派该高级参谋到前方视察一切,并赴范军长石生处协助办理。除分令外,仰即克日前往,共赞勋猷。此令。

令喻毓西

据孙修福、喻春生《新发现的孙中山大元帅手令(二)》,载《民国档案》二〇〇一年第二期

给范石生的命令

(一九二三年十月二十九日)

戎务方殷,贤劳可念,特派高级参谋喻毓西到前方视察一切,并赴戎次协助办理,即希接洽指导,早底于成。此令。

令范石生

据孙修福、喻春生《新发现的孙中山大元帅手令(二)》,载《民国档案》二〇〇一年第二期

给陈策的命令

（一九二三年十月二十九日）

据周司令之贞感勘两电称：据探报逆贼袁带纠匪三千余人盘踞香属横门小隐及东海十六沙、中沙、高沙各处，并抢劫商船三艘、护沙船一艘、轮船一艘，希图扰乱。现拟派队赴中沙、高沙一带剿击，恳即飞令派舰来顺，会同前往剿办。等情。除电复外，仰即酌派兵舰前往会剿，务绝根株为要。此令。

令海防司令官陈策

据孙修福、喻春生《新发现的孙中山大元帅手令（二）》，载《民国档案》二〇〇一年第二期

着兵工厂长提前发水机关枪令

（一九二三年十月二十九日）

着兵工厂长提前发水机关枪壹挺，交公安局长吴铁城备价领取。此令。

令孙祥夫、李元著

据孙修福、喻春生《新发现的孙中山大元帅手令（三）》，载《民国档案》二〇〇一年第三期

给梁鸿楷的命令

（一九二三年十月三十日）

参谋处拟

该兼安抚使敬戌电所陈，准如所拟办理，仰即率所部遵照核定计划，前

往挞伐,但主力须先集中阳春也。此令。

令梁鸿楷

据孙修福、喻春生《新发现的孙中山大元帅手令(三)》,载《民国档案》二〇〇一年第三期

给军政部长的命令

(一九二三年十月三十日)

着军政部长将各军所封用各种船只收归该部管理,以便统此,而利军用。此令。

据孙修福、喻春生《新发现的孙中山大元帅手令(三)》,载《民国档案》二〇〇一年第三期

给廖行超的命令

(一九二三年十月三十日)

本日范军长至石龙,王师长在茶山一带设防,战事尚无大进步,朱旅到省,仰即立时开赴增援,勿得迟延为要。此令。

令廖行超

据孙修福、喻春生《新发现的孙中山大元帅手令(三)》,载《民国档案》二〇〇一年第三期

给叶恭绰黄隆生的训令

（一九二三年十月三十一日）

大元帅训令第三三六号

令大本营财政部长叶恭绰、会计司司长黄隆生

现规定大本营直辖各部局处支发经费表，自本年十一月起实行，所有以前积欠，统归该部（财政部）俟财政充裕时陆续筹发。除分令外，合行令仰该部长、司长遵照办理。经费表两份并发。此令。

（中华民国陆海军大元帅之印）

中华民国十二年十月卅一日

据大本营秘书处编《陆海军大元帅大本营公报》第三十六号（广州一九二三年十一月九日）

给程潜等的训令

（一九二三年十月三十一日）

大元帅训令第三三七号

令大本营军政部长程潜、大本营财政部长叶恭绰、大本营筹饷总局总办廖仲恺、会办邹鲁、广东财政厅长邹鲁、广州市市长孙科、广东全省官产清理处处长梅光培、广州市公安局局长吴铁城、广东兵工厂厂长朱和中、东路讨贼军总司令许崇智、中央直辖西路讨贼军总司令刘震寰、中央直辖滇军总司令兼广州卫戍总司令杨希闵、中央直辖第一军军长朱培德、中央直辖第三军军长卢师谛、中央直辖第七军军长刘玉山、增城命令传达所所长胡谦

军兴以来，各军所需伙食等费，为数甚巨，或由各财政机关指拨，或各就

地筹给,手续不免分歧,系统尤形混乱,殊非所以统一军政、财政之道。现因裁撤兵站,折发给养草鞋各费,头绪更多,若不急谋经理统一之方,势必使军政、财政同时陷于纷纠;而管辖军政机关,于饷糈支出,漫无稽考,尤非所以慎重出纳。兹为解除此种困难起见,重新改定办法如下:一、自十一月一日起,所有各财政机关关于原定每日发给海陆各军伙食,及东江作战军给养草鞋等费,着按日悉数解交该军政部。二、海陆各军原由各财政机关领取之伙食,及东江作战军给养草鞋等费,自十一月一日起,着归该部、军政部发给。以上各项费用,除东江作战军给养草鞋等费业经明令规定外,至于伙食一项,其据实呈报按照人数请领者固多,而其中浮额虚领之数亦复不少,应着该部、军政部长随政考察,酌量核减,以资撙节。当此财政奇困之际,各统兵长官为国宣劳,深明大义,自当共体时艰,督饬所属切实施行,庶几事有专责,饷不虚糜,本大元帅有厚望焉。此令。

(中华民国陆海军大元帅之印)

中华民国十二年十月卅一日

据大本营秘书处编《陆海军大元帅大本营公报》第三十六号(广州一九二三年十一月九日)

给航空局长的命令

(一九二三年十月三十一日)

一、敌我两军主力在河源方面接战,逆主力已被我军击破,残敌向老隆败溃。龙岗、淡水方面之敌,在平湖附近与我蒋、范两军接战中,已令联合反攻。此敌叛舰海琛、海圻、永翔各舰在赤湾附近,有逃走模样。

二、迅由航空队派遣飞机到赤湾惩办叛舰,并赴平湖方面威胁敌人,均先到虎门与廖司〔令〕湘芸接洽,已令该要塞司令辅助为用矣。此令。

航空局长

据孙修福、喻春生《新发现的孙中山大元帅手令(三)》,载《民国档案》二〇〇一年第三期

给吴铁城的命令

（一九二三年十月三十一日）

参谋处拟

　　该司令所辖在石滩之部队,着拨归范军长石生指挥调遣。除令范军长知照外,此令。

　　吴司令铁城

据孙修福、喻春生《新发现的孙中山大元帅手令(三)》,载《民国档案》二〇〇一年第三期

给林伟成的命令

（一九二三年十月三十一日）

　　着飞机师林伟成带水机两只并机械员及一切油料附属品往虎门设站。此令。

据孙修福、喻春生《新发现的孙中山大元帅手令(三)》,载《民国档案》二〇〇一年第三期

命徐天琛代理旅长率部讨贼令

（一九二三年十月）

大元帅令第二十五号

　　本大元帅前曾令饬陈旅长策迅率所部前往东江杀贼,乃闻该旅长尚未遵行,殊辜国家倚畀之厚。现值东江贼势纷披,肃清可待,正宜及时挞伐,即

着该团长徐天琛代理旅长事务,迅率陆战队全部开赴增城正果受张总指挥国桢指挥,努力疆场,早平内患,奋勇图功,有厚望焉。切切。此令。

代理旅长事宜团长徐天琛

孙　文

据中国国民党中央文化传播委员会党史馆藏一般档案051/146

命赖心辉迅率所部奠定川局令

（一九二三年十月）

此次直系军阀勾结川省不肖军人,扰乱川境,闾里骚然,人民何辜,丁兹酷毒。本大元帅和平统一裁兵之旨,亦被此辈阴谋阻碍进行,不获早与吾民休息。所幸该总指挥等,赫然震怒,兴师讨贼,不出旬月,成都克服,川西底定,远道闻之,至深嘉慰。惟东路余孽尚未肃清,吾民日在水深火热之中,莫能拯护,每一念及,殷忧如捣。今北变突兴,黎氏亡走,曹锟觊觎非分,不惜弁髦一切,专恃武力,凶威所播,足召灭亡。仰该总指挥等,迅率所部,扫清残寇,奠定川局,然后会师东下,申讨国贼,藐兹梗顽,不难平殄。并仰该总指挥等,传宣各师旅团官兵等,共体时艰,勉纾国难,本大元帅有厚望焉。此令。

据四川省文史研究馆编《四川军阀史料》第三辑（四川人民出版社一九八五年版）

给范其务的训令

（一九二三年十一月一日）

大元帅训令第三三八号

令广东电政监督兼广州电报局长范其务

据广州市公安局长吴铁城电称："职部现因出发东江,所有传达命令及报告军情等事必须敏捷。兹拟请帅座令行电政监督,速饬电报局加设专线,由前方直达职局,并派司机工员管理一切,理合电请察核施行"等情前来。据此,除复电照准外,合行令仰该监督即遵照办理。此令。

（中华民国陆海军大元帅之印）

中华民国十二年十一月一日

据大本营秘书处编《陆海军大元帅大本营公报》第三十六号（广州一九二三年十一月九日）

给孙科的指令

（一九二三年十一月一日）

大元帅指令第五六八号

令广州市市长孙科

呈为该厅收入窘竭,拟请将每日原担军费半数移归运、财两署①分任由

呈悉。着仍照旧办理。所请将该厅每日原担军费半数移归运、财两署分任之处,应毋庸议。此令。

（中华民国陆海军大元帅之印）

中华民国十二年十一月一日

据大本营秘书处编《陆海军大元帅大本营公报》第三十六号（广州一九二三年十一月九日）

---

① 运、财两署,指盐运使署及财政厅。

给王棠的指令

（一九二三年十一月一日）

大元帅指令第五六九号

　　令东江商运局局长王棠

　　呈请征收运脚保护费，并呈拟输运费价目表，请鉴核由

　　呈表均悉。查该局系商运性质，不能抽收保护费，所请着毋庸议。原表发还。此令。

（中华民国陆海军大元帅之印）

中华民国十二年十一月一日

据大本营秘书处编《陆海军大元帅大本营公报》第三十六号（广州一九二三年十一月九日）

亲临石龙督战令

（一九二三年十一月二日）①

我即日来石龙，谁退回石龙者一律枪决。

据《广州民国日报》一九二三年十一月二日《军事声中之石龙状况》

---

① 此处所标时间为《广州民国日报》刊出日期。

给赵士觐的训令

（一九二三年十一月二日）

大元帅训令第三四〇号

　　令大本营粮食管理处督办赵士觐

　　据广东盐务稽核分所经理伍汝康呈称："比阅本年十月五日第三十一号《大本营公报》内载：赵督办原呈一件，细谂之下有云：'查省河现存盐截至八月底止，照运署报单虽尚存三万余包，然均系已售未配之盐，考其实在，已不存颗粒。下河商人，志在抬价，又复故窒来源。至于河价，一个月间由二元零涨至三元零，近且涨至四元二三，亦无盐可买。运库税收，遂被影响。今为民食国饷计，惟有从速仿行前清光绪间乐桂埠商及官运余盐局采办余盐之成案，庶可救济'等云。经理按查赵督办所呈以上各节，除亡清盐制可不并论外，与职所日逐公务案册，颇不符合。兹谨将职所发照处及据东汇关呈报盐商来领运照、堂号、船名、日期、包数，另单胪列附呈，足证赵督办所呈各节，全属子虚。至又云'商办不如官办：盖商办只得每包五元之饷，官办兼得每包二三元之利也，若以采运二十万包计算，为期不过两三个月，政府除应得之正饷大洋一百万元外，并可得溢利五六十万元，为现时筹济军用起见，不无少补'等云。须知余盐尽是私盐耳，全系私枭奸商串同沿海各产场盗运，沿港、澳等处辗转冲销。查此种私枭，自有盐史以来，无不严拿兜缉，用维正税。今采办此种盐斤，与收买贼赃无异，不论商办或官办，固皆违悖护法政府尊威，且亦贻讥外人，而兼破坏盐纲，有碍国课。盖盗运私盐，可供政府采办配放，则正饷盐斤又不知作何销场，饷盐滞销，税项短绌。所云采运二十万包可得百余万，不知正税已蒙损失不浅矣。至于政府迩因筹济军用，亦何妨于盐饷原定税额外，另加抽特别军费每包若干，前云南都督唐继尧亦久已行此政策。吾粤盐价连税较云南相宜，且辗转行销七省，若带抽若干临时军费，尚比别省盐斤价格为平，必无窒碍。又云'现当自主，便何虑债约拘束、稽核所干涉'；不知债约为中外签定，此约一日不废，盐纲秩序、债约条例、稽核职权一日不能破坏。护法政府对外国债问题，既无变更方针，足以昭示大公；况自稽核盐务制度施行后，吾国盐课收入锐增。以粤省而论，在亡清时代，两广盐税收入每年最多三百余万元；及至民国善后借款成立，遂有稽核分所设立，逐渐增至九百余万元；近因连年地方多事，虽受影响，亦尚能收入六七百万，此尤为稽核制度妥善之明证。经理为政府威信计，为盐政前途计，谨纾〔抒〕鄙见，缕晰敬陈，伏乞钧座鉴核，乾纲立断，将采办沿海余盐一案准予注销，以安醝局"等情。据此，除指令"呈悉，仰候令行粮食管理处督办暂行停办"外，合行令仰该督办即便遵照办理。此令。

（中华民国陆海军大元帅之印）

中华民国十二年十一月二日

据大本营秘书处编《陆海军大元帅大本营公报》第三十七号（广州一九二三年十一月十六日）

给林森的指令①

（一九二三年十一月二日）

大元帅指令第五七二号
　　令大本营建设部长林森
　　呈报遵令停止执行管理新宁铁路，请予备案由
　　呈悉，准予备案。此令。

（中华民国陆海军大元帅之印）

中华民国十二年十一月二日

据大本营秘书处编《陆海军大元帅大本营公报》第三十六号（广州一九二三年十一月九日）

---

① 1923年7月，孙中山曾命令建设部将新宁铁路暂收归政府管理，以利军行。10月16日，以西江已告肃清，复命建设部停止对新宁铁路的收管。林森在遵照办理后于10月27日呈复孙中山察核备案。

命张国威金华林出差令

（一九二三年十一月二日）

着张国威同金华林出差办事。此令。

据孙修福、喻春生《新发现的孙中山大元帅手令（三）》，载《民国档案》二〇〇一年第三期

命江固舰归盐运使差遣令

（一九二三年十一月二日）

着江固舰归盐运使差遣。此令。

据孙修福、喻春生《新发现的孙中山大元帅手令（三）》，载《民国档案》二〇〇一年第三期

命杨虎办理海军事务令

（一九二三年十一月二日）

着参军杨虎办理海军事务。此令。

据孙修福、喻春生《新发现的孙中山大元帅手令（三）》，载《民国档案》二〇〇一年第三期

召开紧急会议通知①

（一九二三年十一月三日）

即日午后四点紧急会议。杨总司令希闵、许总司令崇智、范军长石生、蒋军长光亮、朱军长培德、杨师长廷培、王师长秉钧、胡师长思舜、廖师长行超。

民国十二年十一月三日

据秦孝仪主编《国父全集》第六册（台北近代中国出版社一九八九年版）

派杨虎办理海军事务令

（一九二三年十一月三日）

大元帅令

派参军杨虎办理海军事务。此令。

（中华民国陆海军大元帅之印）
中华民国十二年十一月三日

据大本营秘书处编《陆海军大元帅大本营公报》第三十六号（广州一九二三年十一月九日）

---

① 10月下旬，得到直系军阀接济的陈炯明叛军大举反攻。讨贼军前线部队作战不力，东江战事又告紧急。孙中山乃赴东江前线督战，于11月3日中午抵达石龙。此通知当系孙中山抵石龙后所发。

给王棠的指令

（一九二三年十一月四日）

大元帅指令第五八五号

　　令卸大本营会计司司长王棠

　　呈送本年四五六七等月收支计算并单据簿请核销由

　　呈及书、表、单据簿均悉。查临时支出，应以支付命令为根据，该卸司长所经支出各款，未据将命令缴呈备查，无凭审核。所缴收据，亦尚多不合，应行发还。仰即遵照签注各条另行补造，连同历次支付命令一并呈候审查。书、表、单据簿发还。此令。

（中华民国陆海军大元帅之印）

中华民国十二年十一月四日

据大本营秘书处编《陆海军大元帅大本营公报》第三十七号(广州一九二三年十一月十六日)

给叶恭绰的指令

（一九二三年十一月四日）

大元帅指令第五八七号

　　令大本营财政部长叶恭绰

　　呈为发行整理纸币奖券拟由政府切实保障并售券现金免其借拨以全信用而巩基金祈鉴核令遵由

　　呈悉。准如所拟办理。此令。

（中华民国陆海军大元帅之印）

中华民国十二年十一月四日

据大本营秘书处编《陆海军大元帅大本营公报》第三十七号(广州一九二三年十一月十六日)

嘉奖范石生令

（一九二三年十一月四日）①

此次茶山、樟木头二役，我诸将士，戮力同心，迭摧丑虏。咨尔有众，咸能用命，以克竟厥功，著兹劳绩，允宜懋赏。特命上校副官邓彦华赍赏白金二万元，畀尔多士，以奖庸功。此令。

右翼总指挥范石生

据《广州民国日报》一九二三年十一月九日《樟木头克复后之帅令》

给邹鲁的指令

（一九二三年十一月六日）

大元帅指令第五八一号

令广东财政厅长邹鲁

呈请设置广东田土业佃保证局，拟具章程及组织简章，请鉴核令遵由

呈及章程、简章均悉。所请设置广东田土业佃保证局，系为保障农民业佃双方利益起见，事属可行，应予照准。章程第七条间有未妥之处，经予修正，合行抄发，仰即遵照办理可也。此令。

（中华民国陆海军大元帅之印）

中华民国十二年十一月六日

---

① 原报未标明该令发布时间，今据古应芬《孙大元帅东征日记》记载，11月4日，孙中山亲自督率滇军反攻，右翼攻克鸭仔步，孙中山下令奖给范石生部二万元。故该令应于4日发布。

附录一 邹鲁呈

（一九二三年十月二十七日）

呈为呈请事：窃为政之道，无讼为要，而诉讼之案，争执之端，多起于田土。买卖之争，以契据为断；租赁之争，以批约为断。惟契据则有税验可查，批约并无保证可问，甚非止讼息争之道也。且吾国以农立国，经济之运用，赋税之征收，亦以田土为多。现拟整理财政，必先从田土入手。职厅前经呈请设立经界局为清丈准备，而业佃关系于田土亦极重要，亟应设置田土业佃保证局，以期相辅而行。迩来物价腾贵，田价因以日昂，业主无故加租及佃户借端霸耕之事时有所闻，一经设局为租赁批约之保证，则此等讼案无由发生，既可消颂〔讼〕端于无形，自易得业佃之同意，而政府可酌收照费。以粤省田土三十五万顷，每亩租银五元计之，则于财政收入亦不无小补。

兹经拟定《广东田土业佃保证章程》十二条及《保证局组织简章》七条，并附说明理由具呈帅座鉴核。是否有当，仍候指令祗遵。谨呈

大元帅

附呈《广东田土业佃保证章程》及《保证局组织简章》二扣。

广东财政厅长邹鲁
中华民国十二年十月二十七日

附录二 广东田土业佃保证章程

第一条 本章程为保证田土业佃租赁批约切实履行，增进双方之利益而设。

（理由：查粤省田土多批给佃户耕种，每有业主易批或佃户踞耕等事发生，致起诉讼。推原其故，皆由租赁批约订定后，未得官厅保障所致。兹为保障农民承佃权利，及维持业主所有权之安全起见，特设本章程保证之。）

第二条　凡租赁沙田、海田、潮田、山田、围田、基塘、果围、葵围、晒地，以种植、畜牧农产、水产等品者，不论向业主直接承租或向批家间接转租，皆由田土业佃保证局核发执照，以资保证。

（理由：田土名目繁多，除自业自耕应免领照外，其他田土凡为种植、畜牧之用者，无论直接承租或间接转租及以一田分批，辗转数手，所有批约均由政府设局给照，互相证明，以资保证。）

第三条　执照分为四联，除一联存查，一联缴验外，发给业佃各执一联为据，并由局注册，保证双方租约上之效力及下列之利益：

（甲）租项无论上期下期，分年分季，佃户须依批约缴交，不得拖欠霸佃。

（乙）佃户承租田土除另有特约外，凡租期届满解约时，须将原址丘段亩数点还业主，不得移换侵匿。

（丙）业主非俟佃户批租期满，不得易佃及加租。

（丁）批租期满，由业主另定租项召佃时，如原佃租价相等，应由原佃优先批赁，如无前项执照，护沙局、自卫局、沙夫等不得发给收获运放各票据。

第四条　无论业佃何方违反前条规定时，得由相对人摘录执照号数，函请该管田土业佃保证局查册核明，转函主管机关究追，负其保证之责。

第五条　业佃串同短匿租额者，其所持租约不得认为有效证据，遇有佃户欠租，霸佃、加租等事项发生，官厅概不受理；其假托自业自耕图免领照者，一经发觉，即照应缴照费加一倍处罚。

第六条　请领执照应由佃户将下列事项开报，携同原批约缴交该管田土业佃保证局核办，原批约验毕，即编号盖戳发还。

（一）业主与佃户之姓名、籍贯、住址。

（二）田土所在地及其亩数、丘段。

（三）佃作种别及其租额数量。

（四）抄白原约全文。

第七条　执照费以一次过为限，按照租额值百收三，业二佃一，分两年缴纳。第一年业主缴纳百分之二，第二年佃户缴纳百分之一，并得一次缴足。其业主应缴之款，先由佃户代缴，俟交租时，于原租额内扣回。如以佃物为租，而无租额可计者，即以所交收之佃物照时价估算为租额。

如属围田，有围底、围馆、禾场、顶手者，准照前项按值缴费附记证明。

（理由：此项执照系保障业佃双方利益，故照费由业佃分别负担，欲使农民易于筹措，故分两年征收。现在田土租价奇昂，每亩自四五元至数十元不等，更有达至百元以上者。今值百抽三，业二佃一为数极微，业主应缴纳之二元，由佃户先垫后扣，收费较为便利。至不计租项，订定特约，取偿于佃作之物者，如业主批塘收鱼或批田收禾之类，是即按时值估计，又各属围田之有围底顶手者，准依章程办理，系为保护农民普及起见。）

第八条　田土业佃保证局收受佃户报告及第一年照费时，应即通知业主，限十日内将佃户领约或租部缴验相符，再通知佃户持收条到局换给执照。如属伪冒，即行撤销。倘业主逾期不将批约或租部缴验，又不声明故障时，作为默认。一经给照，无论何人不能提出异议。缴纳第二年照费时，只须持呈原领执照复验注明，即准发给收条。

若由业主请领执照，将领约租部呈验缴纳照费时，所有程序准用前项及本章程第六条、第七条之规定。

（理由：广东承佃田土习惯，由业佃互立字据交执，业户所立名曰"批约"，佃户所立名曰"领约"或曰"批领"，文义大致相同，间有无批无领只立租部或用口头者，倘由业主或佃户开报缴费，均须通知相对人提出所持之证据，以资印证而别真伪。若隐匿默认，是为甘自抛弃权利。）

第九条　本章程公布后，限一个月内，由佃户缴费领照，逾限一个月罚加二成缴纳，两个月罚加四成缴纳。以后每逾一月，递加二成，至一倍为止，但由业主缴费领照时，不受加罚之拘束。

向用口头契约者，自本章程实行之日起，限十五日内一律改为书面契约领照。

（理由：近来田土租价日昂，贪租易佃及欠租霸佃者，比比皆是。本章程系调剂业佃利害，增进社会和平，故须于章程实行后，分别定限缴费领照，然租项系由佃户缴交业主，故责由佃户先垫，以俟届交租时，按数扣回；或稍玩延,酌予处罚,亦不为过。如业主自请领照保证,自当免予处罚,以示优异。至租约虽有口头、书面之分,但适用书面者达十分之七八,如鹤山种植烟叶及各县僻乡小部分田土,亦有用口头契约者,殊不足以杜争端。本章程实行后,概应改为书面,以资保障,系为采取证主义起见。)

第十条　执照遗失或损坏时,得向该管田土业佃保证局补领,但每张须缴照费五角。

第十一条　本章程施行细则,由田土业佃保证局体察各该地方情形,拟呈核定施行。

第十二条　本章程公布后,自各田土业佃保证局成立之日实行,如有未尽事宜,得随时增订之。

附录三　广东全省田土业佃保证局组织简章

一、广东田土业佃保证总局,隶属广东财政厅监督。所属分局,管理全省田土业佃给照、保证等事项。

二、总局设于省城,除南、番两县①给照、收费、保证各事项由总局直接办理外,其余各县均设分局,隶属总局,并得因当地情形由分局设置分所。

(理由:查省外各县习惯互异,除南、番两县附近省城可直接由总局办理外,其余各县设置分局或更添设分所,或委托地方公共团体办理,务以因地制宜易、收速效为主旨。)

三、总局局长由广东财政厅委任,分局局长由总局委任。

四、总、分局应设置人员,各因事务繁简,分别设置,各由本局委任之。

五、总、分局应支一切经临费用,准于收入照费项下提扣二成分配,总、分局各占一成,以应支需。

---

①　南海县和番禺县,清代广州府仅辖此两县,但当时境域甚广,1912年废府;1918年设广州市政公所,1921年成立广州市政厅,为广州建市之始。南海县今改置佛山市南海区,番禺县今改置广州市番禺区。

（理由：总、分局及分所，均属创设开办之始，事务纷繁，需费尤巨，所需经常、临时各费用，即于收费项下提扣二成分配，不另请领。）

六、农会或公共团体，护沙局、乡局等佐理催收照费，准于收入照费项下提扣一成为补助费。

（理由：田土租赁给照保证，关系农民利益颇巨，而征收此项照费，手续亦极繁琐，隐匿瞒报在所不免。惟农会及公共团体、护沙局、乡局等，素与农民亲近，若由其稽查劝导，自易进行，而地方公益事业，亦可藉资补助，实属一举两得。）

七、本简章自核准之日施行。

据大本营秘书处编《陆海军大元帅大本营公报》第三十七号（广州一九二三年十一月十六日）

给杨廷培的命令

（一九二三年十一月六日）

（此令已改记参谋处拟稿簿）

联军克敌节节前进，相距广州渐远，所有广州卫戍事宜亟宜部署周至。现东莞方面有土匪窜扰之报，除派队兜剿外，着即由江防司令派遣巡舰前赴新塘附近驻在巡弋，截剿匪类，即时出发毋延，至要。如何遵办，并着呈报。此令。

江防司令杨廷培

据孙修福、喻春生《新发现的孙中山大元帅手令（三）》，载《民国档案》二〇〇一年第三期

给游击司令的命令

（一九二三年十一月六日）

仰该游击司令即率所部向虔南方面出动,并与樊总司令、赵师长、路司令确取联络,相机进攻赣州。除分令外,仰即遵照。此令。

据孙修福、喻春生《新发现的孙中山大元帅手令(三)》,载《民国档案》二〇〇一年第三期

给樊钟秀等的命令

（一九二三年十一月六日）

业令赖游击司令天球率部向虔南方面出动,并〔与〕该总司令、该师长、该司令确取联络,相机进攻赣州。除分令外,仰即遵照。此令。

令樊钟秀、赵成梁、路孝忱

据孙修福、喻春生《新发现的孙中山大元帅手令(三)》,载《民国档案》二〇〇一年第三期

给叶恭绰的训令

（一九二三年十一月六日）

大元帅训令第三四三号

令大本营财政部长叶恭绰

据广东宣传局局长邓慕韩呈称:"窃慕韩自到差以来,瞬将半载。受事之初,业将宣传计划拟具大纲面陈钧座。方期积极进行,以酬元首特达之

知,奈时局未宁,至违心愿;所具计划,亦缘款绌未克推行。又值战事方殷,饷糈匮乏,故职局开办后仅领得经费三百余元,幸各职员均能仰体时艰,耐贫服务。此皆我大元帅威德足以感人所致。惟经费虽属困难,而进行迄未稍懈,现方从事于学校、演讲及设立戏剧讲习所,仍依照原定计划次第履行。慕韩现为节省经费,维持局务,假以时日,自行筹款,徐图进行起见,拟于本年十一月始,职局由局长以至宣传员、科长、科员一律均暂停支俸薪,勉当义务,每月只领公费六十元,录事薪水二十五元,杂役则仅留一名,合计每月需银九十七元。其余长员则俟职局另行设法筹有的款,或大局发展,政府财政充裕再行呈明照常支给。但以前积欠六、七、八、九、十五个月经费,恳迅赐饬下会计司于本年内提前清发,俾各长员稍滋挹注,得以仍前为国效劳。此后每月所领之九十七元,请由司规定日期支付,以免延滞。所有暂停俸薪、维持局务各缘由,理合备文呈请鉴核,是否有当,伏乞训示祗遵"等情前来。据此,除指令"呈悉,所拟自十一月起停支该局各职员薪俸,只领公费各节,具见急公好义,应予照准。至该局积欠经费,并此后公费,应仍遵照三百三十六号训令内划归大本营财政部,俟财政稍裕陆续筹拨,仰查照办理可也"外,合行令仰该部长即行遵照办理。此令。

(中华民国陆海军大元帅之印)

中华民国十二年十一月六日

据大本营秘书处编《陆海军大元帅大本营公报》第三十六号(广州一九二三年十一月九日)

给徐绍桢的指令

(一九二三年十一月六日)

大元帅指令第五八九号

　　令大本营内政部长徐绍桢

　　呈请褒扬节妇冯吕氏、李梁氏、贞妇李张氏由呈悉。准予各题颁"贞操可风"四字,并各给与银质褒章一枚。仰即分别转给具领。此令。

（中华民国陆海军大元帅之印）

中华民国十二年十一月六日

据大本营秘书处编《陆海军大元帅大本营公报》第三十七号（广州一九二三年十一月十六日）

给廖仲恺孙科的训令

（一九二三年十一月七日）

大元帅训令第三四四号

令广东省长廖仲恺、广州市市长孙科

为令遵事：自军兴以来，用度浩繁，经于广州市内筹集租捐，各市民深明大义，捐租两月均已先后踊跃输将，用能士饱马腾，西北两江以次戡定。惟陈逆凶狡，阻兵安忍，凭恃地形，至今未伏无〔其〕辜，兵连既久，军用复绌。为此，令仰该省长、市长转令公安局，于广州市内再向各房东、业主借用租金一个月份。此项借用租金，准予满一年之后，加二归还，并于收到款项时，一律发给收据。此项收据，准予满一年之后，持向政府缴纳各种税饷，仍作加二抵缴。其每月份租金未满五元者，概行免借。其征收借租以及掣发收据各事，均着由该局妥为办理。并着该省长、市长传谕市民，本好义之初心，助戡乱之大业，争先筹借，用竟全功，善始善终，共纾国难，有厚望焉。除分令外，仰即遵照办理。切切。此令。

（中华民国陆海军大元帅之印）

中华民国十二年十一月七日

据大本营秘书处编《陆海军大元帅大本营公报》第三十七号（广州一九二三年十一月十六日）

给吴铁城的命令

（一九二三年十一月七日）

蒋军①此回由石龙反攻甚为得力，着吴铁城将备价所造之水机关枪先让与蒋军应用，以利戎机。此令。

据孙修福、喻春生《新发现的孙中山大元帅手令（三）》，载《民国档案》二〇〇一年第三期

命发给朱卓文子弹令

（一九二三年十一月七日）

着军政部长发给朱卓文六八、七九子弹各壹万颗。此令。

据孙修福、喻春生《新发现的孙中山大元帅手令（三）》，载《民国档案》二〇〇一年第三期

着李元著点收器物令

（一九二三年十一月七日）

派李元著往点收海军司令部一切器物。此令。

据孙修福、喻春生《新发现的孙中山大元帅手令（三）》，载《民国档案》二〇〇一年第三期

---

① 蒋军指蒋光亮军队。

给熊克武的训令

（一九二三年十一月八日）

大元帅训令第三四七号

　　令四川讨贼军总司令熊克武

　　为令遵事：照得川省出兵讨贼，军实亟须储备。查四川每年应解中央税款，为数至巨，即以此项税收拨充讨贼军费，当属有盈无绌。嗣后凡关该省应解中央之税款，统由该总司令委员经收，全数拨充出兵费用，随时册报本大元帅核销。除令行四川总司令刘成勋遵照外，合亟令仰该总司令即便遵照办理。并将办理情形报查。切切。此令。

（中华民国陆海军大元帅之印）

中华民国十二年十一月八日

据大本营秘书处编《陆海军大元帅大本营公报》第三十七号（广州一九二三年十一月十六日）

给刘成勋的训令

（一九二三年十一月八日）

大元帅训令第三四八号

　　令四川总司令刘成勋

　　为令遵事：照得川省出兵讨贼，亟须储备军实，以利师行。查该省每年应解中央税款，为数至巨。现在出兵事急，应将此项税款，全数拨充讨贼军经费，由四川讨贼军总司令熊克武委员经收，实支实报，以专责成。除分令外，合行令仰该总司令即便遵照办理，仍将办理情形报查。切切。此令。

（中华民国陆海军大元帅之印）

中华民国十二年十一月八日

据大本营秘书处编《陆海军大元帅大本营公报》第三十七号（广州一九二三年十一月十六日）

给赵士觐的指令

（一九二三年十一月八日）

大元帅指令第五九七号

　　令大本营粮食管理处督办赵士觐

　　呈拟定该处职员俸给额表呈请核遵由

　　呈及表均悉。采办余盐，业经另令暂行停止，应即遵照前令办理。所拟该处职员俸给，科长应由二百元起支至三百四十元止；主任科员应由六十元起支至一百五十元止。余如所拟办理，仰即遵照。此令。

（中华民国陆海军大元帅之印）

中华民国十二年十一月八日

据大本营秘书处编《陆海军大元帅大本营公报》第三十七号（广州一九二三年十一月十六日）

给潘文治的指令

（一九二三年十一月八日）

大元帅指令第五九九号

　　令福安舰舰长潘文治

　　呈请调任他职由

呈悉。该舰长志行纯洁,深资倚畀。现值整饬舰队之际,未便更易,所请调任他职之处,着毋庸议。此令。

（中华民国陆海军大元帅之印）
中华民国十二年十一月八日

据大本营秘书处编《陆海军大元帅大本营公报》第三十七号（广州一九二三年十一月十六日）

所有高雷讨贼事宜着归高雷绥靖处处长林树巍办理令

（一九二三年十一月八日）

大元帅令

高雷讨贼军总司令业已撤销,所有高雷讨贼军事宜,着归高雷绥靖处处长林树巍办理。此令。

据《广州民国日报》一九二三年十一月十二日《帅令林树巍办理高雷讨贼事宜》

拨给蒋光亮伙食费令

（一九二三年十一月八日）

着吴铁城由借款内拨给蒋光亮伙食五千元。此令。（奉谕不用印）

据孙修福、喻春生《新发现的孙中山大元帅手令（四）》,载《民国档案》二〇〇一年第四期

给程潜的训令

（一九二三年十一月九日）

大元帅训令第三四六号

　　令大本营军政部长程潜

　　据大本营粮食管理处督办赵士觐呈称："窃职处前奉核发试办规程第二条内开：'粮食管理处于试办期内，先行酌量收买日用生活所必需之米、盐、柴三项，而公卖于人民。又第十一条，粮食管理处系国家一种营业机关，无论军民人等来处购买米盐等物，均须照价给银，概不得有赊借及或拨发等事'各等因。奉此，职处自开办后，体察柴、米、盐三项供求多寡、市价起落情形，择其急于救济调剂之项，先行筹借资本，分投采买，购运到日，自当公平发卖。惟有一顾虑亟应陈明者：缘去年北伐改道时，曾设粮食管理处，接济前方军士粮食，今职处名同实异，前方将领乍聆旧名，以为仍前接济。近接某军长官贺电，内有'士饱马腾，惟公是赖'等语。此虽一军长官之电，然一军既因表面而误会，他军亦未必尽悉其内容，倘各军皆以职处为兵站性质之机关，则将来之纠纷殊甚。用特援据规程，表明性质，呈请帅座特令军政部通令各军转饬所部，声明职处机关，系营业性质，不同兵站，对于各军固无所谓供给接济，即来处购买，亦不得有赊借拨发等事，经此解释，庶免妨碍进行"等情。据此，应予照准，除指令外，合行令仰该部长查照办理。此令。

（中华民国陆海军大元帅之印）

中华民国十二年十一月九日

据大本营秘书处编《陆海军大元帅大本营公报》第三十七号（广州一九二三年十一月十六日）

给石青阳的训令

（一九二三年十一月九日）

大元帅训令第三四九号

　　令兼理中央银行四川分行长石青阳

　　为令遵事：照得中央银行现在业经成立，亟应于各省次第设立分行，以期活动金融。查该员对于财政素有经验，堪以派兼中央银行四川分行长。除另状任派外，合行令仰该员即便遵照克日就职，迅将分行事宜，积极照章筹备就绪，开始营业，毋负委任。仍将办理情形报查。章程随发。切切。此令。

（中华民国陆海军大元帅之印）

中华民国十二年十一月九日

据大本营秘书处编《陆海军大元帅大本营公报》第三十七号（广州一九二三年十一月十六日）

给程潜廖仲恺的训令

（一九二三年十一月九日）

大元帅训令第三五〇号

　　令大本营军政部长程潜、广东省长廖仲恺

　　据广东电政监督兼广州电报局局长范其务呈称："据四会电报局局长陈凤鸣呈称：'查职局辖内电线，东路石狗、上罗、化州地方系广宁县属，常被偷割；又西路白庙附近亦时被窃，长此以往，于电政交通大有妨碍，且于军事传达尤为不便。除函请四会县出示保护外，理合呈请钧处，仰祈据情转呈大元帅、省长，通饬地方军警，责成该线路附近乡民，毋得稍有损坏电线，以维交通'等情前来。据此，理合转呈帅座察核，伏恳迅令该处沿途驻防军队妥慎保护，并请转饬省长令饬广宁、四会县长分行警区、团局，责成该线路附近乡民，如东西各路杆线此后再有盗割情弊，当处以妨害交通并误戎机等罪。是否有当，仍候指令祇遵"等情。据此，查电线关系交通，当此军事尚未结束，关系尤为重要，该地军政机关各应妥慎保护，以利传达。据呈前情，殊属疏懒，除分令外，合行令仰该部长、省长严饬该处驻防军队、该管县长切实保护，以维交通。此令。

（中华民国陆海军大元帅之印）

中华民国十二年十一月九日

据大本营秘书处编《陆海军大元帅大本营公报》第三十七号（广州一九二三年十一月十六日）

给廖仲恺的指令①

（一九二三年十一月九日）

大元帅指令第六〇六号

  令广东省长廖仲恺

  呈请注销曾介眉举报黄沙官产一案由

  呈悉。准如所请办理。此令。

（中华民国陆海军大元帅之印）

中华民国十二年十一月九日

据大本营秘书处编《陆海军大元帅大本营公报》第三十七号（广州一九二三年十一月十六日）

---

① 11月3日，廖仲恺呈称：据广东全省商会联合会会长刘焕等呈称，本市黄沙七十余街业户，坚决反对曾介眉将其纯属民业的铺屋举报为官产，要求将此举报官产案注销，以平民怨而维商业。

给李济深的指令

（一九二三年十一月九日）

大元帅指令第六〇七号

　　令西江善后督办李济深

　　呈西江防务吃紧,请暂准留用定海等三舰由

　　呈悉。盐务缉私,关系饷源至重。所有定海等三舰,仰仍遵照前令,迅即交还两广盐运使收用。所请暂留之处,未便照准。此令。

　　　　　　　　　　　　　　　　（中华民国陆海军大元帅之印）

　　　　　　　　　　　　　　　　中华民国十二年十一月九日

　　　　　　　据大本营秘书处编《陆海军大元帅大本营公报》第三十七号(广州一九二三年十一月十六日)

给范其务的指令

（一九二三年十一月九日）

大元帅指令第六〇八号

　　令广东电政监督兼广州电报局局长范其务

　　呈请通饬四会、广宁等处军政各官保护电线由

　　呈悉。已令〈代〉军政长官转饬该处军警妥慎保护矣。仰即知照。此令。

　　　　　　　　　　　　　　　　（中华民国陆海军大元帅之印）

　　　　　　　　　　　　　　　　中华民国十二年十一月九日

　　　　　　　据大本营秘书处编《陆海军大元帅大本营公报》第三十七号(广州一九二三年十一月十六日)

给赵士觐的指令

（一九二三年十一月九日）

大元帅指令第六〇九号

　　令大本营粮食管理处督办赵士觐

　　呈请令饬军政、内政两部通令各军暨地方官吏、团体妥为护助由

　　呈悉。该处试办规程，经核准暂行试办后，业经刊登公报公布在案。至必要时，仰仍依照规程办理可也。此令。

　　　　　　　　　　　　　　　　　（中华民国陆海军大元帅之印）

　　　　　　　　　　　　　　　　　中华民国十二年十一月九日

据大本营秘书处编《陆海军大元帅大本营公报》第三十七号（广州一九二三年十一月十六日）

给梁鸿楷的指令

（一九二三年十一月九日）

大元帅指令第六一〇号

　　令两阳三罗等处安抚使梁鸿楷

　　呈拟两阳三罗等处安抚使署组织条例及办事细则，请鉴核公布施行由

　　呈及附册均悉。现在正谋军事结束，该使务宜缩小范围，以期简而易行。关于财政，尤未宜设署，致陷纷歧。仰即善体此意，另行妥拟呈候备核。册件发还。此令。

　　　　　　　　　　　　　　　　　（中华民国陆海军大元帅之印）

　　　　　　　　　　　　　　　　　中华民国十二年十一月九日

据大本营秘书处编《陆海军大元帅大本营公报》第三十七号（广州一九二三年十一月十六日）

着参军处赶制出入证令

（一九二三年十一月九日）

着参军处赶制绢质大本营特别出入证备用。此令。

据孙修福、喻春生《新发现的孙中山大元帅手令（四）》，载
《民国档案》二〇〇一年第四期

调配各军令①

（一九二三年十一月十日）

大元帅命令

十一月十日于石龙行营

（一）准备转攻敌军，我各军应速照下列地点，迅速集中整顿，准备一切，以俟后命。

（二）	各军之位置	集中完结时间
许总司令所部	铁场附近	十日晚十二时以前日没前迅遣一部前往
刘总司令所部	菉兰附近	十日晚十二时以前日没前迅遣一部前往
刘军长玉山所部	田寮水贝钱围附近	十日晚十二时以前没前迅遣一部前往

（受刘总司令指挥）

---

① 8日，博罗被陈炯明叛军占领，讨贼军纷纷败退，孙中山乃于9日再赴石龙，立即召集军事会议，督令许崇智、刘震寰、刘玉山、杨希闵、朱培德、范石生、蒋光亮等部发动反攻。但未获成功。

杨总司令所部	联和墟附近	十一日正午以前完结 十日午后八时前先遣 一部前往警戒
朱军长所部并赣军	联和墟附近	十一日正午以前完结 十日午后八时前先遣 一部前往警戒

(三)各军应本作战精神,切实巩固,各方面切实联络,协同动作。

(四)范、蒋两军,及在增城方面各军动作,别项命令示之。

(五)予在石龙。

上令许总司令、刘总司令、杨总司令、刘军长、朱军长

据李烈钧总纂、大元帅府参谋本部编《孙大元帅戡乱记》
(广东一九二四年版)

给廖仲恺的训令

(一九二三年十一月十日)

大元帅训令第三五一号

令广东省长廖仲恺

据中央直辖滇军总司令杨希闵呈复:"案奉钧座第三一八号训令开:据广东财政厅长邹鲁呈称:原文有案邀免冗录外,后开'合行令仰该总司令即便遵照办理'等因。奉此,遵即饬令第三军军长蒋光亮遵照办理。兹据该军长呈称:'窃查此案,前经该处商民以被匪蹂躏,团力不支,请派队援剿,当派第六师前往剿办,旋经平定,即令回防,并早已开拔东江作战,何致有设立财政局之举?该县长不查,妄为呈请,殊属昏谬。'兹奉前因,理合具文呈请钧座察核"等情。此除指令外,合行令仰该省长即便转饬

知照。此令。

（中华民国陆海军大元帅之印）

中华民国十二年十一月十日

据大本营秘书处编《陆海军大元帅大本营公报》第三十八号（广州一九二三年十一月二十三日）

给罗翼群的指令

（一九二三年十一月十日）

大元帅指令第六一一号

　　令大本营兵站总监罗翼群

　　呈报所属第一支部收束情形，并送裁留人员表，乞核示由

　　呈表均悉。所有留办该属第一支部人员薪饷，仰仍遵照第五八六号指令办理。此令。

（中华民国陆海军大元帅之印）

中华民国十二年十一月十日

据大本营秘书处编《陆海军大元帅大本营公报》第三十八号（广州一九二三年十一月二十三日）

给叶恭绰的指令①

（一九二三年十一月十日）

大元帅指令第六一二号

　　令大本营财政部长叶恭绰

---

① 11月5日，大本营财政部长叶恭绰呈称："本部自成立以来，经逾半载，总共收入不过八万七千余元，匀计每月仅得一万四千余元。除支付军费外，其余以付印花税票印刷工料及本部经费，尚属不敷"，其他经孙中山批发之款更"无的款可以应付"，请孙中山准予将筹拨款项展缓一月。

呈奉令筹发各部、局、处经费,请展缓实行由

呈悉。所有令由该部筹发大本营直辖各部、局、处经费,准予展缓一月实行。此令。

（中华民国陆海军大元帅之印）

中华民国十二年十一月十日

据大本营秘书处编《陆海军大元帅大本营公报》第三十八号（广州一九二三年十一月二十三日）

给邓慕韩的指令

（一九二三年十一月十日）

大元帅指令第六一五号

令广东宣传局局长邓慕韩

呈请免于取消戏捐由

呈悉,该局征收戏捐一案,前经转谕取消,仰即遵照办理可也。此令。

（中华民国陆海军大元帅之印）

中华民国十二年十一月十日

据大本营秘书处编《陆海军大元帅大本营公报》第三十八号（广州一九二三年十一月二十三日）

惠州克复之通令①

（一九二三年十一月十一日）

大元帅通令

惠州已于灰（十日）日午前十一时，被我右翼军攻克，完全占领。

据《广州民国日报》一九二三年十一月十三日《布告完全
克复惠州城》

命湘军向敌攻击前进令

（一九二三年十一月十二日）

着谭总司令率所部湘军到琶江口下车，集中从化，向龙门方面之敌攻击前进。此令。

孙　文
民国十二年十一月十二日
据中国国民党中央文化传播委员会党史馆藏一般档案
051/150

命广东高审厅将登记费交军政部令

（一九二三年十一月十二日）

着广东高等审判厅将该厅登记费存款拨交军政部应用。此令。广州高

---

① 按系广州卫戍总司令部奉总司令官杨（希闵）真（11日）申电布告帅令克复惠州城事。

等审判厅。准此。

> 孙　文
>
> 中华民国十二年十一月十二日
>
> 据中国国民党中央文化传播委员会党史馆藏一般档案
> 051/146

命查明地审厅及高审厅诉讼登记费令

（一九二三年十一月十二日）

着军政部长程潜会同广东省长廖仲恺，查明广州地方审判厅诉讼费项下及高等审判厅登记费项下所存各款，一律提充军饷。仰该院长转饬遵照。此令，令大理院长赵士北。准此。

> 孙　文
>
> 中华民国十二年十一月十二日
>
> 据中国国民党中央文化传播委员会党史馆藏一般档案
> 051/146

给黄隆生的训令

（一九二三年十一月十二日）

大元帅训令第三五二号

　　令大本营会计司长黄隆生

　　据大本营财政部长叶恭绰呈称："案奉本年十一月一日起第三三六号训令开：'现规定大本营直辖各部、局、处支发经费表，自本年十一月起实行。所有以前积欠，统归该部俟财政充裕时陆续筹发。除分令外，合行令仰该部长遵照办理。经费表两份并发'等因。自应遵照办理。查本部自成立以来,经逾半载,总共收入不过八万七千余元,匀计每月仅得一万四千余元,除支付军费外,其余以付印花税票印刷工料及本部经费,尚属不敷。至最近数日,复奉钧令,指拨大本营制弹厂与军政部运输处朱培德、李明扬等部,或伙食,或煤炭与草鞋,种种费用,每日定额一千一百一十元,均改由本部直接交军政部转发,现在尚无的款可以应付,兹再加以每月八万余元之支出,实等无米为炊。伏读钧令,内开有'各部、局、处以前积欠,俟财政充裕时陆续筹拨'等语,具征部库困难,早在洞鉴之中。且目下军需孔迫之时,尤不能不先其所急。查表内各机关经费归大本营会计司给发,经已多日,其间并有自筹的款藉应开支者。当兹本部自顾不暇之时,似以暂仍旧贯免涉纷歧为妥。所有此次奉令改由本部拨付各项,拟请展缓一月,一俟本部收入较为充裕,再行斟酌情形酌量负担,目前仍由原担任机关照常拨付,以免虚悬。所有奉令筹拨拟请展限原由,理合具呈钧座鉴核,伏乞指令祇遵"等情。据此,除指令"呈悉,所有令由该部筹发大本营直辖各部、局、处经费准予展缓一月实行"外,合行令仰该司长查照。各部、局、处每月经费,在财政部未实行筹发以前,仍由该司照常拨付。此令。

（中华民国陆海军大元帅之印）

中华民国十二年十一月十二日

据大本营秘书处编《陆海军大元帅大本营公报》第三十八号(广州一九二三年十一月二十三日)

给樊钟秀的训令

（一九二三年十一月十二日）

民国肇造,十有二载,干戈扰攘,迄鲜宁时,人民有涂炭之伤,国势濒沉沦之险。究其症结,只以北庭不道,僭窃相乘,倒行逆施,残民叛国。我革命同志,惧共和废坠,正义不彰;奔走匡扶,喋血万里。卒以阋墙多故,逆虏稽诛。近且贿赂公行,搆成大选,昭闻秽迹,人格不存,举国疾首痛心,方将合张挞伐。豫军讨贼总司令樊钟秀,精诚爱国,首义赣南,诸部将官士卒,俱能深明大义,戮力同心,摅览敷陈,至堪嘉许。北房府怨,民痛已深,奉义征诛,歼除可待。我军师直为壮,杀贼无前。当共各励忠贞,用奠邦家之难,挽回浩劫,早复日月之光。凡在国民,同兹义责。河朔素多英俊,尤盼共赋同仇。除饬该管处、部,赶紧续发大军,并继续接济弹饷外,着该总司令将此通谕知之。

据上海《民国日报》一九二三年十一月十三日《大元帅训令樊钟秀文》

给伍朝枢的指令

（一九二三年十一月十二日）

大元帅指令第六一七号

　　令大本营外交部长伍朝枢

　　呈复经令交涉员函知各国领事,戒严期内禁止中外船只夜间通过在案,请察核由

　　呈悉。此令。

（中华民国陆海军大元帅之印）
中华民国十二年十一月十二日

附录　伍朝枢呈

　　呈为呈复事:窃奉帅座发下马伯麟歌电内称:"本日正午十二时十分钟,据炮台瞭望兵报告:'远望有兵舰四艘进口,开行甚速,形式与北洋舰相同,并未升旗'等语。司令当令旗兵用红旗示令停止,该兵舰等竟不升旗答复,仍向我台前进。经令新冈台开炮一发,距该兵舰船头约五十米达降落,该兵舰始升头尾旗。查系日本兵舰,即令放行。查职部戒严时期,外国兵舰

虽应放行,然必须外国舰队于进出口时,先行通知或早升旗以示标识,方免误会。拟请钧座函知各国领事知照"等语。并奉帅谕:"戒严期间入夜时,无论何项船只,不准通过"等因。奉此,部长查昨接大本营李参谋长烈钧函称:"近来战事方殷,虎门、长洲、厓门、横门等处,及各海口要塞,均属戒严期内,兹定每日晨七时以后下午四时以前,为中外各兵舰、船只入口时间,至外国军舰如欲驶经内河,应请通知各国领事,务于四十八小时先行通告,以便转饬知照,而免误会"等由。业经令行特派广东交涉员分函驻广州各国领事转致各该国兵舰知照在案。奉发前文,除令特派广东交涉员知照外,理合备文呈复察核。谨呈

陆海军大元帅

大本营外交部长伍朝枢(印)
中华民国十二年十一月八日

据大本营秘书处编《陆海军大元帅大本营公报》第三十八号(广州一九二三年十一月二十三日)

给杨廷培的命令

(一九二三年十一月十二日)

仰该师长立派军队沿铁道线路截止溃兵,督率进战,并予特许用大本营督战队旗帜。此令。

令杨廷培

据孙修福、喻春生《新发现的孙中山大元帅手令(四)》,载《民国档案》二〇〇一年第四期

给谭延闿的电令

（一九二三年十一月十二日）

郴州谭总司令鉴：△密。此间军事吃紧，详情如□□□各电。仰该总司令迅率所部星夜来援。切切。此令。大元帅。侵申。

据《南始战役记》（编者及出版时地不详，似系湘军于一九二四年间编印。原书藏中山大学）

着广九铁路工程师修通铁路令

（一九二三年十一月十三日）

着广九铁路工程师即将仙村至石滩之铁路修通，即24点钟内必要通车，不得延误。此令。

据孙修福、喻春生《新发现的孙中山大元帅手令（四）》，载《民国档案》二〇〇一年第四期

着卢师谛部调往虎门令

（一九二三年十一月十三日）

着卢师谛将所部悉调到虎门，与廖司令协同巩固该要塞之陆地防卫。此令。

据孙修福、喻春生《新发现的孙中山大元帅手令（四）》，载《民国档案》二〇〇一年第四期

发给杨廷培部子弹令

（一九二三年十一月十三日）

着军政部长酌量发给杨廷培部子弹。此令。

据孙修福、喻春生《新发现的孙中山大元帅手令（四）》，载《民国档案》二〇〇一年第四期

给杨参军派员的命令

（一九二三年十一月十三日）

着杨参军派员：凡佩带特别出入证来营晋谒各员，须问具姓名事由，得特允传见，方许登三楼入大元帅见客室。此令。

据孙修福、喻春生《新发现的孙中山大元帅手令（四）》，载《民国档案》二〇〇一年第四期

给杨廷培的命令

（一九二三年十一月十三日）

仰该代理卫戍总司令，凡有溃兵到省，无论何部军队，应一律缴武器。此令。

上令杨代理卫戍总司令廷培

据孙修福、喻春生《新发现的孙中山大元帅手令（四）》，载《民国档案》二〇〇一年第四期

着梁鸿楷饬令广北运船回省令

（一九二三年十一月十三日）

着梁军长鸿楷饬令广北运船回省候命。此令。

据孙修福、喻春生《新发现的孙中山大元帅手令（四）》，载《民国档案》二〇〇一年第四期

停止伤兵特别调养费令

（一九二三年十一月十四日）

伤兵特别调养费即停止。此令。

孙　文
中华民国十二年十一月十四日

据谭延闿编《总理遗墨》第三辑（印行时间不详，广东省社会科学院藏）

批杨希闵呈

（一九二三年十一月十四日）[①]

增城石滩现尚无大敌，而我兵无故退却，应负其责，当规复此线以赎罪，由该线再进始能邀赏。况此时省城震动，殷户已空，无从筹借。如兵士尚要十万始干，请从此……

据中国国民党中央文化传播委员会党史馆藏一般档案 052/148

[①] 原件无时间，据李烈钧《孙大元帅战乱记》，事在1923年11月14日。

发给马伯麟伙食费令

（一九二三年十一月十四日）

着市政厅长发给马伯麟伙食费一千元。此令。

民国十二年十一月十四日

据许师慎《〈国父全集〉未刊载之重要史料》，载黄季陆等编《研究中山先生的史料与史学》（台北"中华民国"史料研究中心一九七五年版）

给谭延闿的命令

（一九二三年十一月十四日）

湘军转战太苦，着调至广东，暂行休养，藉资补充，准备反攻。鲁涤平、黄辉祖、朱耀华、方鼎英、汪磊调至乐昌，谢国光调仁化，吴剑学调九峰，陈嘉佑及方之一部调星子。

据上海《申报》一九二三年十一月十六日《谭延闿传孙中山令》

命协同廖湘芸防卫虎门要塞令

（一九二三年十一月十四日）

仰该师长迅率所部驰赴虎门，协同廖司令湘芸防卫该要塞陆地方面。此令。

据孙修福、喻春生《新发现的孙中山大元帅手令（四）》，载《民国档案》二〇〇一年第四期

着周之贞都赴虎门令

（一九二三年十一月十四日）

业令周师长之贞迅率所部驰赴虎门，协同该司令防卫该要塞陆地方面，仰即知照。此令。

据孙修福、喻春生《新发现的孙中山大元帅手令（四）》，载《民国档案》二〇〇一年第四期

给谭延闿的电令

（一九二三年十一月十四日）

回师救粤。

据上海《申报》一九二三年十一月十五日《广州十四日电》

命杨廷培停止缴枪令

（一九二三年十一月十五日）

今日各部溃兵，收容已定，复回建制。着杨师长廷培即行停止缴枪。此令。

中华民国十二年十一月十五日午时发

孙　文

据谭延闿编《总理遗墨》第三辑（印行时间不详，广东省社会科学院藏）

命恢复各军备价领枪办法令

（一九二三年十一月十五日）

杨师长廷培既不如期缴价，着兵工厂长仍复回原日办法，将枪枝分发各军备价领取可也。此令。

孙　文

十二、十一、十五

据中国国民党中央文化传播委员会党史馆藏一般档案051/150

给马伯麟等的训令

（一九二三年十一月十五日）

大元帅训令第三五三号

令长洲要塞司令马伯麟、虎门要塞司令廖湘芸、东江缉匪司令徐树荣、中央直辖第三军军长卢师谛、中央直辖第七军军长刘玉山、中央直辖西路讨贼军总司令刘震寰、东路讨贼军总司令许崇智、东路讨贼军第三军军长李福林、大本营军政部长程潜、大本营财政部长叶恭绰、两广盐运使伍汝康、广东财政厅长邹鲁、广州市市长孙科、广东全省官产清理处处长梅光培

自战事迁延，财力渐绌，诸将领士兵为国勤劳，迄未少息，而行军所需，时形匮乏，此本大元帅所为心忧者也。近日战事紧迫，财源益艰，自本月十五日起，所有前方各军，每日兵站给养、草鞋费，及子弹费、伤兵卫生费，着尽先筹备发给。其余各军伙食，应视收入多寡酌量分发。诸将领、士兵夙明大义，务须体念时艰，忠勇奋发，限于最短期内将逆众驱除。军事进步，饷源自

裕,所有前项欠发各款,届时再行筹足补给。其各财政机关近日以来奉令指拨之款,每日不能如数解缴。当此军事紧急之时,亦宜严奉公令,无忝厥职。自本日起,宜竭力筹措,以供军需,俾各军士饱马腾,效力杀贼,毋得稍涉稽延,致因财政影响军事,转令战事迁延,重民疾苦,本大元帅有厚望焉。此令。

(中华民国陆海军大元帅之印)
中华民国十二年十一月十五日

据大本营秘书处编《陆海军大元帅大本营公报》第三十七号(广州一九二三年十一月十六日)

命派船往救日本商船令

(一九二三年十一月十五日)

现有日本商船在莲花山河面遇灾,着江防司令部派宝璧或其他之船往救。此令。

据孙修福、喻春生《新发现的孙中山大元帅手令(四)》,载《民国档案》二〇〇一年第四期

命各将士奋勇图功肃清东江余逆令[①]

(一九二三年十一月十六日)

运用之妙,存乎一心,作战之方,首宜知敌,此进军与驻军均贵与敌恒相接触者也。能知敌之去迹来踪,斯易定我军兵力之使用,克敌之道,即在于此。此次蒙兰之退,形同溃乱,非范军长石生督师回援,歼敌首逆,则今之战

[①] 11月14日,范石生率部分滇军反攻石龙,陈炯明叛军攻势暂时受阻,各军因而能退回广州。当时有击毙洪兆麟的消息,令中"歼敌首逆"当系指此。

局,更不卜何如。胜负兵家之常,作战端资沉毅。现据连日所得谍报,逆军自由石龙溃窜后,迄难收拾;增城、石滩,仍系我军驻在,应即乘此良机,肃清余逆。即着滇粤桂联军前敌总指挥杨希闵迅速派遣主力分途增援第一线,再寻敌人主力以歼之。各将士为民除害,奋勇图功,则肃清东江,进图大局,事犹可期。功高有大赏,不迪有显戮,则本大元帅之责也。

孙 文

据秦孝仪主编《国父全集》第六册(台北近代中国出版社一九八九年版)

给伍汝康的训令

(一九二三年十一月十六日)

大元帅训令第三五四号

　　令两广盐运使伍汝康

　　据广东兵工厂厂长朱和中呈称:"为呈请事:十月二十七日奉钧座手令第六五三号内开:'前方需要子弹异常迫切,着盐运使将积欠兵工厂款项迅速筹集,扫数解清,以利该厂进行。切切。此令'等因。奉此,厂长遵即携带手令前往领取,讵新任伍运使以所积欠款项系属前任经手,不允负责,命令不肯收受,连日往催,均置之不理。查职厂经费困难已达极点,积欠各商店材料费达至三万元有奇。现在所有紫铜等料,均无款采购,将有停工待料之势,若再无巨款接济,实难维持。务乞钧座再赐严令伍运使,迅将前任积欠如数清发,或请另拨巨款,以维工作,而裕军实,不胜迫切待命之至"等情。并缴原令一道前来。据此,查兵工厂款项,系属制造枪弹、补充军实之需,关系军事,至为重要。现在军事至亟,何得长此宕欠,致碍工作。该运使职司榷政,对于筹拨军用,负有专责,尤应勉力接济,以利进行。据呈前情,除指令外,合亟令仰该运使迅即遵照六五三号手令,将该署积欠兵工厂款项,克日扫数拨清,毋得借故推诿,致蹈违令之咎。前令并发。切切。此令。

（中华民国陆海军大元帅之印）

中华民国十二年十一月十六日

据大本营秘书处编《陆海军大元帅大本营公报》第三十七号（广州一九二三年十一月十六日）

给陈策的训令

（一九二三年十一月十六日）

大元帅训令第三五五号

令广东海防司令陈策

据广东江防司令杨廷培呈称："据宝璧运舰舰长梁少东呈称：'查职舰设有无线电报，原藉本舰电灯机发电。惟有时电灯机电球度数过小，电力每有不足供给无线电报之用，设遇出差路远，欲藉电报以通消息，自虞电浪不能远达，消息难免阻滞，因此贻误，事属不小。舰长再四思维，非重新更换稍大度数之电机，则不足以资应用。再查职舰关于军事上行驶极多，常有因军事紧急，夜间通宵行驶，似不可无探海灯眺望，以为防预歹匪不虞，职舰出海常多，似应不可不备，理合呈请钧部察核，可否准予购换电机一架，添置探海灯一个，俾资利用之处，仍候指令祇遵'等情。据此，查停泊黄浦河面之广海军舰，原有电机、探海灯，拟议移借，既省耗款购置，复化无用为有用，裨益军务，实非浅鲜。所有请饬将广海军舰探海灯暨发电机借给宝璧运舰缘由，理合呈请察核指令祇遵"等情。据此，除指令"呈悉，仰候令行广东海防司令查照办理"外，合行令仰该司令即便查照办理。此令。

（中华民国陆海军大元帅之印）

中华民国十二年十一月十六日

据大本营秘书处编《陆海军大元帅大本营公报》第三十七号（广州一九二三年十一月十六日）

给林云陔的指令

（一九二三年十一月十六日）

大元帅指令第六二一号

令代理广东高等审判厅厅长林云陔

呈报登记局八月份收入项下曾提解大本营驻江办事处毫银一千五百元，请准予抵解并备案由

呈悉。准予抵解并备案可也。此令。

（中华民国陆海军大元帅之印）

中华民国十二年十一月十六日

据大本营秘书处编《陆海军大元帅大本营公报》第三十八号（广州一九二三年十一月二十三日）

给邹鲁的指令

（一九二三年十一月十六日）

大元帅指令第六二三号

令广东财政厅长兼大本营筹饷总局会办邹鲁

呈请收回筹饷总局会办明令，并缴回派状由

呈悉。大元帅为事择人，关于筹饷事宜，仰该会办会同廖总办①悉心规画，妥筹办法，以裕饷源，而济时艰。所请收回明令之处，应毋庸议。派状仍发。此令。

（中华民国陆海军大元帅之印）

中华民国十二年十一月十六日

据大本营秘书处编《陆海军大元帅大本营公报》第三十八号（广州一九二三年十一月二十三日）

---

① 廖总办，即廖仲恺。

饬各军收复博罗令

（一九二三年十一月十六日）

大元帅令

  火速前进，限三日内将博罗收复，以杜后患。

据《广州民国日报》一九二三年十一月十六日《帅令限期克复博罗》

给陈策的指令

（一九二三年十一月十七日）

大元帅指令第六二四号

  令广东海防司令兼广东盐务缉私舰队主任陈策

  呈请准予辞去广东盐务辑私舰队主任兼职，并呈缴委任状由

  呈悉。该司令效忠国家，任事自不惮艰巨。缉私关系盐务收入，仍仰遵照前令，勉为其难，毋得固辞，以副厚期。委任状并发。此令。

（中华民国陆海军大元帅之印）
中华民国十二年十一月十七日

据大本营秘书处编《陆海军大元帅大本营公报》第三十八号（广州一九二三年十一月二十三日）

给程潜的指令

（一九二三年十一月十八日）

大元帅指令第六二六号

　　令大本营军政部长程潜

　　呈据商人何德呈报陈达生等逆产，请令由部查实变卖，以应要需由呈悉。仰即切实调查。确系逆产，准予变卖。此令。

（中华民国陆海军大元帅之印）

中华民国十二年十一月十八日

据大本营秘书处编《陆海军大元帅大本营公报》第三十八号(广州一九二三年十一月二十三日)

着谭延闿所部为总预备队令

（一九二三年十一月十八日）

　　据飞机探报，敌人有万人由铁路来犯。按此则敌人主力已在广九铁路，我应之者亦应在此。着谭总司令所部，由车开到新街、军田一带下军，为总预备队。此令。

孙　文

据《孙中山全书》第四册(上海广益书局一九三一年七月印行)

给马伯麟的指令

（一九二三年十一月十九日）

大元帅指令第六二九号

  令长洲要塞司令马伯麟

  呈报裁减炮兵、编练守备兵，造具预算请予核准，并编呈十月份预算书由

  呈及预算书均悉。查该司令所拟，改编守备兵饷需超过原额，核与预算不符，应另行编定呈核。所呈十月份预算书亦有错误。仰即依照更正各条缮呈备案。预算书发还。此令。

（中华民国陆海军大元帅之印）
中华民国十二年十一月十九日

据大本营秘书处编《陆海军大元帅大本营公报》第三十八号（广州一九二三年十一月二十三日）

饬酌量发给李福林部给养费令

（一九二三年十一月十九日）

大元帅令第七〇四号

  着军政部长酌量发给李福林部给养费。此令。

孙　文
中华民国十二年十一月十九日

据中国国民党中央文化传播委员会党史馆藏一般档案051/289

饬酌量发给徐树荣部给养费令

（一九二三年十一月十九日）

大元帅令第七○五号

　　着军政部长酌量发给徐树荣部给养费。此令。

孙　文
中华民国十二年十一月十九日

据中国国民党中央文化传播委员会党史馆藏一般档案051/291

给伍学熀的指令

（一九二三年十一月十九日）

大元帅指令第六三○号

　　令大本营建设部次长伍学熀

　　呈为条陈筹办广东全省船民自治联防事宜由

　　呈悉。所拟事属可行，准予办理。此令。

（中华民国陆海军大元帅之印）
中华民国十二年十一月十九日

附录　伍学熀呈

　　为条陈管见呈请鉴核事：窃以东江军事发生，饷糈奇穷，司农兴仰屋之嗟，将士有绝粮之叹。现在筹款方法，如变卖官产、抽收租捐、举办商业牌照等，固已应有尽有。然大率筹之岸上市民，绝未筹之水上。广东海面辽阔，港灌纷歧，船民浮海为家，无虑千数百万。同是国民分子，似应稍尽义务以纾宵旰之忧,而尽国民之责。学熜之愚,以为当此民穷财尽、筹无可筹之时,谓宜筹办广东全省船民自治联防,一可发扬民治,一可裨助饷糈,一可肃清海盗。一举而数善,备计无有逾于此。如蒙采择,拟请遴派公正大员,充任广东全省船民自治联防督办,以专责成而资督促。一俟试办两月,确有成效,再行准予续办,似于筹款前途不无小补之处,伏候钧裁。谨呈
大元帅

大本营建设部次长伍学熜
中华民国十一年十一月十六日

据大本营秘书处编《陆海军大元帅大本营公报》第三十八号(广州一九二三年十一月二十三日)

命各将领乘胜穷追陈林诸叛军令①

(一九二三年十一月二十日)

叠接捷音,稍纾民难,嗷嗷望治,首在锄奸。扶植善良,芟夷蟊贼,国家政治,始获昌明。耀德观兵,凡以排除共和障碍也。为国为民,既非得已,再接再厉,务底于成。陈林诸逆,负罪稽诛,罔知悔悟,复牵残旅,来犯省城。赖我良将知兵,士卒用命,本爱国精神,作群黎保障,一鼓克敌,逆众远飏。智勇精忠,殊堪嘉尚。第见恶应如去草,战胜应如履冰,荡敌宜清,处身宜慎,诸将领果敢沉毅,尚望本此素志,奋乃声威,乘胜穷追,务扫庭穴,庶几我有可鼓之余勇,敌无整顿之余时,懋建宏勋,奠安大局,名藏太室,身画凌烟,本大元帅有厚望焉。此令。

孙 文

据秦孝仪主编《国父全集》第六册(台北近代中国出版社一九八九年版)

---

① 11月18、19两日,陈林诸叛军逼近广州,进至东北郊龙眼洞、瘦狗岭一带。孙中山亲自指挥各军奋勇抵御,击败叛军,叛军于20日起撤退。本命令当系叛军被击退后所发。

给陈兴汉的指令

（一九二三年十一月二十日）

大元帅指令第六三一号

　　令管理粤汉铁路事务陈兴汉

　　呈请酌抽临时附加军费，先行试办三月，乞指令祗遵由

　　呈悉。所拟临时附加军费先行试办三月之处，应即照准。查滇军总司令部款项，业令由该铁路收入项下每日拨给一千元在案。嗣后此种临时附加军费，应每日先行拨给湘军总司令部一千元，所余之数，再行三处均分。仰即遵照办理。此令。

（中华民国陆海军大元帅之印）

中华民国十二年十一月二十日

据大本营秘书处编《陆海军大元帅大本营公报》第三十八号（广州一九二三年十一月二十三日）

命北江各部队暂归谭延闿指挥令

（一九二三年十一月二十日）

大元帅命令

　　北虏不道，屡犯南雄，罪在必讨。兹责成湘军总司令谭延闿，督率各部迅速进剿，务先巩固边陲，再进以图大局。现在北江各部队着暂归该总司令指挥调遣，仰即克日分途兜剿，务绝根株。除分令杨总司令希闵，知照以后北江作战并由该总司令协同筹划外，特令遵照。仍将遵照情形，呈报查考。此令。

据《南始战役记》（编者及出版时地不详，似系湘军于一九二四年间编印。原书藏中山大学）

命公安局发给各军额支令

（一九二三年十一月二十一日）

前令由官产处发给各军每日之额支，着改由公安局在借租项下发给。此令。

上令程部长潜

孙　文

中华民国十二年十一月二十一日

据秦孝仪主编《国父全集》第六册(台北近代中国出版社一九八九年版)

准予施行《广州市民产保证条例》令

（一九二三年十一月二十一日）

大元帅指令第六三二号

令广东地方善后委员会

呈议决《广州市民产保证条例》，请鉴核施行由

呈及条例均悉。应照准，已令行广州市政厅办理矣，仰即知照。此令。

（中华民国陆海军大元帅之印）

中华民国十二年十一月廿一日

据大本营秘书处编《陆海军大元帅大本营公报》第三十八号(广州一九二三年十一月二十三日)

给孙科的训令

（一九二三年十一月二十一日）

大元帅训令第三五六号

令广州市市长孙科

据广东地方善后委员会呈称："现据广州市民何为善、徐保民请愿设法保证民业一案，并附具《民业保证条例》到会。当经本会委员提出会议，随付审查，一致通过，并议决《民业保证条例》十四条，理合建议呈请鉴核施行"等情，并粘呈条例一折前来。据此，应予照准。除指令外，合行令仰该市长即便遵照办理。条例抄发。此令。

（中华民国陆海军大元帅之印）

中华民国十二年十一月廿一日

附录　广州市民业保证条例

第一条　本条例之设，系因近日妄报官产、市产者接踵纷乘，以致市内大起恐慌，不得不设法救济，以为人民私权之保障。

第二条　一切民有不动产，均须赴民产保证局缴纳一次过之保证金，领取民产保证，不得以前曾奉有官厅布告及批示为借口。其前经缴款由官厅承领有执照者，一律赴局领证，但不用缴纳保证金，只缴纳保证纸张费，每张一元。

第三条　凡已经领得民产保证之业，无论何项机关不得再行投变。

第四条　本条例公布后，各该业主应将产业坐落、四至及价值详细开列，连同本身红契赴局验明，分别缴款领证，其红契即日发还。

第五条　民业保证征收保证金之定率如下：

一、土地保证金，按照产价抽百分之二。

二、上盖保证金，按照产价抽千分之一。

第六条　上条土地及上盖产价均以红契为标准,如业主愿加报价值者听。

第七条　如有买得经领民产保证之产业,欲将产价呈报增加时,应将上年业主领得之保证持赴民产保证局请换新证。其征收保证金办法,应于新报产价金额内除去原报价额,只照增报部分按照定率征收之。

第八条　市内各业户须自布告日起,限十日内缴款领证。逾期领证者,得按照所逾日期之多寡,另订章程处罚之。

第九条　自本条例实施之日起,即行停止举报官产及市产。

第十条　如有将官厅已经取消之契照或伪造契照瞒请领证者,除将已缴款项没收及按照产价加倍处罚外,并治以应得之罪。

第十一条　凡未经请领民产保证之官产、市产,仍由该管机关照常办理。

第十二条　如人民发觉办理此项民业保证之官吏有营私舞弊,经证实时,应指名呈由广东地方善后委员会呈请政府严行惩办。

第十三条　为保障民业起见,广东地方善后委员会每日派委员二人到办理此项民业保证机关督察之。

第十四条　本条例自广东地方善后委员会议决后,呈大元帅公布施行。

据大本营秘书处编《陆海军大元帅大本营公报》第三十八号(广州一九二三年十一月二十三日)

给叶恭绰的指令

（一九二三年十一月二十一日）

大元帅指令第六三三号

　　令大本营财政部长叶恭绰

　　呈缴查验民业押解外款暂行章程,乞鉴核施行由

　　呈及清折均悉。准如所拟施行。此令。

（中华民国陆海军大元帅之印）
中华民国十二年十一月廿一日

附录　查验民产押借外款暂行章程

第一条　凡属中国籍人民将所有产业押借外款者,均应按照本章程呈送大本营财政部查验。

前项产业,系指在商埠及都市之不动产而言。

第二条　人民将产业押借外款者,非将揭单及抵押清单暨其他契约证据一并呈送大本营财政部查验,不发生效力。

第三条　依本章程之意义,系以确定中国人民与外国商民间之债权债务为范围,其所有权及各种产业上之纠葛仍旧由各主管官厅办理。

第四条　凡民产抵借外款,在本章程施行前成交者,应自本章程施行日起,限于一个月内呈送大本营财政部查验。如有远道不及呈验者,应由本人或其代表呈请财政部核准,得酌予展限。

第五条　其在本章程施行后抵借外款者,应自成交日起三日内呈送大本营财政部查验。

第六条　人民将前项揭单及抵押清单暨其他证据呈送大本营财政部查验时,应按照所抵押之产业之价值,每百元缴纳查验费大洋一元五角。

前项查验费,其畸零数在五十元以上者,按一百元计算缴费;如不及五十元者免缴。

第七条　本章程自公布日施行。

本章程如有未尽事宜,由大本营财政部随时增订之。

据大本营秘书处编《陆海军大元帅大本营公报》第三十八号(广州一九二三年十一月二十三日)

给张开儒的指令

（一九二三年十一月二十一日）

大元帅指令第六三五号

　　令大本营参军长张开儒

　　呈为葡商永捷轮船案，请示办法祇遵由

　　呈悉。仰该参军长咨行广州卫戍总司令将该轮发还原商可也。此令。

　　　　　　　　　　　　　　　（中华民国陆海军大元帅之印）

中华民国十二年十一月二十一日

据大本营秘书处编《陆海军大元帅大本营公报》第三十八号（广州一九二三年十一月二十三日）

给伍汝康的训令

（一九二三年十一月二十二日）

大元帅训令第三五七号

　　令两广盐运使伍汝康

　　据广东兵工厂厂长朱和中呈称："呈为呈请事，案奉钧令开：'兹聘得德国技师，以制造猛烈炸药以应军用，着该厂长招待至无烟药厂，并给予各种原料器具，俾即日从事制造，制成物品，即交与航空局试验，着将效力成绩详细报告，此令'等因。奉此，厂长经于十月三日将该技师到差日期备文呈报察核，并请将该技师薪金及制造费用，照准列入报销在案。现在筹办制造炸药大致业经就绪，自应请领经费，俾资兴办。计开办费约需港币一万二千五百九十元，自本月起，每月经常费约需港币六千五百五十一元三毫四分四厘，每月可制炸药二千四百七十启罗，每百启罗约合成本五百元。理合开列清单一纸,备文呈请察核,伏乞俯赐令饬迅将该开办费及本月经常费如数筹拨下厂,以资应用,实为公便"等情前来。并附该厂制造炸药开办费及经常费数目清单一纸。据此,除指令"呈及清单均悉。业令行两广盐运使照数拨给矣"外,合行令仰该运使即便遵照。此令。

计清单一纸。

（中华民国陆海军大元帅之印）

中华民国十二年十一月廿二日

据大本营秘书处编《陆海军大元帅大本营公报》第三十八号（广州一九二三年十一月二十三日）

给黄隆生的训令

（一九二三年十一月二十二日）

大元帅训令第三五八号

令大本营会计司司长黄隆生

据参军兼卫士队队长卢振柳呈称："窃职队薪饷向系按月编造饷册,呈缴钧帅批饬会计司照给有案。兹逾十二年十月份,理合将是月薪饷、恩饷、药费、卫士津贴等缮造清册,呈请鉴核,伏乞批饬会计司给发,以应支领而便办公。并呈官佐士兵伕薪饷、恩饷册一份,呈请批示祗遵"等因。据此,除指令照准外,合行令仰该司长即便查照发给。饷册二份随发。此令。

（中华民国陆海军大元帅之印）

中华民国十二年十一月二十二日

据大本营秘书处编《陆海军大元帅大本营公报》第三十八号（广州一九二三年十一月二十三日）

给郑润琦的指令

（一九二三年十一月二十二日）

大元帅指令第六四四号

　　令中央直辖广东讨贼军第三师师长郑润琦

　　呈请嘉奖封川县德坊联团团总叶瑞烘由

　　呈悉。封川县德坊联团团总叶瑞烘督率团丁协助杀贼，自筹款项，支给所需，效命国家，输财纾难，殊属可嘉。仰该师长传令嘉奖，以励有功。此令。

（中华民国陆海军大元帅之印）

中华民国十二年十一月廿二日

据大本营秘书处编《陆海军大元帅大本营公报》第三十八号（广州一九二三年十一月二十三日）

给熊克武刘成勋的训令

（一九二三年十一月二十三日）

大元帅训令第三五九号

　　令四川讨贼军总司令熊克武、川军总司令刘成勋

　　自直系军阀挟其武力，勾结佥壬，扰乱四川，本大元帅特令川军将帅分道讨伐，来犯各股，以次廓清。顷据该总司令巧、号两电报称：〈贼〉据重庆江北两城负嵎自固，我军四面环攻，鏖战数旬，由赖总指挥[①]严督各军，肉薄血战，于十月十六日克复重庆，贼众崩溃，已不成军。皆由我将士忠勇奋发，

[①] 赖总指挥，即赖心辉。

克集大勋。闻讯之余,深为嘉慰。着该总司令等督率各军,迅速扫荡,肃清川境,并力中原,以副本大元帅伐罪吊民之意。至此次有功将校,着先传令嘉奖,并由该总司令等择尤保荐,予以褒荣,以昭懋赏,将此通令知之。此令。

(中华民国陆海军大元帅之印)
中华民国十二年十一月二十三日

据大本营秘书处编《陆海军大元帅大本营公报》第三十八号(广州一九二三年十一月二十三日)

给许崇智的训令

(一九二三年十一月二十三日)

大元帅训令第三六〇号

令粤军总司令许崇智

为令遵事:照得戎事方殷,指挥作战既属要图,整理训练并为急务。曾经任命许崇智为粤军总司令,所有东路讨贼军所属全部,暨广东讨贼军第四军、广东讨贼军第一师、广东讨贼军第二师、广东讨贼军第三师、高雷绥靖处、钦廉绥靖处、连阳绥靖处、虎门要塞、长洲要塞、海防司令等各部队,以及姚雨平、朱卓文、李天德、徐树荣、李安邦等所部,凡属于粤军范围,着统归该总司令编练整顿,节制调遣,期成劲旅而卫国家。合行令仰该总司令遵照,仍将办理情形呈报查考。此令。

(中华民国陆海军大元帅之印)
中华民国十二年十一月廿三日

据大本营秘书处编《陆海军大元帅大本营公报》第三十八号(广州一九二三年十一月二十三日)

给刘震寰的训令

（一九二三年十一月二十三日）

大元帅训令第三六一号

  令桂军总司令刘震寰

  为令遵事：照得戎事方殷，指挥作战既属要图，训练整理并为急务。曾经任命刘震寰为桂军总司令。所有属于桂军范围各部队，着统归该总司令编练整顿、节制调遣，期成劲旅而卫国家。合行令仰该总司令遵照，仍将办理情形呈报查考。此令。

（中华民国陆海军大元帅之印）
中华民国十二年十一月二十三日

据大本营秘书处编《陆海军大元帅大本营公报》第三十八号（广州一九二三年十一月二十三日）

给伍汝康的指令

（一九二三年十一月二十三日）

大元帅指令第六四九号

  令两广盐运使伍汝康

  呈请添设广东省垣盐警指挥办事处，拟定暂行章程及经费表请察鉴核令遵由

  呈及暂行章程暨经费表均悉，所请添设广东省垣盐警指挥办事处，应予照准。盐警职司缉私，仰即遵照向章办理。暂行章程，业经修正抄发。此令。

（中华民国陆海军大元帅之印）
中华民国十二年十一月廿三日

据大本营秘书处编《陆海军大元帅大本营公报》第三十九号（广州一九二三年十一月三十日）

给程潜的指令

（一九二三年十一月二十三日）

大元帅指令第六五一号

　　令大本营军政部长程潜

　　呈请举办南番等县人民自卫枪炮执照及酌抽照费由

　　呈悉。所请事属可行，仰即妥拟章程呈候核准施行。此令。

（中华民国陆海军大元帅之印）

中华民国十二年十一月廿三日

据大本营秘书处编《陆海军大元帅大本营公报》第三十九号(广州一九二三年十一月三十日)

给黄桓的指令

（一九二三年十一月二十四日）

大元帅指令第六五四号

　　令大本营技师黄桓

　　呈报广州电话局男司机生于敌势方张、逆党四伏之际，竟敢联同罢工，请明令照准严行究办，以止乱萌由

　　呈悉。照准。此令。

（中华民国陆海军大元帅之印）

中华民国十二年十一月二十四日

据大本营秘书处编《陆海军大元帅大本营公报》第三十九号(广州一九二三年十一月三十日)

给程潜的训令

（一九二三年十一月二十五日）

大元帅训令第三六二号

　　令大本营军政部长程潜

　　据大本营驻增城命令传达所长胡谦养午代电称："逆军陈修爵、谢文炳、谢毅、周天禄等，纠合土匪共约三千人，乘我东江作战军变更之际，于本月十一日来犯我增城，经率海防陆战队徐团、西路第十三旅李海云旅、直辖讨贼军黄进瑞部、东路第一路吴司令铁城部、第三军黄司令兆楠、罗团长家驳及直辖第三军卢军长所部谭支队等部登城固守，剧战十二昼夜，击毙敌军、土匪数百名。本晨王总指挥秉钧率领大军来援，当即内外夹击，敌势不支，向正果方面溃退，增围获解，地方无恙。查增城无险可恃，加之粮缺弹乏，军非训练，幸保一隅之安者，全赖帅座之福威，诸将士之用命，与友军之来援迅速，始获收此效果，谨电奉闻"等语。除电复"养午电悉。该所长提疲困之兵，当方张之敌，居无险之地，守援绝之城，卒能固结军心，效死无去，苦战旬余，力全危城。城存与存，吾国数千年军人之美德，于今再见。兹阅来电，慨焉兴盛〔感〕，嘉许之怀，有逾恒量。着军政部详查此役出力人员，汇案从优议赏以酬殊勋，尚宜努力戎行，用竟全功，有厚望焉"外，合行令仰该部长即便查照办理。此令。

　　　　　　　　　　　　　　（中华民国陆海军大元帅之印）
　　　　　　　　　　　　中华民国十二年十一月二十五日

据大本营秘书处编《陆海军大元帅大本营公报》第三十九号（广州一九二三年十一月三十日）

命徐树荣防地由朱卓文接管令

（一九二三年十一月二十五日）

着徐树荣所部，即日调离黄埔，所遗防地由朱卓文所部接防。此令。朱卓文、徐树荣

孙　文

据中国国民党中央文化传播委员会党史馆藏一般档案 051/148

给李济深周之贞的训令

（一九二三年十一月二十六日）

大元帅训令第三六三号

令西江善后督办李济深、广东讨贼军第二师师长周之贞

据广东海防司令陈策呈称："前奉钧座公密电令开：'据两广盐运使邓泽如呈请通缉违抗命令、挟舰逃亡之定海舰长何固，及潜来省河拖带福海舰一并逃亡之江平舰长郑星槎等情，应予照准，除分令外，仰即遵照严缉务获，连同各舰一并解送究办。此令'等因。奉此，查干犯法纪，国有常刑，原情酌理，宽猛共济，无非务达威令，能风行下情不上壅之效。司令奉令之后，当已饬属遵行。惟自此案发生以来，听闻所及，当时该定海、江平两舰驶离省河之际，该定海舰长何固、江平舰长郑星槎均未在舰，该舰等舰员乘舰长离舰，遽作法外行动，殊属胆大至极；而该舰长等防范失检，督率弛松，难辞其咎。但念该舰长等与司令频年患难，为党为国不避艰险。去岁白鹅①之役，

---

① 白鹅，即白鹅潭，系珠江在广州西部一较宽阔江面，1922年7至8月，孙中山曾率舰队停泊于此抗击陈炯明叛军。

极力拥护钧帅,尤见坚贞。此次通缉令下,嫌疑远避,对于我方军务,犹能间接赞勷,诸多暗助,足征悔过之诚,弥坚自新之志。该何固、郑星槎两员,均属英年,才尚可用,长此沦弃,殊为可惜。用敢呈恳钧座网开三面,格外施仁,将何固、郑星槎两员取消通缉,以观后效。倘蒙逾格鸿施,定必肝脑图报。可否取消通缉,俾得改过自新之处,理合备文呈请伏乞睿鉴施行"等情。据此,除指令准予取消通缉外,合行令仰该督办、师长即便知照。此令。

(中华民国陆海军大元帅之印)

中华民国十二年十一月廿六日

据大本营秘书处编《陆海军大元帅大本营公报》第三十九号(广州一九二三年十一月三十日)

给廖仲恺的训令

（一九二三年十一月二十六日）

大元帅训令第三六四号

令广东省长廖仲恺

此次增城之役,驻增城命令传达所长胡谦,奖率疲军,力保危城,业经电令嘉奖,并令军政部详查此役出力人员,汇案从优议赏。查增城县长黄国民,于战事紧急之时,能团结居民协力捍卫,屯集糇粮以充军食,使人怀同心,士有斗志,以此苦战旬余,卒存孤城。该县长抱信怀忠,起顽立懦,守土安民,有功国家。着广东省长廖仲恺传令嘉奖,并详查事绩,从优议奖,以昭懋赏,而酬殊勋。此令。

(中华民国陆海军大元帅之印)

中华民国十二年十一月廿六日

据大本营秘书处编《陆海军大元帅大本营公报》第三十九号(广州一九二三年十一月三十日)

命发给李明扬部伙食费令

（一九二三年十一月二十六日）

赣军司令李明扬转战前方，略著辛勤，该军饷项素无他项挹注，现又未能如额请领。据呈伙食不敷，尚属实在。应即由军政部照额从优发给，以维军实而利戎行。切切。此令。

上令军政部长程潜

孙　文

中华民国十二年十一月二十六日

据中国国民党中央文化传播委员会党史馆藏一般档案051/146

着徐天琛所部开回黄埔候命令

（一九二三年十一月二十六日）

大元帅令

着海防陆战队徐团长天琛所部开回黄埔候命。此令。

孙　文

中华民国十二年十一月二十六日

据中国国民党中央文化传播委员会党史馆藏一般档案051/286

给林森的指令

（一九二三年十一月二十六日）

大元帅指令第六六〇号

　　令大本营建设部长林森

　　呈缴国有荒地承垦条例三十条乞鉴核施行由

　　呈及清折均悉。准如所拟施行。此令。

（中华民国陆海军大元帅之印）
中华民国十二年十一月廿六日

附录一　林森呈

（一九二三年十月三十一日）

　　呈为拟订《国有荒地承垦条例》仰祈鉴核事：

　　窃查吾国地大物博，人口繁多，惜民众集中都市，地利废而不治，童山荒野所在皆是，亟宜提倡开垦，以辟土地，而厚民生。兹拟订《国有荒地承垦条例》三十二条，缮具清折随文呈请鉴核，伏祈明令施行，实为公便。谨呈
大元帅

　　附呈《国有荒地承垦条例》一扣。

大本营建设部长林森（印）
中华民国十二年十月卅一日

附录二　国有荒地承垦条例

第一章　总纲

第一条　本条例所称之国有荒地,指江海、山林、新涨及旧废无主未经开垦者而言。

第二条　凡国有荒地除政府认为有特别使用之目的外,均准人民按照本条例承垦。

第三条　凡承领国有荒地开垦者,无论其为个人或为法人,均认为承垦权者。

第四条　前条之个人或法人之团体员,非有中华民国国籍者,不得享有承垦权。

第二章　承垦

第五条　凡欲领地垦荒者,须具书呈请该管官署核准报部立案。

第六条　呈请书须记载下列各项:

(一)承垦人之姓名、年龄、籍贯及住所,若系法人,则发起人及经理人之姓名、年龄、籍贯住所,其设有事务者,并记其设置之地点。

(二)承垦地形及规划堤渠、疆里之图。

(三)承垦地面积计若干亩。

(四)境界:东西南北各至何处,并与某官地或民地交界;若指定该荒地之一部分者,并记其方隅。

(五)种类:江、河、湖、海、涂滩地、草地或树林地。

(六)地势:平原、高原、山地、干地或湿地。

(七)土壤:土质、土色并沙砾之多寡。

(八)水利:距离江海河湖远近,一切堤岸沟渠规划建设之概要。

(九)经营农业之主要事项:种谷或畜牧或种树。

(十)开垦经费若干。

(十一)预拟建辟堤渠疆里工程及竣垦年限。

第三章　保证金及竣垦年限

第七条　承垦人提出呈请书,经该管官署核准后,须按照承垦地亩每亩纳银一角,作为保证金。

前项保证金得以公债票及国库券缴纳。

第八条　承垦人缴纳保证金后,即由该管官署发给承垦证书。

第九条　承垦证书须记载下列各事项:

(一)第六条第一款至第十一款之事项。

(二)承垦核准之年月日。

(三)保证金额。

第十条　承垦地除建辟堤渠画分疆里工程外,因亩数多寡预先竣垦年限如下:

一、草原地:

一千亩未满者	一年
一千亩以上二千亩未满者	二年
二千亩以上三千亩未满者	三年
三千亩以上四千亩未满者	四年
四千亩以上五千亩未满者	五年
五千亩以上一万亩未满者	六年
一万亩以上者	八年

二、树林地:

一千亩未满者	二年
一千亩以上二千亩未满者	三年
二千亩以上三千亩未满者	四年

三千亩以上四千亩未满者　　五年
　　四千亩以上五千亩未满者　　六年
　　五千亩以上一万亩未满者　　七年
　　一万亩以上者　　　　　　　九年
　三、斥卤地：
　　一千亩未满者　　　　　　　四年
　　一千亩以上二千亩未满者　　五年
　　二千亩以上三千亩未满者　　六年
　　三千亩以上四千亩未满者　　七年
　　四千亩以上五千亩未满者　　八年
　　五千亩以上一万亩未满者　　九年
　　一万亩以上者　　　　　　　十一年

　第十一条　承垦人受领承垦证书后，一个月内须设立界标或开界沟。

　第十二条　承垦人受领承垦证书后，每年度之初，一月内须报告其成绩于该管官署。如满一年尚未从事堤渠疆里工程或开垦者，即撤销其承垦权，但因天灾地变及其他不可抗力，曾经申明而得该管官署之许可者，不在此例。

　第十三条　已满竣垦年限尚未全垦者，除已垦地外即撤销其承垦权，但因天灾地变及其他不可抗力而致此者，得酌量展期。

　第十四条　本于第十二条之规定而撤销其承垦权者，应追缴其承垦证书，其保证金概不返还；本于十三条之规定而撤销其一部承垦权者，当更换其承垦证书，其被撤销部分之保证金亦不返还。

　第十五条　承垦人对于前三条之处分有不服者，准其提起行政诉讼。

　第十六条　承垦权得继承或转移之，但须呈请该管官署核准。

第四章　评价及所有权

　第十七条　承垦地给承垦证书后，即由该管官署勘定地价分别登记。

　第十八条　承垦地之地价除认为有特别价值应公开投承外，分为五等，其别如下：

产草丰盛者为第一等　每亩一元五角

产草稀短者为第二等　每亩一元

树林未尽伐除者为第三等　每亩七角

高低干湿不成片段者为第四等　每亩五角

斥卤砂碛未产草之地为第五等　每亩三角

第十九条　地价按每年竣垦亩数缴纳。

第二十条　缴纳地价时，得以所缴纳之保证金抵算。

第二十一条　于竣垦年限内提前竣垦者，得优减其地价，其别如下：

提前一年者　减百分之五

提前二年者　减百分之十

提前三年者　减百分之十五

提前四年者　减百分之二十

提前五年者　减百分之二十五

提前六年者　减百分之三十

第二十二条　承垦者依十九条之规定缴纳地价后，该管官署应按其缴纳之亩数给以所有权证书。

第二十三条　承垦地于竣垦一年后，按竣垦亩数一律照各该地之税则升税。

罚则

第二十四条　本条例施行后，凡未经该管官署之核准私垦荒地者，除将所垦地收回外，每地一亩处以三元之罚金。

第二十五条　违背第十一条、第十二条报告成绩之规定者，处以五十元以上二百元以下之罚金。

第二十六条　违背第十六条之规定，除将承垦权撤销外，并处以一百元以上二百元以下之罚金。

第二十七条　呈报升科之亩数不实者,每匿报一亩,处以三元之罚金。

附则

第二十八条　本条例除《边荒承垦条例》所定区域外,均适用之。

第二十九条　本条例于公布三月后施行。

第三十条　本条例施行前,私垦荒地未经缴价者,须于本条例施行后六个月内补缴地价。

前项地价每亩均纳一元五角。

据大本营秘书处编《陆海军大元帅大本营公报》第三十九号(广州一九二三年十一月三十日)

通缉刘湘等令

(一九二三年十一月二十七日)

大元帅令

据川军总司令刘成勋、四川讨贼军总司令熊克武歌电报称:"杨森、邓锡侯、陈国栋此次勾结北军,招致袁祖铭蹂躏川省,刘湘助长凶焰,残民以逞,丧心病狂,莫此为甚。请予一律褫夺官职荣典,并明令通缉究办"前来。查直军祸川,人所共愤,该刘湘等胆敢效忠伪廷,糜烂川省,实属背叛民国,罪无可逭。刘湘、杨森、邓锡侯、陈国栋、袁祖铭等,均着褫夺所有官职荣典,并着各省军民长官,饬属一体协缉,务获惩办,以儆凶顽,而伸国纪。此令。

(中华民国陆海军大元帅之印)
中华民国十二年十一月廿七日

据大本营秘书处编《陆海军大元帅大本营公报》第三十九号(广州一九二三年十一月三十日)

命广东高师改为国立高等师范学校令

（一九二三年十一月二十七日）

大元帅令

  广东高等师范学校着改为国立高等师范学校。此令。

（中华民国陆海军大元帅之印）
中华民国十二年十一月廿七日

据大本营秘书处编《陆海军大元帅大本营公报》第三十九号（广州一九二三年十一月三十日）

裁撤粮食管理处令

（一九二三年十一月二十七日）

大元帅令

  现在战事进步，全粤即可肃清，大本营粮食管理处无继续办理之必要，着即行裁撤。此令。

（中华民国陆海军大元帅之印）
中华民国十二年十一月廿七日

据大本营秘书处编《陆海军大元帅大本营公报》第三十九号（广州一九二三年十一月三十日）

着兵工厂代蒋光亮军长陆续造水机关枪五挺令

（一九二三年十一月二十七日）

大元帅令第二五四号

着兵工厂长代蒋军长陆续造水机关枪五梃〔挺〕，由蒋军长备价领取。此令。

孙　文

中华民国十二年十一月二十七日

据中国国民党中央文化传播委员会党史馆藏一般档案051/276

给廖仲恺的训令

（一九二三年十一月二十八日）

大元帅训令第三六五号

令广东省长廖仲恺

为令遵事：广东全省田土业佃保证局所有收入，着拨为国立高等师范学校经费。为此，令仰该省长即便遵照办理。此令。

（中华民国陆海军大元帅之印）

中华民国十二年十一月廿八日

据大本营秘书处编《陆海军大元帅大本营公报》第三十九号（广州一九二三年十一月三十日）

给张开儒的训令

（一九二三年十一月二十八日）

大元帅训令第三六六号

　　令大本营参军长张开儒

　　参军处事务繁重，该处人员应宜奋勉从公，以期克尽职责。着参军长严饬参军处职员，每日必当恪守规定时间到营执务，如有在外兼差者，应即自行辞职，以专职守。自此次严令后，如再有不辞兼职旷弃职务者，一经查实，即行免职。仰即遵照。切切。此令。

（中华民国陆海军大元帅之印）

中华民国十二年十一月廿八日

据大本营秘书处编《陆海军大元帅大本营公报》第三十九号（广州一九二三年十一月三十日）

批邓泽如等的上书①

（一九二三年十一月二十九日）

　　交邓泽如，照所批，约各人会齐细心研究，如尚有不明白者，可于星期日再来问明。

　　此稿②为我请鲍君所起，我加审定，原为英文，廖仲恺译之为汉文。陈

---

① 11月29日，邓泽如、林直勉等11人以国民党广东支部的名义上书孙中山，对苏联支持中国国民党改组的动机表示怀疑，指控中国共产党人参加国民党是"施其阴谋"，列出种种传言，弹劾共产党。孙中山即作此批示。本批示开头一段写于邓泽如等上书的信封，其余各段写于邓泽如等上书各段上方空白处。

② 此稿：指中国国民党党纲、党章等草案。邓泽如等的上书中说："探闻俄人替我党订定之政纲政策，全为陈独秀之共产党所议定。"

独秀并未闻其事,切不可疑神疑鬼。

俄国革命之所以能成功,我革命之所以不成功,则各党员至今仍不明三民主义之过也。质而言之,民生主义与共产主义实无别也。

俄国革命之初不过行民权、民生二主义而已,及后与列强奋斗六年,乃始知其用力之最大者,实为对于民族主义。

此乃中国少年学生自以为是及一时崇拜俄国革命过当之态度,其所以竭力排挤而疵毁吾党者,初欲包揽俄国交际,并欲阻止俄国不与吾党往来,而彼得以独得俄助而自树一帜与吾党争衡也。乃俄国之革命党皆属有党政经验之人,不为此等少年所遇〔遏〕,且窥破彼等伎俩,于是大不以彼为然,故为我纠正之,且要彼等必参加国民党与我一致动作,否则当绝之;且又为我晓喻〔谕〕之谓民族主义者正适时之良药,并非过去之遗物,故彼等亦多觉悟而参加,对吾党俄国欲与中国合作者只有与吾党合作,何有于陈独秀?陈如不服从吾党,我亦必弃之。

我国革命向为各国所不乐闻,故尝助反对我者以扑灭吾党,故资本国家断无表同情于我党,所望同情只有俄国及受屈之国家及受屈之人民耳。此次俄人与我联络,非陈独秀之意也,乃俄国自动也,若我因疑陈独秀而连及俄国,是正中陈独秀之计,而力云得志矣。

民权主义发端于选举,若因噎废食,岂不自反对其主义乎?若怕流弊,则当人人竭力奋斗,不可放弃责任,严为监视,如察悉有弊端,立为指出。以后我每两礼拜与各人会集一次,如遇有问题可公共解决之。

因一人所见有限,故不得不付之公举,亦自觉所委任常有不当之处,故不得不改革。

不能以彼往时反对吾人,而绝其向善之路。

种种方法,有不善者自当随时改良,方期进步。吾党自革命以后,则日日退步,必有其故,则不图进步改良也。

据中国国民党中央文化传播委员会党史馆藏一般档案
052/18

饬发给谷雨三旅费令

（一九二三年十一月二十九日）①

发给谷雨三旅费五百元。

孙文　十一月二十九日

据中国国民党中央文化传播委员会党史馆藏一般档案 051/283

给陈策的训令

（一九二三年十一月三十日）

大元帅训令第三六七号

　　令广东海防司令陈策

　　据长洲要塞司令马伯麟呈称："窃职部设在黄埔船坞局办公，所有该局家私机器等件，自应饬属妥为保存，以重公物。现查封存之机器等件，半多锈坏，若不勤加打磨油擦，日久必将烂废。以有用之物弃之无用之地，殊为可惜。司令现拟集热心同志筹集经费，就鱼雷、船坞两局原有机器，先行整理合用，再招集工人，制造本部各台炮件及其他精利轻便毒烈等炮类，藉充我军军实，一俟办有成效，所出军用品试验适用，再由帅府拨款接济。惟船坞局前系海防司令陈策派员管理，现该部所派管理员虽经撤回，司令经已派员管理；惟未奉有帅座明令，欲加整理动用，于事权、手续，不无窒碍之处，应请令饬海防司令将黄埔船坞局即交职部兼管，以一事权而便整顿。所有拟整理机器、集赀制造炮件、兼管船局缘由，是否有当，理合具文呈请察核令

---

① 原件无日期，经考订当在1923年。

遵"等情前来。除指令"呈悉。仰候令行广东海防司令查照办理可也"外，合行令仰该司令即便查照办理。此令。

（中华民国陆海军大元帅之印）
中华民国十二年十一月三十日

据大本营秘书处编《陆海军大元帅大本营公报》第四十号（广州一九二三年十二月七日）

嘉奖胡谦等的命令

（一九二三年十一月下旬）①

迭据增城方面报，并胡所长②养午电备悉。逆军不逞，分途犯顺。增城蕞尔弹丸，地当冲要，赖各将士智勇沉毅，遂当强敌之师，苦战经旬，竟保无恙。坚持不挠，嘉慰良深。现东江战局进步，敌气已挫，奠定可期，仍望努力疆场，共襄大业，策勋至有厚期焉。此令胡所长谦、黄县长国民、李旅长海云、徐团长天琛、罗团长家驭、李司令天德、李司令兆楠、黄司令相、廖统领吉云、谭司令鸿、傅参谋振北。孙文拜。

据《广州民国日报》一九二三年十二月七日《大元帅嘉奖胡谦等两令》

---

① 按孙中山致胡谦电、给程潜的训令均在11月25日，另有给廖仲恺的训令在26日，均为嘉奖胡谦等命令，故此令发布日期当在11月下旬。
② 胡谦当时为增城命讼传达所所长。

发给林树巍部给养费令

（一九二三年十二月一日）

着军政部长酌量发给林树巍部给养费。此令。

孙　文
中华民国十二年十二月一日

据中国国民党中央文化传播委员会党史馆藏一般档案 051/156

给廖仲恺的训令

（一九二三年十二月一日）

大元帅训令第三六八号

　　令广东省长廖仲恺

　　据广东地方善后委员会呈称："窃委员等拟办保证民产一案，呈奉帅座第六三二号指令内开：'呈及条例均悉，应照准，已令行广州市政厅办理矣，仰即知照，此令'等因。奉此，遵即由会筹议，连日以来，拟定保证办法图说一纸，并缴纳保证金须知一纸，理合缮陈钧察。再本会系为地方善后而设，对于民业应负保障之法〔责〕，拟请嗣后本会与将来开办之民业保证机关互相联络，所有对外各事，请与本会会衔；对内各事，请由本会副署，庶事易举，而人民实受保障之益。以上所陈办法，如蒙采择，请指令该民业保证机关遵照办理，并乞指令祇遵"等情。并附图说一纸，缴纳民业保证金须知一纸前来。据此，除指令"呈及图说均悉，准如所拟办理"外，合行令仰该省长即便遵照，转饬所属各该民业保证机关查照办理。民业〈保〉证图说、缴纳民业保证金须知一并抄发。此令。

（中华民国陆海军大元帅之印）

中华民国十二年十二月一日

据大本营秘书处编《陆海军大元帅大本营公报》第四十号

（广州一九二三年十二月七日）

给杨希闵谭延闿的训令

（一九二三年十二月一日）

大元帅训令第三六九号

　　令中央直辖滇军总司令杨希闵、湘军总司令谭延闿

　　现届盐引冬销正旺之期，正赖各盐船源源运载以应销场。着北江各军队将所封用各盐船，一律即行交回各盐商收管应用，庶便运销而裕饷源。合亟令仰该总司令即便严饬所属一体遵照，毋任延抗。切切。此令。

（中华民国陆海军大元帅之印）

中华民国十二年十二月一日

据大本营秘书处编《陆海军大元帅大本营公报》第四十号

（广州一九二三年十二月七日）

饬发给程潜公费令

（一九二三年十二月一日）①

发给程颂云公费五百元。

孙文　十二月一日

据中国国民党中央文化传播委员会党史馆藏一般档案051/285

---

① 原件无日期，经考订当在1923年。

给邹鲁的训令

（一九二三年十二月一日）

大元帅训令第三七〇号

　　令广东财政厅长邹鲁

　　据大本营兵站总监罗翼群呈称："现据台山县县长邝明溥呈称：'前奉大元帅面谕，前敌军饷紧急，着即筹借一万元，交钧部核收，于征收粮税项下抵解等因。遵经筹借一万元解缴钧部，照收给发印收存据。惟此项筹借垫解之款，财政厅署无案可稽，将来职县收有粮税等款，呈请抵解，恐多窒碍，理合呈恳察核，俯赐转请大元帅令行财政厅知照，核入收支。俟职县征收有款，再行列批抵解'等情。据此，理合转呈察核，俯赐令饬财政厅查照办理，实为德便"等情。据此，除指令照准外，合行令仰该厅长查照办理。此令。

（中华民国陆海军大元帅之印）
中华民国十二年十二月一日

据大本营秘书处编《陆海军大元帅大本营公报》第四十号
（广州一九二三年十二月七日）

饬知广东财政厅西江财政仍交该厅接管令

（一九二三年十二月一日）

　　业令李督办济深将西江财政仍交回该厅接收管理，以符财政统一之旨，除分令外，仰即知照。此令。

据《广州民国日报》一九二三年十二月三日《西江财政交回财厅之帅令》

命朱培德继续反击叛军令

（一九二三年十二月二日）

  北军入寇,与我滇湘联军在南雄激战,沈逆残部窥伺粤边,进至坪石。北江作战与东江均关重要。着直辖第一军在东江作战部队并赣军即迅速开赴乐昌增援,并限明三日须有一部到达韶关,其余主力统限于四日以前到达韶关前进。东江作战,暂以主力在石滩附近整顿;以一部巩固樟木头经蒙兰、联和墟至正果之线,以俟追击后命。着即遵照,并呈复查考。此令。

朱军长培德

孙　文

据《孙中山为反击陈沈叛军致朱培德函令》,载《历史档案》一九八三年第三期,原件藏上海市档案馆

裁撤增城命令传达所令

（一九二三年十二月三日）

大元帅令

  大本营增城命令传达所着即裁撤。此令。

（中华民国陆海军大元帅之印）
中华民国十二年十二月三日
据大本营秘书处编《陆海军大元帅大本营公报》第四十号（广州一九二三年十二月七日）

裁撤党务处宣传委员会及宣传局令

（一九二三年十二月四日）

大元帅令

　　大本营党务处、大本营宣传委员会、广东宣传局均着即行裁撤。此令。

（中华民国陆海军大元帅之印）

中华民国十二年十二月四日

据大本营秘书处编《陆海军大元帅大本营公报》第四十号
（广州一九二三年十二月七日）

给范其务的训令

（一九二三年十二月四日）

大元帅训令第三七一号

　　令广东电政监督兼广州电报局局长范其务

　　据湘军总司令谭延闿呈称："顷接职部电务处长刘竞西函呈：'（一）韶州电报局至关重要，照例须十余人办公，现仅四、五人，源潭局担任转报事极繁剧，亦仅三、四人。询以因何不请加派人员，一因经费困难，员役薪俸未发放者已近一年；一因收入极微，日用伙食且难为继。（二）职为灵通消息起见，拟将各电务员暂行分派韶州、源潭两局，帮同办公，所有给养一切，均自行料理；但几经交涉，韶州局长虽勉强承认，尚难免侵越之虑。（三）韶关共三线，原以一线通电报，二线、三线通电话，现在第一线通报，非由源潭局接转，不能畅通；二线、三线则完全无用，纵使始兴、韶州间消息敏捷，而韶、广难以畅达，仍属无裨事机，亟应设法整顿修理线路'等语。据此，理合呈请钧座转饬广东电政监督设法办理，并通令各电局，对于职部电务员开诚接洽,以便合作,而利戎机为祷"等情前来。据此,查北江军队云集,通报消息最贵灵敏,合行令仰该监督即便遵照办理。此令。

(中华民国陆海军大元帅之印)
中华民国十二年十二月四日
据大本营秘书处编《陆海军大元帅大本营公报》第四十号
(广州一九二三年十二月七日)

给路孝忱的指令

(一九二三年十二月四日)

大元帅指令第六七七号

令中央直辖山陕讨贼军总司令、大本营参军兼监战队队长路孝忱

呈请准予辞去本兼各职另简贤能接替由

呈悉。东江逆军,节节败退,我军追敌已远,该督战队队长名义,应准予取消。至该参军久历戎行,夙著劳绩,殊深倚畀。所请辞去大本营参军及山陕讨贼军司令本兼各职,应毋庸议。此令。

(中华民国陆海军大元帅之印)
中华民国十二年十二月四日
据大本营秘书处编《陆海军大元帅大本营公报》第四十号
(广州一九二三年十二月七日)

追赠梁沾鸿为陆军少将令

(一九二三年十二月四日)

大元帅令

据东路讨贼军总司令许崇智呈称:"故团长梁沾鸿转战数年,勋劳卓

著,此次身先士卒,中弹阵亡,拟请追赠陆军少将,并按照陆军少将阵亡例,给予一次恤金一千五百元"等语。梁沾鸿着追赠陆军少将,并由军政部给予一次恤金,以彰忠荩,而慰烈魂。此令。

（中华民国陆海军大元帅之印）
中华民国十二年十二月四日

据大本营秘书处编《陆海军大元帅大本营公报》第四十号（广州一九二三年十二月七日）

裁撤官产清理处令

（一九二三年十二月五日）

大元帅令

广东全省官产清理处着即裁撤。此令。

（中华民国陆海军大元帅之印）
中华民国十二年十二月五日

据大本营秘书处编《陆海军大元帅大本营公报》第四十号（广州一九二三年十二月七日）

撤销官产处令

（一九二三年十二月五日）

官产处①着即撤销。所担任每日缴解制弹费二千元,着自本月六日起,归民产保证局担任缴解。此令。

上令李局长纪堂

---

① 即广东全省官产清理处。

改归市政厅筹拨。

民国十二年十二月五日

据中国国民党中央文化传播委员会党史馆藏一般档案051/150

给徐天琛的命令

（一九二三年十二月五日）①

大元帅令

着海防陆战队第二团团长徐天琛，克即调所部返黄埔候令。此令。

据《广州民国日报》一九二三年十二月五日《大元帅嘉奖徐天琛所部》

给程潜的指令二件

（一九二三年十二月六日）

一

大元帅指令第六八一号

令大本营军政部长程潜

呈请追赠阵亡团长梁沾鸿少将并给恤一千五百元由

呈悉。已明令追赠少将，并由该部给予一次恤金一千五百元。仰即知照。此令。

（中华民国陆海军大元帅之印）

中华民国十二年十二月六日

---

① 此件所标时间系《广州民国日报》刊载日期。

二

大元帅指令第六八六号

　　令大本营军政部长程潜

　　呈请褒扬封川县德坊联团团总叶瑞烘由

　　呈悉。准予题颁"急公好义"四字匾额。仰即转给具领。此令。

（中华民国陆海军大元帅之印）
中华民国十二年十二月六日

据大本营秘书处编《陆海军大元帅大本营公报》第四十号（广州一九二三年十二月七日）

给孙科的指令二件

（一九二三年十二月七日）

一

大元帅指令第六八九号

　　令广州市市长孙科

　　呈奉令设局办理民产保证，请令饬内政部等各发照税契机关劝告人民赴局领证由

　　呈悉。准如所请办理。此令。

（中华民国陆海军大元帅之印）
中华民国十二年十二月七日

二

大元帅指令第六九〇号

　　令广州市市长孙科

　　呈请令饬司法机关，凡市内不动产须领有民业保证方为有效由

　　呈悉。准予令行司法机关查照办理。此令。

　　　　　　　　　　　　　　　　　　（中华民国陆海军大元帅之印）

　　　　　　　　　　　　　中华民国十二年十二月七日

　　　　　　　　据大本营秘书处编《陆海军大元帅大本营公报》第四十号
　　　　　　（广州一九二三年十二月七日）

给叶恭绰等的训令

（一九二三年十二月七日）

大元帅训令第三七二号

　　令大本营财政部长叶恭绰、大本营内政部长徐绍桢、广东省长廖仲恺

　　据广州市市长孙科呈称："案奉大元帅令饬设局办理民产保证一事，业将该局组织章程及委任局长缘由，并将条例酌加修正，先后呈请鉴核施行在案。查该局从新组设，系为保障人民私有产权起见，当与各机关所发之契照及登记证同一效力，此法一行，在政府既可得大宗之收入以为挹注，在人民之享有业权者，亦可永保安全，无虑有发生举报之事，意在良法至善也。惟是事属创始，一切办法，人民多有未喻，非得各机关相助为理，恐难以收速效而利推行。现拟自条例施行之日起，凡管有税契及发照各机关，务希劝告人民于税契或领照之外，仍分别赴局领证，以为业权永久之保障，似此办法，庶可冀领证管业倍加踊跃。市长为办理迅捷、期收良效起见，理合备文呈请鉴核，俯赐令行内政部、财政部、广东省长公署，分别转行财政厅官产清理处查

照办理,实为公便"等情。据此,除指令照准,并分令外,合行令仰该部长、省长即便转饬办理。此令。

（中华民国陆海军大元帅之印）
中华民国十二年十二月七日

据大本营秘书处编《陆海军大元帅大本营公报》第四十号
（广州一九二三年十二月七日）

给赵士北的训令

（一九二三年十二月七日）

大元帅训令第三七三号

令大理院院长兼管司法行政事务赵士北

据广州市市长孙科呈称："窃市长案奉钧府令饬设局办理民产保证一事,业将该局组织章程及委任局长缘由,并将条例酌加修正,先后呈请鉴核施行在案。查该局从新组设,系为保障人民私有产权起见,当与各机关所发之契照及登记证同一效力。此法一行,在政府既可得大宗之收入以为挹注,在人民之享有业权者,亦可永保安全,无虑有发生举报之事,意至良法至善也。惟是事属创始,一切办法,人民当有未喻,非得司法方面相助为理,恐难以收速效而利推行。现拟自条例施行之日起,所有司法机关受理民事诉讼,凡关于市内不动产争执者,当呈验契据时,必须领有民产保证,方得认为有效,否则暂缓审理。似此一转移间,凡应赴局领证者,自必倍加踊跃,似于民产保证前途,不无裨益。市长为办理迅捷期收良效起见,理合备文呈请鉴核,俯赐令行大理院转行各级司法署查照办理,实为公便"等情。据此,应予照准,除指令外,合行令仰该院长查照转行各级司法署一体遵照办理。此令。

（中华民国陆海军大元帅之印）
中华民国十二年十二月七日

据大本营秘书处编《陆海军大元帅大本营公报》第四十号
（广州一九二三年十二月七日）

给程潜的训令

（一九二三年十二月七日）

大元帅训令第三七四号

令大本营军政部长程潜

据中央直辖第三军军长卢师谛呈称："窃职军前奉杨总指挥命令，担任作战军后方警备运输传递事宜，曾经由省至石①依命配备，幸免陨越。嗣以作战军节节前进，复奉杨总指挥命令，延伸至东江左岸响水、博罗一带，并奉帅座令催，职责所在，敢不遵行。惟是职部自返省以来，每日收入仅省城防务经费四五百元外，军政部日支五百元，几至分文无着，而每日伙食支出将达一千元，一切活支，尚不在内，东罗西掘，智力俱穷。依照此次杨总指挥所指定职部任务，自增城、石龙以达龙华、响水警备地域，纵横近二百里，设置地点大小至数十处，纵各处之给与便利，交通无阻，而出发、伙食等费，分文无着；况道路遥远，交通梗塞，小数部队零星分布，尤非给予数日给养，不易维持，除已令饬所部集中石滩相机分配并呈报杨总指挥查照外，为此仰恳帅座令饬军政部，迅将职部欠款万余元扫数发下，俾便设施，无任感祷"等情。据此，除指令照准已令饬军政部查照发给外，合行令仰该部长即便遵照办理。此令。

（中华民国陆海军大元帅之印）

中华民国十二年十二月七日

据大本营秘书处编《陆海军大元帅大本营公报》第四十号
（广州一九二三年十二月七日）

---

① 石，即石龙。

给黄隆生的训令

（一九二三年十二月七日）

大元帅训令第三七五号

　　令大本营会计司长黄隆生

　　据大本营财政部长叶恭绰呈称："窃本部前奉帅令，自十一月起，拨给规定大本营直辖各机关经费八万余元，业将部款困难情形呈准展缓一月，以便斟酌担任在案。刻下展缓之期已过，而部中收入的款仍只有印花税一项，此外造币厂整理纸币委员会等机关，虽竭力进行着手开办，然辄因此次东江战事再发生，与发售奖券不免为敌党所破坏，经售无几，影响所及，以故收效尚迟。且印花税一项，经于去月中因军事紧急，已悉数拨交公安局直接代付军政部，并经军政部派员往收，以资省便。本部为先其〔期〕取急计，目下实在更无的款可以拨给，大本营直辖各机关经费，惟有再呈钧座，吁请俯赐鉴核，续准展缓一月，一俟十三年一月份起，再行酌量担负，以资筹措而免竭蹶，实为公便"等情。据此，除指令准予再展缓一月实行外，合行令仰该司长查照，各部局处每月经费在财政部未实筹发以前，仍由该司照常拨付。此令。

（中华民国陆海军大元帅之印）
中华民国十二年十二月七日

据大本营秘书处编《陆海军大元帅大本营公报》第四十号
（广州一九二三年十二月七日）

给何家猷的训令

（一九二三年十二月八日）

大元帅训令第三七七号

  令广东电政监督兼广州电报局局长何家猷

  据大本营兵站总监罗翼群呈称："窃十一月七日奉钧座第三四二号训令开：'据广东电政监督兼广州电报局局长范其务呈称：职奉大元帅江午电令内开："电政监督署范监督其务览：戎马方殷，电报电话均关重要，仰该署迅即添线，加设电报机一副，并利用广州、石龙间电报线，添架电话，直达大本营，以利戎机而期敏捷。水线或利用，或添设，并着迅速妥筹架设为要"等因。奉此，当即遵照办理，一面派工匠装挂电线，一面派总管麦萼楼持函往电话局商借过海线。兹据复称："现准大函，拟借用敝局过海线一条作为电报线，本应照办，惟查敝局过海线原不敷用，除借与大本营广州电报局暨军用电信管理处应用外，益形缺乏，支配维艰，故前两月兵站总监部向敝局借用水线，亦无法以应，卒由该局自行购线，敝局代为安设而已。是则敝局水线之无可借拨，当蒙亮察。现兵站总监部行将收束，则其水线当可移归贵处借用，请即转商该部，或如尊意也，相应函复，请烦查照"等情。似此情形，商借已经不能，而职处每月不敷经费约万元，水线费巨，实无力购买，且恐稽延贻误，兵站总监部既经裁撤，前装设之过海水线，当然无用，伏乞俯察迅赐饬交职处使用，俾得早日架设而利戎机，实为德便'等情。据此，除指令呈悉仰候令行兵站总监部查照办理可也，合行令仰该总监即便查照办理，此令。等因。奉此，现在兵站经已收束，所有过海水线，恳请令饬电政监督派员到职部交通局接收，以利戎机。缘奉前因，理合呈复察核施行，实为公便"等情前来。据此，除指令照准外，合行令仰该监督即行派员接收，赶为装置，以利交通为要。此令。

           （中华民国陆海军大元帅之印）

中华民国十二年十二月八日

据大本营秘书处编《陆海军大元帅大本营公报》第四十号

（广州一九二三年十二月七日）

发给谭曙卿借款令

（一九二三年十二月八日）

着市政厅长发给。①

民国十二年十二月八日

据秦孝仪主编《国父全集》第六册（台北近代中国出版社一九八九年版）

命傅秉常开具侨属领恤证明令

（一九二三年十二月八日）

大元帅第二八七号令

　　大溪地地方，有土人杀毙华侨之案，经该处地方官判决，处罚凶手，并赔偿死者家属，令该埠华侨余伯良办理其家属领恤事，着交涉员给予证明，以便余伯良代表领恤金便是。此令。

　　广东交涉员傅秉常

孙文　十二月八日

据《广州民国日报》一九二三年十二月十一日《大元帅关心海外华侨》

---

① 此批为批东路讨贼步兵第八旅代旅长谭曙卿借毫洋二千元签呈。

指派滇军湘军分别防守西江北江令

（一九二三年十二月八日）①

大元帅令

西江三水以下由滇军一、三两师负防守责任。北江始兴、南雄线责成湘军防守。

据北京《晨报》一九二三年十二月八日《北江战事紧急——孙军已过南雄》

给谭延闿的训令

（一九二三年十二月十日）

大元帅训令第三七九号

令湘军总司令谭延闿

据新丰西区乡团团长潘士、先汉兴、陈觉、潘毅、潘杰等由英德来电报称："陈逆旅长颜国华，欲由新丰袭攻英德，民等联集乡团，于江日将逆旅长擒获，并夺机关枪一挺。惟贼党仍炽，乞迅饬队前来提解镇慑"等情前来。据此，除令由秘书处传谕嘉奖外，仰该总司令即便派相当军队联合乡团前往镇慑，并提解该逆将颜国华来营听候核办。此令。

（中华民国陆海军大元帅之印）

中华民国十二年十二月十日

据大本营秘书处编《陆海军大元帅大本营公报》第四十号（广州一九二三年十二月七日）

----

① 此件系报载要点，所标时间为《晨报》刊载日期。

严禁军队干政令

（一九二三年十二月十日）

大元帅令

无论何项军队请求加委县长，概不得核准。以杜干政，而维法纪。此令。

孙文

十二月十日

据《广州民国日报》一九二三年十二月十一日《帅令严禁军队干政》

饬刘纪文交朱本富三十元

（一九二三年十二月上旬）①

交朱本富三十元。孙文。纪文兄照。

据中国国民党中央文化传播委员会党史馆藏一般档案051/281

给鲁涤平等的训令

（一九二三年十二月十一日）

大元帅训令第三八〇号

令湘军总指挥鲁涤平、滇军总司令杨希闵、湘军总司令谭延闿、滇军第

---

① 原件无日期。惟上有"十二月十六支了"等语，当在1923年12月上旬。

一师师长赵成梁

此次吴逆佩孚嗾使在赣各军,乘东江战事方殷之会,大举入寇北江,连陷南雄、始兴等县,势将进逼韶州。我滇、湘各军联合作战,共张挞伐。江口一役,挫其前锋,乘胜而前,势如破竹,俘虏斩获,至于数千,旬日之间,肃清逆氛,余寇远逃,北江大定。捷报频来,嘉慰殊深。所有前敌作战将领及官佐士兵,着滇军总司令杨希闵、湘军总司令谭延闿、湘军总指挥鲁涤平、滇军第一师师长赵成梁等一律传令嘉奖。并勖以国乱方殷,军兴未艾,有勇知方,杀敌致果,挽既倒之狂澜,拯民命于胥溺,惟我忠勇将士是赖,宜继此再接再厉,共襄大业,有厚望焉。除分令外,合行令仰该总指挥、总司令、师长即便遵照办理。此令。

（中华民国陆海军大元帅之印）

中华民国十二年十二月十一日

据大本营秘书处编《陆海军大元帅大本营公报》第四十号（广州一九二三年十二月七日）

给伍汝康的指令

（一九二三年十二月十一日）

大元帅指令第七〇六号

令两广盐运使伍汝康

呈复俟收入稍裕,即行解缴兵工厂欠款由

呈悉。仰仍遵照前令,上紧筹措,克日照数拨清,勿稍延宕,致误军需,是为至要。此令。

（中华民国陆海军大元帅之印）

中华民国十二年十二月十一日

据大本营秘书处编《陆海军大元帅大本营公报》第四十一号(广州一九二三年十二月十四日)

给徐绍桢的指令二件

（一九二三年十二月十一日）

一

大元帅指令第七一三号

　　令大本营内政部长徐绍桢

　　呈请褒扬寿妇杨欧氏由

　　呈悉。准予题颁"百年人瑞"四字匾额，并给予银质褒章，以示褒扬。仰即转给承领可也。此令。

　　　　　　　　　　　　　　　　　（中华民国陆海军大元帅之印）

　　　　　　　　　　　　　　　　中华民国十二年十二月十一日

二

大元帅指令第七一四号

　　令大本营内政部长徐绍桢

　　呈华侨陆永怀捐资兴学，拟请特予褒奖由

　　呈悉。准予题颁"热心教育"四字匾额，并给予金色一等褒章，以示奖劝，仰即转给承领可也。此令。

　　　　　　　　　　　　　　　　　（中华民国陆海军大元帅之印）

　　　　　　　　　　　　　　　　中华民国十二年十二月十一日

据大本营秘书处编《陆海军大元帅大本营公报》第四十一号(广州一九二三年十二月十四日)

通令各军禁运私盐

（一九二三年十二月十一日）①

务即告诫所属，勿得有此作弊情事，并须协力查缉。如能破获解办，定即按章优奖，以维税源，而杜走漏。

据《广州民国日报》一九二三年十二月十一日《帅令各军禁运私盐》

给廖仲恺的训令

（一九二三年十二月十二日）

大元帅训令第三八二号

令广东省长廖仲恺

为令行事：案据广东地方善后委员会呈称："呈为议决修正民产保证条例、呈候鉴核备案指令祗遵事：窃委员等前条具办法，拟办保证民产，经奉帅座指令核准有案，正拟通告市民周知，复准广州市市政厅第二二四号公函内开：'案奉大元帅令发贵会提议通过民业保证条例十四条到厅，当以该条例尚有未尽适合之处，即经详加考虑，略为修正，以期推行便利，并经呈奉大元帅指令第六五八号开：据本厅呈送修正广州市民产保证条例清折，请察核由。奉命呈及清折均悉，准照修正条例施行，此令。等因。奉此，相应将本厅原呈，连同修正条例清折钞送贵会，希为查照备案为荷'等由。附原呈一件，修正条例清折一折到会。准此，委员等以为事关民业，考虑不厌求详，当经迭开会议，共同讨论，并于本月六日常会，由民产保证局李局长出席会议，

---

① 此件所标时间系《广州民国日报》刊载日期。

对于市政厅条例略有修改,一致议决,即将委员等议决修正市政厅条例,即日公布实行,以期民业早资保障,所有委员等议决修正市政厅条例缘由,理合呈请鉴核备案,并乞分令广东财政厅、广东全省官产清理处、广州市政厅遵照办理"等情。据此,除指令外,合行钞发条例,令仰该省长即行转饬广东财政厅、广州市政厅遵照此次修正条例办理。此令。

计钞发民产保证条例一份。

(中华民国陆海军大元帅之印)

中华民国十二年十二月十二日

附录 议决修正广州市民产保证条例

第一条 本条例系为保障人民私权、杜绝蒙混妄报而设。

第二条 一切民有不动产,不论以前曾否奉有官厅布告及批示,均须赴民产保证局缴纳一次过之保证金,领取民产保证。其前经缴款由官厅承领有执照者,亦须一律赴局领证,但不用缴纳保证金,只缴纳证书费,计每张收银一元。

第三条 凡已经领得民产保证之业,无论何项机关,不得再行投变。

第四条 本条例公布后,各该业户应将产业座落四至及价值,详细开列,连同本身上手契照,赴局验明,分别缴款领证,另备该契照之钞本或影本存案,原契照即日发还。

第五条 保证金按照产价征收百分之三。

第六条 产价由业户自行估定申报,但不得低于原契照所列价格。

第七条 如有买得经领民产保证之产业,欲将产价呈报增加时,应将上手业主领得之保证,转赴民产保证局请换新证,其征收保证金办法,应于新报产价金额内除出原报价额,只照增报部分按照定率征收之。

第八条 市内各业户须自布告日起,限十日内缴款领证,逾期领证者,得按照所逾日期之多寡,另订章程处罚之。

第九条 如有将官厅已经取消之契照或伪造契照瞒请领证者,除将已缴项没收及按照产价加倍处罚外,并治以应得之罪。

第十条 本条例施行后,凡未经领有民产保证之产业买卖、典按、诉讼,俱不发生效力。

第十一条 凡经查确属于官产市产者,仍由该管机关照常办理,但商店民房须经善后委员会派员到该管机关会同审查判定之。

第十二条 如人民发觉办理此项民业保证之官吏有营私舞弊经证实时,善后委员会得指名弹劾,由当局免职查办。

第十三条 为保障民业起见,广东地方善后委员会对于民业保证局及其附属机关所办事件,每日各派二人会同办理。

第十四条 本条例自广东地方善后委员会会议决后呈大元帅公布施行。

据大本营秘书处编《陆海军大元帅大本营公报》第四十号
(广州一九二三年十二月七日)

饬市政厅长等筹垫煤价令

(一九二三年十二月十二日)

着市政厅长筹垫煤价二千二百二十元。此令。

孙　文
中华民国十二年十二月十二日

据秦孝仪主编《国父全集》第六册(台北近代中国出版社一九八九年版)

给谭延闿的指令

（一九二三年十二月十三日）

大元帅指令第七一七号

  令湘军总司令谭延闿

  呈请发给克复始兴之奖款一万元，并恳令行粤省长准将南雄筹助湘军之款作抵十三年田赋由

  据呈已悉。此次该军调赴北江作战，旬日之间，迭克名城，扫清逆敌，洵属奋勇可嘉，昨经明令嘉奖在案。所有克复始兴之奖款一万元，候即予如数筹发，以示鼓励。至南雄地方，逐日筹拨该军饷项，自应准其抵纳该县应完民国十三年田赋，以免累及闾阎。仰候令行广东省长，转饬财政厅暨该县县长遵照办理可也。此令。

（中华民国陆海军大元帅之印）
中华民国十二年十二月十三日

据大本营秘书处编《陆海军大元帅大本营公报》第四十一号（广州一九二三年十二月十四日）

给廖仲恺的训令

（一九二三年十二月十三日）

大元帅训令第三八三号

  令广东省长廖仲恺

  为令饬事：据湘军总司令谭延闿呈称："案据湘军总指挥鲁涤平阳电称：'连日战斗，各路官长均身先士卒，殊属可嘉，恳传令奖誉。抑克复始兴之奖款一万元，乞饬员星夜送来前方，以全职之信用，感同身受。南雄筹款

日仅数百元,困苦之度,不堪言状,该县陆续筹助各项给养,曾由职申明准作抵借。恳呈请帅座转令粤省长饬县备案,以十三年田赋作抵,免累于民,至为拜祷'等情。据此,理合呈请钧座鉴核,发给克复始兴之奖款一万元,俾便转发,并恳令行粤省长准将南雄筹助湘军之款,以该县十三年田赋作抵,转饬该县长遵照备案,至为感祷"等情。据此,除指令照准并予筹发奖款外,合行令仰该省长即行转饬财政厅暨南雄县县长遵照。所有该县绅民陆续筹助湘军饷项,应准其照数抵纳该县应完民国十三年田赋,以免贻累,而示体恤。切切。此令。

(中华民国陆海军大元帅之印)

中华民国十二年十二月十三日

据大本营秘书处编《陆海军大元帅大本营公报》第四十一号(广州一九二三年十二月十四日)

给马伯麟的训令

(一九二三年十二月十三日)

大元帅训令第三八四号

令广东长洲要塞司令马伯麟

据广东海防司令陈策呈称:"窃奉钧令第三六七号开:据长洲要塞司令马伯麟呈称:'黄埔船坞局封存之机器等件,半多锈坏,拟请拨归收管'等情。除原文有案邀免复叙外,后开'合行令仰该司令即便查照办理'等因。奉此,查黄埔船坞局原为职部管理,所有一切机器等件,前经派员驻局保管,自马司令借为司令部后,仍由职部派员照常管理在案。该局所存之机器,因与舰队有连属关系,职部早经筹备整顿,以期恢复,奈大局现尚纠纷,筹款匪易,迫得暂为封存,以待来日。如马司令有需用该局机器等件,尽可商由职部借用,一俟大局稍平,筹备就绪,再行取回,以备恢复。该局奉令前因,理合据情呈复察核"等情前来。据此,合行令仰该司令即便遵照办理。此令。

(中华民国陆海军大元帅之印)

中华民国十二年十二月十三日

据大本营秘书处编《陆海军大元帅大本营公报》第四十一号(广州一九二三年十二月十四日)

给赵士北的指令

(一九二三年十二月十三日)

大元帅指令第七一八号

令大理院长兼管司法行政事务赵士北

呈为总检察长卢兴原辞职,请以胡云程兼署由

呈悉。查卢总检察长兴原任职以来,于应办事宜,颇能悉心规划,昨据呈恳辞职,业经指令慰留。仰再传谕安心任事,勿任引退。所请以胡云程兼任之处,应无庸议。至该厅经费,虽近数月该院收入减少,仍当酌予分拨,俾维现状,一俟财政稍裕,所有院厅经费,均当饬部照发。合并饬知。此令。

(中华民国陆海军大元帅之印)

中华民国十二年十二月十三日

据大本营秘书处编《陆海军大元帅大本营公报》第四十一号(广州一九二三年十二月十四日)

给卢兴原的指令①

（一九二三年十二月十三日）

大元帅指令第七一九号

　　令总检察厅检察长卢兴原

　　呈请辞职由

　　据呈已悉。该总检察长任职以来，于整顿监狱一事，悉心筹画，颇具规模，自当赓续进行，期竟全功。至称厅费支绌，固属实情，已饬大理院就司法收入项下，酌予分拨，俾维现状，一俟财政稍裕，即当饬部照发。仰仍勉任其难，勿得恳辞。此令。

（中华民国陆海军大元帅之印）

中华民国十二年十二月十三日

据大本营秘书处编《陆海军大元帅大本营公报》第四十一号（广州一九二三年十二月十四日）

给黄隆生的指令

（一九二三年十二月十三日）

大元帅指令第七二〇号

　　令大本营会计司长黄隆生

　　呈请辞职由

　　据呈已悉。该司出任职以来，颇资得力。现因事须赴海防料理，准予给假一月，俾便前往。所遗职务，已另令行营金库长黄昌谷代理。该员假满，

---

① 12月4日，总检察长卢兴原因经费短绌，无法维持，请求辞职。

仍即回答供职,勿庸恳辞。此令。

（中华民国陆海军大元帅之印）

中华民国十二年十二月十三日

据大本营秘书处编《陆海军大元帅大本营公报》第四十一号(广州一九二三年十二月十四日)

给谭延闿高凤桂的训令

（一九二三年十二月十五日）

大元帅训令第三八五号

令湘军总司令谭延闿、中央直辖第一师师长高凤桂

中央直辖第一师高凤桂所部,着归湘军总司令谭延闿节制调遣,除分令外,仰即遵照。此令。

（中华民国陆海军大元帅之印）

中华民国十二年十二月十五日

据大本营秘书处编《陆海军大元帅大本营公报》第四十一号(广州一九二三年十二月十四日)

给许崇智的训令

（一九二三年十二月十五日）

大元帅训令第三八六号

令东路讨贼军总司令许崇智

据西路讨贼军总司令刘震寰呈称:"顷据联部第十三旅旅长李海云报告:'该旅前奉驻江大本营命令,开驻台山下三都一带地方剿匪,业经数月,嗣奉调两营出发东江助战,而下三都仍饬该旅防守。昨日东路第四独立旅

旅长杨锦龙遍贴布告于下三都一带,称奉令驻防此地。据探报,该部八日早已由台山城车站上车准备开往,该处系十三旅防地,饷源所关,如果杨旅长擅行开往,两军误会,势必决裂,糜烂地方,请转电令制止'等情。查该十三旅驻防台山下三都地方,系前驻江大本营命令指定,现杨旅长如果擅行开往,实有未合。据报前情,理合转恳钧座迅电严行制止为祷"等情前来。据此,合行令仰该总司令,即电饬杨旅长锦龙转饬所部速回原防,勿得侵越友军防地,致生误会冲突为要。此令。

（中华民国陆海军大元帅之印）
中华民国十二年十二月十五日

据大本营秘书处编《陆海军大元帅大本营公报》第四十一号（广州一九二三年十二月十四日）

发给黄明堂军费令

（一九二三年十二月十五日）

着市政厅长拨给黄明堂军费四千元。此令。

孙　文
中华民国十二年十二月十五日

据秦孝仪主编《国父全集》第六册（台北近代中国出版社一九八九年版）

给谭延闿的指令

（一九二三年十二月十六日）

大元帅指令第七二三号
　　令湘军总司令谭延闿

呈报南始之役该部第一军作战概况及人员战功由

呈悉。此次北敌犯我南始,该军奉令协同滇军进攻,数日之间,尽破逆军,恢复名城,追奔直度庾岭,北江遂告肃清,自非将士忠勇奋战,曷克奏此肤功。昨接前方捷报,当经明令嘉奖,并饬筹给赏金在案。兹据呈报该部第一军作战概况前来,披阅之余,弥殷轸念。仰该总司令一俟赏金领得,即行分给各部官兵,并查明尤为出力人员及伤亡将士,分别报部奖恤,用昭激劝而励戎行。切切。此令。

(中华民国陆海军大元帅之印)

中华民国十二年十二月十六日

据大本营秘书处编《陆海军大元帅大本营公报》第四十一号(广州一九二三年十二月十四日)

饬将每日造交范石生军长枪拨半数交杨希闵领取令

(一九二三年十二月十六日)

大元帅令第二七八号

着兵工厂长将每日造交范军长之枪十枝之内,每日拨五枝交杨总司令备价领取。此令。

孙　文

中华民国十二年十二月十六日

据中国国民党中央文化传播委员会党史馆藏一般档案051/275

给廖仲恺孙科的训令二件

（一九二三年十二月十七日）

一

大元帅训令第三八八号

　　令广东省长廖仲恺、广州市市长孙科

　　为令遵事：查前因兵事未结，军用浩繁，曾令饬该省、市长转饬广州市公安局、公安局①，于捐租两月之外，再向广州市内各房主借用一个月租金，并声明月租不满五元者概行免借，以示体恤在案。兹查得不满五元之铺宅实居多数，若概予免借，不惟军费亏缺过巨，不易另筹，且租额虽有多寡，业主不必即分贫富，而一借一免，办法两歧，转非平均担负之道，仍应一律照借，以昭公允，而杜规避。为此，令仰该省、市长即行转饬公安局遵照办理，上紧催收，源源解缴济用。此项月额不满五元之房租，经借用后，仍应一律发给借据，定于满一年后加二归还，并准其于到期后，以借据照加二抵完政府一切税项，用示大信。际此战事将平，军需孔迫之时，想各市民必能本好义之初心，踊跃认借，藉纾国难。仰该省、市长善为劝导，以竟全功。除分令外，切切。此令。

　　　　　　　　　　　　　　　（中华民国陆海军大元帅之印）

　　　　　　　　　　　　中华民国十二年十二月十七日

二

大元帅训令第三八九号

　　令广东省长廖仲恺、广州市市长孙科

---

① 公安局，指省公安局。

为令饬事：查广州市沿岸各码头，前经捐租两月，以助军费，现在逆军虽屡被击败，战事尚未悉平，军用仍属支绌。所有广州市内各房主，无论租额多寡，均已令其于捐租两月之外，再认借一个月租金，以充军饷在案。码头收租与铺房事同一律，而利益之优厚过之，自应一律饬借，以均担负，而裕饷源。为此，令仰该省、市长即行转饬公安局遵照办理，上紧催收，源源解缴，以济急需。至此项借款，仍应照房租例填发借据，定于满一年后加二归还，并准其于到期后，以借据照加二向政府抵完一切税项，用示大信，想该业主等既能慷慨捐助于先，必能踊跃认借于后，各本好义之初心，助成戡乱之大业，本大元帅有厚望焉。除分令外，切切。此令。

（中华民国陆海军大元帅之印）

中华民国十二年十二月十七日

据大本营秘书处编《陆海军大元帅大本营公报》第四十一号（广州一九二三年十二月十四日）

给陈独秀的指令

（一九二三年十二月十七日）

大元帅指令第七二八号

　　令大本营宣传委员会委员长陈独秀

　　呈报遵令结束及移交日期由

　　呈悉。此令。

（中华民国陆海军大元帅之印）

中华民国十二年十二月十七日

附录　陈独秀呈

为遵令结束并将移交日期恭呈仰祈钧鉴事：本月四日奉秘书处转奉钧

令,职会着即裁撤,此令。等因。奉此,并准临时中央执行委员会函知,接受职会卷宗品物等由到会,当即遵照办理,除将职会所有文件公物开列清册,于十四日逐一点交临时中央执行委员会外,理合将职会遵令结束及移交日期备文呈报察核。谨呈

大元帅孙

卸大本营宣传委员会委员长陈独秀

中华民国十二年十二月十四日

据大本营秘书处编《陆海军大元帅大本营公报》第四十一号(广州一九二三年十二月十四日)

给广东地方善后委员会的指令

(一九二三年十二月十九日)

大元帅指令第七三三号

令广东地方善后委员会

呈奉发杨仕强等条陈田亩借租办法一案拟议呈复由

呈悉。杨仕强等条陈按亩借租办法,即系窒碍难行,应即毋庸置议。至该委员会拟请催收新〔旧〕欠预征新粮以助军用一节,事属可行。仰候令行广东省长,督同财政厅,妥拟详细办法,通令各县,克期举办,以济要需。至实行清丈,尤为整理田赋正本清源之计,并候饬广东省长,按照民生主义,参酌地方情形,拟具章程,呈候核定施行可也。此令。

(中华民国陆海军大元帅之印)

中华民国十二年十二月十九日

据大本营秘书处编《陆海军大元帅大本营公报》第四十一号(广州一九二三年十二月十四日)

给廖仲恺的训令

（一九二三年十二月十九日）

大元帅训令第三九一号

  令广东省长廖仲恺

  为令饬事：案查前据杨仕强等条陈田亩借租办法一案，当经发交广东地方善后委员会核议去后，兹据呈称："窃奉帅座交议，杨仕强等条陈田亩借租办法一案，案关交议，自应遵照妥议，以备执行。经于十二月十三日开特别会议，讨论结果，众以此案关系重要，务须审慎妥议，方副帅座体念民意之旨。即席举定审查员七人，现准审查员何季初等报告开：'据杨仕强等条陈拟借田租一案，昨开会讨论通过，委季初等为审查员。此种条陈，不过仿广州铺屋借租法以筹的款。不知田土与铺屋不同，缘铺屋常有人居住，向其收取，自有负责之人，况附属省会，早编门牌，警区督收自易。反之，田亩极难稽察。盖自满清以来，所有户口册籍、粮串根据多有散失，有税无田者，有田无税者，甚至沙田新溃民田，消灭年湮日久，变易沧桑。不但难办，乡人亦多怀疑，欲向其筹借，不如立办田土厅，实行清丈田亩，按田印契，税价一次过值百抽四，无契不能管业。倘原有税契者，照民产保证条例办理，庶纲目举而民亦乐于输将。抑田土出产，因种植所获不同，租值遂异。例如南海、顺德、三水等县，以桑基、鱼塘为多，香山、东莞以沙田、蔗园、菜果、禾田为多。如照杨君所拟，责其每亩借租二元，势有不能。更有荒地无人种植者，及有天灾、水旱、兵燹、盗贼不能开耕者，虽有田亦即如无田，毫无种植入息者，欲向借租，实在无租可借，种种困难，实非良策也。杨君之条陈，既如此难行，自无举办之必要，然际此政府在在需款，又不得不妥筹以济。查国家正供以田赋收入为大宗。各县自反正以来，因水旱、天灾、兵燹对于地丁钱粮滞纳者有之，县知事催征不力者亦有之。季初等生长乡间，调查所得，各乡户口积欠钱粮，间有数年，或自反正以来，未有清厘者不知凡几。倘若派委专员，会同该县县长督征清理,九十余县何止千万。同属出自田主,追讨旧粮责无偏私,名正言顺,何乐不为。倘或虞不足,可预征十三年钱粮,一并带缴,用惩前欠。如再滞纳,略加处罚,严限不完,移亲及疏,务令三个月内扫数清完。办竣之后,田土厅立即开办实行清丈田亩,此等善政诚急不容缓之图也。是否有当,请付公决'等语。本会准此,即日开会讨论,一致通过,理合具文呈复鉴核施行"等情。据此,查杨仕强等条陈按亩借租办法,既系窒碍难行,自应毋庸置议。至该委员会拟请催收旧欠,预征新粮以助军费一节,事属可行。除指令外,仰该省长即行督饬财厅妥拟详细办法,通令各县克日举行,务须严立限期,明定考成,期于最短时期,收集巨款,藉济急需,仍将办理情形具报查核。至实行清丈,尤为整理田赋正本清源之计,并仰该省长按照民生主义,参酌地方情形拟具章程,呈候核定施行。切切。此令。

(中华民国陆海军大元帅之印)

中华民国十二年十二月十九日

据大本营秘书处编《陆海军大元帅大本营公报》第四十一号(广州一九二三年十二月十四日)

给谭延闿张翼鹏的训令

(一九二三年十二月二十日)

大元帅训令第三九二号

　　令湘军总司令谭延闿、湘军总司令部总参议张翼鹏

　　为令行事:照得赣军高凤桂,此次率众来归,实属深明大义,功在国家,业经改编为中央直辖第一师,归该湘军谭总司令节制指挥在案。该师官兵等输诚效顺,远道驰驱,备历艰辛,宜加奖劳。着派该湘军总司令部总参议张翼鹏为慰劳使,迅即驰往前方,对于该师官佐士兵,曲意拊循,优加慰劳,以昭激劝。所需犒赏费用,由大本营支发。仍将办理情形,随时

呈报。此令。

（中华民国陆海军大元帅之印）

中华民国十二年十二月廿日

据大本营秘书处编《陆海军大元帅大本营公报》第四十二号（广州一九二三年十二月二十一日）

给赵士北的指令

（一九二三年十二月二十日）

大元帅指令第七三五号

令大理院长兼管司法行政事务赵士北

呈报代理广东高等检察厅检察长何蔚才不胜任，应请免职，遗缺拟以林翔接充由

呈悉。据称何蔚才不胜任，应即免去本职，所遗广东高等检察厅检察长一缺，已另有令任命林云陔接替矣。此令。

（中华民国陆海军大元帅之印）

中华民国十二年十二月廿日

据大本营秘书处编《陆海军大元帅大本营公报》第四十二号（广州一九二三年十二月二十一日）

勉励各军训令

（一九二三年十二月二十日）

平时治军易，战时治军则匪易；作战时之治军难，战事后之治军则尤难。粤省为建国根基，南天枢纽，烽烟亘岁，民力凋残，战血犹满弓刀，群寇方滋边徼，内部葺苴未靖，国际军备待修，思于艰难困敝之秋，力为奠定澄清之

计,端赖群策群力,罔涉怠荒,经武整军,时图奋发。各军身经百战,行将一篑收功,民贼已多就歼除,元恶讵久稽授首?尚希告之以戒惧,临之以忠贞,绝蔓草之根株,贾兹余勇,固苞桑于国本,载泐丰碑。其膺民政各官,职有专司,胥关至计,倚同车辅,并赖经纶,其各力矢清勤,靖共乃职,扬武功之威烈,毕文治之机能,郅治可期,数勋不二。滇、粤、桂各军,疆场久战,声施烂然;湘、豫各军,远道新来,奇功即树;其中央直辖以及赣秦各军,或协剿宣猷,或抚绥多赖,勋劳在国,系念维殷。粤东本号饶区,财源不难浚辟,只以大军云集,一时至感困穷,部署有方,饷糈即裕,足兵足食,日以非遥。惟百政之修,先当戒惰,一年之计,首在于春,矧薪胆犹存,匈奴未灭,发皇光大,责任尤多,振革命精神,为有恒奋斗,本大元帅愿与我军政各同志共勉之。切切。此令。

各军各有司

（大元帅署名）

据中国国民党中央文化传播委员会党史馆藏一般档案052/3

给陈可钰的训令

（一九二三年十二月二十一日）

大元帅训令第三九四号

令广东宪兵司令陈可钰

为令行事:照得该司令所部,业经饬令公安局改编为治安警察队,并由军政部筹发该部官兵一个月饷项,以示体恤,分别令行在案。仰该司令即将所部移交公安局吴局长接收改编,具报查考。此令。

（中华民国陆海军大元帅之印）

中华民国十二年十二月廿一日

据大本营秘书处编《陆海军大元帅大本营公报》第四十二号(广州一九二三年十二月二十一日)

给吴铁城的训令

（一九二三年十二月二十一日）

大元帅训令第三九五号

　　令公安局长吴铁城

　　为令行事：据广东宪兵司令陈可钰呈请将所部解散，业经照准，所有该部军队应交该局长接收，改编为治安警察队。除令该司令知照外，仰该局长即便遵照办理，仍将改编情形具报查核。此令。

　　　　　　　　　　　　　　　（中华民国陆海军大元帅之印）

　　　　　　　　　　　　　　中华民国十二年十二月廿一日

<small>据大本营秘书处编《陆海军大元帅大本营公报》第四十二号（广州一九二三年十二月二十一日）</small>

给程潜的训令二件

（一九二三年十二月二十一日）

一

大元帅训令第三九六号

　　令大本营军政部长程潜

　　据管理粤汉铁路事务陈兴汉呈："现据职部事务处呈称：'窃照路章规定，开用专车，原有限制。自军兴以来，日趋浮滥，甚至各部军队人员如营长、副官等，并无该管长官命令，又非事实必需，动辄借口军界，强令专开，万难制止，长此以往，其何能堪。理合呈请示以限制，庶免虚縻'等情。据此，查开用专车，原为军事上迅速戎机起见，但开用一次，约耗四五百元，苟漫无限制,则耗费既多,收入自短,且于奉令解拨各款,势必因而受连带关系。况当北江军事结束之后,自不能不稍予制裁。至于军人乘车任意往来,甚至包揽客商,冒充军界,借端渔利,尤为不合,似应一并分令禁止军人无票乘车缘由,理合具文呈请帅座察核,伏恳俯赐通令各军队机关,转饬部属一体遵照,嗣后开用专车,如无该部最高级长官命令,既不准开,并不准军人无票乘车。如有前项情势,应予严惩,仍请分令滇军宪兵司令,每日酌拨宪兵随车往来,俾协同维持,藉资整饬,是否有当,伏候指令祗遵"等情。据此,除指令外,合行令仰该部长即便通行各军事长官转饬所属,嗣后开用专车,如无该部最高级长官命令,概不准开驶,并禁止军人无票乘车,以利交通而裕收入。此令。

(中华民国陆海军大元帅之印)

中华民国十二年十二月廿一日

二

大元帅训令第三九八号

　　令大本营军政部长程潜

　　为令行事:据广东宪兵司令陈可钰呈请将所部解散,并发给官兵一月全饷,共洋一万三千五百元等情。该司令所部,应交公安局接收,改编为治安警察队,所有请发给饷项,着该部长即行筹发,除分行外,仰即知照。此令。

(中华民国陆海军大元帅之印)

中华民国十二年十二月廿一日

据大本营秘书处编《陆海军大元帅大本营公报》第四十二号(广州一九二三年十二月二十一日)

给程潜的指令

（一九二三年十二月二十一日）

大元帅指令第七三八号

　　令大本营军政部长程潜

　　呈拟定官佐士兵治丧费数目，请鉴核令遵由

　　呈悉。准如所拟办理，仰即遵照。此令。

（中华民国陆海军大元帅之印）

中华民国十二年十二月廿一日

据大本营秘书处编《陆海军大元帅大本营公报》第四十二号（广州一九二三年十二月二十一日）

给韦荣熙的指令

（一九二三年十二月二十一日）

大元帅指令第七四一号

　　令北江商运局局长韦荣熙

　　呈为拟订暂行简章及护运方法，请予核准施行由

　　呈折均悉。所拟简章及护运方法，大致均属妥协，应予核准施行。运费亦准照表列数目征收。仰即就沿江驻防军队中，商请拨派得力部队，专作护运之用。对于往来商货，务须切实保护，并严禁苛索，以利交通而恤商困。仍将所拨军队名称、数目及办理情形，随时报核。并将所收运费，按月造册报解，以济军用，是为至要。附件存。此令。

（中华民国陆海军大元帅之印）

中华民国十二年十二月廿一日

据大本营秘书处编《陆海军大元帅大本营公报》第四十二号（广州一九二三年十二月二十一日）

关于关余问题的命令[①]

（一九二三年十二月二十一日）

本政府管辖地域内,本年各海关一切税收,除对于以关税作抵之外债及赔款,应按比例摊扣清还外,所余之款,须妥为保管,候本政府命令支付。嗣后亦须按照以上办法,每月结算一次,以重税收。至于民国九年三月以后所有积存本政府应得之关余,着由海关税收项下如数补还,由部转行总税务司遵照。

据《广州民国日报》一九二三年十二月二十一日《外财两部致总税务司函》

给伍学熀的指令

（一九二三年十二月二十二日）

大元帅指令第七四三号

令广东全省船民自治联防督办伍学熀

呈为拟具广东全省船民自治联防通则暨督办公署暂行章程,请予核准施行由

呈及通则、章程均悉。查所拟通则、章程大致尚属妥协,惟通则第一条内特派二字应改为简派,以符原令,余均准如所拟试行,仰即知照。附件存。此令。

（中华民国陆海军大元帅之印）

[①] 此令见于大本营外交部长伍朝枢、财政部长叶恭绰致总税务司函中。所标时间系《广州民国日报》刊载日期。

中华民国十二年十二月廿二日
据大本营秘书处编《陆海军大元帅大本营公报》第四十二号（广州一九二三年十二月二十一日）①

给粤海关税务司的命令

（一九二三年十二月二十二日）

令粤海关税务司：（一）关款除应付赔款及利息外，余款解交西南政府；（二）自民国九年三月起，西南关余均应照交；（三）限十日内答复，如不遵命，即另委关员。

据上海《民国日报》一九二三年十二月二十三日《本社专电》

给林森的指令

（一九二三年十二月二十二日）

大元帅指令第七四四号
  令大本营建设部长林森
  呈请修正公司注册规则第三条由
  呈、单均悉。公司注册规则，原定注册费等级太少，固可酌为修改。惟查现拟数目比原数增加过巨，推行恐多滞碍，仰即酌量减少，另行拟具修正条文，呈候核定公布可也。附件存。此令。

（中华民国陆海军大元帅之印）
中华民国十二年十二月廿二日
据大本营秘书处编《陆海军大元帅大本营公报》第四十二号（广州一九二三年十二月二十一日）

---

① 《陆海军大元帅大本营公报》第四十二号(广州一九二三年十二月三十一日)收录孙中山的命令、训令、指令止于 1923 年 12 月 31 日。

批萧湘名片

（一九二三年十二月二十二日）①

委以谘议，不支薪。

孙　文

据《中山墨宝》编委会编《中山墨宝》第九卷（北京出版社一九九六年版）

命香山驻军增援前线令

（一九二三年十二月二十二、二十三日）

着陈司令策，将所驻香山部队，调往增援四邑、两阳前线，所遗防地交朱卓文所部接防。此令。

海防司令陈策

孙　文

民国十二年十二月二十二、三日

据中国国民党中央文化传播委员会党史馆藏一般档案051/148

给李济琛②的训令

（一九二三年十二月二十四日）

大元帅训令第四〇五号

令西江善后督办李济琛

---

① 原件无日期，所标日期系据1923年12月22日大元帅令"任命萧湘为大本营谘议"推断。
② 李济琛，即李济深。

为令遵事:据广东海防司令陈策呈称:"窃奉钧令第二八零号开:'着陈司令策将所驻香山部队调往增援四邑、两阳前线,所遗防地交朱卓文所部接防。此令'等因。奉此,遵即抽调职部现驻前山陈团长所部一营,会同职部徐团长所部,开赴四邑前线增援。惟职部陆战队所赖以托足者,仅北街片地,饷项支绌异常,朝筹夕粮,心力交瘁。差幸分驻前山一隅,日筹一、二百元饷糈,以资弥补;倘一调回,实难为继。奉令前因,用特派职部参谋金彦文晋见钧座,面陈一切,伏乞俯念职部困难,准予仍留一部分暂驻前山,以维现状,实为公便"等情。据此,除指令所称该部饷项支绌,尚属实情,仰候令行西江善后督办按月酌量支给外,合行令仰该督办即便遵照办理。此令。

(中华民国陆海军大元帅之印)

中华民国十二年十二月廿四日

据大本营秘书处编《陆海军大元帅大本营公报》第四十二号(广州一九二三年十二月二十一日)

鲁涤平请辞湘军总指挥一职应毋庸议令

(一九二三年十二月二十五日)①

大元帅命令

此次湘军奉命来粤,正值北江告警,该总指挥受任危难之际,奏功旬日之间,破敌受降,厥勋甚伟,现在南韶耆定,正谋北伐进行,眷念前劳,尤资倚畀,亡秦分楚,益彰受蒇之荣,我武维扬,仍仗麾戈之力。愿宏远略,勉抑谦怀,所请辞去总指挥一节,应毋庸议。此令。

据上海《民国日报》一九二三年十二月二十五日

---

① 因同日帅令核准鲁涤平辞去湘军总指挥一职,故本令虽酌以上海《民国日报》刊出日期为时间,实际当较此为早。

给谭延闿的指令

（一九二三年十二月二十五日）

大元帅指令第七五〇号

　　令湘军总司令谭延闿

　　呈为转呈湘军总指挥鲁涤平呈请辞去兼职由

　　呈悉。该总指挥沥述悃忱，功高心下，既彰谦抑，尤见公忠，披阅来呈，重违其意。东征方亟，北伐尤殷，实赖一心一德之良，共奏同作同仇之绩。所请辞去湘军总指挥兼职，以第一军军长宋鹤庚继任，应即照准。除颁明令外，仰即转饬知照。此令。

　　　　　　　　　　　　　　　　　　（中华民国陆海军大元帅之印）

　　　　　　　　　　　　　　　　中华民国十二年十二月廿五日

据大本营秘书处编《陆海军大元帅大本营公报》第四十二号(广州一九二三年十二月二十一日)

给程潜的训令

（一九二三年十二月二十六日）

大元帅训令第四〇六号

　　令军政部长程潜

　　为令行事：案据湘军司令谭延闿呈称"案据职部第三军军长谢国光呈称：'呈为呈请优恤已故团长陈飞鹏仰祈鉴核事：据职部谭代师长道源删电称：职旅第十团团长陈飞鹏，此次从征以来，力任艰危，里东之役，前线动摇，该故团长扶病指挥，转危为安，厥功甚伟。旋因病势甚重，请假赴南雄就医，方冀其早就痊，可共济艰危，孰意天不假年，竟于本日十时半钟，在南雄军次逝世,遽失良辅,哀痛曷极。除派员经理丧事运榇赴韶外,谨此电闻等语。窃该故团长陈飞鹏秉性纯厚,体国忠诚,从军卅年,克尽厥职,廿载患难相依。民国纪年以后,迭以护法劳勋,由中校营长升充湖南衡阳镇守使署上校参谋长。今秋湘中事起,尽瘁驰驱,委为湖南第一军第一纵队第四梯团长,旋改任湘军第三师五旅十团团长,相从来粤,备历艰辛。南雄里东之役,复扶病杀贼,奋不顾身,竟尔积劳殒命,痛悼良深。最可悲者,该故团长年仅四十有七,家道贫寒,所遗一子,尚在襁褓,言念及此,尤为凄恻。除昨奉钧座发给该故团长殡殓费毫洋四百元已解赴南雄交谭代师长妥为料理运榇回韶外,合行仰恳殊恩,转呈大元帅追赠陆军少将,照章从优议恤,以慰幽魂,深为德便,敬乞指令祇〔祗〕遵。谨呈'等情。据此,查该故团长从戎数十年,此次相随来粤,尽瘁驰驱,竟尔积劳病故,深堪悯悼。兹据前情,理合备文呈请钧府察核,照章从优议恤,以慰忠魂,伏乞指令祇〔祗〕遵"等情。除指令已故团长陈飞鹏为国宣劳,以死勤事,惓怀战绩,悼惜殊深,可请照章从优议恤之处,应予照准,候行军政部议复核夺以慰忠魂印发外,仰该部即便查照议复核夺。此令。

(中华民国陆海军大元帅之印)

中华民国十二年十二月廿六日

据大本营秘书处编《陆海军大元帅大本营公报》第四十二号(广州一九二三年十二月二十一日)

给程潜的训令

(一九二三年十二月二十六日)

大元帅训令第四○七号

　　令大本营军政部长程潜

　　为令饬事:案查前因东江战事方殷,令饬广东电政监督兼广州电报局长范其务,利用广州、石龙间电线,添架电话,以利戎机。随据复称:"欲使石龙电话直达大本营,须于省河南北架设过河水线。查兵站部从前曾经设有此项水线,现该部既经裁撤,应请饬令移交使用,以免另行装设"等情。据此,当即令饬兵站部遵照移交去讫,兹据该兵站总监罗翼群呈称:"奉令后当经转饬交通局遵办,现据交通局长周演明呈称:'窃职局自奉钧令,正拟呈复间,并准电政监督函同前由,当查职局当日架设省河南北之珠江过海水线一条,内合电话线四对:一由省长公署达大元帅府,一由公安局达大元帅府,一由市政厅达大元帅府,一由兵站总监部直达大元帅府。迨职局奉令结束,即于十月十四日,呈由钧部将电信队职员暨所有路线并海底线统咨军政部接收在案。至海底之线,除省署、公安局、市政厅仍旧外,其兵站部直达大元帅府之线,闻由军政部电信队拟接驳东路石龙专线,使石龙电话可以直达大元帅府,是此线经已移交,无从再拨;如电政处必须用时,应请直接向军政部电信队交涉接收,以清权限。除函复电政监督外,理合备文呈复察核,分别咨呈办理'等情前来。经职部复查属实,除函复电政监督及咨明军政部外,理合备文呈复帅府察核"等情。据此,合行令仰该部长即便查明,此项水线暨电信队是否已由该部接收,其原由兵站部直达大本营之线,是否已由该部饬电信队将其接合于石龙专线,使可直达,逐一从速查明呈复核夺,除指令外。此令。

(中华民国陆海军大元帅之印)
中华民国十二年十二月廿六日

据大本营秘书处编《陆海军大元帅大本营公报》第四十二号(广州一九二三年十二月二十一日)

给罗翼群的指令

(一九二三年十二月二十六日)

大元帅指令第七五二号
　　令大本营兵站总监罗翼群
　　呈复该部架设之省河南北过海水线已由军政部接收由
　　呈悉。该部架设省河南北之过海水线一条,内含电话线四对,是否已由军政部接收？其由兵站部直达大本营之线，是否已由该部电信队将其接合于石龙专线，使可直达？仰候令行军政部分别查明呈复核夺。此令。

（中华民国陆海军大元帅之印）

中华民国十二年十二月廿六日

据大本营秘书处编《陆海军大元帅大本营公报》第四十二号（广州一九二三年十二月二十一日）

给谭延闿的指令

（一九二三年十二月二十六日）

大元帅指令第七五三号

　　令湘军总司令谭延闿

　　呈请优恤已故团长陈飞鹏由

　　据呈：已故团长陈飞鹏为国宣劳，以死勤事，惓怀战绩，悼惜殊深。所请照章从优议恤之处，应予照准，候令行军政部议复核夺，以慰忠魂。此令。

（中华民国陆海军大元帅之印）

中华民国十二年十二月二十六日

据大本营秘书处编《陆海军大元帅大本营公报》第四十二号（广州一九二三年十二月二十一日）

给徐绍桢的指令

（一九二三年十二月二十六日）

大元帅指令第七五四号

　　令大本营内政部长徐绍桢

　　呈送侨务局章程并报告设立请予备案由

呈悉。准予备案。章程存。此令。

（中华民国陆海军大元帅之印）
中华民国十二年十二月二十六日

附录　徐绍桢呈

呈为呈报事。窃本部于十二年十二月十九日，准大本营秘书处公函开："奉大元帅发下内政部拟呈《侨务局章程》一份，奉批'可行。但须筹的款而后举行。此批'等因。相应函达查照。此致"等由。准此，查此次侨务局建立，原系附设本部之内，所有办事人员拟暂派部员兼办，其经费务期撙节，无庸另行筹备，俾节糜费而速进行。兹谨将议定《侨务局章程》十五条并设立各缘由，具文呈请钧核备案。谨呈
大元帅

大本营内政部部长徐绍桢（印）

附：《侨务局章程》一扣。

中华民国十二年十二月廿二日

内政部侨务局章程

第一条　内政部设侨务局，掌管事务如下：

一、关于保护回国华侨事项。

二、关于华侨子弟回国就学事项。

三、关于保护旅外华侨之内地家属及财产事项。

四、关于提倡奖励华侨回国兴办实业事项。

五、关于导引华侨回国游历内地及其招待事项。

六、关于襄办华侨选举国会议员事项。

七、关于奖励华侨举办慈善公益事项。

八、关于介绍华侨为中外出产贸易事项。

九、关于华侨教育及学校注册事项。

十、关于海外华侨设立商业会所及其他公共团之监督保护事项。

第二条　侨务局关于下列各事得斟酌情形呈由内政部长咨商外交部，令饬交涉员及驻外使领协助办理之：

一、关于调查保护华侨工商业事项。

二、关于劳工海外移殖及应募事项。

三、关于调查华侨生活及工作状况事项。

四、关于调解华侨争执事项。

五、关于华侨户口调查及国籍事项。

第三条　内政部设侨务委员会为评议机关，遴选回国华侨之学识优裕者充任，其组织权限及办事细则另定之。

第四条　内政部设侨务顾问若干人，由部长聘请熟悉侨务、名望素孚者任之。

第五条　侨务局设局长一人，由大元帅简任之。

第六条　侨务局设科长、科员、办事员若干人分科办事。科长由部长荐请大元帅任命之；科员由部长委任之。其员额因事之繁简酌定。

第七条　侨务局设参议若干人为名誉职，由局长就回国及居留海外华侨之热心国事著有劳绩者，呈请部长委任，藉备谘询。

第八条　侨务局于必要时得增设驻外侨务官及调查员，呈由部长委任，但其处务规则以不与驻外使领权限抵触者为限。

第九条　凡华侨回国及出外时，须向侨务局注册，以便照章保护。其注册章程另定之。

第十条　经在侨务局注册之华侨，其本人或其家属遇有事故须向政府请求时，得直接呈由侨务局办理。

第十一条　关于华侨举办公益、创办实业、销募公债及赞助政府有功人员，应颁荣典，由内政部另定褒扬条例，呈请大元帅颁布给奖，以资鼓励。

第十二条　侨务局经费由内政部另编预算，向国库请领，如有特别收入及华侨个人或团体捐助之款，应将收支账目交侨务委员会审核，除本局正当开销外,不得移作他用。

第十三条　保护华侨专章及办侨务局办事细则另定之。

第十四条　本章程未尽事宜得增订修改之。

第十五条　本章程自公布日施行。

据大本营秘书处编《陆海军大元帅大本营公报》第四十二号(广州一九二三年十二月二十一日)

命拟通缉李鸿祥令

(一九二三年十二月二十七日前)①

着拟令通缉李鸿祥,并令滇军总司令及各军长缉拿通李各军官,就地正法。

孙　文

据谭延闿编《总理遗墨》第三辑(印行时间不详,广东省社会科学院藏)

饬提前补足刘玉山所部给养费令

(一九二三年十二月二十七日)

着军政部长提前补足刘玉山所部给养费。此令。

孙　文
中华民国十二年十二月二十七日

据中国国民党中央文化传播委员会党史馆藏一般档案051/290

---

① 原件未署日期,因通缉李鸿祥令于12月27日始发出,着拟此令当在27日前。

给罗翼群的指令

（一九二三年十二月二十七日）

大元帅指令第七五六号

　　令大本营兵站总监罗翼群

　　呈英利行等代理人关树仁呈承领李务本堂码头，恳准抵解兵站部欠款由

　　呈悉。应照准，仰即转令遵照办理。此令。

（中华民国陆海军大元帅之印）
中华民国十二年十二月廿七日

据大本营秘书处编《陆海军大元帅大本营公报》第四十二号（广州一九二三年十二月二十一日）

通缉李鸿祥令

（一九二三年十二月二十七日）

大元帅令

　　据报李鸿祥受曹锟、吴佩孚密命〔令〕潜来香港，阴遣党羽，希图煽惑军队，实属甘心附乱，罪不容诛。着由地方文武一体严缉，以儆愚顽，而申国纪。此令。

（中华民国陆海军大元帅之印）
中华民国十二年十二月廿七日

据大本营秘书处编《陆海军大元帅大本营公报》第四十二号（广州一九二三年十二月二十一日）

给廖仲恺的指令

（一九二三年十二月二十八日）

大元帅指令第七六〇号

　　令广东省长廖仲恺

　　呈为据广州市市长呈拟展拓市区绘具图说呈祈鉴核由

　　呈及图表均悉。广州市商务繁盛，人口日增，自非展拓市区，不足以资容纳，而宏远谟。该市长督饬工务局悉心规划，本山川之形势，定界域之标准。查核所拟东南西北及西南五部界线，均属妥协。复恐市区辽阔，一切设施，现时财力未逮，另定权宜区域，以期扩充，以渐势顺易行，计虑尤为周密。仰即转饬该市长，务即督饬所属，按照所定计划，切实进行，勿托空言为要。仍由该省长录此指令，分别咨令知照，并候令行内政部备案。图表存。此令。

（中华民国陆海军大元帅之印）

中华民国十二年十二月廿八日

据大本营秘书处编《陆海军大元帅大本营公报》第四十二号（广州一九二三年十二月二十一日）

给杨希闵等的训令

（一九二三年十二月二十八日）

大元帅训令第四〇九号

　　令滇军闵总司令杨希闵、滇军第二军军长范石生、第三军军长蒋光亮

　　为令行事：据报李鸿祥受曹锟、吴佩孚密命潜来香港，阴遣党羽，希图煽惑军队，实属甘心附乱，业经明令通缉。仰该总司令、军长严密查拿，如所部

有通李情实军官,一经发觉,即行以军法从事,决不宽贷。此令。

（中华民国陆海军大元帅之印）

中华民国十二年十二月廿八日

据大本营秘书处编《陆海军大元帅大本营公报》第四十二号(广州一九二三年十二月二十一日)

给徐绍桢的训令

（一九二三年十二月二十八日）

大元帅训令第四一〇号

令大本营内政部长徐绍桢

为令知事:案据广东省长廖仲恺呈为核转广州市市长孙科呈拟展拓市区绘具图表呈乞鉴核一案,当经本大元帅指令:"呈及图表均悉。广州市商务繁盛,人口日增,自非展拓市区,不足以资容纳而宏远谟。该市长督饬工务局悉心规划,本山川之形势,定界域之标准,查核所拟东南西北及西南五部界线,均属妥协。复恐市区辽阔,一切设施,现时财力未逮,另定权宜区域,以期扩充,以渐势顺易行,计虑尤为周密,仰即转饬该市长,务即督饬所属,按照所定计划,切实进行,勿托空言为要。仍由该省长录此指令,分别咨令知照,并候令行内政部备案,图表存。此令"等语,除印发外,合行令仰该部长查照备案。再查孙市长原呈,业经省署分咨该部有案,故未钞发图表,仅据呈送一份,现存本府,应由部咨省署转令该市长另以一份送部备案,合并饬知。此令。

（中华民国陆海军大元帅之印）

中华民国十二年十二月廿八日

据大本营秘书处编《陆海军大元帅大本营公报》第四十二号(广州一九二三年十二月二十一日)

命追赠并优恤梁国一令

（一九二三年十二月三十一日）

大元帅令

　　据东路讨贼军总司令许崇智呈称："故指挥官梁国一转战赣闽，卓著军勋，此次在增城督战，身先士卒，受弹阵亡，拟请追赠陆军少将，并优予给恤"等语。梁国一着追赠陆军少将，并着由军政部照少将阵亡例从优议恤，以慰忠魂。此令。

（中华民国陆海军大元帅之印）

中华民国十二年十二月卅一日

据大本营秘书处编《陆海军大元帅大本营公报》第四十二号（广州一九二三年十二月二十一日）

批颁发观音山之役卫士奖牌签呈

（一九二三年底）①

　　着参军长将奖牌及阵伤奖章预备于十三年一月一日午前十时由本大元帅颁发，此批。

文

据中国国民党中央文化传播委员会党史馆藏一般档案 052/19

---

① 原件无日期，依内容当在1923年底。

命各军长官收取善堂认借军饷令

(一九二三年)

着市政厅长通知各善堂,将所认借军饷五十万元,分交刘总司令震寰二十五万元、李军长福林十二万五千元、刘军长玉山十二万五千元,由各该总司令、军长,直接向各善堂收取,以免延误,而利军行。此令。

孙 文

民国十二年

据谭延闿编《总理遗墨》第一辑(一九二八年印行,广东省社会科学院藏)

命杨希闵等向商户善堂收取借饷令

(一九二三年)

着办令:令滇军总司令杨,向商会各商户收取借饷四十七万五千元(问哲生尚有多少)。令西路总司令刘震寰,向某善堂收取借饷二十五万元。令李福〈林〉,向某善堂收取借饷十二万五千元。令刘玉山向某善堂收取借饷十二万五千元(某某善堂派借若干须问哲生)。此令。

文

据谭延闿编《总理遗墨》第一辑(一九二八年印行,广东省社会科学院藏)

命商户将认借军饷交滇军总部令

（一九二三年）

着市政厅长通知商会各商户，将所认借之军饷五十万元，除已交之款，其余未悉者，拨交滇军总司令部，直接向商户收取，以免延误而利军行。此令。

孙　文

据谭延闿编《总理遗墨》第一辑（一九二八年印行，广东省社会科学院藏）

命海军收回广金广玉等舰令

（一九二三年）

另发令着海军舰队，往北海一带，收回广金、广玉，每只赏一万元，其他敌人小舰及商船，酌量议赏，限十日内办妥，如过期以外，每日减赏一成，减至五成为限。此令。

孙　文

据谭延闿编《总理遗墨》第一辑（一九二八年印行，广东省社会科学院藏）

命拟派黄隆生办药料令

（一九二三年）

着拟令派黄隆生往海防办药料事。

孙　文

据谭延闿编《总理遗墨》第三辑（印行时间不详，广东省社会科学院藏）

饬虎门长洲要塞司令放行永翔楚豫二舰令

（一九二三年）

电令虎门长洲要塞司令，永翔、楚豫两舰，开往西江助战，明后两日，当过长洲，着该司令放行。此令。

孙　文

民国十二年

据中国国民党中央文化传播委员会党史馆藏一般档案051/19

命蒋光亮交回缉私船令

（一九二三年）

致函蒋光亮，着交回缉私船平南与招桂章，以利缉私，而裕饷源。

据谭延闿编《总理遗墨》第三辑（印行时间不详，广东省社会科学院藏）

命拟调周之贞部驻广三铁路沿线令

（一九二三年）①

着秘书拟令，着周之贞调所部军队分驻广三铁路沿线，以资保护。此令。

孙　文

据中国国民党中央文化传播委员会党史馆藏一般档案051/347

---

① 原件为"大元帅府通用笺"，无年月，可能在1923年。

批答联陈事

（一九二三年）①

答电：联陈②一事，决无商量之余地。保③果出此，则吾当认之为宣战行为而已，幸为转致可也。

文

据中国国民党中央文化传播委员会党史馆藏一般档案052/1248

批罗翼群呈④

（一九二三年）

各军受抚，则乐昌已非战斗之地，其给养当另行筹款，交各司令自行办理，该路可不必加设兵站矣。

据谭延闿编《总理遗墨》第三辑（印行时间不详，广东省社会科学院藏）

批李寿乾函

（一九二三年）

代答：函悉，国会同人今日只宜在北京奋斗，他方用不着也。

据中国国民党中央文化传播委员会党史馆藏一般档案052/600

---

① 原件无日期，酌定在1923年。
② "联陈"，可能指陈炯明。
③ "保"，当指驻保定之曹锟。
④ 兵站总监罗翼群请示：李明扬在乐昌招抚之谢文炳部，应否接济。原件无日期，可能在1923年。

批史推恩等电[①]

（一九二三年）

交事务所职员共同审查酌答。

据中国国民党中央文化传播委员会党史馆藏一般档案 052/222

命否认王鸿勋为代表令

（一九二三年）[②]

报上有孙中山代表王鸿勋等语,当通电声明,并未派有王鸿勋为代表,并先在广州各报否认之。

据谭延闿编《总理遗墨》第三辑（印行时间不详,广东省社会科学院藏）

批第七军第二师第四旅强占医院布告

（一九二三年）

此事该军长是否知悉？如系部下妄为,即应制止,须知军人有保护人民之责,何得强横至此,如该军长不能制止,则本大元帅当以军法从事。此批。仰该军长知悉,立行检点为要。

孙　文

---

① 安庆史推恩等致电孙中山,反对时任国民党安徽总支部筹备处长的管鹏。来电年月未详,当在1923年。

② 此件未署日期,与委任陈群李文滨令同纸书写,当在1923年。

附录　原布告

迭奉军长命令,后方病院须地方应用,仰饬令寄居人等(我军人员不在此例),速行迁出,勿得延误,等因奉此。特再行通告,仰各人日内迁出,好派兵役打扫,各宜遵照,免干未便,切切。此告。□□□□第七军第二师第四旅司令部。三十号午前。

据中国国民党中央文化传播委员会党史馆藏一般档案
051/294

批田桓请接济张国威等八人呈

(一九二三年)①

八人各给二十元,共一百六十元。

孙　文

据中国国民党中央文化传播委员会党史馆藏一般档案
051/279

命电促蒋介石伍朝枢速来粤令

(一九二三年)

电上海,催蒋介石、伍梯云速来。

文

据谭延闿编《总理遗墨》第一辑(一九二八年印行,广东省社会科学院藏)

---

① 原件无日期,经考订在1923年。

批 张 冈 函[①]

（一九二三年）

代答：嘉之：并言党务当行扩张改良，公开于各省。凡为党人，务期竭力奋斗，使吾党主义遍布于全国。

据罗家伦编《国父批牍墨迹》（台北一九五五年十一月十二日版）

批宋鹤庚函

（一九二三年）[②]

作答：既知约法失效，当要反本寻源，再图彻底之革命，切勿歧而又歧，遂致永乱不已。此间已任谭组安回湘革命，望惟彼之命是听可也。

据谭延闿编《总理遗墨》第三辑（印行时间不详，广东省社会科学院藏）

批林支宇函

（一九二三年）

沧白拟答：已派谭组安回湘，望与一致进行，则纠纷立解矣，民国从此可

---

① 张冈，字恶石，江西安福县教育会长，以国民党员身份上书孙中山，谈论时局，其中有失实偏激之处，但态度诚直，孙中山予以嘉勉。原件无年月，据来函所述，当在 1923 年 12 月至 1924 年 1 月之间，现暂定 1923 年。

② 本件及下一件均未署时间。按谭延闿编《总理遗墨》所辑均为 1923 年 1 月以后的文件，但 1924 年，孙中山无派谭延闿回湘事，故酌定为 1923 年。

定云云。

> 据谭延闿编《总理遗墨》第三辑(印行时间不详,广东省社会科学院藏)

着分兵攻取赣南手谕

(一九二三年)

着即分兵攻取赣南,以固韶防,而联湘粤之交通,至要。

文

> 据谭延闿编《总理遗墨》第一辑(一九二八年印行,广东省社会科学院藏)

批大本营兵站总监部函

(一九二三年)

答已陆续设法,务望稍为坚持。

> 据谭延闿编《总理遗墨》第一辑(一九二八年印行,广东省社会科学院藏)

批东路讨贼军第三军军司令部函

(一九二三年)

已先由行营金库发给二千余,当在省指定机关由九月十一〈日〉起筹拨。文批。

> 据谭延闿编《总理遗墨》第三辑(印行时间不详,广东省社会科学院藏)

批某某司令部来函

（一九二三年）

代答：如右有匪在当可进剿，否则当要审慎，切勿贻累良民。

据谭延闿编《总理遗墨》第三辑（印行时间不详，广东省社会科学院藏）

给吴铁城的命令

（一九二三年）

仰该司令迅饬所部即日开赴增城，毋得迟延。切切，此令。

令吴铁城

据孙修福、喻春生《新发现的孙中山大元帅手令（二）》，载《民国档案》二〇〇一年第二期

给程潜的命令

（一九二三年）

着由该部拨给胡师长思舜部六八、七九、村田各弹共五万发。此令。并发水机关枪弹壹万颗。

令程潜

据孙修福、喻春生《新发现的孙中山大元帅手令（二）》，载《民国档案》二〇〇一年第二期

给吴铁城寸性奇的命令

（一九二三年）

仰该司令、局长派员率队驻守广州广九车站，凡自前敌退回军队一律缴收武器，违抗者着即枪决。此令。

令吴铁城、寸性奇

据孙修福、喻春生《新发现的孙中山大元帅手令（三）》，载《民国档案》二〇〇一年第三期

给马伯麟的命令

（一九二三年）

着长洲要塞司令将鱼雷局压气机两个交兵工厂长用。此令。

令马伯麟

据孙修福、喻春生《新发现的孙中山大元帅手令（一）》，载《民国档案》二〇〇一年第一期

给冯伟的命令

（一九二三年）

着该局长即日将马口无线电局移设江门。此令。

上令冯局长伟

据孙修福、喻春生《新发现的孙中山大元帅手令（一）》，载《民国档案》二〇〇一年第一期

关于高雷讨贼军归属的命令

（一九二三年）

高雷讨贼军总司令业已撤销，所有高雷讨贼军宜着归……

据孙修福、喻春生《新发现的孙中山大元帅手令（四）》，载《民国档案》二〇〇一年第四期

给徐树荣的命令

（一九二三年）

着东北缉匪司令徐树荣协同作战军巩固东江右岸，并每日将石滩及前方情形，最少报告二次。此令。

据孙修福、喻春生《新发现的孙中山大元帅手令（四）》，载《民国档案》二〇〇一年第四期

颁给陈龙韬讨贼奖章执照[①]

（一九二四年一月一日）

讨贼奖章执照

中华民国陆海军大元帅为给与陈龙韬讨贼奖章，用示奖励，特给执照，以资证明。

孙　文
中华民国十三年一月一日
据中国国民党中央文化传播委员会党史馆藏一般档案051/211

---

① 编号为奖字第五号。

给程潜的训令

（一九二四年一月二日）

杨总指挥希闵电称"小组部垫款架桥，请发款"等语，着军政部先筹拨洋一千元归垫，并由参谋处电复。如有不敷，并就地利用船舶材料以架设之矣。此令。

军政部长程潜

孙　文

中华民国十三年一月二日

据中国国民党中央文化传播委员会党史馆藏一般档案 051/146

给伍学熿的指令

（一九二四年一月二日）

大元帅指令第一号

令兼广东全省船民自治联防督办伍学熿呈为拟具《广东全省船民自治联防总分局暂行章程》暨《董事选举暂行章程》并旗式、灯式，请予核准由

呈及附件均悉。查所拟《广东全省船民自治联防总局暂行章程》十五条、分局章程十四条、《董事会董事选举暂行章程》十二条，暨旗式、灯式，大致均尚妥协，应准如所拟试行。仰即知照。附件均存。此令。

（中华民国陆海军大元帅之印）

中华民国十三年一月二日

据大本营秘书处编《陆海军大元帅大本营公报》第一号（广州一九二四年一月十日）

给林翔的指令

（一九二四年一月二日）

大元帅指令第二号

　　令大本营审计局局长林翔

　　呈请将大本营宣传委员会开办费暨十二年七月至十二月上旬计算书发还更造由

　　呈悉。仰候令饬查照签驳各条更造呈送来府，再行发交审查。附件均存。此令。

（中华民国陆海军大元帅之印）

中华民国十三年一月二日

据大本营秘书处编《陆海军大元帅大本营公报》第一号
（广州一九二四年一月十日）

给许崇智的指令

（一九二四年一月二日）

大元帅指令第三号

　　令东路讨贼军总司令许崇智

　　呈请追赠优恤阵亡指挥梁国一由

　　呈悉。梁国一已准予明令追赠陆军少将，并令行大本营军政部从优议恤，仰即知照。此令。

（中华民国陆海军大元帅之印）

中华民国十三年一月二日

据大本营秘书处编《陆海军大元帅大本营公报》第一号
（广州一九二四年一月十日）

给陈独秀的训令

（一九二四年一月二日）

大元帅训令第一号

　　令卸任大本营宣传委员会委员长陈独秀

　　为令饬事：案查前据该委员长造送开办费，暨自十二年七月一日起至十二月十日止各计算书及单据粘存簿前来，当经发交大本营审计局审查去后，兹据复称："为呈复事：案奉钧帅前后发到大本营宣传委员会委员长陈独秀呈缴开办费用，及十二年七月至十二月上旬各月份计算书、单据簿等件下局。窃查该委员长所造之计算书，未将款项分列，已与计算书格式不合，且内多缺乏单据者，有单据未贴印花税票者，有领薪收据未盖印章及印花税贴不足数者，有领薪收据无领款人姓名者，有领薪收据金额等与计算书所列金额不苻〔符〕者，业就原计算书逐条签注明白，至该会七、八、九、十四个月房租八百元，暨声明交涉未妥暂存各字样，自不能为支出之实额。谨将原呈二件并计算书、单据簿各七本，呈请钧帅，令饬委员长按照计算书格式照签各条更造后，再予审核"等情。据此，除指令外，合将原计算书及单据粘存簿发还，令仰该委员长即按照签驳各条，妥为更造呈候核办。此令。

　　计发还计算书、单据簿各七本。

　　　　　　　　　　　　　　　　　（中华民国陆海军大元帅之印）
　　　　　　　　　　　　　　　　　中华民国十三年一月二日

据大本营秘书处编《陆海军大元帅大本营公报》第一号
（广州一九二四年一月十日）

给广州市公安局的密令

（一九二四年一月三日）①

现据大本营侦缉队密报，谓旧仓巷赵氏书院有刘凯其人，自称中华敢死党、辛亥俱乐部主任兼大元帅讨逆先锋队司令，有招人入党、招摇敛钱情事，饬即派队查拿。

据《广州民国日报》一九二四年一月四日《破获逆党机关》

命发李安邦给养费令

（一九二四年一月三日）②

大元帅令

令每日发给李安邦司令所部给养费四十元。

据中国第二历史档案馆编《中华民国史档案资料汇编》第四辑《广州国民政府档案》（江苏古籍出版社一九八六年版）

给刘震寰的训令

（一九二四年一月四日）

大元帅训令第二号

令中央直辖西路讨贼军总司令刘震寰

---

① 原令未署日期。按1月4日《广州民国日报》之《破获逆党机关》载"公安局三日早接到大本营密令"，今据此确定日期。

② 此件所标时间系财政委员会第三次会议决案日期。

据广东财政厅长梅光培呈称："窃查职厅办理广东全省经界事务，先经拟具规程呈奉钧座核准照办在案。厅长接任后，当赓续筹划进行，因前局长林直勉辞职，现在附设厅内，改局长为主任，委吴鼎兼充，并次第委任朱卓文为香山县经界分局长，吴欢澜为宝安县经界分局长。其余各县分局，正在遴员任用，以期逐次开办。乃昨接中央直辖西路讨贼军第一师长韦冠英来咨，内称：'敝部奉令讨贼，分队驻扎东莞、宝安等属地方，原为清除贼匪保卫商民起见，际兹库储支绌，伏莽未清，筹款安民，在在均须兼顾。查筹款裕国之方，莫如清理田土、整顿税收。迩来贵厅经已设立全省经界总局，而全省各属地方辽阔，必须分途进行。查东莞、宝安两县地方，经属敝部防地，军民相处已久，舆论翕然，似应划出此二县设立一东宝经界分局，派委总办经理。惟该两县盗贼充斥，民族强悍，且此项经界事宜极为重要，办理需时，自非熟悉情形及敝部军队长久驻扎协助进行，难期办有起色。兹查有敝部谘议诸德建，生长东莞，所有地方情形极为熟悉，办事实心，并为该两县绅商所爱戴，人地均宜，堪胜该分局总办之任。敝部复派注〔驻〕扎防军协同劝导，当能事半功倍，不致反抗推延。敝部为因事择人起见，现已先行委任，并经搜集人材，筹足款项，开办在即，相应咨请贵厅查照，迅速加委该员为东莞、宝安经界分局总办，以资慎重，并将所有规程、条例及办事细则暨各种簿书、表册程式等项，饬令经界总局检齐发给到部转发，俾有遵循，速行办理，藉归划一。将来收有款项，每月除坐支该分局经费外，仍即扫数批解，以裕饷需，务希查照办理'等由。当即函约该谘议来厅就商，旋接韦师长复函略称：'因财政拮据，此事势在必行，已饬诸某带员前赴东、宝实行开办。就商一节，不能如命'等语。窃思韦师长之意，以为经界局有税可收，派员自办，便可筹得巨款，以济军食。殊不知经界局并非为立刻筹饷起见，现当开办伊始，着手调查、筹办清丈、查验契据、编造图册。头绪固极纷繁，经费尤须筹垫，公家之收入实非旦夕可期。且此事既属职厅范围，则一切章程，自应由厅核定。今韦师长自定章程，自行试办，事出歧异，人民何所适从？于经界前途恐滋障碍。韦师长之举，似系不无误会也。理合呈请钧座迅赐令行西路讨贼军刘总司令转令韦师长，饬下诸德建停止东、宝两属开办经界事务，至为公便"

等情。据此,除指令照准外,合行令仰该总司令即便转饬遵照办理。此令。

（中华民国陆海军大元帅之印）

中华民国十三年一月四日

据大本营秘书处编《陆海军大元帅大本营公报》第一号

（广州一九二四年一月十日）

给高凤桂的指令

（一九二四年一月四日）

大元帅指令第六号

　　令中央直辖第一师师长高凤桂

　　呈报就职启用印章日期由

　　呈悉。此令。

（中华民国陆海军大元帅之印）

中华民国十三年一月四日

据大本营秘书处编《陆海军大元帅大本营公报》第一号

（广州一九二四年一月十日）

给梅光培的指令

（一九二四年一月四日）

大元帅指令第七号

　　令广东财政厅长梅光培

　　呈请令行刘总司令转饬韦师长停止派员开办东、宝①两属经界事务由

---

① 东、宝,指广东省境内东莞、宝安。

呈悉。准予令行刘总司令转饬遵照。此令。

（中华民国陆海军大元帅之印）

中华民国十三年一月四日

据大本营秘书处编《陆海军大元帅大本营公报》第一号
（广州一九二四年一月十日）

给邹鲁的指令

（一九二四年一月四日）

大元帅指令第八号

令国立高等师范学校校长邹鲁

呈奉令指拨经费，恳请通令不得提借暨协助由

呈悉。准予令行军政部、广东省长通饬所属严禁提借此项收入，及认真协助矣。仰即知照。此令。

（中华民国陆海军大元帅之印）

中华民国十三年一月四日

据大本营秘书处编《陆海军大元帅大本营公报》第一号
（广州一九二四年一月十日）

给程潜廖仲恺的训令

（一九二四年一月四日）

大元帅训令第四号

令大本营军政部长程潜、广东省长廖仲恺

据国立高等师范学校校长邹鲁呈称："窃职校前奉钧令，指定广东全省田土业佃保证照费一项专为本校经费。仰见大元帅笃念教育、栽成学

子至意。凡属文武各僚，自应体会斯旨，加以协助，俾观其成。现查该局业经设立，省垣所有各县分局亦已次第遴员委充，分头进行。倘假以时日，责以事功，未尝不可源源报解，借资挹注。校长诚恐开办伊始，农民未必尽晓。地方官绅或视为等闲，不予匡助。驻在防军或以饷糈紧急，就地挪移，斯则专款徒托虚名，教育等于画饼矣。再四思维，唯有吁恳明令军政部暨广东省长，通饬各军及行政长官：田土业佃保证照费已专拨为高师经费，无论何项机关，不得任意就地挪借。凡关于办理此事各县军警及地方官，应随时加以协助，以期迅速而利推行。所有奉令指拨经费，恳请通令不得提借暨协助缘由，理合备文呈请鉴核令遵"等情。据此，查广东全省田土业佃保证照费收入，前经明令专拨为国立高等师范经费在案，据呈前情应予照准。除指令准予令行军政部、广东省长通饬所属，严禁提借此项收入及认真协助并分令外，合行令仰该部、省长即便查照，通饬各军、各行政官：此项田土保证照费收入，系指定为国立高师专款，无论何项机关，不得任意提借。并着各县军警随时认真协助，以维教育，而利进行。此令。

(中华民国陆海军大元帅之印)

中华民国十三年一月四日

<small>据大本营秘书处编《陆海军大元帅大本营公报》第一号（广州一九二四年一月十日）</small>

给程潜的指令

（一九二四年一月四日）

大元帅指令第九号

　　大本营军政部长程潜

　　呈据广九铁路洋总工程司函复，非将军事运输费拨交，该路不能将车辆修理完好，请示遵办由据呈已悉。应仍由部饬令广九路赶将路轨、车辆修理完好，速开客车，则人民之交通既便，该路之收入亦自裕矣。仰即遵照办理。此令。

（中华民国陆海军大元帅之印）

中华民国十三年一月四日

据大本营秘书处编《陆海军大元帅大本营公报》第一号

（广州一九二四年一月十日）

给刘震寰的指令

（一九二四年一月四日）

大元帅指令第十号

　　令桂军总司令刘震寰

　　呈请简任钟明阶为桂军第四军军长由

　　呈悉。照准。钟明阶已明令简任矣。此令。

（中华民国陆海军大元帅之印）

中华民国十三年一月四日

据大本营秘书处编《陆海军大元帅大本营公报》第一号

（广州一九二四年一月十日）

给伍学焜的指令

（一九二四年一月四日）

大元帅指令第十一号

　　令兼广东全省船民自治联防督办伍学焜

　　呈为拟定支配船民自治联防经费办法，呈请核示由

　　据呈拟将全省水面收入，除支督办公署总分支局董事会经费外，以五成

解缴政府，以五成举办学校、医院、巡舰等事，尚属平允可行。仰即赶将各项收费章程拟定呈核，一面将应行举办自治联防事项妥为规划，切实举行。务期事有实效，款不虚糜，是为至要。此令。

（中华民国陆海军大元帅之印）

中华民国十三年一月四日

据大本营秘书处编《陆海军大元帅大本营公报》第一号
（广州一九二四年一月十日）

给杨希闵蒋光亮的训令

（一九二四年一月五日）

大元帅训令第五号

令中央直辖滇军总司令杨希闵、第三军军长蒋光亮

为令知事：查中央直辖滇军第四师师长王秉钧、第三军总参谋长禄国藩、第四师参谋长吴震东，均有私通北敌情事。除明令免职，并令饬该总司令、中央直辖滇军杨总司令严拿，务获究办暨分令外，合行令仰该总司令、军长即行转饬所部。须知本大元帅兴师讨贼，赏罚严明，务各以王秉钧为戒，力矢忠诚，一意报国，杀贼立勋，同膺懋赏，本大元帅有厚望焉。此令。

（中华民国陆海军大元帅之印）

中华民国十三年一月五日

据大本营秘书处编《陆海军大元帅大本营公报》第一号
（广州一九二四年一月十日）

给杨西岩的指令

（一九二四年一月五日）

大元帅指令第一三号

　　令禁烟督办杨西岩

　　呈拟禁烟督办署章程请公布由

　　呈及章程均悉。查所拟章程尚属妥协，应准如拟施行。仰即知照。此令。

（中华民国陆海军大元帅之印）

中华民国十三年一月五日

据大本营秘书处编《陆海军大元帅大本营公报》第一号
（广州一九二四年一月十日）

给廖仲恺的指令

（一九二四年一月五日）

大元帅指令一四号

　　令广东省长廖仲恺

　　呈请令行杨总指挥希闵转饬所部交还石滩、元洲联团枪枝，并附清单一纸由

　　呈及清单均悉。候令行杨总指挥转饬所部照数交还可也。此令。

（中华民国陆海军大元帅之印）

中华民国十三年一月五日

据大本营秘书处编《陆海军大元帅大本营公报》第一号
（广州一九二四年一月十日）

给杨希闵的训令

(一九二四年一月五日)

大元帅训令第六号

令滇粤桂联军前敌总指挥杨希闵

据广东省长廖仲恺呈称:"现据增城县长黄国民呈称:'据职县石滩、元洲联乡保卫团总吴器楠等呈称:"窃敝团辖内石滩、元洲两乡,于夏历十月二十日为联军误会镇扎乡内,人民逃避,团丁被押,团枪被缴,经敝团副团总单秀川呈内报明元洲苦状在案。致石滩团丁先携枪枝远避,团丁团枪虽不致押缴,而店屋受害同然。时团总避寓广州,奔赴帅府,沥情泣诉,幸蒙大元帅亲批:'石滩、元洲保卫团向同情于我,联军得其帮助甚多,此次误会以上两乡。着前敌总指挥杨希闵务须劝谕各连排,将所押团丁,所缴团枪,一并发还省释,俾得一致杀贼,此批'等令。旋于二十五日经敝团副团总吴永襄、团长单宝鍪,会同侦缉委员李荣君晋谒杨总指挥,蒙面令转布乡人回梓安居等谕。副团总吴永襄遵于二十六日由土江村带同男妇村人数十暨团丁四名回梓,不料行至高门村外地方,又被滇军拦击,当场枪毙团丁吴伯容一名,枪伤吴曾仔一名。时该村人于搜掠受惊之余,又散而之四方者多数人。吴副团总〈吴〉永襄只得亲赴总指挥部报明求究等情。然时事既属过迁,苦况无庸多赘。惟乡村系乡人生长死聚之地,不能不设法维持。盖欲维持乡村,必先以复团为首,敝团一日不复,乡人一日不敢归家。致欲复团,而团枪已失,恢复无从。窃思大元帅批谕煌煌,或堪挽救。惟团总等职身微贱,不敢再行越级续呈。用特计开所失团枪呈报,伏恳宪天俯准,速将前情转详帅座,代请帅德维持,不胜待命"等情。并开具所失枪单一纸呈缴前来。据此,理合备文连同失单转呈钧署察核,伏乞迅赐转呈大元帅,饬令杨总司令严饬所部,速即如数交还该团总等接收,俾资自卫,实为公便'等情。计清单一纸。据此,除令复外,理合据情陈请帅座鉴核,俯赐令行杨总指挥希闵即饬所部,将缴去该县石滩、元洲联团自卫枪枝如数交还该团长等具领,俾资自卫,而重团务,并乞指令饬遵,实为公便"等情。并附枪枝清单一纸前来。据此,除指令照准外,合行令仰该总指挥即转饬所部,将所缴石滩、元洲联团自卫枪枝全数交还该团长具领,俾资自卫而安闾里为要。清单抄发。此令。

(中华民国陆海军大元帅之印)
中华民国十三年一月五日
据大本营秘书处编《陆海军大元帅大本营公报》第一号
(广州一九二四年一月十日)

给杨希闵的手令

(一九二四年一月六日)①

除中央直辖滇军第二师与豫军直接由大本营支配分发外,所余奖金着由该总指挥酌量分配各军承领。

据广州《现象报》一九二四年一月七日《发给将士奖金之分配》

给程潜的训令

(一九二四年一月八日)

大元帅训令第八号

  令大本营军政部长程潜

  为令行事:据湘军总司令谭延闿呈称:"据职部第一军代军长方鼎英呈称:'呈为赍具南雄筹措军米出力绅商名单,拟请颁给奖章,用昭激劝,仰祈鉴

---

① 日期未署,今据1月7日广州《现象报》载"昨奉大元帅手谕"定时。

核事。窃职军此次千里赴援，仓卒应战，一切均未准备，饷糈两付缺如。克复始南，日进百里，后方兵站窎远，转运维艰，官兵茹粥餐薯，朝不保夕，束手无策，群起恐慌。当经商请南雄绅商曾攀荣等代为维持，每日筹集军米，按队摊发，历时半月之久，派米万石有奇。不特固结摇动之军心，兼以促成中站之战事。该绅商等急公仗义，为国勤劳，三军感再造之恩，地方受无穷之福。拟请钧部转呈大元帅，论功叙赏，颁给奖章，用昭酬庸，藉资勉励。是否有当，理合缮具名单，备文赍呈钧部核示祗遵，实为公便'等情。据此，查南雄一役，饷糈两缺，势甚危险。该县绅商曾攀荣筹办军米，数逾万石，使我军得以一意应战，用克驱除北敌。其仗义急公之忱，实为末俗所难能。论功行赏，应恳钧帅特颁奖章，以示激劝，而昭殊荣。理合缮具名单，备文呈赍钧府，伏乞核示遵行"等情。据此，除指令仰候令行军政部查照陆海军奖章令，拟定应得奖章呈候核准颁给外，合行令仰该部长即便遵照办理。名单抄发。此令。

（中华民国陆海军大元帅之印）

中华民国十三年一月八日

谨将南雄筹措军米出力商绅姓名开列于后：

计　开：

商会会长：曾攀荣

副会长：胡嘉植

会董：朱光成、朱安龄、李乃斌、戚焯勋

城区保卫团团董：胡锡朋

国民党南雄分部党务科长：朱光楷

南雄商团军教练：陈全义

县民：郭学治

商人：敖广生、王名熙

以上共计十二人。

据大本营秘书处编《陆海军大元帅大本营公报》第一号
（广州一九二四年一月十日）

给叶恭绰的指令

（一九二四年一月八日）

大元帅指令第一六号

　　令大本营财政部长叶恭绰

　　呈为拟具《财政委员会章程》请予核定公布由

　　呈、章均悉。查所拟章程尚属妥协，应准如拟施行。仰即知照。此令。

（中华民国陆海军大元帅之印）

中华民国十三年一月八日

据大本营秘书处编《陆海军大元帅大本营公报》第一号
（广州一九二四年一月十日）

给陈兴汉的指令

（一九二四年一月八日）

大元帅指令第一七号

　　令管理粤汉铁路事务陈兴汉

　　呈报客货车在永利石场地方被匪劫掠情形，乞通令各军长官认真缉拿由

　　呈悉。仰候令饬军政部通行各军一体严缉可也。此令。

（中华民国陆海军大元帅之印）

中华民国十三年一月八日

据大本营秘书处编《陆海军大元帅大本营公报》第一号
（广州一九二四年一月十日）

给程潜的训令

（一九二四年一月八日）

大元帅训令第九号

　　令大本营军政部长程潜

　　为令饬事：案据管理粤汉铁路事务陈兴汉呈称："现据职路路警处杨华馨呈称：'据第三四分巡等先后电称："据沙口站长电告：'二十八日下午六点钟，由省开上第四次客货车，路经永利石场地方，突有匪徒百余名，各持枪械强行劫掠，当即由第三、四分巡亲率武装长警驰救，又由河头巡长加派路警护卫。讵该匪竟敢开枪轰击，路警奋力抵御，鏖战一点余钟，匪党愈来愈众，锋不可当，卒以寡众悬殊，子弹告罄，致被锋〔蜂〕拥登车，肆行抢掠。所有车上行李货物被掠一空，并击毙湘军军官一员，掳去湘军军官一员，并伤路警一名'等情。查此次匪徒劫车，事起仓卒，非常凶悍，匪众我寡，又因子弹告竭，致被惨劫，负咎良多。除一面严密防范并严令跟踪追缉，务将本案从速破获外，理合呈报察核"等情前来。并据车务处呈报，略同前情。并以此次劫车匪徒多属土人，行劫时多带面具以图掩饬〔饰〕，并闻有人认识其中有匪首宋广在内，系澪江人，应请严缉，务获究办'各等情。据此，查匪徒迭向本路行劫，实属猖獗异常，若不严行查缉，匪风愈炽，地方难安，职路尤受影响。理合呈报帅座察核，伏乞分令各军长官，认真将本案赃贼务获究办，庶靖地方，而维路政"等情。据此，除指令外，合行令仰该部长，即遵照转行各军，一体严缉，务获究办，以靖匪风，而安行旅。切切。此令。

（中华民国陆海军大元帅之印）

中华民国十三年一月八日

据大本营秘书处编《陆海军大元帅大本营公报》第一号

（广州一九二四年一月十日）

给谭延闿的指令

（一九二四年一月八日）

大元帅指令第一八号

　　令湘军总司令谭延闿

　　呈为南雄绅商曾攀荣等急公仗义,乞特颁奖章以示激劝由

　　呈悉。仰候令行军政部查照陆海军奖章令,拟定应得奖章,呈候核准颁给可也。此令。

（中华民国陆海军大元帅之印）

中华民国十三年一月八日

据大本营秘书处编《陆海军大元帅大本营公报》第一号
（广州一九二四年一月十日）

给廖仲恺的训令

（一九二四年一月九日）

大元帅训令第一十号

　　令广东省长廖仲恺

　　据前特派员邹鲁呈称:"为发还垫款恳请察核饬遵事:窃据财政厅谘议廖韶光折呈称:'去年冬,钧座奉大元帅特派由沪回粤办理讨贼事宜,设立机关,进行军事。此时韶光以大义所在,投效驰驱。时适旧部杨廷光投隶南路讨贼军总司令黄明堂部属,因在高、雷①失利,退踞六湖洞,待时再举,而总部远退桂省,接济断绝,派员来港,请饷接济。韶光为护助大局起见,恳准钧座拨给该部港纸二千元。维时钧部资款支绌,饬由韶光向港商挪借,径发该部,已于十月四日向港商谦益祥揭借港纸二千元,并经面奉钧座,奉准限

---

①　高、雷,指广东境内高州、雷州。

定两月归还,如延至克复广州后筹还,且准借一还二。今已届一年,未蒙发还该款,而港商催讨频仍,以韶光一介寒士,无家可毁,无财可输,遂致此债久延无着,此款既系遵奉钧命借发,自应归还,以全信用。惟政府正当库款奇绌之时,韶光劝令该商谦益祥取消以一还二之议,改为月息一分计算,至还银之日止。应请俯赐准将前项借本港纸二千元及利息,填发支付命令,如数给还,俾得清债累,维信用,不胜迫切待命之至'等情。据此,查该员所称垫借款数,原系事实,理应准予按照本息发还,以全信用。但鲁前将特派员期内收支款目造册呈报,及邓理财员泽如结报数册,均未列入此款,因当时该项由鲁面饬该员直接借发,不经办事处收支,故未列册存记,迨结报数目时,该员又适以事离省,未来陈报,以致一时遗忘。兹据该员折呈前来,理合专案呈请察核,准予令行广东省署饬令财政厅筹还,实为德便"等情前来。据此,应予照准,合行令仰该省长即便转饬财政厅遵照,如数筹发。此令。

(中华民国陆海军大元帅之印)

中华民国十三年一月九日

据大本营秘书处编《陆海军大元帅大本营公报》第一号
(广州一九二四年一月十日)

给叶恭绰的指令

(一九二四年一月九日)

大元帅指令第一九号

　　令大本营财政部长叶恭绰

　　呈拟筹付各部局经费变通办法乞示遵由

　　呈悉。应照准。即由该部转咨军政部查照可也。此令。

(中华民国陆海军大元帅之印)

中华民国十三年一月九日

据大本营秘书处编《陆海军大元帅大本营公报》第一号
(广州一九二四年一月十日)

给林森的指令

（一九二四年一月九日）

大元帅指令第二〇号

　　令大本营建设部长林森

　　呈为遵令再行修改公司注册规则第三条，请予核定施行由

　　呈悉。查此次改拟修正公司注册规则第三条，条文尚属妥协，应准如拟施行，由部录令公布周知可也。附件存。此令。

（中华民国陆海军大元帅之印）
中华民国十三年一月九日

据大本营秘书处编《陆海军大元帅大本营公报》第一号
（广州一九二四年一月十日）

给陈宜禧的指令

（一九二四年一月九日）

大元帅指令第二一号

　　令新宁铁路总理陈宜禧

　　呈请重申前令责成驻防军队，务须切实奉行《军人搭车办法》由

　　呈悉。仰候令饬军政部转行驻防军队重申前令，责令切实奉行可也。此令。

（中华民国陆海军大元帅之印）
中华民国十三年一月九日

据大本营秘书处编《陆海军大元帅大本营公报》第一号
（广州一九二四年一月十日）

给程潜的训令

（一九二四年一月九日）

大元帅训令第十一号

  令大本营军政部长程潜

  为令饬事：案据新宁铁路总理陈宜禧呈称："窃查宜禧前呈拟整顿军人搭车办法，恳予核饬驻防各军遵照一案，经奉帅座发交军政部办理，并奉军政部第二三五四号指令，准予照办各在案。兹查迩来驻防军队，并未遵照呈准整顿办法切实奉行，且有业经解散仍持军票搭车者，或有假冒军籍伪用军票者，甚至一军人搭车，而包揽搭客多人，不受收票员查验者，其他挟持军票，用铅笔任意填写人数、等级，踞坐头、二等客位，致令搭客买票反无坐位者。种种情形，比前有加无已，非请设法维持，车利日绌，路务将不堪设想。理合具文呈恳帅座迅予重申前令，责成驻防军队遵照办理，切实整顿，以肃军纪而维路政"等情。据此，除指令外，合行令仰该部长即转行驻防军队，重申前令，责令切实奉行，以肃军纪，而维路务。切切。此令。

（中华民国陆海军大元帅之印）

中华民国十三年一月九日

据大本营秘书处编《陆海军大元帅大本营公报》第一号
（广州一九二四年一月十日）

给北江商运局的命令

（一九二四年一月九日）

大元帅令

  按照北江商运局开办之始，已经本大元帅面为训戒发起之人，不得侵及粤汉铁路权利。乃闻该局今胆敢向铁路运商每车勒收费二元,并设分局于车站之内,实属不合。着即撤去分局及停止收费。否则严办。切切。此令。

北江商运局

孙　文

中华民国十三年一月九日

据谭延闿编《总理遗墨》第三辑(印行时间不详,广东省社会科学院藏)

给何克夫的指令

（一九二四年一月九日）

大元帅指令第二二号

令连阳绥靖处处长何克夫

呈请辞去连阳绥靖处处长职,迅赐遴员接替,以重边陲由

呈悉。该处长奔走国事,历有年所。此次绥靖连阳,守土御寇,殚思竭力,殊深倚畀。所请辞去连阳绥靖处处长职,应毋庸议。此令。

（中华民国陆海军大元帅之印）

中华民国十三年一月九日

据大本营秘书处编《陆海军大元帅大本营公报》第一号（广州一九二四年一月十日）

给伍汝康的指令

（一九二四年一月九日）

大元帅指令第二三号

令前两广盐运使伍汝康

呈报卸事日期由

呈悉。此令。

（中华民国陆海军大元帅之印）

中华民国十三年一月九日

据大本营秘书处编《陆海军大元帅大本营公报》第一号

（广州一九二四年一月十日）

给谭延闿的指令

（一九二四年一月十日）

大元帅指令第二四号

　　令湘军总司令谭延闿

　　呈报由南雄至广州电报迟滞，贻误军情，关系极大，请严饬电政监督对于北江一带电线极力整顿由

　　呈悉。仰候令行电政监督认真整顿可也。此令。

（中华民国陆海军大元帅之印）

中华民国十三年一月十日

据大本营秘书处编《陆海军大元帅大本营公报》第二号

（广州一九二四年一月二十日）

给何家猷的训令

（一九二四年一月十日）

大元帅训令第十三号

　　令广东电政监督何家猷

　　为令行事：案据湘军总司令谭延闿呈称："近日北方电报，迟滞异常，由

南雄电达广州,历时须三四日方能递到,关系军情极大。饬据职部电务处长刘竞西查明整顿去后,兹据复称:'我军往来各报迟滞原因,一由韶局电生缺乏,一由广州线路年久失收〔修〕,每遇风雨,即生阻碍。职前为补救计,特派电务员分赴韶州、源潭两局协同助理,以期迅速。查广韶线路四百余里,分为韶、英、源、广四局管辖,每局不过百里,内外即有阻碍,至迟两日以内当可修复。拟请转呈大元帅饬令电政监督,随时稽察整理'等情。理合呈请察核施行"等情。据此,查北江电政,现值用兵之际,关系极为重要,应由该监督切实整顿。关于电生之勤惰,路线之通塞,尤须认真督察。遇有积压阻隔,应将各电生及工匠从严查究,以维电政,而利戎机,毋涉延玩。仍将办理情形,迅速呈候考核。此令。

(中华民国陆海军大元帅之印)

中华民国十三年一月十日

据大本营秘书处编《陆海军大元帅大本营公报》第二号
(广州一九二四年一月二十日)

给廖仲恺的训令

(一九二四年一月十日)

大元帅训令第十四号

　　令广东省长廖仲恺

　　为令饬事:案据广东地方善后委员会呈称:"为议决惩治妄报官产及李文恩等禀陈利弊各案,呈候鉴核,指令祗遵。窃自军兴以来,饷需浩繁,政府不得已而有投变官产之举。乃奸徒希图获奖,乘机妄报,全市骚然。委员等有见及此,故有拟订《民业保证条例》,以为民业保障。经奉帅座核准,颁行有案。现查保证局虽经成立多日,而举报官产者尚源源而来,若非速图救济,实恐有负我大元帅维持民业之本旨。兹据本会伍委员提议《惩治妄报官产案意见书》,并《条例》十条,并准省长公署发交李文恩等禀呈利弊一案到会,当于本月十八日特别会议再三讨论,一致表决并案,呈请帅座鉴核,通令颁行,庶妄报瞒承者不敢再有尝试而遂其奸,本市商民均可各安其业。所有议决缘由,理合连同伍委员提议条例,并李文恩禀呈利弊案四条,具呈睿察。如蒙采择,伏乞通令各机关遵照执行,仍候训令祗遵"等情。据此,当经指令:"呈及附件均悉。伍委员平一所拟《惩治妄报瞒承官产条例》是否可行,候将原草案钞交广东省长详加审查,具复核夺。至李文恩所陈变卖官产机关人员与地方蠹民种种串通舞弊情形,殊堪痛恨,并候令广东省长通令各该管机关严行查禁。如果有此种行为,无论高下级人员,均应尽法惩办,以儆官邪,而重业权。市厅所定《民产保证条例》前已由该会议决修改,呈经核准施行在案。中央银行应否设立,及纸币应否发行,应俟保证费收有成数,再行酌量办理。仰即分别知照。附件存。此令"等语。除指令印发外,合行照钞原议案,令仰该省长即行按照原指令内指示各节,分别遵办,具复核夺。切切。此令。

计钞发伍平一提议惩治妄举市产官产及李文恩禀陈利弊议案各一件。

(中华民国陆海军大元帅之印)

中华民国十三年一月十日

<small>据大本营秘书处编《陆海军大元帅大本营公报》第二号</small>

<small>(广州一九二四年一月二十日)</small>

给赵士觐的指令

(一九二四年一月十日)

大元帅指令第二十五号

　　令两广盐运使赵士觐

　　呈议复伍运使①办理盐商预缴现饷及补恤各程船损失一案由

---

① 伍运使,即两广盐运使伍汝康。

呈悉。伍前运使办理盐商预缴现饷,并补恤各程船损失一案,既据该运使暨稽核所宋经理①往复研究,窒碍甚多,自属实情。至该商所缴一万三千元有无另发准单,应俟伍前使移交至日,一并查明。仍将此案妥速议结,呈候核夺。盐政为该使专责,无所用其诿避也。此令。

(中华民国陆海军大元帅之印)

中华民国十三年一月十日

据大本营秘书处编《陆海军大元帅大本营公报》第二号(广州一九二四年一月二十日)

命发何雪竹出发费谕

(一九二四年一月十日)②

着财政委员会筹给何雪竹出发费一万元。

据陈旭麓、郝盛潮主编,王耿雄等编《孙中山集外集》(上海人民出版社一九九〇年版)

批给邓家彦旅费谕

(一九二四年一月十日)③

邓家彦自德国来电云:即归国,请汇旅费。着财政委员会筹给二千元换英金汇往。

据陈旭麓、郝盛潮主编,王耿雄等编《孙中山集外集》(上海人民出版社一九九〇年版)

---

① 宋经理,即两广盐务稽核所经理宋子文。
② 此件所标时间系财政委员会第五次会议决案日期。
③ 此件所标时间系财政委员会第五次会议决案日期。

提议筹赔船价谕

（一九二四年一月十日）①

着财政委员会提议筹赔谭细船价一千二百元，黎顺船银七百五十元。

据陈旭麓、郝盛潮主编，王耿雄等编《孙中山集外集》（上海人民出版社一九九〇年版）

给张开儒的指令

（一九二四年一月十日）

大元帅指令第二六号

  令大本营参军长张开儒

  呈请将该处上校副官宾镇远、少校副官刘沛等四员免去本职由

  呈悉。准如所请。已另有令将该副官宾镇远等免去本职矣。此令。

（中华民国陆海军大元帅之印）
中华民国十三年一月十日
据大本营秘书处编《陆海军大元帅大本营公报》第二号（广州一九二四年一月二十日）

给张开儒的指令

（一九二四年一月十日）

大元帅指令第二七号

  令大本营参军长张开儒

---

① 此件所标时间系财政委员会第五次会议决案日期。

呈奉令祗去副官、差遣各员,分批办理列册,呈请鉴核施行由

呈、册均悉。吴靖等已明令免去副官本职,余如所请办理,仰即遵照。册存。此令。

（中华民国陆海军大元帅之印）
中华民国十三年一月十日

据大本营秘书处编《陆海军大元帅大本营公报》第二号
（广州一九二四年一月二十日）

给广东地方善后委员会的指令

（一九二四年一月十日至十一日间）①

大元帅指令第二八号

令广东地方善后委员会

呈为议决惩治妄报官产及李文恩等禀陈利弊各案呈候鉴核由

呈及附件均悉。伍委员平一所拟《惩治妄报瞒承官产条例》是否可行,候将原草案钞交广东省长详加审查,具复核夺。至李文恩所陈变卖官产机关人员与地方蠹民种种串通舞弊情形,殊堪痛恨,并候令广东省长通令各该管机关严行查禁。如果有此种行为,无论高、下级人员,均应尽法惩办,以儆官邪而重业权。市厅所定《民产保证条例》,前已由该会议决修改,呈经核准施行在案。中央银行应否设立及纸币应否发行,应俟保证费收有成数再行酌量办理,仰即分别知照。附件存。此令。

（中华民国陆海军大元帅之印）
中华民国十三年一月　日

据大本营秘书处编《陆海军大元帅大本营公报》第二号
（广州一九二四年一月二十日）

---

① 原令未署日期。按大元帅指令第二十七号及第二十九号,发令日期分别为1月10日、11日,故此件时间可能在10日至11日间。

给韦荣熙的训令

（一九二四年一月十一日）

大元帅训令第一六号

　　令北江商运局局长韦荣熙

　　为令饬事：查北江商运局开办之初，曾经本大元帅面谕，发起之人不得涉及粤汉铁路范围。乃闻该局现向铁路运商每车收费二元，并设分局于各车站，殊与原议办法不符。为此，令仰该局即行停止收费，并将在各车站所设分局撤去，仍将遵办情形报查。切切。此令。

　　　　　　　　　　　　　　　　　（中华民国陆海军大元帅之印）

　　　　　　　　　　　　　　　　　中华民国十三年一月十一日

　　　　　　　　据大本营秘书处编《陆海军大元帅大本营公报》第二号

　　　　　　　　（广州一九二四年一月二十日）

给广东地方善后委员会的指令

（一九二四年一月十一日）

大元帅指令第二九号

　　令广东地方善后委员会

　　呈为组设民业审查会，谨将办事规则及委员名单呈请核由

　　呈及附件均悉。该会有鉴于广东民有产业，每被人妄指为官产，致受损累，拟就善后委员会中互选五人，组织民业审查会。凡人民产业被人举报，均可请求该会审查，藉昭慎重，而杜妄报。用意甚善，自可准其设立。另单开报选定委员五人姓名，应予备案。惟查官产、市产等各有主管机关，清理变卖，是其应有之权。该会审查结果，用以备主管官厅之参考

则可,若照拟呈规则第六条,不免侵及主管官厅权限。如虑官厅处分不当,尽可由当事人依法提起诉愿,或行政诉讼,以图救济,不必另定办法,致涉纷歧。今本此旨,将原拟规则第六条酌加修改,随令钞发。其余各条,原文大致尚妥。仰即查照妥缮,另文呈候核准施行可也。附件存。此令。

计钞发修正条文一纸。

（中华民国陆海军大元帅之印）

中华民国十三年一月十一日

据大本营秘书处编《陆海军大元帅大本营公报》第二号
（广州一九二四年一月二十日）

给宋子文的指令

（一九二四年一月十一日）

大元帅指令第三〇号

　　令两广盐务稽核所经理宋子文

　　呈请津贴中央银行代收盐税手续费乞备案由

　　呈悉。准予备案。此令。

（中华民国陆海军大元帅之印）

中华民国十三年一月十一日

据大本营秘书处编《陆海军大元帅大本营公报》第二号
（广州一九二四年一月二十日）

给广东地方善后委员会的指令

（一九二四年一月十一日）

大元帅指令第三一号

令广东地方善后委员会

呈请迅赐核准《民业审查规则》由

呈悉。已于该委员会前呈内明白指令矣。仰即知照。此令。

（中华民国陆海军大元帅之印）

中华民国十三年一月十一日

据大本营秘书处编《陆海军大元帅大本营公报》第二号
（广州一九二四年一月二十日）

给宋子文的指令

（一九二四年一月十一日）

大元帅指令第三二号

令两广盐务稽核所经理宋子文

呈请通缉中国银行行长凌骥归案究办，并饬陈其瑷将该行地址物业查封变卖，以偿公款由

呈悉。已令财政部行文通缉，并饬陈其瑷查封变卖该行地址、物业，以偿公款矣。仰即知照。此令。

（中华民国陆海军大元帅之印）

中华民国十三年一月十一日

据大本营秘书处编《陆海军大元帅大本营公报》第二号
（广州一九二四年一月二十日）

给陈其瑗的训令

（一九二四年一月十一日）

大元帅训令第十七号

  令中国银行监理官陈其瑗

  为令行事：据两广盐务稽核所经理宋子文呈称："窃经理日前奉钧令：'着将职所存储中国银行税款十一万余元拨交军用'等因。奉此，经即遵令签就支票一纸，送交陈局长向该银行提取。旋准陈局长面称：该行设辞推诿，抗不支付。除由经理径函该行质问，并促其克日如数支付。讵旋据报告：该行行长凌骥由港密派员来省，令同行员邓公寿、谢文兴二人，将所有重要文件、契据，挟带逃港。经理当即派出所员温福田，会同公安局侦缉员驰赴火船码头守候，将该行员邓、谢二人截缉，并将所挟带之文件、契据一并解往公安局，押候查究。除函致公安局将该邓、谢二人及文件、契据妥慎看管审讯。迄今多日，该行行长凌骥久已潜匿在港，对于职所该项存款漠不为意。伏查该行行长胆敢扣留公款，挟带公物潜逃，实属罪无可逭。理合备文呈报钧座鉴核，令行通缉该行长归案究办，并令饬将该行地址、物业查封，交中国银行监理官陈其瑗变卖，以偿公款而济饷源。是否有当，伏乞指令祗遵，实为公便"等情。据此，除指令照准，并令财政部行文通缉外，合行令仰该监理官即将该行地址、物业查封变卖，以偿公款，毋稍延宕。切切。此令。

  （中华民国陆海军大元帅之印）

中华民国十三年一月十一日

据大本营秘书处编《陆海军大元帅大本营公报》第二号（广州一九二四年一月二十日）

给叶恭绰的训令

（一九二四年一月十一日）

大元帅训令第一八号

  令大本营财政部长叶恭绰

  为令行事：据两广盐务稽核所经理宋子文呈称："窃经理日前奉钧令：'着将职所存储中国银行税款十一万余元拨交军用'等因。奉此，经即遵令签就支票一纸，送交陈局长向该银行提取。旋准陈局长面称：该行设辞推诿，抗不支付，除由经理径函该行质问，并促其克日如数支付，讵旋据报告：该行行长凌骥由港密派员来省，令同行员邓公寿、谢文兴二人将所有重要文件、契据，挟带逃港。经理当即派出所员温福田，会同公安局侦缉员，驰赴火船码头守候，将该行员邓、谢二人截缉，并将所挟带之文件、契据一并解往公安局，押候查究。除函致公安局，将该邓、谢二人及文件、契据妥慎看管审讯。迄今多日，该行行长凌骥久已潜匿在港，对于职所该项存款漠不为意。伏查该行行长胆敢扣留公款，挟带公物潜逃，实属罪无可逭，理合备文呈报钧座鉴核，令行通缉该行长归案究办，并令饬将该行地址、物业查封，交中国银行监理官陈其瑗变卖，以偿公款，而济饷源。是否有当，伏乞指令祇遵，实为公便"等情。据此，除指令照准，并饬中国银行监理官陈其瑗查封变卖该行地址、物业备抵外，合行令仰该部长即便行文通缉凌骥归案究办。切切。此令。

            （中华民国陆海军大元帅之印）

            中华民国十三年一月十一日

据大本营秘书处编《陆海军大元帅大本营公报》第二号

（广州一九二四年一月二十日）

给梅光培的指令

（一九二四年一月十一日）

大元帅指令第三四号

　　令广东财政厅厅长梅光培

　　呈为酌拟《确定民业执照条例》，请予核准施行由

　　呈及条例均悉。准如所拟施行。仍候令行财政部并由部转咨广东省长知照。附件存。此令。

（中华民国陆海军大元帅之印）

中华民国十三年一月十一日

据大本营秘书处编《陆海军大元帅大本营公报》第二号
（广州一九二四年一月二十日）

给伍学熀的指令

（一九二四年一月十一日）

大元帅指令第三五号

　　令兼广东全省船民自治联防督办伍学熀

　　呈拟先行开办分局权委分局局长由

　　呈悉。准如所拟办理。仰即知照。此令。

（中华民国陆海军大元帅之印）

中华民国十三年一月十一日

据大本营秘书处编《陆海军大元帅大本营公报》第二号
（广州一九二四年一月二十日）

给赵士觐的指令

（一九二四年一月十一日）

大元帅指令第三六号

　　令两广盐运使赵士觐

　　呈报到任日期由

　　呈悉。此令。

　　　　　　　　　　　　（中华民国陆海军大元帅之印）

　　　　　　　　　　　　中华民国十三年一月十一日

据大本营秘书处编《陆海军大元帅大本营公报》第二号
（广州一九二四年一月二十日）

给叶恭绰的训令

（一九二四年一月十二日）

大元帅训令第一九号

　　令大本营财政部长叶恭绰

　　为令行事：案据广东财政厅厅长梅光培呈称："为呈请事：窃迩来银根吃紧，无论官商均觉周转不灵，商民间有以不动产向银行按揭款项，每被拒绝。说者多谓：自政府办理官产、市产后，人民之不动产失其稳固安全。故银行不敢轻于投资，而人民资源既受牵制，则国家财政必益困难。似此情形，实非流通经济之道。政府办理官产、市产，原以库收短绌，将国有、公有产业售诸人民，期得现款，俾应急需。若因而累及人民产业之安全，决非政府之本意。且民业以契照为据，从前契照概由财政厅颁发，自办理官产、市产后，官厅多有填发执照之事，而各官厅将来或有裁并，日久即无可查考，亦非慎重民业之道。厅长迭晤绅商,群请设法补救。复再三商榷,谨酌拟《确定民业执照条例》十五条,以流通经济、划一契照为宗旨。人民一经领契,即为确定民业之保证,可以自由买卖、典当、抵押。于人民经济固可逐渐流通,而政府酌收照费,于财政亦不无裨益,惟此项条例与现在办理官产、市产等办法,不无抵触。盖向来买卖产业契据,于字句间每多疏略,苟非万不得已,断不肯呈验以供挑剔。则政府为救济现在之困难,及维持民业之安全起见,非《确定民业执照条例》施行,即将举报官产、市产等案,概行停止受理不可。所有酌拟确定民业,划一执照条例缘由,是否有当,理合具呈大元帅察核令遵"等情。据此,除指令准如所拟办理外,合行抄录条例,令仰该部即便知照,并转咨广东省长知照。此令。

计抄发原条例一份。

(中华民国陆海军大元帅之印)

中华民国十三年一月十二日

附录　确定民业执照条例

第一条　本条例以流通经济划一契照为主旨,凡属民业,均发给执照管业。

第二条　此项执照由财政厅专办,省外各县,由厅设局派员或委托县公署办理。

第三条　凡领有此项执照,即为确定民业之保证,准予永远管业买卖,不得作为官产、市产办理。

第四条　凡民业不论系人民买卖或官厅承领,均须请领执照,嗣后买卖典当抵押等处分,方能发生效力。

第五条　发给此项执照,自施行日起,以三个月为限,限满截止。

第六条　业户请领执照,应带同原有红契或执照缴验。

第七条　请领执照费照产价百分之三缴纳,以毫银计算,其附加契纸等杂费,概行免除。

但于施行日起纳费领照在一个月内者,准照产价百分之一,在两个月内者,准照产价百分之二计算。被举报官产、市产自行领回及向官厅承领执有执照者,并准折半缴纳。

原有契照所载产价,如比时价为低,业主欲提高产价缴纳照费者听。

第八条 业户缴验契照,应连同照费缴纳,除将印契即日验明发还,并出具照费收据给发收执外,所有执照,准于一星期内填发,不得延滞。

第九条 此项执照分为四联,一联存财政厅,一联存该管地方官署,两联分为正副,发给业户,嗣后如有因案须调验契照,准由业户但将副照呈验。

第十条 本条例施行后之区域,所有举报官产、市产等案,概行停止受理。

第十一条 业户缴验契据,虽有官产、市产嫌疑,但未经举报由官厅公布有案而持有红契炳据者,一经纳费领照,即认为确定民业。

第十二条 凡未领有此项执照者,嗣后典卖契据,不予税契。

第十三条 本条例施行日期及区域,由财政厅及各县局布告之。

第十四条 本条例由财政厅呈请大元帅、省长核准施行。

第十五条 本条例有应行更改时,得呈奉大元帅、省长修理之。

据大本营秘书处编《陆海军大元帅大本营公报》第二号
(广州一九二四年一月二十日)

给叶恭绰廖仲恺的指令

(一九二四年一月十二日)

大元帅指令第三七号

　　令财政委员会主席委员叶恭绰、廖仲恺

　　呈请派廖朗如为委员会秘书长由

　　呈悉。已另有明令照准矣。此令。

(中华民国陆海军大元帅之印)

中华民国十三年一月十二日

据大本营秘书处编《陆海军大元帅大本营公报》第二号
(广州一九二四年一月二十日)

给廖仲恺的指令

（一九二四年一月十二日）

大元帅指令第三八号

　　令广东省长廖仲恺

　　呈复邓宏顺呈请设立全省联保治安会一案，窒碍难行由

　　呈悉。此令。

（中华民国陆海军大元帅之印）

中华民国十三年一月十二日

据大本营秘书处编《陆海军大元帅大本营公报》第二号
（广州一九二四年一月二十日）

给叶恭绰廖仲恺的指令

（一九二四年一月十二日）

大元帅指令第三九号

　　令财政委员会主席委员叶恭绰、廖仲恺

　　呈报委员会成立并启用关防日期，请察核备案由

　　呈悉。准予备案。此令。

（中华民国陆海军大元帅之印）

中华民国十三年一月十二日

据大本营秘书处编《陆海军大元帅大本营公报》第二号
（广州一九二四年一月二十日）

给赵士觐的指令

（一九二四年一月十二日）

大元帅指令第四〇号

　　令两广盐运使赵士觐

　　呈报遵令饬知各商及盐务征收机关，解款交由中央银行代收，请备案由

　　呈悉。准予备案。此令。

　　　　　　　　　　　　　　（中华民国陆海军大元帅之印）

　　　　　　　　　　　　　　中华民国十三年一月十二日

据大本营秘书处编《陆海军大元帅大本营公报》第二号
（广州一九二四年一月二十日）

给孙科的指令

（一九二四年一月十二日）

大元帅指令第四二号

　　令广州市市长孙科

　　呈送十二年四月十六日起至十二月份筹付大本营军费收支日计表，请备案由

　　呈悉。如呈备案。表存。此令。

　　　　　　　　　　　　　　（中华民国陆海军大元帅之印）

　　　　　　　　　　　　　　中华民国十三年一月十二日

据大本营秘书处编《陆海军大元帅大本营公报》第二号
（广州一九二四年一月二十日）

给叶恭绰的指令

（一九二四年一月十二日）

大元帅指令第四三号

　　令大本营财政部长叶恭绰

　　呈为拟订发行支付券条例，并指定该项本息基金，仰祈鉴核令遵由

　　呈及附件均悉。该部以粤省自军兴以来，赋敛已繁，不宜再增苛细捐税，重扰商民。拟发行有利支付券总额三百万元，劝令殷富商民认购，并指定广东全省沙田登记费、民产保证费及印花税等项为还本付息基金，限二十五个月内，本息还楚〔清〕，实属于民无损，于公有济。其余条例规定亦尚妥协，应准如拟施行。仰即上紧劝募，期于最短时期如额募齐，藉裕饷源而藉讨贼。仍将办理情形随时报查。各件均存。此令。

（中华民国陆海军大元帅之印）

中华民国十三年一月十二日

据大本营秘书处编《陆海军大元帅大本营公报》第二号
（广州一九二四年一月二十日）

给范石生的命令

（一九二四年一月十二日）

　　顷令杨总司令希闵，文曰："一月十一日午后十时报告阅悉。治国首重纲常，治军首重纪律，维系整饬是在各级长官能明斯旨。前师长王秉钧免职查办，咎有应得。该继任师长王汝为等，应如何兢惕图功，力矫前任之非，用立将来之范。乃托故多方，自由移动部曲，虽属该师、旅、团、营长所为，该师长不能先事晓谕，处置殊疏。且闻该部到省并有残杀第三军司令部官长多

员之事。此何等事？直叛乱耳！该总司令为滇军高级长官,想有所闻,着即速查严办,迅令开回前方服务,以维纲纪而重任务。至呈该师饷项、防地,前师长虽经撤免,于其部曲无关,自可继续维持。第三军司令部自有筹维,何须争执？若再托词扰攘,是该师长等有意抗令,则法纪所在,本大元帅惟有依法惩处而已。除分令履行前令外,特此令达,仰即遵照,仍将遵办情形具报查考。此令"等语印发外,闻该师尚有少数部队逗留省城,意图骚扰,着该军即遵照昨令实行制止,协饬开回原防,努力图功。若再抗违,可即呈报候核,令行剿办。此令。

范军长石生

孙　文（大元帅章）
中华民国十三年一月十二日
据四川省文史研究馆藏原件影印

批饶宝书等呈

（一九二四年一月十二日）①

呈悉。着交吴铁城查办。此令。

据《广州民国日报》一九二四年一月十二日《赣党员选举代表风潮》

给蒋光亮的命令

（一九二四年一月十三日）

谕令蒋军长,即将该部截留征收机关,交回主管机关接收设法整理,以

---

① 此件所标时间系《广州民国日报》刊载日期。

裕饷收。

据《广州民国日报》一九二四年一月十五日《帅令交还征收机关》

准湖南省推选代表列席国民党第一次大会

（一九二四年一月十四日）

湖南所选出之毛泽东等三人，照海外分部办理，准其列席，但有发言权。

据中国国民党中央文化传播委员会党史馆藏会议记录会999·1/6

命发朱培德经费令

（一九二四年一月十四日）[1]

大元帅令

据朱军长培德要求增加该部给养费每日三百元，着财政委员会设法筹拨。

据陈旭麓、郝盛潮主编，王耿雄等编《孙中山集外集》（上海人民出版社一九九〇年版）

---

[1] 此件所标时间系财政委员会第六次会议决案日期。

给杨西岩的指令

（一九二四年一月十四日）

大元帅指令第四七号

  令禁烟督办杨西岩

  呈请荐任杨宜生等为科长、秘书等职由

  呈悉。杨宜生等已明令照准矣。此令。

（中华民国陆海军大元帅之印）

中华民国十三年一月十四日

据大本营秘书处编《陆海军大元帅大本营公报》第二号

（广州一九二四年一月二十日）

给程潜的训令

（一九二四年一月十五日）

大元帅训令第二一号

  令军政部长程潜

  为令行事：据管理粤汉铁路事务陈兴汉呈称："呈为呈请察核事：窃职路前以各军滥开专车及军人无票乘车呈请分令限制禁止一案，业奉帅令第七四〇号内开：'呈悉。准予令行军政部通知各军队长官饬属一体遵照矣。仰即知照。此令'等因在案。乃查近日各军强令滥开专车，仍复不少。查开用专车一次，约耗费五百元，当此财政奇绌，似不能无故滥开。至军人无票乘车，包揽客商，借端渔利，比前尤滥，以致收入车利日益短绌。现查职路近日收入，平均仅得八千元，连附加军费在内，计支出之款，先后案奉帅令解缴，统计每日支出约共一万一千余元，即以是日收入全数支付，尚不敷三千余元;此外积欠煤斤及材料各价共三十余万元。现在职路员役薪水积欠数月尚未发给,亦应设法陆续清理,方免窒碍。但收入仅得此数,自无余款拨支。且讨账各商亦纷至沓来,不胜其扰。似此种种,实在困难,办理时形棘手。倘长此以往不予维持,不独职路受巨大之损失,即于前奉帅令饬解各款,亦必因而贻误,关系匪轻。兹职路为维持现状,以期收入稍裕,免误要需起见,谨拟具《军人乘车章程》五条,呈请鉴核。如荷准予施行,请即分令各军队机关转饬所部一体遵照。至开用专车,仍请准照前呈办理,庶有限制而免虚糜。如有恃强逼专开,以及无票乘车、包揽客商渔利情弊,应予严惩,以儆效尤,而维路务。所有维持车务以裕收入,免误要需各缘由,理合连同拟具《军人乘车章程》,具文呈请帅座察核。是否有当,伏候指令祗遵"等情。除指令"呈暨拟具《军人乘车〈章程〉》均悉,候令行军政部分咨各军转饬遵照可也。此令"印发外,应将章程发交该部,迅即分咨各军转饬所部一体遵照,以维路政。此令。

(中华民国陆海军大元帅之印)

中华民国十三年一月十五日

据大本营秘书处编《陆海军大元帅大本营公报》第二号
(广州一九二四年一月二十日)

给张开儒的指令

(一九二四年一月十五日)

大元帅指令第四八号

令大本营参军长张开儒

呈报十二年十一月份办公各费并附列清册由

呈悉。此令。

(中华民国陆海军大元帅之印)

中华民国十三年一月十五日

据大本营秘书处编《陆海军大元帅大本营公报》第二号
(广州一九二四年一月二十日)

给张开儒的指令

（一九二四年一月十五日）

大元帅指令第四九号

  令大本营参军长张开儒

  呈报十二年十二月份各员出差旅费及弁兵服装等费并附清册由

  呈悉。此令。

（中华民国陆海军大元帅之印）
中华民国十三年一月十五日

据大本营秘书处编《陆海军大元帅大本营公报》第二号（广州一九二四年一月二十日）

给伍学煜的指令

（一九二四年一月十五日）

大元帅指令第五〇号

  令兼广东全省船民自治联防督办伍学煜

  呈为拟具各项收费章程，请予核准由

  呈悉。查所拟《船民输纳自治联防经费章程》第八条及《查验枪炮章程》第四、第八、第九、第十等条，《发给旗灯暂行章程》第七条，均应稍加修改，其余各条大致尚妥。兹将修正条文连同原章三份随令钞发，仰即查照改缮，另文呈送，以凭核准。一面将未尽事宜另定施行细则颁布，以期完密。此令。

（中华民国陆海军大元帅之印）
中华民国十三年一月十五日

据大本营秘书处编《陆海军大元帅大本营公报》第二号（广州一九二四年一月二十日）

给陈兴汉的指令

（一九二四年一月十五日）

大元帅指令第五一号

令管理粤汉铁路事务陈兴汉

呈为拟具《军人乘车章程》，乞鉴核施行等情由

呈暨拟具《军人乘车章程》均悉。候令行军政部分咨各军转饬遵照可也。此令。

（中华民国陆海军大元帅之印）

中华民国十三年一月十五日

据大本营秘书处编《陆海军大元帅大本营公报》第二号
（广州一九二四年一月二十日）

给赵士觐的指令

（一九二四年一月十五日）

大元帅指令第五五号

令两广盐运使赵士觐

呈中央银行代收盐税，拟照原案倍支手续费，谨将该案前后办理情形呈候核定令遵由

呈悉。前据两广盐务稽核所经理呈请津贴中央银行，代收盐税手续费，准照一千分之一分核给，业经指令准予备案矣，仰即遵照办理可也。此令。

（中华民国陆海军大元帅之印）

中华民国十三年一月十五日

据大本营秘书处编《陆海军大元帅大本营公报》第二号
（广州一九二四年一月二十日）

着赠恤潘宝寿令

（一九二四年一月十五日）

大元帅令

　　据中央直辖滇军总司令杨希闵呈称"已故团长潘宝寿从戎十载，转战川粤，历克强寇，忠勇逾恒。前次沈逆袭攻广州，该故团长奋勇先驱，弹中要害，逾日殒命，请援例追赠给恤"等语。潘宝寿着追赠陆军少将，并着由军政部照少将伤亡例，从优议恤，以慰烈魂。此令。

（中华民国陆海军大元帅之印）

中华民国十三年一月十五日

据大本营秘书处编《陆海军大元帅大本营公报》第二号（广州一九二四年一月二十日）

给北江各军将领的命令

（一九二四年一月十六日）

大元帅令

　　着北江各军将领，严禁部下不得勒索商人，阻留货物，致碍盐斤之消路，各货之流通。至要。切切。

文

中华民国十三年一月十六日

据谭延闿编《总理遗墨》第三辑（印行时间不详，广东省社会科学院藏）

给大本营参谋处的命令

（一九二四年一月十六日）①

东江逆敌,久稽天讨。当此春风和煦,万物滋生,士饱马腾,正宜续行进剿,早奏肤功。除督促作战、通令即日分行外,仰先转达前敌各军将领:各宜整顿军伍,枕戈待命,无论何项部队不得自离前线,无论何军将领不得颤〔擅〕离职守。其各懔遵,共宏伟业,有厚望焉。

据广州《现象报》一九二四年一月十八日《大元帅致前敌将领电》

给李济深的命令

（一九二四年一月十六日）②

现据赣军李明扬呈称:有旧部七八百人在平南附近,拟令该部第一梯团长覃寿乔率带来省等情,应即照准。除令转饬该梯团长遵率来省效命疆场共立功业外,所有经过肇庆、梧州等处,应即准其通过。转饬所部一体知照。此令。

据广州《现象报》一九二四年一月十六日《赣军取道桂省来粤》

---

① 原令未署日期。今据大本营参谋处铣日（16日）将该令转给东江联军酌定时间。
② 此件所标日期系广州《现象报》发表时间。

给徐绍桢的指令

（一九二四年一月十六日）

大元帅指令第五六号

　　令大本营内政部长徐绍桢

　　呈为荐任郑德铭为科长由

　　呈悉。已另有明令照准矣。仰即知照。此令。

（中华民国陆海军大元帅之印）

中华民国十三年一月十六日

据大本营秘书处编《陆海军大元帅大本营公报》第二号
（广州一九二四年一月二十日）

给韦荣熙的指令

（一九二四年一月十六日）①

大元帅指令第五七号

　　令北江商运局局长韦荣熙

　　呈为拟具《水陆运施行细规》请予核准由

　　呈悉。查此案昨经训令该局，将在粤汉铁路各车站所设分局撤去，并不得向由火车运送之货物抽取费用在案。所有水陆运细则，暨前经核准之暂行简章，及护运方法，均应酌加修改，总以不侵及粤汉铁路范围为主。仰即

---

① 原令未署日期。按大元帅指令第五六号及第五八号均公布于1月16日，据此酌定本令时间为16日。

查照另行妥拟呈核可也。附件存。此令。

（中华民国陆海军大元帅之印）

中华民国十三年一月　日

据大本营秘书处编《陆海军大元帅大本营公报》第二号

（广州一九二四年一月二十日）

给伍学煜的指令

（一九二四年一月十六日）

大元帅指令第五八号

　　令兼广东全省船民自治联防督办伍学煜

　　呈为拟具《保澳团暂行章程》请予核准由

　　呈悉。查所拟《保澳团暂行章程》第十四条内"应即密报分局拘案讯办"一句，应改为"应即密报分局查明，依法究办"。已为核改，登载公报。其余各案大致尚妥，应准如拟施行。仰即知照。章程存。此令。

（中华民国陆海军大元帅之印）

中华民国十三年一月十六日

据大本营秘书处编《陆海军大元帅大本营公报》第二号

（广州一九二四年一月二十日）

给伍学煜的指令

（一九二四年一月十六日）

大元帅指令第五九号

　　令广东全省船民自治联防督办伍学煜

　　呈为拟具《清查船民户口暂行章程》，请予核准由呈悉。所拟《清查船民户口暂行章程》廿三条,大致尚属妥协,应准如拟施行。仰即知照。章程存。此令。

（中华民国陆海军大元帅之印）

中华民国十三年一月十六日

据大本营秘书处编《陆海军大元帅大本营公报》第二号
（广州一九二四年一月二十日）

给黄隆生的指令

（一九二四年一月十六日）

大元帅指令第六〇号

　　令大本营会计司司长黄隆生

　　呈请续假一月由

　　呈悉。准再给假一月。此令。

（中华民国陆海军大元帅之印）

中华民国十三年一月十六日

据大本营秘书处编《陆海军大元帅大本营公报》第二号
（广州一九二四年一月二十日）

给徐绍桢的指令

（一九二四年一月十六日）

大元帅指令第六一号

　　令大本营内政部长徐绍桢

　　呈送《管理医生暂行规则施行细则》,请予备案由如呈备案。细则存。此令。

（中华民国陆海军大元帅之印）

中华民国十三年一月十六日

据大本营秘书处编《陆海军大元帅大本营公报》第二号
（广州一九二四年一月二十日）

给杨西岩的指令

（一九二四年一月十六日）

大元帅指令第六二号

令禁烟督办杨西岩

呈为拟具《禁烟条例》二十二条业经政务会议通过，请予核准施行由

呈及条例均悉。应准如拟施行，仰即知照。条例存。此令。

（中华民国陆海军大元帅之印）

中华民国十三年一月十六日

据大本营秘书处编《陆海军大元帅大本营公报》第二号
（广州一九二四年一月二十日）

批杨鹤龄求职函

（一九二四年一月十六日）[1]

真革命党，志在国家，必不屑于升官发财，彼能升官发财者，悉属伪革

---

[1] 来函日期书1月9日，16日收到。按1919年5月杨鹤龄曾函先生求职，1923年4月4日派杨为港澳特务调查员，此次来函称"前岁以公之力，得一微差，而地小不足以回旋，近观大局，知已大有转机"，似指其获任港澳特务调查员与1924年初之大局而言。函内又称"别来忽忽新旧两年矣"，所谓新旧两年似指1923、1924两年，故来函及批示皆当在1924年1月，因酌定批示时间为1924年1月16日。

〈命〉党,此又何足为怪。现无事可办,无所用于长才。

据中国国民党中央文化传播委员会党史馆藏一般档案052/445

关于暂缓筹备建国政府令①

（一九二四年一月十六日）

孙文十六日令秘书厅暂缓筹备建国政府。

据长沙《大公报》一九二四年一月二十四日《广东建国政府暂缓筹备》

着赠恤陈飞鹏令

（一九二四年一月十六日）

大元帅令

　　大本营军政部长程潜呈"议复已故湘军第三师五旅十团团长陈飞鹏,请予追赠陆军少将,并照恤赏章程给予恤金"等语。已故湘军团长陈飞鹏,准予追赠陆军少将,并照少将例给予恤金,以慰英灵,而昭忠荩。此令。

（中华民国陆海军大元帅之印）
中华民国十三年一月十六日
据大本营秘书处编《陆海军大元帅大本营公报》第二号（广州一九二四年一月二十日）

---

① 此系命令要点,据报称:"因许崇智言:'建国'二字,徐树铮在闽曾经用过,且失败,故孙迟疑,暂缓筹备建国政府,闻许此次返粤亦与此有关。"

给伍朝枢的训令

（一九二四年一月十七日）

大元帅训令第二二号

　　令大本营外交部长伍朝枢

　　为令行事：据中央直辖滇军总司令杨希闵呈称"案据云南江川县民人潘宝兴呈称：'为胞兄殉国，身后萧条，恳恩援例给恤，并给照通过事：窃民有胞兄潘宝寿，幼读儒书，壮喜武事。自由讲武学校卒业后，十载从军，援川、援粤诸役均著有微劳，以功擢授中校。去岁追随钧座来粤讨贼，大功告成，胞兄升任滇军第二师步八团长。无何沈军背叛，变生肘腋，白云山之战，胞兄督率所部，奋勇先登，旋扑旋起，再接再励〔厉〕，以致弹中要害，不逾日而殒命于东山公医院中。一切经过，谅在钧座洞鉴中，无须下民哓哓。窃思民兄隶籍戎行，以身死国，亦固其所。可怜者民兄半生奔走，为国宣劳，徒以时命偃蹇，了无余积。现在老母、寡妻、孤儿、弱女，事蓄无着，日怆于怀。闻兹噩耗，弥深怛悼，日夜悲泣，无法解释。民思为国捐躯，例有矜恤之典。飘魂海外，更觉心伤。爰贷赀远来，亲临视察，万恳钧座俯念忠魂，恻怜无告。一面照例颁恤，俾有运柩及赡养之赀；一面发给护照，并照会外国领事，俾得骸归故土，厝葬祖茔，不但生者衔感，胞兄之灵亦可瞑目地下矣。伏叩上陈，敬仰垂鉴'等情。据此，查已故团长潘宝寿疆场殒命，忠勇可嘉；且其遗属孤贫，尤堪恻悯。据呈前情，理合备文转呈钧座察核，援例给恤，以慰忠魂，并祈发给护照照会外国领事，俾得运柩通行，骸归故土。所有转请给恤、发照、通行各缘由是否有当，伏候指令祗遵"等情前来。据此，除指令照准，并交部议恤外，仰该部长即便查照发给护照，并照会沿途外国政府或领事官，以免阻留可也。此令。

（中华民国陆海军大元帅之印）

中华民国十三年一月十七日

据大本营秘书处编《陆海军大元帅大本营公报》第二号

（广州一九二四年一月二十日）

给程潜的训令

（一九二四年一月十七日）

大元帅训令第二三号

　　令大本营军政部长程潜

　　据中央直辖滇军总司令杨希闵呈称："案据云南江川县民人潘宝兴呈称：'为胞兄殉国，身后萧条，恳恩援例给恤，并给照通过事：窃民有胞兄潘宝寿，幼读儒书，壮喜武事，自由讲武学校卒业后，十载从军，援川、援粤诸役均著有微劳，以功擢授中校。去岁追随钧座来粤讨贼，大功告成，胞兄升任滇军第二师步八团长。无何沈军背叛，变生肘腋。白云山之战，胞兄督率所部，奋勇先登，旋扑旋起，再接再厉，以致弹中要害，不逾日而殒命于东山公医院中，一切经过，谅在钧座洞鉴中，无须下民呶呶。窃思民兄隶籍戎行，以身死国，亦固其所，可怜者民兄半生奔走，为国宣劳，徒以时命偃蹇，了无余积。现在老母、寡妻、孤儿、弱女，事蓄无着，日怆于怀。闻兹噩耗，弥深怛悼，日夜悲泣，无法解释。民思为国捐躯，例有矜恤之典。飘魂海外，更觉心伤。爰赍赍远来，亲临视察，万恳钧座俯念忠魂，恻怜无告，一面照例颁恤，俾有运柩及赡养之赀；一面发给护照，并照会外国领事，俾得骸归故土，厝葬祖茔，不但生者衔感，胞兄之灵亦可瞑目地下矣。伏叩上陈，敬仰垂鉴'等情。据此，查已故团长潘宝寿疆场殒命，忠勇可嘉，且其遗属孤贫，尤堪恻悯。据呈前情，理合备文转呈请祈钧座鉴核，援例给恤，以慰忠魂。并祈发给护照，照会外国领事，俾得运柩通行，骸归故土。所有转请给恤、发照、通行各缘由，是否有当，伏候指令祗遵"等情。据此，除指令"已故团长潘宝寿转战川粤，忠勇可嘉，殒命疆场殊深悼惜，应准予交部从优议恤，复候核夺，以慰忠魂。所请发给护照运柩回乡之处，并准令行外交部查照发给，仰即知照并分令"外，仰该部即便查照议复核夺。此令。

(中华民国陆海军大元帅之印)

中华民国十三年一月十七日

据大本营秘书处编《陆海军大元帅大本营公报》第二号
(广州一九二四年一月二十日)

给何克夫的指令

(一九二四年一月十七日)

大元帅指令第六三号

　　令连阳绥靖处处长何克夫

　　呈为积劳病发,委员代行,恳请给假一月由

　　呈悉。准予给假一月。此令。

(中华民国陆海军大元帅之印)

中华民国十三年一月十七日

据大本营秘书处编《陆海军大元帅大本营公报》第二号
(广州一九二四年一月二十日)

给汤廷光的指令

(一九二四年一月十七日)

大元帅指令第六四号

　　令前广东治河督办汤廷光

　　呈报交卸日期由

　　呈悉。此令。

(中华民国陆海军大元帅之印)

中华民国十三年一月十七日

据大本营秘书处编《陆海军大元帅大本营公报》第二号
(广州一九二四年一月二十日)

给程潜的指令

（一九二四年一月十七日）

大元帅指令第六五号

　　令大本营军政部长程潜

　　呈议复已故湘军团长陈飞鹏拟请追赠陆军少将并照少将例给恤由

　　呈悉。准如所议,陈飞鹏已明令赠恤矣。此令。

（中华民国陆海军大元帅之印）
中华民国十三年一月十七日

据大本营秘书处编《陆海军大元帅大本营公报》第二号
（广州一九二四年一月二十日）

给杨希闵的指令

（一九二四年一月十七日）

大元帅指令第六六号

　　令中央直辖滇军总司令杨希闵

　　呈请例恤伤亡团长潘宝寿,并饬发护照运柩回乡由

　　呈悉。已故团长潘宝寿,转战川、粤,忠勇可嘉。殒命疆场,殊深悼惜。应准予交部从优议恤,复候核夺,以慰忠魂。所请发给护照运柩回乡之处,并准令行外交部查照发给,仰即知照。此令。

（中华民国陆海军大元帅之印）
中华民国十三年一月十七日

据大本营秘书处编《陆海军大元帅大本营公报》第二号
（广州一九二四年一月二十日）

给廖仲恺的指令

（一九二四年一月十七日）

大元帅指令第六七号

　　令广东省长廖仲恺

　　呈为香山县长朱卓文呈请撤销香山田土业佃保证局，碍难照准，乞示遵由

　　呈悉。应如所议办理，仰即转行遵照。此令。

（中华民国陆海军大元帅之印）

中华民国十三年一月十七日

据大本营秘书处编《陆海军大元帅大本营公报》第二号
（广州一九二四年一月二十日）

给谭延闿的训令

（一九二四年一月十七日）

大元帅训令第二四号

　　令湘军总司令谭延闿

　　据大本营军政部长程潜呈复："案奉钧座四零六号训令内开：除原文有案邀免冗叙外，尾开：'除指令已故团长陈飞鹏为国宣劳，以死勤事，惓怀战绩，悼惜殊深，所请照章从优议恤之处应予照准，候行军政部议复核夺以慰忠魂印发外，仰该部长即便查照议复核夺，此令'等因。奉此，查该故团长陈飞鹏曾充上校参谋，复充梯团长等职。此次转战湘粤，又著勋劳。不幸病殁戎间，拟请钧座准予追赠陆军少将，并照恤赏章程第四表规定，给予少将恤金，以昭忠荩而慰英灵。是否有当，理合备文呈复，伏乞鉴核施行"等情。

据此,除准予将已故湘军团长陈飞鹏追赠陆军少将,并照少将例给予恤金,以慰英灵而昭忠荩,明令印发并指令外,仰该总司令查照。此令。

（中华民国陆海军大元帅之印）

中华民国十三年一月十七日

据大本营秘书处编《陆海军大元帅大本营公报》第二号

（广州一九二四年一月二十日）

给王棠的指令

（一九二四年一月十七日）

大元帅指令第六八号

令东江商运局局长王棠

呈为遵令缮具《保护米商酌抽湘军给养费简章》,呈乞核示由

呈悉。所拟简章是否可行,于民食有无妨碍,以及所收之款如何分派,应否由湘军派员会同办理,均候令饬湘军谭总司令会商该局局长,悉心妥议,具复核夺。简章存。此令。

（中华民国陆海军大元帅之印）

中华民国十三年一月十七日

据大本营秘书处编《陆海军大元帅大本营公报》第二号

（广州一九二四年一月二十日）

给谭延闿的训令

（一九二四年一月十七日）

大元帅训令第二五号

令湘军总司令谭延闿

为令饬事:案据东江商运局局长王棠呈称:"呈为遵令缮具简章,呈请

鉴核训示祗遵事:窃奉钧座指令第四五号开:'职局呈为拟请酌拨舰队,保护米商,并酌抽湘军给养费由。呈悉。仰将所拟暂行简章正式呈送来府,以凭核夺,此令'等因。奉此,自应遵照办理。兹谨照原拟暂行简章缮具一份,理合呈请钧座鉴核,伏乞训示祗遵"等情。据此,当经指令"呈悉。所拟简章是否可行,于民食有无妨碍,以及所收之款如何分派,应否由湘军会同办理,均候令饬湘军谭总司令会商该局长,悉心妥议,具复核夺,简章存。此令"等语。除指外〔令〕印发外,合行钞发原章草案,令仰该总司令即便遵照会议复夺。此令。

计钞发原拟简章一份。

（中华民国陆海军大元帅之印）

中华民国十三年一月十七日

据大本营秘书处编《陆海军大元帅大本营公报》第二号

（广州一九二四年一月二十日）

给财政委员会的指令

（一九二四年一月十八日）

大元帅指令第六九号

令财政委员会

呈请饬广州卫戍总司令将经收杂捐撤销,移交主管机关由

呈悉。所请将广州卫戍总司令经收娱乐捐、火柴捐、横水渡捐一律取消,仍归主管机关办理。应准照办。仰候令行杨总司令遵照办理可也。此令。

（中华民国陆海军大元帅之印）

中华民国十三年一月十八日

据大本营秘书处编《陆海军大元帅大本营公报》第三号

（广州一九二四年一月三十日）

给杨希闵的训令

（一九二四年一月十八日）

大元帅训令第二六号

  令滇军总司令兼广州卫戍总司令杨希闵

  为令行事：据财政委员会呈称："本会本月十四日第六次常会会议，奉帅座交议，据滇军总司令函呈：请将市政厅每日拨给宪兵司令部经费二百元改归警卫团领收，并请每日加拨三百元一案。经众讨论议决，由会呈请大元帅训令广州卫戍总司令部，即将经收娱乐捐（即影戏捐）、火柴捐、横水渡捐等一律取消，仍归主管机关办理，再议另筹办理在案。理合呈请大元帅鉴核施行"等情。除指令"呈悉。所请将广州卫戍总司令经收娱乐捐、火柴捐、横水渡捐一律取消，仍归主管机关办理。应准照办。仰候令行杨总司令遵照办理可也"印发外，仰该总司令即便遵照，仍将遵办情形具复考核。此令。

（中华民国陆海军大元帅之印）
中华民国十三年一月十八日

据大本营秘书处编《陆海军大元帅大本营公报》第三号
（广州一九二四年一月三十日）

给叶恭绰廖仲恺的指令

（一九二四年一月十八日）

大元帅指令第七一号

  令财政委员会主席叶恭绰、廖仲恺

  呈悉。所呈系为统一财政起见，应准照办。仰候令行刘总司令转饬该师长遵照可也。此令。

（中华民国陆海军大元帅之印）

中华民国十三年一月十八日

据大本营秘书处编《陆海军大元帅大本营公报》第三号

（广州一九二四年一月三十日）

给刘震寰的训令

（一九二四年一月十八日）

大元帅训令第二九号

令西路讨贼军总司令刘震寰

为令行事:据财政委员会呈称:"本会本月十四日第六次常会会议,准广东全省沙田清理处处长许崇灏提出:'东莞沙捐兼清佃局,前经由处委任谭平前往办理,嗣因莞城被陷,局员暂行退避,旋经我军克复,为西路讨贼军刘总司令震寰所部驻扎,遂由严兆丰师长委员接管。现在正值本处奉令进行筹款,应请大会咨达刘总司令迅饬严师长,将所委之员撤销,以符统一而明权责'一案。经众讨论议决,由本会呈请大元帅训令刘总司令转饬严师长,将所委之员撤销在案。理合呈请大元帅鉴核施行"等情。除指令"呈悉。所呈系为统一财政起见,应准照办。仰候令行刘总司令转饬该师长遵照可也。此令"印发外,仰该总司令迅饬该师长即便遵照,仍将遵办情形具复考核。此令。

（中华民国陆海军大元帅之印）

中华民国十三年一月十八日

据大本营秘书处编《陆海军大元帅大本营公报》第三号

（广州一九二四年一月三十日）

批东三省王秉谦等上总理函

（一九二四年一月十八日）

请划哈尔滨为特别区，并派秦广学、张识尘为哈尔滨特别区代表，张晋为哈尔滨特别区地方代表，推选何孝忠为吉林省地方代表。

批：交中央执行委员会办理。

十三年一月十八日

据中国第二历史档案馆《新发现的中国国民党总理批文（四）》，载《民国档案》二〇〇一年第四期

给姚雨平的指令

（一九二四年一月十九日）

大元帅指令第七二号

令广东全省治河督办姚雨平

呈报就职日期由

呈悉。此令。

（中华民国陆海军大元帅之印）

中华民国十三年一月十九日

据大本营秘书处编《陆海军大元帅大本营公报》第三号（广州一九二四年一月三十日）

给徐绍桢的指令

（一九二四年一月十九日）

大元帅指令第七三号

　　令大本营内政部长徐绍桢

　　呈请褒扬寿妇黄赵氏由

　　呈悉。准予题颁"懿行可风"四字匾额，并给予银质褒章，以示褒扬。仰即转给承领可也。此令。

（中华民国陆海军大元帅之印）
中华民国十三年一月十九日

据大本营秘书处编《陆海军大元帅大本营公报》第三号
（广州一九二四年一月三十日）

给赵士觐的指令

（一九二四年一月十九日）

大元帅指令第七四号

　　令两广盐运使赵士觐

　　呈为盐务敝坏拟设盐政会议以资整顿并拟具简章呈核由

　　呈悉。据称民国十二年分〔份〕运库收入，不及十一年分〔份〕之半，盐务敝坏达于极点。该使拟仿邹①任成法，于署内设立盐政会议，藉收集思广益之效。具见留心谘访，锐意革新，殊堪嘉尚。所拟简章亦尚妥协，应准如拟施行。仰即克日组织成立，将应行整顿各事悉心讨议，务期积弊涤除，税

---

① 邹，即邹鲁，自1920年至1921年为广州军政府第一任两广盐运使。

收丰旺,藉裕饷源。本大元帅有厚望焉。简章存。此令。

(中华民国陆海军大元帅之印)

中华民国十三年一月十九日

据大本营秘书处编《陆海军大元帅大本营公报》第三号
(广州一九二四年一月三十日)

给叶恭绰的指令

(一九二四年一月十九日)

大元帅指令第七五号

　　令大本营财政部长叶恭绰

　　呈遴员暂署本部局长、科长等职由

　　呈悉。此令。

(中华民国陆海军大元帅之印)

中华民国十三年一月十九日

据大本营秘书处编《陆海军大元帅大本营公报》第三号
(广州一九二四年一月三十日)

给廖仲恺的指令

(一九二四年一月十九日)

大元帅指令第七六号

　　令广东省长廖仲恺

　　呈复预借新粮办法妨碍滋多,乞鉴核由

　　呈悉。准如所拟办理。此令。

(中华民国陆海军大元帅之印)

中华民国十三年一月十九日

据大本营秘书处编《陆海军大元帅大本营公报》第三号
(广州一九二四年一月三十日)

给陈兴汉的指令

（一九二四年一月十九日）

大元帅指令第七七号

　　令管理粤汉铁路事务陈兴汉

　　呈中央直辖讨贼第三军游击第二梯团部勒封车卡运柴,请转令查究以维路务由

　　呈悉。已令行军政部查究矣。仰即知照。此令。

（中华民国陆海军大元帅之印）

中华民国十三年一月十九日

据大本营秘书处编《陆海军大元帅大本营公报》第三号（广州一九二四年一月三十日）

给程潜的训令

（一九二四年一月十九日）

大元帅训令第三二号

　　令大本营军政部长程潜

　　据管理粤汉铁路事务陈兴汉呈称:"窃即日有自称中央直辖讨贼第三军第一路游击第三梯团司令部副官梁绍贤,手持该部公函并封条四张,到路声称有军柴多辆已到连江口站,须速封车派赴运省等语。查军人串同奸商,借口军柴包揽渔利,实属扰乱行车秩序,迭经大本营前兵站总监部暨滇湘两军总司令部分别惩办制止有案。今该部竟更派条勒封,涉及路政,长此滋扰,殊碍要公。理合备文连同该部原函及封条各一纸,渎呈钧座,敬恳察核,转令查究,以维路务"等情,并粘呈该团部原函封条前来。据此,查军人封

用车辆,经定有限制办法,令行在案。据呈前情,除指令外令〔合〕行令仰该部长查明,严令该部长官彻究。粘件随发。此令。

（中华民国陆海军大元帅之印）

中华民国十三年一月十九日

据大本营秘书处编《陆海军大元帅大本营公报》第三号

（广州一九二四年一月三十日）

给杨希闵谭延闿的训令

（一九二四年一月十九日）

大元帅训令第三三号

　　令中央直辖滇军总司令杨希闵、湘军总司令谭延闿

　　查北江为湘赣入粤孔道,货物运输,商旅往还,胥以此为交通。仰该总司令通饬所属将领,严禁驻扎该处部下军队,不得勒索商人,阻留货物,致碍盐斤之销路、各货之流通,是为至要。切切。此令。

（中华民国陆海军大元帅之印）

中华民国十三年一月十九日

据大本营秘书处编《陆海军大元帅大本营公报》第三号

（广州一九二四年一月三十日）

给廖仲恺的指令

（一九二四年一月二十日）

大元帅指令第七八号

　　令广东省长廖仲恺

　　呈为拟将香山一县收入全数拨解东路军部,其余各县仍照派定数目解交省署,经政务会议议决录案,呈请核准由

呈悉。案经会议决议，自应准如所拟办理。仰即转令广属各县，仍照前次派定数目，按日解交省署核收，以备拨充军饷。并令饬香山县县长，将该县各项收入，全行拨解东路军部，以期兼顾。仍候令饬东路讨贼军总司令，即将派赴各县收粮委员撤销可也。此令。

（中华民国陆海军大元帅之印）

中华民国十三年一月二十日

据大本营秘书处编《陆海军大元帅大本营公报》第三号

（广州一九二四年一月三十日）

给许崇智的训令

（一九二四年一月二十日）

大元帅训令第三四号

　　令东路讨贼军总司令许崇智

　　为令饬事：据广东省长廖仲恺呈称："为呈请事：现据南海县县长李宝祥具呈：'奉东路讨贼军总司令部令行："奉大元帅令：准将各县所欠旧粮拨归本部经收，以补军食"。又奉令行："奉大元帅令：着财政厅将各县所欠旧粮，拨归东路讨贼军总司令部派员直接征收，以补该军伙食各"等因。查前奉省署令行由县每日额解银一千二百元，此款全恃征收钱粮项下应解，且迭奉筹解军饷，计垫长银十万余元。此项垫款有向商号息借，有将地方款挪解，专望本年冬征归还。若改拨该军部经收，对于额解省署之款，势不能不先行停止。即借垫挪解，亦无从筹还。况钱粮为国库收入正款，甲军截收旧粮，乙军又截收新粮，更恐接踵而起，财政因而紊乱，固无统一之日，请核示遵'等由。又据番禺县县长卫汝基具呈，奉行同前因，请核示饬遵等由前来。查核李县长等所陈系属实情。钱粮关系正供，若改拨军部经收，则甲军开端，乙军效尤，不特财政无统一可期，即论征收，亦大蒙影响。且现在广属各县指定按日派解省署之款，系奉帅座特令，省署每日收入，悉经指定拨充军饷，如将各县统归东路催收,则省署解款可停,即按日拨支各饷均无着落。窃维东路军饷固应维持,而各县催征新旧钱粮及省署指定派解各款,亦应统筹兼顾。现东路军队多已移驻香山,计香山县各项征收,约计达二十万元左右,拟请将香山一县收入全数划出,拨解东路军部,其余各县仍照前奉帅令派定数目,分饬照解省署核收。其东路派赴各县收粮委员一律撤销,似此两全,既于东路军糈可资挹注,而于各方办事均不致受其牵动。经将办法提出,政务会议议决,陈明帅座照行。理合录案呈请察核,照案核准,指令祗遵,并分行东路讨贼军总司令部遵照"等情。据此,当经指令"呈悉。案经会议议决,自应准如所拟办理。仰即转令广属各县仍照前次派定数目,按日解交省署核收,以备拨充军饷。并令饬香山县县长,将该县各项收入全行拨解东路军部,以期兼顾。仍候令饬东路讨贼军总司令,即将派赴各县收粮委员撤销可也。此令"等语。除指令印发外,合行令仰该总司令即便遵照,将派赴各县收粮委员撤销。此令。

(中华民国陆海军大元帅之印)

中华民国十三年一月二十日

据大本营秘书处编《陆海军大元帅大本营公报》第三号
(广州一九二四年一月三十日)

组织国民政府之必要决议案[①]

(一九二四年一月二十日)

(一)国民党当依此最小限度政纲为原则,组织国民政府。

(二)国民党当宣传此义于工商、实业各界及农民、工人、兵士、学生,与夫一般之群众,使人人知设统一国民政府之必要。

据《组织国民政府之必要决议案》,载《中国国民党第一次
全国代表大会宣言及决议案》(广州、中央执行委员会印
行,一九二四年二月出版)

[①] 本议案由孙中山交付临时中央执行委员会向大会提出,该委员会委托林森在会上作说明。

给曲同丰的命令

（一九二四年一月二十日）①

组织北洋讨贼军协助北伐。

据广州《现象报》一九二四年一月二十一日《曲同丰组织北洋讨贼军》

给赵士觐的训令

（一九二四年一月二十一日）

大元帅训令第三五号

  令两广盐运使赵士觐

 为令饬事：查韶关吉昌庄等盐店八间，及船户袁兴福等，私买未经缴税领照之盐斤，擅行运销，影响盐税前途甚大。为此，令仰该运使迅即派员前往曲江县，将本案人犯、卷宗提解回省严行讯办，以昭炯戒，而儆效尤。此令。

（中华民国陆海军大元帅之印）
中华民国十三年一月廿一日

据大本营秘书处编《陆海军大元帅大本营公报》第三号（广州一九二四年一月三十日）

---

① 原令未署日期。按1月21日广州《现象报》载："曲奉令后，昨已在使署附设讨北洋讨贼军第一师司令部"，今据此酌定日期。

命发朱培德经费令

（一九二四年一月二十一日）①

大元帅令

朱军长急需一万六千元，着财政委员会设法分筹。

据中国第二历史档案馆编《中华民国史档案资料汇编》第四辑《广州国民政府档案》（江苏古籍出版社一九八六年版）

给陈策的命令

（一九二四年一月二十二日）②

电江门饬陈策克日督饬员司妥为结束，即将任内手续移交冯代司令③接收，毋得借词延搁，致干未便。

据《广州民国日报》一九二四年一月二十二日《电令陈策速办交代》

纪律问题决议案

（一九二四年一月二十二日）

大会认为，一切党员皆有服从严格的党内纪律之义务，此乃改组中各种重要问题中之一。

吾党同志颇有忠诚服从领袖、努力奋斗始终不懈者，大会认为此乃吾党

---

① 此件所标时间系财政委员会第九次会议决案日期。
② 此件所标时间系《广州民国日报》刊载日期。
③ 冯肇铭代理广东海防司令。

同人所深引为快慰之事。数十年来,因革命而牺牲死于民事之吾党烈士,更足为恪守纪律之模范。大会敢以全体名义,致其哀悼敬仰之忱。

虽然,吾党欲达国民革命之目的,成群众之政党,则亦不能全赖此等党员个人之自律精神。革命的群众政党须有普及的强逼的纪律,此等政党之组织性质本不能离纪律而存在,故纪律实为革命胜利之第一必要条件。

大会以为国民党之组织原则,当为民主主义的集权制度。每一党员既有应享之权利,亦有当尽之义务。参与党内一切问题之决议及党外政策之确定,选举各级执行党务之机关,此其权利也。此等全党党员参与共同讨论决议及选举之制度,即所以保证民主主义之实行。讨论既经终了,执行机关既经议决,则凡属党员均有遵守此等决议案或命令并实行之之义务。此即所谓政党的集权制度。

吾党夙抱国民革命之宗旨,欲求取得政权,实行三民主义。若无民主集权制之组织及纪律,则必不能胜利。无组织之政党等于无政府主义者之俱乐部,决非民众之先锋队,决不能为民族解放而奋斗,故亦决其不成为政党。

大会以为国民党未得政权之处,党与国家有异,既无方法强逼党员服从其自己所决议之法律,又无警察、军队之强制权力执行纪律之法,唯有与党员以道德上、名誉上之制裁,或施行章程上所规定之训练办法。至于国民党已得政权之处,则执行纪律之法又不限于道德上、名誉上之制裁。既得政权之处,党员之行动比之其他地方尤当负责,党之纪律亦当更加严格。此等地方若党员有违纪律,则其影响殊非可以等闲视之者。为保证党之真正指导权起见,为保证党之战斗力起见,在此国内战争期内尤为重要。大会特别规定此等地方执行纪律之法,除道德上、名誉上之制裁外,当加以强制的办法,如免职、调任、暂时的或永久的驱逐出境以及其他方法。监察委员会所拟议,中央当可加以斟酌而执行之也。唯受中央惩戒之党员,亦可要求全国大会重加审察。

党员之承认党章,即承认其纪律,与兵士之盟誓无异,故破坏纪律者不啻战时叛兵降将。大会认为纪律问题非常重要,嗣后党中遇有党员破坏纪律或违背主义,当加以最严厉之制裁。

据《纪律问题决议案》,载《中国国民党第一次全国代表大会宣言及决议案》(广州、中央执行委员会印行,一九二四年二月出版)

海关问题决议案①

(一九二四年一月二十二日)

　　自民国六年国会被非法解散以来,北京无依法组织全国公认之政府,海关余款自非非法北京政府所能独有。民国八九年间,我西南护法政府曾取得关余一部分,先后收款六次,共计三百余万两,是其明证。嗣因西南政府内部分争,遂尔停付。北庭于是直接间接得以西南之关余,作为侵略西南之军费。事之不平,孰有逾于此者。

　　洎乎十年五月,我孙总理受国民之付托,就任总统。北庭恐我政府名正言顺收取关余,遂为先发制人之计,将全国关余拨作内债基金,我政府当然不能承认。总税务司安格联非不明此理,而竟于其职务之外,复贸然担任内债基金保管之责。近又托词关余为内债基金,不能交付我政府应得之部分,殊所不解。况内债基金原案,除关余外尚有盐余、交通两项收入,实绰绰有余,我政府提取一部分关余,于内债债权人之权利绝无动摇之虞。观于北庭积欠整理公债处盐余、交通两款三千八百万元,可见一班。安格联果尽其保管之责,则该两项欠款自应使北京政府照付,何至任其积欠至如是之多。

　　总之,北京政府现为不法武人官僚所盘据,为我国人所否认。我广州政府辖境内之关余若仍听北庭支配,实无异赍盗以粮,应请我政府迅速收供建设之用。至列强纷派兵舰来粤示威,直不啻助北庭以压迫我政府,干涉我内政,此种举动为我国人所同愤。幸我当局不为所慑,始终坚持,公理所在,事

---

① 本议案由汪精卫在会上作说明之后,众谓无异议,不经表决即予通过。

当有济。兹本党一致议决,誓为政府后盾,务使目的达到,正义得伸。

抑更有进者,外人管理海关,其结果不但使保护政策无由实行,且使我国实业不能与外国实业在我国境内为同等之发展,其束缚我国实业之发展以妨碍其生存,为害之大,不可胜言。本党尤当更进一步,主张收回海关,用种种和平正当之手段与准备方法,以求有济。此事于吾国民生前途关系甚大,本党为代表国民利益计,当于此努力,务期贯彻主张。

据《海关问题决议案》,载《中国国比党第一次全国代表犬会宣言及决议案》(广州、中央执行委员会印行,一九二四年二月出版)

命发许卓然经费令

(一九二四年一月二十三日)①

大元帅令

着财政委员会筹给许卓然办事费二千元。

据陈旭麓、郝盛潮主编,王耿雄等编《孙中山集外集》(上海人民出版社一九九〇年版)

命发陆军军官学校开办费令

(一九二四年一月二十三日)②

大元帅令

着财政委员会于十日内筹备一万元,为军官学校开办费,交蒋介石收用。

据陈旭麓、郝盛潮主编,王耿雄等编《孙中山集外集》(上海人民出版社一九九〇年版)

---

① 此件所标时间系财政委员会第十次会议决案日期。
② 此件所标时间系财政委员会第十次会议决案日期。

增补宣言"对内政策"第五项之临时动议

（一九二四年一月二十四日）

孙中山手谕

派汪精卫代表提出宣言补遗一条于大会，请表决。

总理　孙　文
中华民国十三年一月廿四日

于已删之第五项下补充此条："厘订各种考试制度，以救选举制度之穷。"[①]

据中国国民党中央文化传播委员会党史馆藏手谕原件

汪精卫发言

主席团汪精卫登坛说明，略谓：今天早上本席接到总理一信，有一临时动议提出，属精卫代表说明。其动议之主旨，即对于宣言上本党政纲"对内政策"尚有一点意见，此动议主旨并不是变更宣言内容。盖"对内政策"应有考试权之规定，总理意思于将来甄用各项官吏均应施行考试制度，以救选举制度之穷。将政纲中"对内政策"已删之第五项，再补充一项，文为"厘订各种考试制度，以救选举制度之穷"。此项考试制度原系五权宪法之一，为本党对于中华民国宪法本来的主张。现在提出此问题，似不必加以多大的讨论，只要决定此刻可否补充加入可也。

据《中国国民党代表大会会议录》第九号，载中国人民政治协商会议广东省委员会文史资料研究会编《广东文史资料》第四十二辑《中国国民党"一大"史料专辑》（广东人民出版社一九八四年版）

[①] 本段文字系汪精卫笔迹。

给孙科的指令

（一九二四年一月二十四日）

大元帅指令第八一号

　　令广州市市长孙科

　　呈请令饬卫戍总司令部撤销联和公司承案由

　　呈悉。准予令行广州卫戍总司令查照撤销。仰即知照。此令。

（中华民国陆海军大元帅之印）
中华民国十三年一月廿四日

据大本营秘书处编《陆海军大元帅大本营公报》第三号
（广州一九二四年一月三十日）

给杨希闵的训令

（一九二四年一月二十四日）

大元帅训令第三六号

　　令广州卫戍总司令杨希闵

　　据广州市市长孙科呈称："窃职厅现据省河全体横水渡埗业公所代表黄元呈称：'窃省河横水渡操业微贱，无权无势。只知自食其力，历来无异。近因附加横水渡捐，卫戍司令部则批准联和公司罗有成承办；财政厅则批准联安公司梁浩然承办；市财局则批准同益公司张伯平承办。以一捐务而有三公司，民全体横水渡埗业不知何去何从。故连日将收得捐饷代为存贮，以为静候官厅解决。不料迄今数日，仍未见有解决办法，而卫戍司令部批准之联和公司，强健有力，索取急如星火。微弱如民，横水渡各埗业何有抗阻能力？故附加之新捐四文，连同警费一文，昨日皆被尽数收去。不特此也，此项捐务现系开始创办，搭客多有不遵照给，计七日间已短收二百余元，亦要各横水渡埗业赔垫，迫得亦已如数赔垫矣。惨苦情形，真个为人作马牛践踏者不若也。为此，公举代表据实呈明察核'等情前来。查省河横水渡捐依照公布条例，应属市政管理范围，早经职厅咨由财政厅饬属移交接管在案。兹据该代表呈称：现在卫戍司令部及财政厅均有招商承办，并分立公司名目征收。似此权限纷歧，不惟有妨市库收入，且有碍财权统一。市长为整顿市内捐务以应要需起见，除经另案具呈广东省长公署令饬财政厅撤销承案外，理合备文呈请帅座俯准，令饬卫戍司令部迅将联和公司承案撤销，以清权限，实为公便"等情。据此，除指令照准外，合行令仰该总司令查照，即将联和公司承办省河横水渡一案撤销，以符例案。此令。

（中华民国陆海军大元帅之印）

中华民国十三年一月廿四日

据大本营秘书处编《陆海军大元帅大本营公报》第三号

（广州一九二四年一月三十日）

给赵士觐的指令

（一九二四年一月二十四日）

大元帅指令第八二号

　　令两广盐运使赵士觐

　　呈盐斤增抽军饷一元一案碍难遵行，恳请准予取消由

　　呈悉。所有前令将盐斤每包增抽军饷一元一案，应准予取消。仰即遵照办理。此令。

（中华民国陆海军大元帅之印）

中华民国十三年一月廿四日

据大本营秘书处编《陆海军大元帅大本营公报》第三号

（广州一九二四年一月三十日）

哀悼列宁提案①

（一九二四年一月二十五日）

现提议用大会全体名义发一电报哀悼列宁先生,并延会三日。电文如下:

中华民国十三年一月廿五日,中国国民党全国代表大会致北京苏俄代表加拉罕君:本日国民党全国代表大会通过下列决议案,请转贵党本部及贵政府:列宁同志为新俄之创造人,此时本大会之目的为统一全国,在民治之下,增进国民之幸福,则其事业正为本大会之精神。本大会特休会三日以志哀悼。

中国国民党全国代表大会

据《中国国民党全国代表大会会议录》第十一号,载中国人民政治协商会议广东省委员会文史资料研究会编《广东文史资料》第四十二辑《中国国民党"一大"史料专辑》(广东人民出版社一九八四年版)

命发马伯麟要件费令

（一九二四年一月二十五日）②

大元帅令

着财政委员会筹给马伯麟修理长洲要塞要件费一千元。

据陈旭麓、郝盛潮主编,王耿雄等编《孙中山集外集》(上海人民出版社一九九〇年版)

---

① 1月25日,孙中山以会议主席身份向中国国民党第一次全国代表大会提出此案。
② 此件所标时间系财政委员会第十一次会议决案日期。

给梅光培的指令

（一九二四年一月二十五日）

大元帅指令第八三号

　　令广东财政厅长梅光培

　　呈请令行军政部转饬西江五邑各属驻防军队，不得任意提拨税款由

　　呈悉。西江财政，业经令交该厅接收，所有五邑驻防军队，自不得径向该处征收机关提拨款项。据呈前情，仰候令行军政部，转饬西江五邑驻防军队遵照办理可也。此令。

（中华民国陆海军大元帅之印）

中华民国十三年一月廿五日

据大本营秘书处编《陆海军大元帅大本营公报》第三号

（广州一九二四年一月三十日）

给程潜的训令

（一九二四年一月二十五日）

大元帅训令第三七号

　　令大本营军政部长程潜

　　据广东财政厅长梅光培呈称："为呈请事：前奉大元帅令：'西江财政仍交回财政厅接收管理'等因。当经派委李榕阶为西江下游恩、开、新、台、赤五邑①财政整理处处长，饬令将五邑征收正杂一切官款解厅拨用在案。兹据呈称：'伏思职处并无直接征收税款，其所恃以解济省库者，皆五邑各县局承商

---

① 五邑，指广东省属恩平、开平、新会、台山、赤溪五县。

等将征收税饷缴处转解。在各征收机关遵奉明令整理,本自无难,而在驻防各军或过境军队饷项伙食之需,其奉准核拨者,固当由职处照拨;其未经准拨有案者,亦应由职处呈明候示核办。不得强迫拨解,乃有统一之可言。现查近日征收机关,非由军队截收,即由各军提取;虽有印据可抵,而财政紊乱,着手殊难。拟请呈明大元帅饬下军政部、省长,令行五邑驻防各军队暨各县长,嗣后军队需支饷项、伙食,必须核准有案,方予拨支,并不得由各征收机关任意提拨,庶可有款解缴,而收整理统一之效'等情。据此,查各属驻防军队,必须军政部、省长核准拨支数目,方得由各征收机关就近拨交,不能任意提拨,庶可收财政统一之效。所呈自属实情,理合据情呈请大元帅令行军政部,转饬西江五邑各属驻防军队,一体遵照办理,实为公便"等情。除指令"呈悉。西江财政业经令交该厅接收,所有五邑驻防军队,自不得径向该处征收机关提拨款项。据呈前情,仰候令行军政部转饬西江五邑驻防军队遵照办理可也。此令"印发外,仰该部长转行西江五邑驻防军队一体遵办。此令。

(中华民国陆海军大元帅之印)

中华民国十三年一月廿五日

据大本营秘书处编《陆海军大元帅大本营公报》第三号
(广州一九二四年一月三十日)

给叶恭绰廖仲恺的指令

(一九二四年一月二十五日)

大元帅指令第八四号
　　令财政委员会主席委员叶恭绰、廖仲恺
　　呈报该会议决财政部提出以后各征收机关举办新税,所有章程条例须交由该会会议通过,方准施行,免与其他机关所办税则有所抵触,致碍进行一案,请核准施行由
　　呈悉。准如所请施行。候令行财政部长及广东省长转行所属各征收机

关遵照办理可也。此令。

（中华民国陆海军大元帅之印）

中华民国十三年一月廿五日

据大本营秘书处编《陆海军大元帅大本营公报》第三号

（广州一九二四年一月三十日）

给叶恭绰廖仲恺的训令

（一九二四年一月二十五日）

大元帅训令第三八号

令大本营财政部长叶恭绰、广东省长廖仲恺

为令行事：据财政委员会主席委员叶恭绰、廖仲恺呈称："为呈请事：本月十四日本会第六次常会会议，财政部提出：以后各征收机关举办新税，所有章程条例，须交由财政委员会通过，方准施行，免与其他机关所办税则有所抵触，致碍进行一案。经众讨论议决，呈请大元帅训令各征收机关遵照办理在案，理合呈请大元帅核准施行"等情前来。据此，除指令"呈悉。准如所请施行。候令行财政部长广东省长转行所属各征收机关遵照办理可也。此令"印发外，合行令仰该部长、省长即便转饬所属各征收机关，遵照办理为要。此令。

（中华民国陆海军大元帅之印）

中华民国十三年一月廿五日

据大本营秘书处编《陆海军大元帅大本营公报》第三号

（广州一九二四年一月三十日）

给叶恭绰廖仲恺的指令

（一九二四年一月二十五日）

大元帅指令第八五号

　　令财政委员会主席委员叶恭绰、廖仲恺

　　呈请将该会议决财政部提出：凡一切军费，须由军政部核定，再行交议支配，以昭划一一案，核准施行由

　　呈悉。候令行军政部转行各军事机关遵照办理可也。此令。

　　　　　　　　　　　　　　　（中华民国陆海军大元帅之印）

　　　　　　　　　　　　　　　中华民国十三年一月廿五日

　　　　　据大本营秘书处编《陆海军大元帅大本营公报》第三号

　　　　　（广州一九二四年一月三十日）

给程潜的指令

（一九二四年一月二十五日）

大元帅指令第八六号

　　令大本营军政部长程潜

　　呈东路讨贼军营长梁寿恺积劳病故，请援例追赠并给恤由

　　呈悉。已故东路讨贼军营长梁寿恺准如所议，着追赠陆军炮兵中校，仍照例给予少校恤金。此令。

　　　　　　　　　　　　　　　（中华民国陆海军大元帅之印）

　　　　　　　　　　　　　　　中华民国十三年一月廿五日

　　　　　据大本营秘书处编《陆海军大元帅大本营公报》第三号

　　　　　（广州一九二四年一月三十日）

给杨西岩的指令

（一九二四年一月二十五日）

大元帅指令第八七号

　　令禁烟督办杨西岩

　　呈报就职及启用关防日期由

　　呈悉。此令。

　　　　　　　　　　　　　　　（中华民国陆海军大元帅之印）

　　　　　　　　　　　　　　　中华民国十三年一月廿五日

据大本营秘书处编《陆海军大元帅大本营公报》第三号
（广州一九二四年一月三十日）

给黄明堂的指令

（一九二四年一月二十五日）

大元帅指令第八八号

　　令中央直辖第二军军长黄明堂

　　呈报就职及启用印信日期由

　　呈悉。此令。

　　　　　　　　　　　　　　　（中华民国陆海军大元帅之印）

　　　　　　　　　　　　　　　中华民国十三年一月廿五日

据大本营秘书处编《陆海军大元帅大本营公报》第三号
（广州一九二四年一月三十日）

给程潜的训令

（一九二四年一月二十五日）

大元帅训令第三九号

令大本营军政部长程潜

为令行事：据财政委员会主席委员叶恭绰、廖仲恺呈称："为呈请事：本月十四日本会第六次常会会议，财政部提出：'凡一切军费须由军政部核定，再行交议支配，以昭划一一案。经众讨论，议决呈请大元帅训令军政部，转行各军事机关遵照办理'等因。理合呈请大元帅核准施行"等情前来。据此，除指令"呈悉。候令行军政部转行各军事机关遵照办理可也。此令"印发外，合行令仰该部长即便遵照转行各军事机关查照办理为要。此令。

（中华民国陆海军大元帅之印）

中华民国十三年一月廿五日

据大本营秘书处编《陆海军大元帅大本营公报》第三号（广州一九二四年一月三十日）

着广州市政厅长汇款令

（一九二四年一月二十五日）①

着市政厅长即汇旅费二千元。文批。

据秦孝仪主编《国父全集》第七册（台北近代中国出版社一九八九年版）

---

① 原件无日期。此令所标时间依秦孝仪主编《国父全集》注称："有英文及德文复电，依复电时间订。"

给伍学熿的指令

（一九二四年一月二十六日）

大元帅指令第八九号

　　令兼广东全省船民自治联防督办伍学熿

　　呈为遵令修正条文改缮章程，请赐核准由

　　呈悉。所有该督办拟呈之《船民输纳自治联防经费暂行章程》九条、《查验枪炮照暂行章程》十一条，又《发给旗灯暂行章程》八条，既据遵照前次指令，逐一修正改缮，呈核前来，应准如拟施行。仰仍由该督办将条文及收费数目，明白布告各船民一体周知。章程暨附件均存。此令。

　　　　　　　　　　　　　　　　　　（中华民国陆海军大元帅之印）

　　　　　　　　　　　　中华民国十三年一月廿六日

　　　　　　据大本营秘书处编《陆海军大元帅大本营公报》第四号

　　　　（广州一九二四年二月十日）

给谭延闿的指令

（一九二四年一月二十六日）

大元帅指令第九一号

　　令湘军总司令谭延闿

　　呈请令饬仁化县转令扶溪团防，不得拒绝防军驻扎及通过由

　　呈悉。已令行广东省长转饬该县遵照办理。此令。

　　　　　　　　　　　　　　　　　　（中华民国陆海军大元帅之印）

　　　　　　　　　　　　中华民国十三年一月廿六日

　　　　　　据大本营秘书处编《陆海军大元帅大本营公报》第四号

　　　　（广州一九二四年二月十日）

给廖仲恺的训令

（一九二四年一月二十六日）

大元帅训令第四〇号

　　令广东省长廖仲恺

　　据湘军总司令谭延闿呈称："据职军第五军司令部主任参谋余泽筊由仁化元代电称：'衔略。顷据第十五旅旅长陈寅报告："一、据第二十九团团附叶良报称：昨十一日职团奉令派第二营开赴百顺、扶溪一带截阻逃兵，特先派副官一员，持函赴扶溪通知，以免误会。讵该地团防竟将团兵调齐，于距扶溪六七里之地登山实行抗拒，并将该副官等及第二营之前站兵数名一律扣留，声称该地不准驻兵，若强欲前来，即行开火，并即将该副官等斩首等语。嗣经该副官等再三解说，始肯放归。适第二营全部到达，与该团防前哨相遇，该团兵等竟亦高呼如前。曾营长因恐一时冲突不分皂白，故仍一律开回长江，静待后命。二、据土人报称：该地团防局长李飞龙，曾在陈炯明部下充当营长云云。三、昨南雄方面逃兵经过该村时，被缴枪五十余枝，故该团防势力澎〔膨〕涨〔胀〕，更为刁抗。四、扶溪地为长江、仁化、南雄等处之要道交叉之点，极为重要。由长江至仁化及由仁化至南雄，皆所必经。当此军事期内，军队调动往来不时，该地人民如此野蛮，动行阻抗，为害匪轻。一旦有事，雷团既处进退维谷之势，定有妨碍。尤恐该团防局长李飞龙既系陈逆旧人，暗与陈逆勾结，我军即应谋解决之法各"等情。据此，查扶溪人民野蛮久成习性，犹或可原，今竟无端阻拒官军，难保其无越轨行动。应如何办理之处，伏祈钧裁施行'等由前来。伏查职所部各军，均驻防粤湘、粤赣两方交界之处，仁化为通南雄达曲江交通孔道，军队往来移动自系恒情。且闻迩来唐生智遣派奸徒多名，潜入我军防地，勾引鼓惑，以致职部各军日来间有持械潜逃情事发生。百顺、扶溪地方为南始经仁化入湘必由之地，故迭电该军派队驻扎百顺、扶溪一带，堵截在逃士兵。乃该地方人民不察内容，任意阻抗,影响所及,遗害匪浅。且据称李飞龙系陈逆旧部,有无他项危害阴谋,殊难思揣。理合缕叙各情由,呈恳钧座俯赐察核,令饬该县转令该地士绅,不得拒绝防军驻扎及通过。不胜惶悚待命之至"等情。据此,除指令外,合行令仰该省长迅饬该县长,严令该地士绅、团防不得阻抗防军,致碍戎机。此令。

(中华民国陆海军大元帅之印)

中华民国十三年一月廿六日

据大本营秘书处编《陆海军大元帅大本营公报》第四号
(广州一九二四年二月十日)

给范石生的指令

(一九二四年一月二十六日)

大元帅指令第九二号

　　令中央直辖滇军第二军军长范石生

　　呈报该军第三师军需处长杨少甫等挟款潜逃,请通缉归案究办由

　　呈悉。候令行各军民长官严缉究办可也。此令。

(中华民国陆海军大元帅之印)

中华民国十三年一月廿六日

据大本营秘书处编《陆海军大元帅大本营公报》第四号
(广州一九二四年二月十日)

给杨希闵等的训令

(一九二四年一月二十六日)

大元帅训令第四一号

　　令中央直辖滇军总司令兼广州卫戍总司令杨希闵、湘军总司令谭延闿、

桂军总司令刘震寰、豫军讨贼军总司令樊钟秀、粤军总司令许崇智、广东省长廖仲恺、中央直辖第一军军长朱培德、中央直辖第二军军长黄明堂、中央直辖第三军军长卢师谛、中央直辖第七军军长刘玉山

为令饬事：据中央直辖滇军第二军军长范石生呈称："窃职部自入粤而后，即委任杨少甫充江防司令部军需，旋兼第三师部军需处长。所有一切收入皆由该员经管，统计先后存储收入公款一百余万元。昨年十一月间，军事吃紧之际，该员尽将存储公款席卷而逃，致杨前师长廷培愧对袍泽，投河毕命。又第六旅旅长朱泽民临阵畏缩，复潜回省垣，将该旅七、八两月薪饷及九、十两月伙食共十余万元，航政局、烟酒公卖局收入七万余元，统计二十余万元席卷潜逃。又第十团团长季树萱于出发石龙时，临阵借病潜回省垣，私开杂赌，得规约二十余万元。复敢蛊惑队伍，图谋捣乱。查该逃员杨少甫监守自盗，朱泽民、季树萱临阵退缩，均属罪无可逭，亟应严缉归案究办，以维纲纪。理合具该逃犯杨少甫等年貌，备文呈请钧府察核，俯赐通令严缉，务获归案究办，实为公便"等情前来。据此，除指令"呈悉。候令行各军长官严缉究办可也。此令"即发外，合行令仰该总司令、省长、军长即转饬所属，一体缉拿务获究办，以重公款，而儆官邪为要。切切。此令。

（中华民国陆海军大元帅之印）

中华民国十三年一月廿六日

据大本营秘书处编《陆海军大元帅大本营公报》第四号
（广州一九二四年二月十日）

给广东地方善后委员会的指令

（一九二四年一月二十八日）

大元帅指令第九四号

　　令广东地方善后委员会

　　呈为遵令改缮《民业审查规则》乞予核准，并请改声请书为证明书由

呈及修正规则均悉。准予如拟施行。仰候令行财政部转咨广东省长分令该省官产市产各主管机关查照。附件存。此令。

（中华民国陆海军大元帅之印）

中华民国十三年一月廿八日

据大本营秘书处编《陆海军大元帅大本营公报》第四号
（广州一九二四年二月十日）

给叶恭绰的训令

（一九二四年一月二十八日）

大元帅训令第四三号

令大本营财政部长叶恭绰

为令饬事：案查前据广东地方善后委员会拟具《民业审查规则》十条呈请核准前来，当以所拟规则第六条侵及官产、市产主管机关权限，酌予修改，指令改缮呈核去讫。兹据呈称："为呈请事：案奉帅座第二十九号指令，据委员等呈为组设民业审查会，谨将办事规则及委员名单呈请鉴核由。奉令开：'呈及附件均悉。该会有鉴于广东民有产业每被人妄报为官产，致受损累，拟就善后委员会中互选五人组织民业审查会，凡人民产业被人举报，均可请求该会审查，藉昭慎重而杜妄报，用意甚善，自可准其设立。另单开报选定委员五人姓名，应予备案。惟查官产、市产等各有主管机关，清理变卖是其应有之权。该会审查结果，用以备主管官厅之参考则可；若照拟呈规则第六条，不免侵及主管官厅权限。如虑官厅处分不当，尽可由当事人依法提起诉愿或行政诉讼，以图救济。不必另定办法，致涉纷歧。今本此旨，将原拟规则第六条酌加修改，随令钞发。其余各条原文大致尚妥，仰即查照妥缮，另文呈候核准施行可也。附件存。此令'等因，计钞发修正条文一纸。奉此，委员等遵即将修正条文列交第二十四次常会讨论，佥以为案经核准，自可依章受理审查事项。惟修正条例第六条，附项事件决定后，应由列席各委员即席将审查结果拟具声请书交由秘书,于廿四小时内函送于主管机关。主管机关接收前项声请书后,应参考其所列证据理由详加审核,于三日内将审定结果揭示。委员等以为,本会系人民代表机关,对于主管官产、市产官厅,系属对等性质,似无声请之必要。拟将声请书三字酌改为证明书较为妥适,一致议决呈请帅座准予备案施行。奉令前因,理合将议决对于修正审查会规条酌改缘由呈候鉴核,伏乞指令祗遵"等情。据此,当经指令"呈及修正规则均悉。准予如拟施行。仰候令行财政部转咨广东省长,分令该省官产、市产各主管机关查照。附件存。此令"等语。除指令印发外,合行令仰该部长即便遵照办理。此令。

(中华民国陆海军大元帅之印)
中华民国十三年一月廿八日

据大本营秘书处编《陆海军大元帅大本营公报》第四号
(广州一九二四年二月十日)

给湘军的命令

(一九二四年一月二十八日)①

于此亟谋财政统一之时,忽闻滇、湘、朱三军又设局于黄沙车站以加收盐税之事,殊深诧异。盐商今日已罢市,运使明日便无税可收,政府将无从再负给养各军之责,大事将不可为矣!有无挽救之法?特着运使来商。

据广州《现象报》一九二四年一月二十八日《湘军撤回协饷局委员》

---

① 此件所标时间系广州《现象报》发表日期。

给赵士觐的指令

（一九二四年一月二十八日）

大元帅指令第九五号

　　令两广盐运使赵士觐

　　呈为卸香安局长梅放洲抗不交代，私发渔票，恳请令伤许总司令拿办由

　　呈悉。已令行许总司令着严密缉拿，务获究办矣。仰即知照。此令。

（中华民国陆海军大元帅之印）

中华民国十三年一月廿八日

据大本营秘书处编《陆海军大元帅大本营公报》第四号（广州一九二四年二月十日）

给许崇智的训令

（一九二四年一月二十八日）

大元帅训令第四四号

　　令东路讨贼军总司令许崇智

　　为令伤事：据两广盐运使赵士觐呈称："案据新委香安局局长陆志云呈称：'奉到委任，遵即前赴该局接事。讵该卸局长梅放洲挟带关防离职，匿不交代'等情。当经令伤将原日所用关防注销，由职署另刊关防发交该局长前往接办启用，并布告在案。旋复据该局长呈称：'卸局长梅放洲抗不交代，尚潜匿香安境内，继续私发渔票'等情。据此，查该卸局长梅放洲奉令销差，胆敢挟带关防离职，匿不交代，以致新任局长陆志云无从接事。关于公款公物等项不能收存保管，且现值冬销畅旺之际，局务遽尔停顿，于缉私

疏销一切事务,贻误良多。况复潜匿香安境内,继续私发渔票,舞弊图利,置国家法律于不顾。似此不法行为,若非严拿究办,不足以儆官邪而重公币。用特据情呈明钧座,恳请令行粤军总司令迅饬驻香行营,就地查缉。务将卸香安局长梅放洲拿获,归案讯办,以儆官邪而维盐政。除指令该局长陆志云,将梅放洲请领渔票按号取消外,所有卸局长抗不交代、私发渔票,恳请令饬拿办各缘由,理合备文呈请鉴核,伏候指令祇遵,实深公便"等情前来。据此,查盐务行政最重统一,该卸香安局长梅放洲抗不交代,并私发渔票侵蚀正税,殊属藐法。仰该总司令即严饬所部,密为缉拿。务获归案究办,以儆官邪而维盐政为要。切切。此令。

（中华民国陆海军大元帅之印）

中华民国十三年一月廿八日

据大本营秘书处编《陆海军大元帅大本营公报》第四号（广州一九二四年二月十日）

命发航空局经费令

（一九二四年一月二十八日）①

大元帅令

　　着提前发给航空局经费一万元。

据陈旭麓、郝盛潮主编,王耿雄等编《孙中山集外集》（上海人民出版社一九九〇年版）

---

①　此件所标时间系财政委员会第十二次会议决案日期。

命发庶务司经费令

（一九二四年一月二十八日）①

大元帅令

　　着财政委员会筹给杂费一千元交庶务司收用。

据陈旭麓、郝盛潮主编，王耿雄等编《孙中山集外集》（上海人民出版社一九九〇年版）

命发黄明堂军费谕

（一九二四年一月二十八日）②

大元帅谕

　　着筹给黄军长明堂旧历过年军费三千元，另每日给养五百元。

据陈旭麓、郝盛潮主编，王耿雄等编《孙中山集外集》（上海人民出版社一九九〇年版）

给杨希闵的指令

（一九二四年一月二十九日）

大元帅指令第九六号

　　令中央直辖滇军总司令杨希闵

　　呈查办南雄叶允藏等控匪首邓跳山历次劫掳一案，该匪现受赖天球收

---

① 此件所标时间系财政委员会第十二次会议决案日期。
② 此件所标时间系财政委员会第十二次会议决案日期。

编,请示办法由

呈悉。已令饬赖天球将所部严行汰〔淘〕汰,并加约束。如再有不法行为,当严办不贷。仰即转令知照。此令。

（中华民国陆海军大元帅之印）

中华民国十三年一月廿九日

据大本营秘书处编《陆海军大元帅大本营公报》第四号

（广州一九二四年二月十日）

给赖天球的训令

（一九二四年一月二十九日）

大元帅训令第四五号

令大本营第七路游击司令赖天球

据中央直辖滇军总司令杨希闵呈称:"案据职军第一师长赵成梁呈称:'案据职师第二旅长韦杵呈称:窃据南始联防游击总局长卢焜呈称:案奉钧部第二五零号训令开:为令饬查办事。案据南雄和安约团董叶允藏等呈称:除原文有案邀免冗叙外,后开:除批示外,合行令仰该局长迅速查办,以安闾阎。切切。此令。计钞匪首邓跳山历次劫掳案,及匪姓名一纸等因。奉此,自应遵照办理。惟邓跳山即林杨,现经大本营第七路司令赖天球收编,所有匪徒均编入营伍,其迭次焚杀劫掳,实属罪不容诛。但其挂大本营招牌,欲行查办,似非职局职权势力所能及,自应呈请转呈大元帅严令制止。所有呈请将叶允藏呈称各节,转呈大元帅严令赖司令查办,并请示祇遵缘由,理合具文呈请察核施行,实为公便等情。据此,旅长复查属实,除令该局知照外,理合备文呈请钧部衡核,俯赐转请严令制止,实为公便等情。据此,师长复查该匪首邓跳山,迭次焚杀劫掳,实属不法已极。惟据称该匪现经大本营第七路游击司令赖天球收编,亟应转请严令制止,以安黎庶。理合将转请严令制止各缘由,备文呈请钧座衡核,俯赐转请施行'等情。据此,查匪首邓跳山,经该师长查明,现归大本营第七路游击司令赖天球收编,应否饬令该司令查办,将该邓部立予解散,或严加约束之处,理合据情转呈前情。"据此,除指令外,合行令仰该司令,即将该部严行淘汰,认真约束。如再有不法行为,当严办不贷。仰即遵照。此令。

(中华民国陆海军大元帅之印)
中华民国十三年一月廿九日
据大本营秘书处编《陆海军大元帅大本营公报》第四号
(广州一九二四年二月十日)

给滇军的命令

(一九二四年一月二十九日)①

肃清东江,曾令大举。会师北伐,并已动员。第二路联军各部移动开拔在即,所有以后湘粤边境卫戍事宜,应即责成滇军分兵担任,用固疆圉。此令。

据《广州民国日报》一九二四年一月三十日《滇军卫戍湘粤边境》

给赵士北的指令

(一九二四年一月二十九日)

大元帅指令第九七号

令大理院长兼管司法行政事务赵士北

呈为拟请将琼山、罗定等十七厅庭②已决人犯减刑列册,请指令遵行由

---

① 原件未署日期。1月30日《广州民国日报》云:"滇军总司令部昨奉大元帅第十五号手令,云……",今据此酌定时间。

② 十七厅庭,系指琼山、罗定、三水、新丰、陆丰、阳春、连平、五华、广宁、钦县、阳山、郁南、徐闻、海丰、兴宁、海康、德庆等厅庭。

呈及清册均悉。准如所拟办理。清册十七本存。此令。

（中华民国陆海军大元帅之印）

中华民国十三年一月廿九日

据大本营秘书处编《陆海军大元帅大本营公报》第四号
（广州一九二四年二月十日）

给张开儒的指令

（一九二四年一月二十九日）

大元帅指令第九八号

　　令大本营参军长张开儒

　　呈副官黎工伙于伪造行使印花税票案确无嫌疑，请免予处分由

　　呈悉。照准。此令。

（中华民国陆海军大元帅之印）

中华民国十三年一月廿九日

据大本营秘书处编《陆海军大元帅大本营公报》第四号
（广州一九二四年二月十日）

给张开儒的指令

（一九二四年一月二十九日）

大元帅指令第九九号

　　令大本营参军长张开儒

　　呈副官朱全德因回籍完婚续请准给长假乞核夺令由

　　呈悉。照准。此令。

（中华民国陆海军大元帅之印）

中华民国十三年一月廿九日

据大本营秘书处编《陆海军大元帅大本营公报》第四号
（广州一九二四年二月十日）

给叶恭绰的指令

（一九二四年一月二十九日）

大元帅指令第一〇〇号

令大本营财政部长叶恭绰

呈复广东财政厅《确定民业执照条例》与《广东全省民产保证章程》抵触，请示办法由

呈悉。着将广东财政厅呈准《确定民业执照条例》取消，以归划一。仰即遵照，转令办理。此令。

（中华民国陆海军大元帅之印）

中华民国十三年一月廿九日

据大本营秘书处编《陆海军大元帅大本营公报》第四号
（广州一九二四年二月十日）

给赖天球的指令

（一九二四年一月二十九日）

大元帅指令第一〇一号

令大本营第七路游击司令赖天球

呈所部伙食困迫，请即给发并指拨长期的款由

呈悉。着先将所部前日滥行收编者严加淘汰，再行呈夺。此令。

（中华民国陆海军大元帅之印）

中华民国十三年一月廿九日

据大本营秘书处编《陆海军大元帅大本营公报》第四号
（广州一九二四年二月十日）

感化并收容游民土匪提案①

（一九二四年一月二十九日）

中国为农业的国家，近代受经济的帝国主义之压迫及国内军阀官僚之刮削，遂至失业日多，饥寒所迫，或行劫掠，以图苟全；或入行伍，以求幸存。良好之农民，化而为强暴之兵匪，直接则受军阀之虐待及驱使，间接则为列强所利用。使吾国产业基础日就崩坏。吾中国国民党第一次全国代表大会对于此全国产业基础崩坏，人民生活动摇之惨状，认为封建制度破坏后，二千年来吾国历史上之第一重大时代，主张以党之全力宣传，并实行下列二项：

（一）国家对于游民、土匪，于惩服的方法之外，须设法加以感化及收容。使即能获得从事于社会有益之工作之机会。

（二）吾人当努力宣传，于一切军队中使了然于其自身之地位，变反动的兵力为革命的兵力。至革命军揭国民党之旗帜，为人民而战，以从事于捍卫国家、克服民敌者，当受国家之殊遇。兵士于革命胜利之后，国家应给与适当之土地，使复归于善良之农民。

在此重大问题上，本大会并认本党总理所主张之兵工政策及实业的建国方略，为最适合于中国改造之政策。本党应本此政策，负努力宣传及实行之责任。

> 据《中国国民党全国代表大会会议录》第十五号，载中国人民政治协商会议广东省委员会文史资料研究会编《广东文史资料》第四十二辑《中国国民党"一大"史料专辑》（广东人民出版社一九八四年版）

---

① 此提案由孙中山提出，戴季陶受托于1月29日下午在中国国民党第一次全国代表大会上宣读，当即经表决通过。

着谭延闿代职令

（一九二四年一月二十九日）

大元帅令

　　大本营秘书长廖仲恺未到任以前，着谭延闿兼代。此令。

　　　　　　　　　　　　　　　（中华民国陆海军大元帅之印）

　　　　　　　　　　　　　　　中华民国十三年一月廿九日

　　　　　据大本营秘书处编《陆海军大元帅大本营公报》第四号

　　　　　（广州一九二四年二月十日）

给杨西岩的指令

（一九二四年一月三十一日）

大元帅指令第一〇二号

　　令禁烟督办杨西岩

　　呈请修正督办署章程由

　　呈及章程均悉。查所拟《修正督办署章程》第五条规定督察处之职掌，其二款为关于缉获烟犯及处罚判决事项，核与《禁烟条例》第二十条移送司法机关审讯治罪之规定不符，应即将此款删削，并将同条三四两款改为二三，以符顺序。其余均准如拟施行。仰即知照。章程存。此令。

　　　　　　　　　　　　　　　（中华民国陆海军大元帅之印）

　　　　　　　　　　　　　　　中华民国十三年一月卅一日

　　　　　据大本营秘书处编《陆海军大元帅大本营公报》第四号

　　　　　（广州一九二四年二月十日）

命汇上海事务所经费令

（一九二四年一月三十一日）①

大元帅令

着财政委员会筹汇上海事务所经费一万元。

据陈旭麓、郝盛潮主编，王耿雄等编《孙中山集外集》（上海人民出版社一九九〇年版）

命发李福林军毡费令

（一九二四年一月三十一日）②

大元帅令

着财政委员会筹给李福林所部军毡费一万五千元。

据中国第二历史档案馆编《中华民国史档案资料汇编》第四辑《广州国民政府档案》（江苏古籍出版社一九八六年版）

批加拉罕函

（一九二四年一月）③

交中央执行委员会译出发表。

文

据中国国民党中央文化传播委员会党史馆藏一般档案 052/347

---

① 此件所标时间系财政委员会第十三次会议决案日期。
② 此件所标时间系财政委员会第十三次会议决案日期。
③ 此件所标时间系据秦孝仪主编《国父全集》第七册。

命发宋品三旅费令

（一九二四年二月二日）①

大元帅令

着财政委员会筹给宋品三旅费五百元。

据陈旭麓、郝盛潮主编，王耿雄等编《孙中山集外集》（上海人民出版社一九九〇年版）

命发吴稚觉公费令

（一九二四年二月二日）②

大元帅令

着财政委员会筹给吴稚觉公费五百元。

据陈旭麓、郝盛潮主编，王耿雄等编《孙中山集外集》（上海人民出版社一九九〇年版）

命发北伐讨贼军第一、二军每月办公费令

（一九二四年二月二日）③

大元帅令

北伐讨贼军第一军陈军长光逵，第二军柏军长文蔚，着自二月起，每日

---

① 此件所标时间系财政委员会第十四次会议决案日期。
② 此件所标时间系财政委员会第十四次会议决案日期。
③ 此件所标时间系财政委员会第十四次会议决案日期。

由该会各发给办公费毫银一千元,仰即遵照。

据陈旭麓、郝盛潮主编,王耿雄等编《孙中山集外集》(上海人民出版社一九九〇年版)

给叶恭绰廖仲恺的指令

(一九二四年二月三日)

大元帅指令第一〇四号

　　令大本营财政部长叶恭绰、广东省长廖仲恺

　　呈一件　呈为发行短期手票五十万元,请予照准,并分令各军队一体遵照,毋得借此骚扰由

　　呈悉。此项短期手票五十万元,应准发行,并已如呈分令各军队,不得借此骚扰矣。仰即知照。此令。

(中华民国陆海军大元帅之印)
中华民国十三年二月三日
据大本营秘书处编《陆海军大元帅大本营公报》第四号
(广州一九二四年二月十日)

给梅光培的指令

(一九二四年二月三日)

大元帅指令第一〇五号

　　令广东财政厅厅长兼大本营筹饷总局会办梅光培

　　呈请辞职由

　　呈悉。已明令准免本兼各职矣。仰即知照。此令。

(中华民国陆海军大元帅之印)
中华民国十三年二月三日
据大本营秘书处编《陆海军大元帅大本营公报》第四号
(广州一九二四年二月十日)

给叶恭绰廖仲恺的命令

（一九二四年二月三日）

大元帅令

　　据大本营财政部部长叶恭绰、广东省长廖仲恺呈称："据广州地方善后委员会、广州总商会、广东善团总所、九善堂院函称：'经各界大集会议决，由广州地方善后委员会、广州总商会、广东善团总所、九善堂院联合发行善后短期手票五十万元，以各善堂院价值一百余万元产业为保证。其契照交由广州总商会存储，将广州市民产保证局交法定社团公推委员办理，规定广州市民产保证局概不收受现金，专收此项手票，以偿足五十万元为止'等情。呈请核准施行，明令办理"前来。当此旧历年关紧迫，军饷急需，该善堂院等慨然提出巨产保证手票，该委员会、总商会、善团总所等相与联合发行，藉以应支军饷，鼓励士气，地方赖以乂安，商民同资利便，本大元帅至为嘉慰。关于民产保证局既交由各法定社团办理，应即妥定便利办法，以期敏捷而资保障，责成广州市长督饬妥迅进行，勿滋扰累。至一切官产、市产，一律停止举报；其未办结各案，应即速行办结，以苏民困。仰财政部长、广东省长分别转饬遵照。此令。

（中华民国陆海军大元帅之印）

中华民国十三年二月三日

<small>据大本营秘书处编《陆海军大元帅大本营公报》第四号（广州一九二四年二月十日）</small>

给各军首长的训令

（一九二四年二月三日）

大元帅训令第四七号

　　令各军总司令及司令、军长、师长

　　现据财政部长叶恭绰、广东省长廖仲恺呈称："年关逼近，军饷及〔亟〕需，拟发行短期手票五十万元，以资救济"等情。据此，除指令照准发行外，合亟令仰该总司令、司令、军长、师长即便遵照，严所属部队不得借此骚扰，以利推行，是为至要。此令。

（中华民国陆海军大元帅之印）

中华民国十三年二月三日

据大本营秘书处编《陆海军大元帅大本营公报》第四号
（广州一九二四年二月十日）

核复统一财政委员会呈复接管财政办法令

（一九二四年二月三日）

　　统一财政，曾通令遵照在案。兹据统一财政委员会呈复接管财政办法：（一）凡为各军一时权宜派员管理之财政收入机关，概由财政主管机关先行加委；所加委各机关，以后即应禀承各财政主管机关办理。另由财政主管机关，或先加派副员一员，于各收入机关，襄助调查稽核整理一切事宜，其暂时特别收入款项，另由财政主管机关特设机关管理之。各军管区权委之各财政委员，自加委后，应格外谨慎奉公，以后察看贤否，由各主管机关妥酌之。（二）凡各军驻在管区收入之财政，应由财政主管机关通盘筹划，除奉大元帅核定各该军之饷额遵令指拨外，盈余之款，仍由财政主管机关遵令办理等条前来,详加察阅,事尚可行,特此令达,着即遵照切实办理。

据上海《民国日报》一九二四年二月十三日《孙大元帅通令统一财政》

着创建国立广东大学令

（一九二四年二月四日）

大元帅令

　　着将国立高等师范、广东法科大学、广东农业专门学校合并,改为国立广东大学。此令。

（中华民国陆海军大元帅之印）
中华民国十三年二月四日
据大本营秘书处编《陆海军大元帅大本营公报》第四号（广州一九二四年二月十日）

给蒋光亮的指令

（一九二四年二月六日）

大元帅指令第一○六号

　　令中央直辖滇军第三军军长蒋光亮

　　呈请通缉王汝为由

　　呈悉。王汝为已明令通缉矣。仰即知照。此令。

（中华民国陆海军大元帅之印）
中华民国十三年二月六日
据大本营秘书处编《陆海军大元帅大本营公报》第四号（广州一九二四年二月十日）

着缉办王汝为令

（一九二四年二月六日）

大元帅令

　　前因中央直辖滇军第四师师长王汝为横行畿辅,傲扰纪纲,业经明令免职查办在案。兹据蒋军长光亮呈称,王汝为已率部降敌,实属甘心附逆,罪无可逭。着前敌各军长官暨地方官吏一体严缉,务获惩办,以仲〔伸〕国法,而儆效尤。此令。

（中华民国陆海军大元帅之印）

中华民国十三年二月六日

据大本营秘书处编《陆海军大元帅大本营公报》第四号

（广州一九二四年二月十日）

着赠恤潘宝寿令

（一九二四年二月六日）

大元帅令

　　大本营军政部长程潜呈："议复已故滇军团长潘宝寿请予追赠陆军少将,并照恤赏章程给予恤金"等语。已故滇军团长潘宝寿准予追赠陆军少将,并照少将例给予恤金,以慰英灵。此令。

（中华民国陆海军大元帅之印）

中华民国十三年二月六日

据大本营秘书处编《陆海军大元帅大本营公报》第四号

（广州一九二四年二月十日）

给陈兴汉的指令

（一九二四年二月六日）

大元帅指令第一〇七号

　　令管理粤汉铁路事务陈兴汉

　　呈请收回兼理广三铁路管理局局长成命由

　　呈悉。该员办理路政著有成绩。此次兼任广三路局长，原属为事择人，应即克日到局视事，借资整顿。所请收回成命之处，着毋庸议。此令。

（中华民国陆海军大元帅之印）
中华民国十三年二月六日

据大本营秘书处编《陆海军大元帅大本营公报》第四号
（广州一九二四年二月十日）

给程潜的指令

（一九二四年二月六日）

大元帅指令第一〇八号

　　令大本营军政部长程潜

　　呈为西路讨贼军第二师严师长①拟备价购领兵工厂新制步枪一千杆、水机关枪四尊，呈乞核示由

　　呈悉。查石井兵工厂每日造成枪械无多，严师长拟备价购领一节，碍难

---

① 严师长，即严兆丰。

照准。仰即转饬知照。此令。

（中华民国陆海军大元帅之印）

中华民国十三年二月六日

据大本营秘书处编《陆海军大元帅大本营公报》第四号
（广州一九二四年二月十日）

给伍学煋的指令

（一九二四年二月六日）

大元帅指令第一○九号

　　令兼广东全省船民自治联防督办伍学煋

　　呈为遵令将章程①条文及收费数目明白布告，乞备案由

　　呈悉。此令。

（中华民国陆海军大元帅之印）

中华民国十三年二月六日

据大本营秘书处编《陆海军大元帅大本营公报》第四号
（广州一九二四年二月十日）

给张开儒的指令

（一九二四年二月六日）

大元帅指令第一一○号

　　令大本营参军长张开儒

　　呈为中校副官谷春芳因病请假一月，乞核准由

---

① 章程，指《船民输纳自治联防经费暂行章程》（九条）、《查验枪炮照暂行章程》（十一条）及《发给旗灯暂行章程》（八条）。

呈悉。照准。此令。

（中华民国陆海军大元帅之印）

中华民国十三年二月六日

据大本营秘书处编《陆海军大元帅大本营公报》第四号

（广州一九二四年二月十日）

给宋鹤庚的指令

（一九二四年二月六日）

大元帅指令第一一一号

　　令兼湘军总指挥、湘军第一军军长宋鹤庚

　　呈报就职并启用关防日期由

　　呈悉。此令。

（中华民国陆海军大元帅之印）

中华民国十三年二月六日

据大本营秘书处编《陆海军大元帅大本营公报》第四号

（广州一九二四年二月十日）

给冯肇铭的指令

（一九二四年二月六日）

大元帅指令第一一二号

　　令代理广东海防司令冯肇铭

　　呈报就职日期由

　　呈悉。此令。

（中华民国陆海军大元帅之印）

中华民国十三年二月六日

据大本营秘书处编《陆海军大元帅大本营公报》第四号

（广州一九二四年二月十日）

给杨希闵等的指令

（一九二四年二月七日）

大元帅指令第一一三号

　　令中央直辖滇军总司令杨希闵、湘军总司令谭延闿、中央直辖第一军军长朱培德

　　呈为需饷孔急，拟设立盐务局、百货税局，加抽盐斤、百货附捐，以资应用，并附呈该总局合组大纲，请核准备案由

　　呈及组织大纲均悉。盐税加减，全属盐务行政范围。百货征税，非可轻易附加。际此民力艰难，兵灾连年，尤宜体恤下情，以维持人民生计。所请设局抽收盐斤及百货临时附加捐，着毋庸议。此令。

（中华民国陆海军大元帅之印）
中华民国十三年二月七日

据大本营秘书处编《陆海军大元帅大本营公报》第四号
（广州一九二四年二月十日）

给陈融的指令

（一九二四年二月七日）

大元帅指令第一一四号

　　令广东高等审判厅厅长陈融

　　呈解该厅十二年十一、十二两月各职员提俸充饷由

　　呈及附表均悉。该厅解来十二年十一、十二两月所属职员提俸充饷之款三千三百元，业饬会计司如数核收，并由该司发给收据矣。仰即知照。此令。

（中华民国陆海军大元帅之印）
中华民国十三年二月七日

据大本营秘书处编《陆海军大元帅大本营公报》第四号
（广州一九二四年二月十日）

着上海分部更名手令

（一九二四年二月八日）①

原有上海分部着改为上海第一分部。所有原任该分部各职员，一律照此名称按原职加委，其任期仍合以前当选之日计算。着总务部遵照办理。

孙文　二月八日

据中国国民党文化传播委员会党史馆藏一般档案 051/337

给杨希闵的指令

（一九二四年二月八日）

大元帅指令第一一五号

令中央直辖滇军总司令兼广州卫戍总司令杨希闵

呈报广州市商团因行使手票，击毙所部排长蔡海清等情形，乞令有司严密防范由

呈悉。已令行广东省长认真查究矣。仰即知照。此令。

（中华民国陆海军大元帅之印）

中华民国十三年二月八日

据大本营秘书处编《陆海军大元帅大本营公报》第五号
（广州一九二四年二月二十日）

---

① 原令未署年份，按内容判断，应在 1924 年。

给廖仲恺的训令

（一九二四年二月八日）

大元帅训令第四八号

　　令广东省长廖仲恺

　　为令遵事：据中央直辖滇军总司令兼广州卫戍总司令杨希闵呈称："案据职部警卫二团团长刘廷珍于二月四日午后八时呈称：'为呈报事：窃职团于本日请领薪饷，领获短期手票八百元，深虑此项纸票初次发行，市面尚未周知，骤然发给士兵行使，难免不无冲突，乃先派一排长李忍持票试用能否通行。既据该排长归报：初至小市街口英美烟公司分销处购物，该铺始则拒绝，嗣经该处商团开导，晓以此票系经财政委员会、商会及各善堂议决，政府核准，市面一律通用，言明后该铺即已收受。职团又再三审慎，仍恐发交士兵致生他虑，令各士兵将欲购物品报请本属长官代为出外购取，防患未然，不为不周。乃以二连三排长蔡海清、三班长张升平两人，于本日午后六时徒手持票同至双门底品南茶店三元钱铺兑换银钱，以资采买各物。讵该店主坚持不收，声称此系滇军伪造，彼此互相口角。该店主遽鸣笛召团，是时商团巡街者络绎不绝。一闻笛声蜂拥而来，不问是非，不明皂白，遽然开枪屠〔羼〕射，竟将该排长蔡海清、班长张升平登时当场击毙。时也，一排长李忍亦徒手出街购物，道经该处，该商团丁见其身着军服，又率尔开枪乱射，该排长回首便跑，以至头部仅受重伤。职团问〔闻〕警，当即派员前往调查，但见该排长及军士死尸横陈，血肉狼藉，惨不忍言。随检该尸，袋中尚有血渍原票二张。于是全团官兵睹此现象，愤不欲生，金谓我等军人为国战死，死固其宜。今以行使政府颁发纸票之故，遂被该团丁击毙，自斯以往，团丁益横行，吾辈其危矣！兔死狐悲，物伤其类，愿得一拼死命，以报手足冤仇等语。职团见其愤激如此，极力制止，喻以凡事自有长官作主，静待解决，万勿躁动。职团自蒙委任，其于军纪、风纪罔不极力讲求，乃不意祸从天降，竟至于此。惟有叩恳钧长向彼商团严重交涉,非将该凶犯归案抵罪,万不足以得其平而安将士,理合呈请衡核施行。计附呈血渍原票二张'等情。据此,同时又据职部副官长报称:'职处闻警时,即派上尉差遣伍继曾速往调查。该差遣还称:职至永汉马路,岗警引职到警察第五区署面会鲍区员询其详情。据云,午后六时,有徒手军人二名,未有表示属于何军,持纸票在品南饼铺购物,声称除应给购价外,下余之数应找还现金,该铺不允,彼此口角,该铺遂鸣笛召团丁,一时枪声四起,竟击毙军人二名,又击伤路上行人二名。职又亲至发生地点调查,亦同前由等语。又据卫生队军士郑光宗报称:本晚过年,长官派职到维新路高地街十三号购买火炮,该铺商人先不允卖,继以生银示之,乃答以卖,而要银十二元。职遂以毫银十二元与之,又不给火炮,暗地使人唤团警。乃不多时,竟有商团百余人蜂拥聚集,情势汹汹,将欲动武。经职等婉为说明,不卖火炮,须还钱来。该商乃退还毫洋七元六角,其余四元四角,卒以商团过多,不准分辩,遂至损失,且几吃亏。又谍查报告:本晚西关及城市各处商团与湘、滇、粤、桂各军滋闹事件,实有七八起之多等语。职处复查无异,理合据情报请钧核'等情。据此,职部查商团巡街维持市面,固属天职,然若非真有聚众抢劫或持械拒捕与不法滋事者,万不可轻率开枪,致酿人命。况该排长蔡海清、班长张升平执政府颁发手票出街购物,属于正当行为,既系徒手,自然无能为力;又值查街,警团往来如林,万目所视,该排长等虽欲违法捣乱,势必不敢。即使该排长等果有违法举动,而手无武器,该商团亦易会警捕交职部办理,乃计不出此,竟尔孟浮〔浪〕若是。反复推察,若非寻私报仇,必系受敌运动,故意捣乱。诚如近来各方谍查侦探所报告,陈逆炯明极力运动商团,意图在省捣乱,不然桑梓地方何致草菅人命,任意妄为,不顾治安,有如此者?当此战事未息,正尔用兵,万一激生变故,影响大局,此种责任其谁负之?职部奉命兼卫戍斯土,原有保护军民、维持地方之责,对于此等事件,亟宜公平处理,严密防范,以镇军心而安闾阎,大局前途关系匪浅。除严令该商团速将犯法团丁解送职部讯办,并令严密约束防范,勿为逆敌所愚外,理合具情呈请鉴核,饬令有司严密防范,以杜奸谋,实为公便"等情。据此,除指令"呈悉,已令行广东省长认真查究矣。仰即知照。此令"外,合亟令仰该省长即便遵照办理。切切。此令。

（中华民国陆海军大元帅之印）

中华民国十三年二月八日

据大本营秘书处编《陆海军大元帅大本营公报》第五号（广州一九二四年二月二十日）

给何家猷的训令

（一九二四年二月八日）

大元帅训令第四九号

令广东电政监督何家猷

为令遵事:据湘军总司令谭延闿呈称:"查广韶电线损坏已久,曾经呈请钧座令行广州电政监督修理。旋奉第二十四号指令开:'仰候令行电政监督认真整顿可也。此令'等因在案。兹据职部驻韶陶副官制安艳电称:'广韶电局月余未通,致我军电报积压至七十余件之多。消息梗阻,遗误戎机,诚非浅鲜。恳饬赶紧修理为祷'等情。据此,合再备文呈请钧座,恳予严令该电政监督从速修理,以利戎机,实为公便"等情。据此,除指令照准外,合行令仰该监督即便从速修理,毋稍贻误。切切。此令。

（中华民国陆海军大元帅之印）

中华民国十三年二月八日

据大本营秘书处编《陆海军大元帅大本营公报》第五号（广州一九二四年二月二十日）

给赵士北的训令

（一九二四年二月八日）

大元帅训令第五〇号

　　令大理院长赵士北

　　为令饬事：照得大理院与总检察厅彼此职务相辅而行，院厅人员同受院委，尤应平等待遇。前据总检察长卢兴原将经费支绌、办事困难情形具呈缕陈前来，当经令饬该院长就司法收入项下酌予分拨，俾维现状在案。兹复据该总检察长呈称："职厅经费积欠业逾四月，职员势将解体。而查大理院薪俸，则已发至去年十一月分，借支有已借至一月份者。职厅各职员以为同奉院委，何以待遇显有轩轾？至以大理院司法收入而言，若讼费、若状面费、若律师证书费、若律师小章费，综此四项，月入约五六千元，苟以四、五分之一拨给职厅，尚非势所难能"等情。据此，除指令外，合行令仰该院长遵照，先今〔令〕饬按月务将司法收入尽数平均摊发厅院职员，俾资办公，勿得稍分厚薄，仍将遵办情形报查。切切。此令。

（中华民国陆海军大元帅之印）

中华民国十三年二月八日

据大本营秘书处编《陆海军大元帅大本营公报》第五号

（广州一九二四年二月二十日）

给程潜的训令

（一九二四年二月八日）

大元帅训令第五一号

　　令大本营军政部长程潜

据广西讨贼军第一军总指挥黄绍雄支电称："窃查桂省连年兵燹迭生，变乱无定，溃军、土匪啸聚山林，焚杀劫掳，民不堪命。数月以来，职军分路进剿，每因各支军藉收编散军为名，入境收抚，致令势穷力竭之土匪，藉为护符，相率受编。卒之匪情难驯，变本加厉，外恃军队之名，肆行劫掠之实，较之未收编之匪，为害尤烈；以之御敌，闻风先溃，虚縻国帑，重害人民。兹为整顿地方起见，伏恳察核，通令现驻粤桂两省各军长官，勿再派员入梧、郁、浔①各属境收编匪颗〔类〕。俾职部得以实行剿办匪盗，安辑善良。从此伏莽全消，民登衽席，悉出我大元帅生成之德也。临电屏营，伏乞电示"等情。据此，应予照准。仰该部长即便转知各军长官，一体遵照可也。此令。

（中华民国陆海军大元帅之印）

中华民国十三年二月八日

据大本营秘书处编《陆海军大元帅大本营公报》第五号
（广州一九二四年二月二十日）

给樊钟秀的指令

（一九二四年二月八日）

大元帅指令第一一六号

　　令豫军讨贼军总司令樊钟秀

　　呈请设法维持票币由

　　呈悉。已饬主管机关设法维持矣。仰即知照。此令。

（中华民国陆海军大元帅之印）

中华民国十三年二月八日

据大本营秘书处编《陆海军大元帅大本营公报》第五号
（广州一九二四年二月二十日）

---

① 梧、郁、浔，指梧州、郁南、浔州。

给谭延闿的指令

（一九二四年二月八日）

大元帅指令第一一八号

　　令湘军总司令谭延闿

　　呈请严令广东电政监督从速修理广韶电线，以利戎机由

　　呈悉。已令行广东电政监督从速修理矣。仰即知照。此令。

　　　　　　　　　　　　　　　　　（中华民国陆海军大元帅之印）

　　　　　　　　　　　　　　　　　　中华民国十三年二月八日

　　　　　　　据大本营秘书处编《陆海军大元帅大本营公报》第五号
（广州一九二四年二月二十日）

给罗翼群的指令

（一九二四年二月八日）

大元帅指令第一一九号

　　令前兵站总监罗翼群

　　呈请发给兵站第一支部员兵欠饷及商款由

　　呈悉。该部所欠发各薪饷欠款，应俟该部报销案核准后，再行分别缓急酌发。仰即遵照。此令。

　　　　　　　　　　　　　　　　　（中华民国陆海军大元帅之印）

　　　　　　　　　　　　　　　　　　中华民国十三年二月八日

　　　　　　　据大本营秘书处编《陆海军大元帅大本营公报》第五号
（广州一九二四年二月二十日）

给伍学煜的指令

（一九二四年二月八日）

大元帅指令第一二〇号

令兼广东全省船民自治联防督办伍学煜

呈报十二年十二月下半月及十三年一月上半月垫经费数目情形由

呈悉。仰即造具清册呈候核销。此令。

（中华民国陆海军大元帅之印）

中华民国十三年二月八日

据大本营秘书处编《陆海军大元帅大本营公报》第五号

（广州一九二四年二月二十日）

给张开儒的指令

（一九二四年二月八日）

大元帅指令第一二二号

令大本营参军长张开儒

呈为陈明副官葛昆山前在东路第八旅营长差内带逃枪枝情形，请予核示由

呈悉。既据查明该处副官葛昆山前在东路讨贼军第八旅第十六团第二营任内，实无带逃枪枝之事。惟当去年与敌军在石牌激战时，排长樊国贞带逃枪枝三十三杆，投入中央直辖第三军独立营杨营长部下充当连长，已由第三军将原枪清还二十一杆，事与葛昆山无涉。葛昆山应准仍充该处副官原职，免予置议。仰即转饬知照。此令。

（中华民国陆海军大元帅之印）

中华民国十三年二月八日

据大本营秘书处编《陆海军大元帅大本营公报》第五号

（广州一九二四年二月二十日）

给梅光培的指令

（一九二四年二月八日）

大元帅指令第一二三号

　　令广东财政厅厅长梅光培

　　呈为原办江门东口会河厘厂商人冯耀南呈请收回成命，应如何办理，呈乞示遵由

　　呈悉。案经核定，万难变更，所有该商冯耀南呈请收回成命之处，应仍由该厅照案批驳可也。此令。

　　　　　　　　　　　　　　　　　　　　（中华民国陆海军大元帅之印）

　　　　　　　　　　　　　　　　　　中华民国十三年二月八日

　　　　　　据大本营秘书处编《陆海军大元帅大本营公报》第五号
　　（广州一九二四年二月二十日）

给梅光培的指令

（一九二四年二月八日）

大元帅指令第一二四号

　　令广东财政厅长梅光培

　　呈为湘军总司令谭延闿等于黄沙地方设立盐务局等情一案，应否分饬各税厂遵照办理，乞示遵由

　　呈悉。前据杨希闵等呈请，已指令着毋庸议矣。仰即知照。此令。

　　　　　　　　　　　　　　　　　　　　（中华民国陆海军大元帅之印）

　　　　　　　　　　　　　　　　　　中华民国十三年二月八日

　　　　　　据大本营秘书处编《陆海军大元帅大本营公报》第五号
　　（广州一九二四年二月二十日）

给叶恭绰的指令

（一九二四年二月八日）

大元帅指令第一二五号

　　令大本营财政部长叶恭绰

　　呈复点交宁波会馆契件情形,乞备案并附清折由

　　呈、折均悉。清折存。此令。

　　　　　　　　　　　　　　　（中华民国陆海军大元帅之印）

　　　　　　　　　　　　　　　中华民国十三年二月八日

据大本营秘书处编《陆海军大元帅大本营公报》第五号
（广州一九二四年二月二十日）

给程潜的指令

（一九二四年二月八日）

大元帅指令第一二六号

　　令大本营军政部长程潜

　　呈议复滇军团长潘宝寿拟请追赠陆军少将,并照例给恤由

　　呈悉。准如所拟,潘宝寿已明令赠恤矣。此令。

　　　　　　　　　　　　　　　（中华民国陆海军大元帅之印）

　　　　　　　　　　　　　　　中华民国十三年二月八日

据大本营秘书处编《陆海军大元帅大本营公报》第五号
（广州一九二四年二月二十日）

命发湘军五军长旅费令

（一九二四年二月八日）①

大元帅令

　　着财政厅长发给湘军五军长各旅费一千元，共五千元。

据陈旭麓、郝盛潮主编，王耿雄等编《孙中山集外集》（上海人民出版社一九九〇年版）

命发陆军军官学校开办经费令

（一九二四年二月八日）②

大元帅令

　　着财政委员会提前发给军官学校开办经费六万元。

据陈旭麓、郝盛潮主编，王耿雄等编《孙中山集外集》（上海人民出版社一九九〇年版）

命发上海议员旅费令

（一九二四年二月八日）③

大元帅令

　　着财政委员会筹拨上海议员旅费五千元，交谢惠生等分配。

据陈旭麓、郝盛潮主编，王耿雄等编《孙中山集外集》（上海人民出版社一九九〇年版）

---

① 此件所标时间系财政委员会第十五次会议决案日期。
② 此件所标时间系财政委员会第十五次会议决案日期。财政委员会议决："陆军军官学校开办经费六万元，由本会函禁烟督办署提拨。"
③ 此件所标时间系财政委员会第十五次会议决案日期。

命筹给上海烈士家属特别费和学费谕

（一九二四年二月八日）①

上海每月支出烈士家属特别费及每年支出家属学费，二共七千五百四十元沪洋，着财政委员会筹给。

据陈旭麓、郝盛潮主编，王耿雄等编《孙中山集外集》（上海人民出版社一九九〇年版）

给廖仲恺的训令

（一九二四年二月九日）

大元帅训令第五二号

　　令广东省长廖仲恺

　　为令饬事：照得国立高等师范、广东法科大学、广东农业专门学校三校，业明令合并，改为国立广东大学，并派邹鲁为国立广东大学筹备主任在案。除训令该筹备主任即日将各该校接管、从速筹备成立外，仰该省长即分别转饬各该校遵照。嗣后所有用人、行政，悉由该筹备处主管办理，以归划一，而促进行。此令。

（中华民国陆海军大元帅之印）
中华民国十三年二月九日
据大本营秘书处编《陆海军大元帅大本营公报》第五号
（广州一九二四年二月二十日）

---

① 此件所标时间系财政委员会第十五次会议决案日期。

给邹鲁的训令

（一九二四年二月九日）

大元帅训令第五三号

　　令国立广东大学筹备主任邹鲁

　　为令饬事：照得国立高等师范、广东法科大学、广东农业专门学校三校，业明令合并改为国立广东大学，兼派该员为国立广东大学筹备主任在案。除训令广东省长分别转饬各该校遵照，嗣后所有用人、行政悉由该筹备处主管办理，以归划一而促进行外，仰该主任即日将各该校接管，从速筹备成立具报。此令。

（中华民国陆海军大元帅之印）

中华民国十三年二月九日

据大本营秘书处编《陆海军大元帅大本营公报》第五号

（广州一九二四年二月二十日）

给程潜的训令

（一九二四年二月九日）

大元帅训令第五四号

　　令大本营军政部长程潜

　　为训令事：案据中央直辖滇军总司令兼广州卫戍总司令杨希闵呈：以商团因行使手票，击毙所部排长蔡海清等情形，乞令有司严密防范等情。又据豫军讨贼军总司令樊钟秀呈：以商团因干涉行使手票，扯烂票纸，绑殴部属，乞迅设法维持各等情前来。除分别指令暨饬主管机关查究维持外，合亟抄发原呈，令仰该部长即便遵照办理，并会同各主管机关妥筹办法，是为至要。

此令。

计抄发原呈二件。

（中华民国陆海军大元帅之印）

中华民国十三年二月九日

据大本营秘书处编《陆海军大元帅大本营公报》第五号
（广州一九二四年二月二十日）

给赵士觐的指令

（一九二四年二月九日）

大元帅指令第一二七号

令两广盐运使赵士觐

呈请令饬取消黄沙设立临时附加协饷总局，以维盐政由

呈悉。查黄沙设立临时附加协饷总局一案，前据杨希闵等呈请，已指令着毋庸议矣。仰即知照。此令。

（中华民国陆海军大元帅之印）

中华民国十三年二月九日

据大本营秘书处编《陆海军大元帅大本营公报》第五号
（广州一九二四年二月二十日）

给郑德铭等的指令

（一九二四年二月九日）

大元帅指令第一二八号

令中央财政委员会筹备员郑德铭等①

---

① 郑德铭等，指郑德铭、邝明宽、黄旭升、罗雪甫。

呈请结束中央财政委员会请示遵由

呈悉。中央财政委员会应照所请收束归并办理。此令。

(中华民国陆海军大元帅之印)

中华民国十三年二月九日

据大本营秘书处编《陆海军大元帅大本营公报》第五号
(广州一九二四年二月二十日)

给杨西岩的指令

(一九二四年二月九日)

大元帅指令第一二九号

令禁烟督办杨西岩

呈拟定本署与各机关来往公文程式,乞令遵由

呈悉。应照公文程式,对于属特任职者用咨,属简任职以下不隶属该署者均用公函,以符例章。仰即遵照。此令。

(中华民国陆海军大元帅之印)

中华民国十三年二月九日

据大本营秘书处编《陆海军大元帅大本营公报》第五号
(广州一九二四年二月二十日)

给陈兴汉的指令

(一九二四年二月九日)

大元帅指令第一三一号

令管理粤汉铁路事务陈兴汉

呈为滇军第一师在韶逼缴粤汉路附加军费,请示办法由

呈悉。查粤汉路附加军费，前经本大元帅于该管理呈内明白指令指定用途在案。据呈各情，仰候令饬滇军杨总司令①转饬该第一师勿得违令擅提，致紊财政。此令。

(中华民国陆海军大元帅之印)

中华民国十三年二月九日

据大本营秘书处编《陆海军大元帅大本营公报》第五号
（广州一九二四年二月二十日）

给杨希闵的训令

（一九二四年二月九日）

大元帅训令第五五号

令中央直辖滇军总司令杨希闵

为令饬事：案据管理粤汉铁路事务陈兴汉呈称："为呈请事：窃职路附加军费，前经呈奉钧座核准分别拨交滇、湘两军总司令在案。乃昨据韶州站电称：'奉滇军第一师司令部令，略以该附加军费须缴驻韶师部，勿得抗延，致干未便等因。如何办理，乞复示遵'等情。据此，当经面谒钧座请示办理，并奉面令，准令饬该师长毋得干预路政有案。即日又据韶州站电称：'现滇军第一师高副官带队到站，声称奉赵师长②命令，附加军费须即解缴师部，无论如何，不得抗阻。敝站无力再争，迫得将韶站所收之附加军费六百七十四元一毫六仙强被提去。并高副官声称，此后每日韶站所收之附加军费，仍须每日缴交师部，无得玩视等语。谨电奉闻'等情。据此，理合呈恳钧座察核，迅赐将办法指令祇遵"等情。据此，当经指令："呈悉。查粤汉路附加军费，前经本大元帅于该管理呈内明白指令，指定用途在案。据呈各

---

① 杨总司令，即杨希闵。
② 赵师长，即赵成梁。

情,仰候令饬滇军杨总司令转饬第一师,勿得违令擅提,致紊财政,此令。"除指令印发外,合行令仰该总司令即便遵照办理,仍将遵办情形报查。此令。

（中华民国陆海军大元帅之印）
中华民国十三年二月九日

据大本营秘书处编《陆海军大元帅大本营公报》第五号
（广州一九二四年二月二十日）

给程潜的指令

（一九二四年二月十一日）

大元帅指令第一三二号

　　令大本营军政部长程潜

　　呈为遵令议复南雄筹措军米出力绅商曾攀荣等应得奖章,乞予核准施行由

　　呈、单均悉。应准如议给与各等奖章,以昭激劝。仰即由部制发,并咨湘军总司令知照。清单存。此令。

（中华民国陆海军大元帅之印）
中华民国十三年二月十一日

据大本营秘书处编《陆海军大元帅大本营公报》第五号
（广州一九二四年二月二十日）

给林森的指令

（一九二四年二月十一日）

大元帅指令第一三三号

　　令大本营建设部长林森

　　呈报前日广三铁路因滇军第四师风潮被毁,派员调查暨滇军蒋军长①具报各情形,恳鉴核由

　　呈悉。整顿路政是该部长应有权责,仰悉心筹划,随时整理,勿任令该路办理腐败,致营业、交通两受妨碍,可也。此令。

　　　　　　　　　　　　　　　　（中华民国陆海军大元帅之印）

　　　　　　　　　　　　　　　中华民国十三年二月十一日

　　　　　　　据大本营秘书处编《陆海军大元帅大本营公报》第五号
　　　　　　（广州一九二四年二月二十日）

给杨西岩的指令

（一九二四年二月十一日）

大元帅指令第一三四号

　　令禁烟督办杨西岩

　　呈请通令各军毋得借词截留收入款项由

　　呈悉。照准。已令行各军一体遵照矣。此令。

　　　　　　　　　　　　　　　　（中华民国陆海军大元帅之印）

　　　　　　　　　　　　　　　中华民国十三年二月十一日

　　　　　　　据大本营秘书处编《陆海军大元帅大本营公报》第五号
　　　　　　（广州一九二四年二月二十日）

---

① 蒋军长,即蒋光亮。

给杨希闵等的训令

（一九二四年二月十一日）

大元帅训令第五六号

  令中央直辖滇军总司令杨希闵、湘军总司令谭延闿、豫军讨贼军总司令樊钟秀、桂军总司令刘震寰、粤军总司令许崇智、中央直辖第一军军长朱培德、中央直辖第二军军长黄明堂、中央直辖第三军军长卢师谛、中央直辖第七军军长刘玉山、西江善后督办李济深

  为训令事：据禁烟督办杨西岩呈称："窃职署开办以来，业将各属分所陆续投承，并委员前赴各属赶紧开办，以期早裕饷源。惟查各属军队异常庞杂，窃恐间有将收入款项截留之事发生，似于财政统一前途不无窒碍，督办窃以为虑。经即提出署务会议，与各会帮办公同讨论，佥以应呈请大元帅明令各属各军长官，于职署所属各属分局所收入款项，毋得借词截留，俾早收财政统一之效。业经一致赞同通过在案。理合备文呈请察核，伏乞俯准施行"等情。据此，除指令照准并分令外，合行仰该军长、总司令、督办查照办理，并转饬所属一体遵照。此令。

（中华民国陆海军大元帅之印）
中华民国十三年二月十一日

据大本营秘书处编《陆海军大元帅大本营公报》第五号
（广州一九二四年二月二十日）

给樊钟秀的指令

（一九二四年二月十一日）

大元帅指令第一三五号

  令豫军总司令樊钟秀

  呈报该部兵士董福昌因行使手票失踪情形暨布告该军暂不行用手票，以维秩序等情由

  呈悉。此令。

（中华民国陆海军大元帅之印）
中华民国十三年二月十一日

据大本营秘书处编《陆海军大元帅大本营公报》第五号（广州一九二四年二月二十日）

命发海防舰队伙食公费令

（一九二四年二月十一日）①

大元帅令

  着财政委员会于海防舰队未改编以前，每日暂发伙食、公费等六百元。

据陈旭麓、郝盛潮主编，王耿雄等编《孙中山集外集》（上海人民出版社一九九〇年版）

---

① 此件所标时间系财政委员会第十六次会议决案日期。

批交焦易堂印刷费函

(一九二四年二月十一日)①

请在京印刷《三民、五权演说词》四万册,用款二千一百元。此款系由商家借来,现债主催迫甚急,请核准拨交会议②办案。

据陈旭麓、郝盛潮主编,王耿雄等编《孙中山集外集》(上海人民出版社一九九〇年版)

给赵士觐的指令

(一九二四年二月十二日)

大元帅指令第一三七号

令两广盐运使赵觐〔士〕士〔觐〕

呈报遵令组织两广盐政会议成立日期③及讨议宗旨由

呈悉。此令。

(中华民国陆海军大元帅之印)

中华民国十三年二月十二日

据大本营秘书处编《陆海军大元帅大本营公报》第五号 (广州一九二四年二月二十日)

---

① 此件所标时间系财政委员会第十六次会议决案日期。
② 会议:指财政委员会常会会议。
③ 两广盐政会议成立日期为1924年1月28日。

给杨希闵等的训令

（一九二四年二月十三日）

大元帅训令第五七号

　　令中央直辖滇军总司令杨希闵、湘军总司令谭延闿、豫军讨贼军总司令樊钟秀、桂军总司令刘震寰、粤军总司令许崇智、中央直辖第一军军长朱培德、中央直辖第二军军长黄明堂、中央直辖第三军军长卢师谛、中央直辖第七军军长刘玉山、西江善后督办李济深

　　为令遵事：案据广东高等审判厅厅长陈融鱼日代电称："据广州地审厅呈报：'张开儒与天顺祥王仪因债务涉讼一案，原告人张开儒声请假扣押，经三审决定照准，由职厅派员前赴该店调查账目，抗不受理。旋经原告张开儒将该店司理人潘少亭扭解到厅，当庭谕令觅店取保，未据遵办。讵于支日下午七时，突有滇军第三军第七师武装军队数十人闯入职厅，指名索交潘少亭，声势汹汹，殴警滋闹，时已散值，复率队转往职厅长住宅围困。时职厅长在外，闻报当即分电卫戍司令部、公安局第三警区派队制止。一面将潘少亭一名，交由该被告律师保出候讯。时已十二时，该军队始行散去'等情。据此，伏查民事诉讼，迭遵功令，向不拘留被告，虽经扭解，仍准保释。该潘少亭既经该厅饬令取保，自应遵照。乃不循法定手续，竟以武力干与，殊属妨碍法权"等情，呈请令饬禁止前来。查军人干与司法，迭经令禁。据呈前情，不独妨碍法权，抑亦有干军纪。合亟严令禁止，通饬遵照。嗣后各军对于法庭处理诉讼事件，毋得干涉，以维司法而肃军纪。除分令外，仰该军长、总司令、督办即便转饬所属一体遵照。切切。此令。

（中华民国陆海军大元帅之印）
中华民国十三年二月十三日
据大本营秘书处编《陆海军大元帅大本营公报》第五号
（广州一九二四年二月二十日）

设筹饷总局之通令①

（一九二四年二月十三日）

义军云集，需饷自繁。原有收入及特别收入机关，统应及时整顿，用裕饷源，而资展布。兹着设立筹饷立局，管理特别收入各款。即由统一财政委员会、军政部、财政委员会、各军总司令部、各军司令部共同组织，公开处理，秉承妥办。此为维系各军，用宏局势起见，各有司各军，务当共济时艰，协求进步。特此令达，并着转饬所属一体遵照。切切。此令。

据《广州民国日报》一九二四年二月二十日《设筹饷总局之通令》

给杨西岩的指令

（一九二四年二月十二日至十四日间）②

大元帅指令第一三八号
　　令禁烟督办杨西岩
　　呈为组织水陆侦缉联合队，荐任队长，并拟具章程，祈予核准由
　　呈悉。该督办署应设侦缉队，拟由各军拨派兵士联合组织，办法甚是。所拟章程，亦尚妥协，应准如拟施行。查现在各军旅、团长多尚未正式任命，王继武既系堪胜队长之任，可即由该督办先行委用可也。仰即分别遵照。

---

① 此令见于广东省长公署给各县长的训令中。
② 原件未署具体日期。按大元帅指令第一三七号和一三九号，发令日期分别为2月12日、14日，故此件时间可能亦在此间。

章程存。此令。

(中华民国陆海军大元帅之印)

中华民国十三年二月

据大本营秘书处编《陆海军大元帅大本营公报》第五号
(广州一九二四年二月二十日)

给林森的指令

(一九二四年二月十四日)

大元帅指令第一三九号

　　令大本营建设部部长林森

　　呈为拟具《权度法》及其附属法令在广州市区内施行日期令,请予公布由

　　呈悉。划一权度以杜侵欺,洵属国家要政。而广州市乃政府所在地,尤为中外观瞻所系,应准如所请,将《权度法》、《权度营业特许法》、《权度法施行细则》及《官用权度器具颁发条例》,均定自民国十三年六月一日于广州市区内施行,并将《权度法施行细则》第五十二条权度器具之暂准行用期限,定为于广州市区内得缩短为一年,以期首善之区积习先革,次第推行,渐及各省。仰即由部录令布告广州市市民一体周知,并将应行筹备各事上紧筹备,以便届期实行。附件存。此令。

(中华民国陆海军大元帅之印)

中华民国十三年二月十四日

据大本营秘书处编《陆海军大元帅大本营公报》第五号
(广州一九二四年二月二十日)

给林森的指令

（一九二四年二月十四日）

大元帅指令第一四〇号

  令大本营建设部部长林森

  呈为拟订《商标法》及施行细则,乞予核准施行由

  呈悉。所拟《商标法》四十条及施行细则三十二条均悉。均尚妥协。惟此项法规,既未经议会议决,自应改称条例以符名实。仰即遵照将标题及条文内所用"法"字一律修改,缮写二份另文呈送,以凭核准施行。附件存。此令。

（中华民国陆海军大元帅之印）
中华民国十三年二月十四日

据大本营秘书处编《陆海军大元帅大本营公报》第五号（广州一九二四年二月二十日）

给秘书的手谕

（一九二四年二月十五日）

  提出下期会议。拟革除党员四人：谢英伯、徐清和、冯自由、刘禺生。着秘书通信传来会场,自行辩护。

文

据中国国民党中央文化传播委员会党史馆藏一般档案051/441

给程潜的指令

（一九二四年二月十五日）

大元帅指令第一四三号

　　令大本营军政部部长程潜

　　呈为遵令议复已故滇军中校参谋白正洗应得恤典由

　　呈悉。准如所议给恤。此令。

（中华民国陆海军大元帅之印）

中华民国十三年二月十五日

据大本营秘书处编《陆海军大元帅大本营公报》第五号

（广州一九二四年二月二十日）

给谭延闿的指令

（一九二四年二月十五日）

大元帅指令第一四五号

　　令兼代大本营秘书长谭延闿

　　呈报就职日期由

　　呈悉。此令。

（中华民国陆海军大元帅之印）

中华民国十三年二月十五日

据大本营秘书处编《陆海军大元帅大本营公报》第五号

（广州一九二四年二月二十日）

给程潜的训令

（一九二四年二月十三日至十六日间）①

为令行事：据东路讨贼军总司令许崇智呈："为呈请通缉事：据职暂编第一统领宋世科密呈称：'转据该统部副官长，各营营长，连、排长佥禀称：前次降充伪团长余立奎，现已公然来省利诱闲散官兵，借名贩卖货物，纷来前方煽惑军队。日来我部兵士颇有被其蛊动潜行串逃者。间有携械逃亡，实属憨不畏死。查余逆立奎，先年原充我军营长，心术不端，贪利忘义。去夏为虎作伥，甘受洪逆兆麟指使，收编在闽我军队伍，乞充伪团长职。事人不忠，又私效忠林虎，变节背洪。比时李逆云复已将置之于法，因碍〔得〕林虎庇护，是以仅予褫职。自此以后，余遂认贼作父，又一变而为林逆之鹰犬矣。迩来该逆潜迹省港，党羽四出。当去冬我军退守石牌，该逆以为时机已熟，竟步在闽故智，直接煽惑我军队伍，并以重利诱引中下官佐，冀图扰乱东路根本。嗣因逆军败退，计乃未逞，亦云险矣。现该逆自知不容于我，又复巧施诡计，哄骗新来湘军，饰词收编民军，耸动湘军将领，竟被该逆骗一旅长名义资为护身符，实则存心叵测，希冀煽动军队，以备内应林虎，为倒戈内向之张本耳。查该逆现在省城设有机关，专备间谍遁迹，刺探机密，传递军情。在北江地方居然设立旅部，委任一班闲员，先后指派到增城、正果方面，专事煽动军队。逆迹昭著，无可讳饰。似此破坏军本，若不早为剪除，窃恐将来战云再开。万一该逆党羽果从后骚扰，亦将何以维持？事关重大，不可漠视。恳密呈通缉，以弭后患等情。据此，查余立奎前在我军服务，历蒙擢充营长要职，乃既不思报效，竟反助桀为虐，潜肆破坏。大逆不道，罪无可逭。且科等追随护法，八年于兹，牺牲千百同志头颅，始获此一团锐气。倘不严

---

① 按大元帅训令第五十七号及第六〇号，发令日期分别为2月13日和16日，今据此酌定此件时间为2月13日至16日间。

于防范,设遭该逆翻覆,于心亦殊不忍。况事关全局利害,牵一发而全身动,关系何等重大!非故作危词,实属事出确凿。人心不古,陈炯明之前车可鉴。阳奉阴违,余立奎之后覆堪危,科职责所在,难容缄默。除饬所部官兵一体严密查缉煽惑奸宄治罪以儆其余外,理合具文密呈。乞即派员特缉并通令各部队暨咨友军协缉,明正典刑,以昭炯戒'等情前来。据此,查该逆余立奎前年充职部第七旅营长,因事免职。近乃胆敢背叛降逆,又复朦耸湘军,骗取名义,公然运动职部,到处煽惑。若不严行拿办,何足以遏祸萌。拟请迅赐令饬军政部转知通缉,并令湘军查明解送钧府讯办,以肃军纪。理合据情转呈"等语前来。据此,除指令照准外,合行令仰该部长即便通行各军将余立奎严密缉拿,获案讯办,以肃军纪。切切。此令。

据《广州民国日报》一九二四年二月二十八日《通缉余立奎之原因》

给廖湘芸的指令

（一九二四年二月十六日）

大元帅指令第一四四号

　　令虎门要塞司令廖湘芸

　　呈复虎门区内民、财两政向未经管情形由

　　呈悉。已将原呈钞发统一财政委员会查照办理矣。此令。

（中华民国陆海军大元帅之印）
中华民国十三年二月十六日
据大本营秘书处编《陆海军大元帅大本营公报》第五号
（广州一九二四年二月二十日）

给统一财政委员会的训令

（一九二四年二月十六日）

大元帅训令第六〇号

　　令统一财政委员会

　　为令行事：据虎门要塞司令廖湘芸呈复，虎门区内民、财两政向未经管情形一案，除指令外，合行钞发原呈，仰该委员会查照办理。此令。

　　计钞发原呈一件。

（中华民国陆海军大元帅之印）

中华民国十三年二月十六日

据大本营秘书处编《陆海军大元帅大本营公报》第五号
（广州一九二四年二月二十日）

给廖仲恺的训令

（一九二四年二月十六日）①

大元帅训令第六一号

　　令广东省长廖仲恺

　　为令遵事：据西江善后督办李济深呈称："案奉二月一日帅令内开：'整军理财，首在统一，甘苦与共，是在群贤。本省以丰富之区，养十万之众，众擎易举，经营大计，事本非难，统一财政，正所以纳各军于正轨而维系之也。迭据杨总司令希闵、范军长石生、蒋军长光亮，并周总参谋自得，赵、廖两师长②代

---

①　原令未署具体日期。按《陆海军大元帅大本营公报》的惯例，同一内容的令、训令一般先于或同时与指令发出。查与此训令同一内容的第一四六号指令发令日期为2月16日，今据此酌定时间。

②　赵、廖两师长：赵成梁、廖行超。

表等函电呈请统一财政,尊重政令,情词恳挚,殊堪嘉尚。本大元帅为国育贤,为民除害,本爱护军人之旨,亟应及时实行,用整庶政。所有各军驻在管区,其因一时权宜管理之各项财政收入机关,着限于二月六日一律由政府主管各机关分别接管妥办。至各该军靖共贤劳,前途倚畀且重,应需饷项,自可由政府核定指发,以慰有功也。'除分令外,特此令遵,仍将遵办情形具报察核"等情前来。据此,除指令"呈悉。该督办深明大义,业于一月十五日将所辖财政完全交还广东财政厅派员接管,殊堪嘉尚。候令行广东省长转饬广东财政厅将接管情形具报查核可也。此令"印发外,合行令仰该省长即转饬财政厅,迅速遵照办理具报查核为要。此令。

(中华民国陆海军大元帅之印)
中华民国十三年二月

据大本营秘书处编《陆海军大元帅大本营公报》第五号
(广州一九二四年二月二十日)

给李济深的指令

(一九二四年二月十六日)

大元帅指令第一四六号

　　令西江善后督办李济深

　　呈复所辖西江财政已于一月十五日完全交还广东财政厅派员接管由

　　呈悉。该督办深明大义,业于一月十五日将所辖财政,完全交还广东财政厅派员接管,殊堪嘉尚。候令行广东省长转饬广东财政厅,将接管情形具报查核可也。此令。

(中华民国陆海军大元帅之印)
中华民国十三年二月十六日

据大本营秘书处编《陆海军大元帅大本营公报》第五号
(广州一九二四年二月二十日)

着赠恤夏重民王贯忱令

（一九二四年二月十六日）

大元帅令

　　查前在广州遇害之华侨义勇团团长兼飞行队队长夏重民，又在济南遇害之第一师第三团团长王贯忱，为国为党，尽厥忠贞，遇难身亡，良堪悼惋。夏重民着追赠陆军少将并加中将衔，王贯忱着追赠陆军少将。均由军政部照章议恤，以彰忠烈，而慰英灵。此令。

（中华民国陆海军大元帅之印）

中华民国十三年二月十六日

据大本营秘书处编《陆海军大元帅大本营公报》第五号
（广州一九二四年二月二十日）

给徐绍桢的指令

（一九二四年二月十六日）

大元帅指令第一四七号

　　令大本营内政部长徐绍桢

　　呈为广州市公安局侦缉课长吴国英缉匪有功，请晋给一等五星奖章由呈悉。吴国英准予晋给一等五星奖章。仰即转给具领。此令。

（中华民国陆海军大元帅之印）

中华民国十三年二月十六日

据大本营秘书处编《陆海军大元帅大本营公报》第五号
（广州一九二四年二月二十日）

给叶恭绰的指令

（一九二四年二月十八日）

大元帅指令第一四八号

　　令大本营财政部长叶恭绰

　　呈报遵批办理广三路附近财政统一情形由

　　呈悉。已将原呈钞发统一财政委员会查照办理矣。此令。

（中华民国陆海军大元帅之印）

中华民国十三年二月十八日

据大本营秘书处编《陆海军大元帅大本营公报》第五号

（广州一九二四年二月二十日）

给统一财政委员会的训令

（一九二四年二月十八日）

大元帅训令第六二号

　　令统一财政委员会

　　为令行事：据大本营财政部长叶恭绰呈报，遵批办理广三路附近财政统一情形一案。除指令外，合行钞发原呈，仰该委员会即便查照办理。此令。

　　计钞发原呈一件。

（中华民国陆海军大元帅之印）

中华民国十三年二月十八日

据大本营秘书处编《陆海军大元帅大本营公报》第五号

（广州一九二四年二月二十日）

给叶恭绰廖仲恺的指令

（一九二四年二月十八日）

大元帅指令第一四九号

  令财政委员会主席委员叶恭绰、廖仲恺

  呈请令饬朱军长培德将筵席捐一案完全由市政厅办理,以充省市教育经费由

  呈悉。照准。已令饬朱军长遵照办理矣。此令。

（中华民国陆海军大元帅之印）

中华民国十三年二月十八日

据大本营秘书处编《陆海军大元帅大本营公报》第五号
（广州一九二四年二月二十日）

给朱培德的训令

（一九二四年二月十八日）

大元帅训令第六三号

  令中央直辖第一军军长朱培德

  为令行事:据财政委员会主席委员叶恭绰、廖仲恺呈称:"本会本月八日第十五次特别会议,准市政厅提议另行指拨军费以维原案意见书内称:省河筵席捐变更办理,经奉省令依照财政委员会议决,拨由教育厅、市政厅会同办理,捐额定为加一抽收,所有收入指定为省市教育经费在案。昨由朱军长培德来厅面商,伊前所批准承办之裕源公司,系征收六厘,以二十二万为省教育费,四十二万为第一军费年饷,合计为六十四万元。今若由市政厅批办,该公司(现改称为永春公司)愿认缴教育费年加至六十万,仍认缴第一军费三十万,合计年饷九十万。请即通融照办等语。查该项捐务,经指定专

拨教育经费,若仍分缴军费,不特与原案抵触,且当此励行财政统一之时,尤恐破例一开,难以善后。应否由财政委员会另指定别项收入,每月照拨付朱军长军费二万五千元(即全年三十万元)。俾教育经费不致减少,财政统一不致有紊乱之虞,仍候公决呈请大元帅核准办理等因。盦以现值厉行财政统一,而此项收入又关乎省市教育经费,本会自应维持。至原认朱军长军费三十万元,应由本会另行妥筹办法,以期双方兼顾。经众议决,理合呈请大元帅核准施行,并令朱军长培德遵照,将筵席捐一案完全由市政厅办理。省市教育同资利赖,是否有当,伏祈钧示祗遵"等情。据此,除指令照准外,合行令仰该军长即便遵照办理。此令。

（中华民国陆海军大元帅之印）

中华民国十三年二月十八日

据大本营秘书处编《陆海军大元帅大本营公报》第五号
（广州一九二四年二月二十日）

给廖仲恺的训令

（一九二四年二月十九日）

大元帅训令第六四号

　　令广东省长廖仲恺

　　为训令事:案据粤省商团正团长陈廉伯、副团长李颂韶、区克明等呈称:"为呈请事:前准广州卫戍总司令函开:'以查验枪枝给折征费,经呈奉大元帅核准通行在案。商团枪枝,照案应由敝部给证查验,如款项充裕,即请照章缴纳'等由。当经本团召集全体同人开会会议,盦以本团为自卫机关,由全省商人所组织,均系力守自卫范围,向无流弊。既属地方维持公安之机关,不能以私有论,自应照章免予查验缴费。经于二月一日,将本团万难领折缘由,呈请钧座察核在案。惟未奉批示,用再渎陈清听,伏乞准照前呈所请,迅赐明令广州卫戍总司令,即将商团枪枝领折一案取消,并乞批示祗遵"等情。据此,当经令饬广州卫戍总司令免予查验收费,以顺商情。并谕饬该正、副团长等,将所有枪枝种类、号码、枝数暨子弹数目造册,呈由广州市公安局存案给照,并随时受公安局检查,以防流弊。除径令公安局遵办外,合行令仰该省长即便知照。此令。

(中华民国陆海军大元帅之印)
中华民国十三年二月十九日

据大本营秘书处编《陆海军大元帅大本营公报》第五号
(广州一九二四年二月二十日)

给杨希闵的训令

(一九二四年二月十九日)

大元帅训令第六五号

　　令广州卫戍总司令杨希闵

　　为令饬事:案据粤省商团正团长陈廉伯、副团长李颂韶、区克明等呈称:"为呈请事:前准广州卫戍总司令函开:'以查验枪枝给折征费,经呈奉大元帅核准通行在案。商团枪枝,照案应由敝部给证查验,如款项充裕,即请照章缴纳'等由。当经本团召集全体同人开会会议,金以本团为自卫机关,由全省商人所组织,均系力守自卫范围,向无流弊。既属地方维持公安之机关,不能以私有论,自应照章免予查验缴费。经于二月一日,将本团万难领折缘由,呈请钧座察核在案。惟未奉批示,用再渎陈清听,伏乞准照前呈所请,迅赐明令广州卫戍总司令,即将商团枪枝领折一案取消,并乞批示衹遵"等情。据此,除令饬该正副团长等将所有枪枝种类、号码、枝数暨子弹粒数造册,呈由广州市公安局存案给证,仍随时受公安局检查以防流弊外,合行令仰该总司令即便遵照,免予查验收费,以顺商情。此令。

(中华民国陆海军大元帅之印)
中华民国十三年二月十九日

据大本营秘书处编《陆海军大元帅大本营公报》第五号
(广州一九二四年二月二十日)

给吴铁城的训令

（一九二四年二月十九日）

大元帅训令第六六号

　　令广州市公安局局长吴铁城

　　为令饬事：案据粤省商团正团长陈廉伯、副团长李颂韶、区克明等呈称："为呈请事：前准广州卫戍总司令函开：'以查验枪枝给折征费，经呈奉大元帅核准通行在案。商团枪枝，照案应由敝部给证查验，如款项充裕，即请照章缴纳'等由。当经本团召集全体同人开会会议，佥以本团为自卫机关，由全省商人所组织，均系力守自卫范围，向无流弊。既属地方维持公安之机关，不能以私有论，自应照章免予查验缴费。经于二月一日，将本团万难领折缘由，呈请钧座察核在案。惟未奉批示，用再渎陈清听，伏乞准照前呈所请，迅赐明令广州卫戍总司令，即将商团枪枝领折一案取消，并乞批示祗遵"等情。据此，查此案前据该团长等呈请，已将原呈交由该局办理。兹复据呈前情，除令饬广州卫戍总司令免予查验收费，并谕令该正副团长等即将所有枪枝种类、号码、枝数暨子弹数目造册，呈由该局长存案给证，并随时受该局长检查，以防流弊外，合行令仰该局长即便遵照办理，仍将遵办情形报查。此令。

（中华民国陆海军大元帅之印）

中华民国十三年二月十九日

据大本营秘书处编《陆海军大元帅大本营公报》第五号
（广州一九二四年二月二十日）

给各军的训令

（一九二四年二月十九日）①

监督财政军需,公布收支,曾经令办军需独立,并经令设中央军需处在案。兹特任命蒋尊簋为军需总监,禀承大元帅,商承军政部长统核整理海陆各军之会计经理事宜。所有中央军需处章程并饷需出纳手续均经核定,除饬颁布外,特此通令各军,并饬所属一体遵照办理。理财为图治要务,并着一律规划妥办。洁己奉公,用裨实际。至要。此令。

据《广州民国日报》一九二四年二月十九日《设立中央军需处》

给孔庚的指令

（一九二四年二月十九日）

大元帅指令第一五一号

令湖北讨贼军总司令孔庚

呈报就职日期由

呈悉。现在川战方急,寇焰滋张。该总司令报国情殷,同仇敌忾。务即淬励部属,会合川军,早定川局,进规〔窥〕武汉,尽军人之天职,期革命之成功,本大元帅有厚望焉。此令。

（中华民国陆海军大元帅之印）

中华民国十三年二月十九日

据大本营秘书处编《陆海军大元帅大本营公报》第五号

（广州一九二四年二月二十日）

---

① 此件所标时间系《广州民国日报》发表日期。

给叶恭绰的指令

（一九二四年二月十九日）

大元帅指令第一五二号

　　令大本营财政部部长叶恭绰

　　呈为拟订广东有利支付券发行细则，请予备案由

　　如呈备案。细则①存。此令。

　　　　　　　　　　　　　　　　（中华民国陆海军大元帅之印）

　　　　　　　　　　　　　　　　中华民国十三年二月十九日

据大本营秘书处编《陆海军大元帅大本营公报》第六号
（广州一九二四年二月二十九日）

给程潜的指令

（一九二四年二月十九日）

大元帅指令第一五三号

　　令大本营军政部长程潜

　　呈为拟订《暂行陆军官佐士兵薪饷等级表》暨《暂行陆军军师旅团营连公费马乾表》，祈予核准由

　　呈悉。所拟《暂行陆军官佐士兵薪饷等级表》暨《暂行陆军军师旅团营连公费马乾表》尚属妥协，应准如拟施行。仰即由部录令通行各军一体遵办。表存。此令。

　　　　　　　　　　　　　　　　（中华民国陆海军大元帅之印）

　　　　　　　　　　　　　　　　中华民国十三年二月十九日

据大本营秘书处编《陆海军大元帅大本营公报》第六号
（广州一九二四年二月二十九日）

---

① 《大本营财政部有利支付券发行细则》，共七章四十六条。

给陈其瑗等的指令

（一九二四年二月十九日）

大元帅指令第一五五号

　　令大清银行清理处委员陈其瑗等①

　　呈请准予委托广州市财政局代办测绘及发照事宜由

　　呈悉。应照准。此令。

（中华民国陆海军大元帅之印）
中华民国十三年二月十九日

据大本营秘书处编《陆海军大元帅大本营公报》第六号
（广州一九二四年二月二十九日）

给杨西岩的指令

（一九二四年二月十九日）

大元帅指令第一五六号

　　令禁烟督办杨西岩

　　呈为拟违犯烟禁人犯所科罚金以六成充公，二成赏给线人、以二成奖励出力人员，乞予核示遵办由

　　呈悉。准如所拟办理。此令。

（中华民国陆海军大元帅之印）
中华民国十三年二月十九日

据大本营秘书处编《陆海军大元帅大本营公报》第六号
（广州一九二四年二月二十九日）

---

① 陈其瑗等，即陈其瑗、宋子文。

给郑洪年的指令

（一九二四年二月十九日）

大元帅指令第一五七号

　　令兼代广东财政厅长郑洪年

　　呈报接任视事日期由

　　呈悉。此令。

（中华民国陆海军大元帅之印）
中华民国十三年二月十九日

据大本营秘书处编《陆海军大元帅大本营公报》第六号
（广州一九二四年二月二十九日）

着裁撤筹饷总局令

（一九二四年二月二十日）

大元帅令

　　大本营筹饷总局着即裁撤。此令。

（中华民国陆海军大元帅之印）
中华民国十三年二月廿日

据大本营秘书处编《陆海军大元帅大本营公报》第五号
（广州一九二四年二月二十日）

给林森等的指令

（一九二四年二月二十日）

大元帅指令第一五八号

　　令大本营建设部长林森等①

　　呈为拟将黄花岗一带地方划为七十二烈士坟园,并请谕令军民长官会同出示禁止附葬,以崇先烈由

　　呈悉。照准。已令饬军政部、广东省长会同出示禁止附葬,并转行各军、各机关一体知照矣。此令。

（中华民国陆海军大元帅之印）

中华民国十三年二月廿日

据大本营秘书处编《陆海军大元帅大本营公报》第六号
（广州一九二四年二月二十九日）

给程潜廖仲恺的训令

（一九二四年二月二十日）

大元帅训令第六七号

　　令大本营军政部长程潜、广东省长廖仲恺

　　为令行事:据林森、邓泽如、邹鲁、汪兆铭、林直勉呈称:"窃辛亥三月二十九日广州之役失败,党人死事者,其数不可稽,得尸骸葬之黄花岗者七十有二,是为黄花岗七十二烈士坟墓。民国元年胡展堂先生督粤时,曾经省议会议决,咨请省政府筹备十万元为营造坟场经费。只因国变屡作,迄今未及

---

① 受令人为林森、邓泽如、邹鲁、汪兆铭、林直勉。

进行。去年间，有地利公司向市政厅承领烈士墓道区内之地建筑民房，该地有百年古树，殊关坟场风景，建屋与坟场杂居，亦属有亵庄严。当经函请孙市长①收回该地，专供种植林木，以为永远坟林之用。兹拟照坟场形势，将该冈一带地方东至二望冈，西至广州模范监狱及永泰村，南至东沙马路，北至墓后田塘，划为七十二烈士坟园，广植树木以资荫蔽。而中外人士来坟瞻仰者，亦得有休息容与之地。且于每年三月二十九日公祭之时，各界赴祭者不下数万人，赤日当空，每苦炎曝。一经遍植坟林，则广壤之中，林下花间随处可坐可立，尤足以慰景仰之诚，此应规设之必要也。至黄花岗之地，系因先烈而起名，自应专为先烈纪念之所。惟国人因倾仰先烈之心，并艳羡黄花之地，遇有前敌阵亡将士，其袍泽俦侣追念战功，辄欲附葬该地。查有功将士，国家本有褒扬之典，原不必藉附葬该地以为荣光。该地既为先烈纪念之所，推凡崇敬之心，皆有珍护之责，即军界同人苟加细思，当亦不忍因爱死友之故，与先烈争此片土。况既划为坟园，属于烈士专有，尤未便任听附葬，使庄严之地沦为丛塚之场。应由军民长官会同出示禁止。嗣后无论何项有功之人，其遗骨概不得附葬烈士坟园界内，其在于界内之民间旧坟，亦限定三个月内另行择地迁葬，以壮观瞻而表敬礼。所有拟将黄花岗一带地方划为坟园，并请禁止附葬各缘由，理合备文连同绘图祗请察核，伏乞训令祗遵"等情。据此，除指令照准外，合行令仰该部长、省长即便会同广东省长、大本营军政部长遵照办理，出示禁止附葬，以崇先烈，并分行各军、各机关一体知照为要。此令。

（中华民国陆海军大元帅之印）
中华民国十三年二月廿日

据大本营秘书处编《陆海军大元帅大本营公报》第五号（广州一九二四年二月二十日）

---

① 即孙科。

给陈其瑗宋子文的指令

（一九二四年二月二十日）

大元帅指令第一五九号

　　令前大清银行清理处委员陈其瑗、宋子文

　　呈报刊用关防及视事日期由

　　呈悉。此令。

（中华民国陆海军大元帅之印）
中华民国十三年二月廿日

据大本营秘书处编《陆海军大元帅大本营公报》第六号
（广州一九二四年二月二十九日）

给范石生的训令

（一九二四年二月二十日）

大元帅训令第六八号

　　令广东筹饷总局督办范石生

　　为令遵事：前据统一财政委员会呈请设立筹饷总局，并呈核所拟章程，业经核准令行在案。查年来抽收广东全省防务经费，原为不得已之举。现在大军云集，需饷更巨。不有切实整顿，平均分配，无以裕饷源而济时艰。除明令该员为广东筹饷总局督办外，合行令仰该督办即便遵照，克日设局办理抽收广东全省防务经费事宜。务须切实规划，力剔弊窦，增多正饷，以期毋负委任。切切。此令。

（中华民国陆海军大元帅之印）
中华民国十三年二月廿日

据大本营秘书处编《陆海军大元帅大本营公报》第五号
（广州一九二四年二月二十日）

给廖仲恺的指令

（一九二四年二月二十日）

大元帅指令第一六〇号

令广东省长廖仲恺

呈复改组国立广东大学一案业经分行各该校遵照由

呈悉。此令。

（中华民国陆海军大元帅之印）

中华民国十三年二月廿日

据大本营秘书处编《陆海军大元帅大本营公报》第六号（广州一九二四年二月二十九日）

给廖仲恺的指令

（一九二四年二月二十日）

大元帅指令第一六一号

令广东省长廖仲恺

呈各属盗匪滋炽，拟请准援用军令办理由

呈悉。所有关于广东各属强盗案犯，准予暂行援用十二年四月二日五十九号训令，依军法办理，以戢匪风。余如所请办理。仰即遵照。此令。

（中华民国陆海军大元帅之印）

中华民国十三年二月廿日

据大本营秘书处编《陆海军大元帅大本营公报》第六号（广州一九二四年二月二十九日）

给杨希闵的指令

（一九二四年二月二十日）

大元帅指令第一六三号

  令滇粤桂联军前敌总指挥杨希闵

  呈复美国教会在石龙车站附近设学校，被匪掳去数人，奉令查起缉拿遵办情形由

  呈悉。此令。

（中华民国陆海军大元帅之印）

中华民国十三年二月廿日

据大本营秘书处编《陆海军大元帅大本营公报》第六号

（广州一九二四年二月二十九日）

给杨希闵的训令

（一九二四年二月二十日）①

  顷据外交部长伍朝枢面称：美国教会人员到部报告，该会在石龙车站附近所设学校，日前忽被土匪掳去数人，请予令饬查起拿办等语。石龙为交通孔道，军队林立，竟有匪徒恣行不法，殊属不成事体。应责成该总指挥立驻〔饬〕饬〔驻〕在部队，迅即派兵购线踩缉匪踪，分别起掳拿办，以申法纪而保治安，仍将遵办情形具报。

据《广州民国日报》一九二四年二月二十三日《杨希闵奉令缉掳匪》

---

  ① 原令未署日期。按与此令同一内容的第一六三号大元帅指令，发令日期为2月20日，今据此酌定时间。

给马伯麟的指令

（一九二四年二月二十日）

大元帅指令第一六四号

　　令长洲要塞司令马伯麟

　　呈请添筑炮垒，并投变鱼雷，排废铁轨，以作修理建筑经费由

　　呈悉。准如所请办理。此令。

　　　　　　　　　　　　　　　　　　　　（中华民国陆海军大元帅之印）

　　　　　　　　　　　　　　　　　　　　中华民国十三年二月廿日

据大本营秘书处编《陆海军大元帅大本营公报》第六号
（广州一九二四年二月二十九日）

给梁鸿楷的指令

（一九二四年二月二十日）

大元帅指令第一六五号

　　令中央直辖广东讨贼军第四军长梁鸿楷

　　呈复遵办统一财政情形由

　　呈悉。此令。

　　　　　　　　　　　　　　　　　　　　（中华民国陆海军大元帅之印）

　　　　　　　　　　　　　　　　　　　　中华民国十三年二月廿日

据大本营秘书处编《陆海军大元帅大本营公报》第六号
（广州一九二四年二月二十九日）

给廖仲恺的训令

（一九二四年二月二十一日）

大元帅训令第六九号

　　令广东省长廖仲恺

　　据广东财政厅长郑洪年呈称："案查接管卷内据委办东、增、宝①三属加建上盖补税专员伍公赤呈称：'职属各地方均遭兵燹，元气未复，办理殊难。惟虎门、太平一隅，虽不直接受敌蹂躏之害，然影响所及，亦非易办之区。当此军糈紧急，接济刻不容缓，苟非假以强制之力，亦难奏效。查虎门、太平系属要塞司令范围，专员再四思维，拟请虎门要塞司令部就近随时派兵协助征收，方或有起色。至将来于收入项下，拨缴五成接济要塞司令部伙食，给回印收抵解。因其伙食亦支绌异常，一举两善。是否有当，理合备文呈请察核，伏乞批示祗遵'等情到厅。据此，查契税为国家正供，各属征收此项税款，向章解缴省库核收，该专员拟在莞属太平墟设立办事处，将收入上盖补税，拨缴五成接济要塞司令部伙食，取回印收抵解。其余五成仍饬解缴省库，以济军用，系为协助征收起见。应否照准，理合呈请察核批示祗遵，实为公便"等情。据此，查所呈事属可行，仰该省长即便转饬该厅长遵照办理可也。此令。

（中华民国陆海军大元帅之印）
中华民国十三年二月廿一日

据大本营秘书处编《陆海军大元帅大本营公报》第五号
（广州一九二四年二月二十日）

---

① 东、增、宝，指广东东莞、增城、宝安。

给廖仲恺等的训令

（一九二四年二月二十一日）

大元帅训令第七〇号

　　令广东省长廖仲恺、大本营财政部部长叶恭绰、军政部部长程潜

　　为令知事：前据统一财政委员会呈请设立筹饷总局，并呈核所拟章程，业经核准令行在案。查年来抽收广东全省防督经费，原为不得已之举。现在大军云集，需饷更巨，不有切实整理，平均分配，无以裕饷源而济时艰。除明令范石生为广东筹饷总局督办，并令行该督办即便遵照，克日设局办理抽收广东全省防督经费事宜。务须切实规划，力剔弊窦，增多正饷，以期毋负委任。除训令该督办暨分行外，合行令仰该省长、〈财政〉部长即便知照，〈军政〉部长特行各军一体知照。此令。

（中华民国陆海军大元帅之印）

中华民国十三年二月廿一日

据大本营秘书处编《陆海军大元帅大本营公报》第五号
（广州一九二四年二月二十日）

着整饬军队令

（一九二四年二月二十一日）①

　　自军兴以来，各兵自行扩充兵额之事所在多有，如游击、别动、挺进、梯团、支队以及各路司令之类，名目繁多。核其人数枪枝，家俱不足。其原因虽由各军因战事两急，为一时权宜之计。然实与国紧〔家〕预算及军政统一有重大之妨碍。现值统一财政进行时期，凡未奉核准前列各种名目之部队，

---

① 此件所标时间系上海《民国日报》发表日期。

统着一并裁汰,照枪枝数目归并正式编制军队,以资整饬。又在统一财政进行时期内,无论何军不得扩充军队。仰各军一体知照。切切。此令。

据上海《民国日报》一九二四年二月二十一日《帅令整理军队》

勉励孔庚的指令

(一九二四年二月二十一日)①

现在川战方急、寇焰滋张,该总司令报国情殷,同仇敌忾,务即淬励部属,会合川军,早定川局,进窥武汉,尽军人之天职,期革命之成功。本大元帅有厚望焉!此令。

据《广州民国日报》一九二四年二月二十一日《大元帅勉励孔庚》

给郑洪年的指令

(一九二四年二月二十二日)

大元帅指令第一六六号

令兼代广东财政厅厅长郑洪年

呈请迅予烟酒公卖局遵照停抽火酒取缔费由

呈悉。查此案昨据该厅呈请前来,当将原呈发交财政部核办去讫,兹复据呈各情,仰候令饬财政部迅予核明饬遵可也。此令。

(中华民国陆海军大元帅之印)

中华民国十三年二月廿二日

据大本营秘书处编《陆海军大元帅大本营公报》第六号
(广州一九二四年二月二十九日)

---

① 此件所标时间系《广州民国日报》发表日期。

给叶恭绰的训令

（一九二四年二月二十二日）

大元帅训令第七一号

  令大本营财政部部长叶恭绰

  为令饬事：据兼代广东财政厅厅长呈称："为呈请事：现据承办全省奥加可捐永裕公司商人李伯年呈称：'窃总商前因酒类税费合济公司总商高大成刊发布告声称：奉广东全省烟酒公卖局令，委带抽火酒（即奥加可）取缔费，每百斤抽银二元一案，当经飞报钧厅察核。旋奉第八九三号指令开：支日邮电及布告均悉，已据情转请大元帅饬令烟酒公卖局撤销矣，仰即知照，此令。布告存等因。奉此，查此事尚未蒙撤销，以致各贩卖奥加可店铺观望不前，全体停业，于饷源大生窒碍。理合渎〔牍〕呈察核，迅赐转请大元帅令行烟酒公卖局，立将原案撤销，以符统一而顾饷源，实为公便'等情。据此，查此事昨据该商具呈，即经转请令饬撤销在案。兹复据呈前情，除指令外，理合呈请察核，俯赐迅令烟酒公卖局遵照停抽。以免复叠，而符统一"等情。据此，当经指令"呈悉。查此案昨据该厅呈请前来，当将原呈发交财政部核办去讫。兹复据呈各情，仰候令饬财政部迅予核明饬遵可也。此令"等语。除指令印发外，合行令仰该部即便遵照，迅予核明饬遵，仍具报查考。切切。此令。

               （中华民国陆海军大元帅之印）
              中华民国十三年二月廿二日

      据大本营秘书处编《陆海军大元帅大本营公报》第五号
      （广州一九二四年二月二十日）

给冯肇铭的训令

（一九二四年二月二十二日）

大元帅训令第七二号

　　令代理广东海防司令冯肇铭

　　为令遵事：据广东全省警务处长吴铁城呈称："近来叠接报称莲花山、狮子洋一带河面，常有股匪出没，截劫外国商轮。国家体面，关系至巨。当以李军长①熟悉该处情形，已专函请其速派大队福军前往剿捕。理合呈请下令海防司令克日恢复该处段舰，并加派巡舰梭巡河面，以护航行，而维国体"等情前来。据此，查莲花山、狮子洋等处，系航线往来要道。自宜切实分段梭巡，以资保护。仰该司令即便遵照，将该处段舰克日恢复，并加派巡舰常川梭巡，以护航行，而利交通。切切。此令。

　　　　　　　　　　　　　　　　　（中华民国陆海军大元帅之印）

中华民国十三年二月廿二日

据大本营秘书处编《陆海军大元帅大本营公报》第五号
（广州一九二四年二月二十日）

给赵士觐的指令

（一九二四年二月二十三日）

大元帅指令第一六七号

　　令两广盐运使赵士觐

　　呈报租轮巡缉暨支拨该轮经费及租项等情，乞察核备案由

---

① 李军长，即李福林。

呈悉。准予备案。此令。

（中华民国陆海军大元帅之印）

中华民国十三年二月廿三日

据大本营秘书处编《陆海军大元帅大本营公报》第六号
（广州一九二四年二月二十九日）

给赵士觐的指令

（一九二四年二月二十三日）

大元帅指令第一六八号

令两广盐运使赵士觐

呈为误报余存巨款确非事实，据实呈明，乞鉴察指令祇遵由

呈悉。准予备案。此令。

（中华民国陆海军大元帅之印）

中华民国十三年二月廿三日

据大本营秘书处编《陆海军大元帅大本营公报》第六号
（广州一九二四年二月二十九日）

批蒋介石致廖仲恺函[①]

（一九二四年二月二十三日）

答：总理云：务须任劳任怨，百折不回，从穷苦中去奋斗，故不准辞职。

中华民国十三年二月廿三日

据罗家伦编《国父批牍墨迹》（台北一九五五年版）

---

① 1924年2月21日，蒋介石分别致函廖仲恺和中央执行委员会请辞，此批文即为批蒋介石致廖仲恺函。参见孙修福、喻春生《新发现的中国国民党总理批文（一）》，载《民国档案》2001年1月。

给蒋尊簋的指令

（一九二四年二月二十三日）

大元帅指令第一六九号

　　令中央军需总监蒋尊簋

　　呈报就职及启用印信日期由

　　呈悉。此令。

（中华民国陆海军大元帅之印）
中华民国十三年二月廿三日

据大本营秘书处编《陆海军大元帅大本营公报》第六号
（广州一九二四年二月二十九日）

批童理璋来函

（一九二四年二月二十四日）

交中央执行部代答，奖勉之。

据罗家伦编《国父批牍墨迹》（台北一九五五年版）

制止滇军撤退令

（一九二四年二月二十四日）①

该军不俟具报核准，又不俟别军接防，擅离防次，倘前线有失，该军能当

---

① 此件所标日期系北京《晨报》发表日期。

此重咎否？

据北京《晨报》一九二四年二月二十四日《粤省东江战机又迫》

给杨西岩的指令

（一九二四年二月二十五日）

大元帅指令第一七〇号

　　令禁烟督办杨西岩

　　呈为拟具《禁烟总分局章程》，乞予核准施行由

　　呈悉。查所拟《禁烟总分局章程》第一、第六、第七、第九、第十、第十二、第十四等条，均应酌加删改。已于原章内逐条批明，随令发还，仰即查照妥缮，另文呈候核准施行可也。再：广东省现为禁烟督办驻在地，省内各分局不难直接指挥监督，暂时实无设置之必要，合并饬知。此令。

（中华民国陆海军大元帅之印）

中华民国十三年二月廿五日

据大本营秘书处编《陆海军大元帅大本营公报》第六号（广州一九二四年二月二十九日）

给孙科的指令

（一九二四年二月二十五日）

大元帅指令第一七一号

　　令广州市市长孙科

　　呈请通令各军嗣后处决人犯，勿得仍在市内马路交通地点执行，以重市政由

呈悉。照准。已令行各军长官转饬所属一体遵照矣。此令。

（中华民国陆海军大元帅之印）

中华民国十三年二月廿五日

据大本营秘书处编《陆海军大元帅大本营公报》第六号
（广州一九二四年二月二十九日）

给各军长官的训令

（一九二四年二月二十五日）

大元帅训令第七三号

　　令各军事长官

　　为训令事：据广州市市长孙科呈称："窃查市长所辖广州市区域内，自军兴以来，军队林立，每有在马路交通地方处决人犯情事。前因有军人在禺山市场附近处决犯兵，当经卫生局呈报，并由市长函准卫戍总司令部分饬各师，以后须提往郊外执行在案。现以日久玩生，各军队仍不免重蹈前辙，似此陈尸道左，惊扰行人，殊与近世行刑通例背驰。市长为保持观瞻，并重人道起见，理合备文呈请帅座鉴核，俯准通令各军，嗣后处决人犯，勿得仍在市内马路交通地点，以重市政，实为公便"等情。据此，除指令照准外，合行令该各军事长官既便遵照，并转饬所属一体遵照。此令。

（中华民国陆海军大元帅之印）

中华民国十三年二月廿五日

据大本营秘书处编《陆海军大元帅大本营公报》第五号
（广州一九二四年二月二十日）

给郑洪年的指令

（一九二四年二月二十六日）

大元帅指令第一七二号

  令兼代广东财政厅厅长郑洪年

  呈请令饬东路讨贼军将香山全属酒税交还有兴公司办理由

  呈悉。东路讨贼军开赴香山之时，既经指定专以该县田赋充饷，自不得动及其他税款。况现当统一财政之际，各属税捐，尤不能任听驻军，擅行截留。仰候令饬东路讨贼军总司令，迅即转饬香山筹饷局，将香山全属酒税交还有兴公司商人梁萱办理，不得另招新商承办可也。折存。此令。

（中华民国陆海军大元帅之印）

中华民国十三年二月廿六日

据大本营秘书处编《陆海军大元帅大本营公报》第六号
（广州一九二四年二月二十九日）

给许崇智的训令

（一九二四年二月二十六日）

大元帅训令第七四号

  令东路讨贼军总司令许崇智

  为令饬事：案据广东财政厅厅长郑洪年呈称："为呈请事：窃照香山县属酒税，前据有兴公司商人梁萱呈请承办，每年认饷额大洋八万五千元，两年为期，并先缴按饷一月。业经前厅长批准承办，发给示谕，定于本年一月一日开办。嗣据该商呈报，一月十八日有利益公司刊登告示称：向东路讨贼军香山筹饷局承办香山全属酒税，设局开收，呈请维持等情。前厅长当查东路讨贼军前赴香山之时,曾奉订明只将钱粮拨充军饷,其余正杂各税,仍概归职厅经收。呈请钧座训令现驻香山之东路讨贼军部,迅将香山全属酒税,交还有兴公司商人梁萱办理在案。兹复据该商呈称:香山筹饷局不允交回,将伊斥退,呈请察夺等情前来。理合将该商原呈抄缮清折再呈钧座察核,伏乞训令该军部转饬香山筹饷局,迅将香山酒税交还原商梁萱办理,以符原案"等情。据此,当经指令"呈悉。东路讨贼军开赴香山之时,既经指定专以该县田赋充饷,自不得动及其他税款。况现当统一财政之际,各属税捐尤不能任听驻军擅行截留。仰候令饬东路讨贼军总司令,迅即转饬香山筹饷局,将香山全属酒税交还有兴公司商人梁萱办理,不得另招新商承办可也。折存。此令"等语,除指令印发外,合行照钞原折。令仰该总司令即便遵照办理,仍将遵办情形报查。此令。

　　计钞发票原折一件。

（中华民国陆海军大元帅之印）
中华民国十三年二月廿六日

据大本营秘书处编《陆海军大元帅大本营公报》第五号
（广州一九二四年二月二十日）

给叶恭绰的指令

（一九二四年二月二十六日）

大元帅指令第一七三号

　　令大本营财政部长叶恭绰

　　呈为拟将市桥口白蔗税减为每百把征银六钱,乞予核示由

　　呈悉。准如所拟减收。此令。

（中华民国陆海军大元帅之印）
中华民国十三年二月廿六日

据大本营秘书处编《陆海军大元帅大本营公报》第六号
（广州一九二四年二月二十九日）

给邹鲁的指令

（一九二四年二月二十六日）

大元帅指令第一七四号
　　令国立广东大学筹备主任邹鲁
　　呈报就职及启用关防日期由
　　呈悉。此令。

（中华民国陆海军大元帅之印）
中华民国十三年二月廿六日

据大本营秘书处编《陆海军大元帅大本营公报》第六号
（广州一九二四年二月二十九日）

给张启荣的指令

（一九二四年二月二十六日）

大元帅指令第一七五号
　　令钦廉高雷招抚使张启荣
　　呈缴拟具该使署组织办事简章,乞鉴核施行由
　　呈及简章均悉。该使专责在招致钦、廉、高、雷各属敌军,使各该属军民闻风感化,毋抗义师。应择各该属相当地点,分派人员,就近办理,毋须设立机关,骛虚声而遗实际,尤不得在省会设署行署,致涉招摇。所呈组织简章,拟设参谋、军务各处,实属过于扩大,碍难核准。至在省会已设机关,应即一并撤销。仰即懔遵勿违。简章发还。此令。

（中华民国陆海军大元帅之印）
中华民国十三年二月廿六日

据大本营秘书处编《陆海军大元帅大本营公报》第六号
（广州一九二四年二月二十九日）

给伍朝枢的手令

（一九二四年二月二十六日）①

据美国人奇叻由上海来函内称：三月六日偕同游历团七百人到港，分数日每日分班二百三十二人搭省港船来省，分日于下午两点钟往游华林寺、长寿寺、花塔及大新街玉器等工场、织线等工场。请饬保护照料。

据《广州民国日报》一九二四年二月二十六日《美国游历团将到粤》

给郑洪年的指令

（一九二四年二月二十七日）

大元帅指令第一七六号

　　令广东财政厅厅长郑洪年

　　呈请迅饬烟酒公卖局将批准合济公司试办火酒取缔费之案撤销，仍由永裕公司照案办理由

　　呈悉。查现值统一财政之时，火酒捐既经该厅核准永裕公司商人李伯年承办，自不能听他商向其他机关藉名搀夺，致碍税收。仰候令行财政部，转饬广东全省烟酒公卖局，即将批准合济公司试办火酒取缔费之案撤销，仍交还永裕公司办理可也。此令。

（中华民国陆海军大元帅之印）

中华民国十三年二月廿七日

据大本营秘书处编《陆海军大元帅大本营公报》第六号（广州一九二四年二月二十九日）

---

① 此件所标时间系《广州民国日报》发表日期。

给叶恭绰的训令

（一九二四年二月二十七日）

大元帅训令第七五号
  令大本营财政部部长叶恭绰
  为令饬事：案据广东财政厅厅长郑洪年呈称："为呈请事：现准全省烟酒公卖局浦局长在廷咨开：现据全省酒税合济公司总商高大成呈称：窃照火酒一物，其性最烈，以搀和成酒饮之，足以害人，故承办酒税章程，向有取缔火酒之条，奈历届承商俱因稽查手续交涉繁难，逼得放弃，遂成为一虚例。近查此物销流日广，搀酒日多，以致酒税收入大受影响。自非严加取缔，不足以资补救。惟是徒托空言，难收实效，必须酌收取缔费，以期容禁于征。但取缔此项火酒有连带关系，其所定费率及稽查手续，必须妥订完善，酒税方不受其影响。现拟根据商公司带办，以便实行取缔。至所收款项，请酌提三成给商公司备充经费，其余抽得之款，尽数照缴，以济饷需。固可借取缔以护饷源，而政府亦可增收入以资补助。谨拟具办理简章呈请钧鉴。如蒙照准，伏乞即行给谕开办。庶早开抽一日，饷需得一日之益。除俟批准后再将详细章程妥拟呈核外，所有拟请带办取缔火酒缘由，理合备文连同简章呈请钧局察核，俯赐照准施行，批示祇遵，实为公便等情，并呈缴简章一扣到局。据此，查火酒一物，以之搀入酒内，实属有碍卫生，故酒税定章，本有取缔火酒之条，现该商所拟严加取缔，酌收费用，系容禁于征之意，而于公家收入亦不无少补，所请带办，尚属可行。惟未据认定饷额，只可作为试办，一俟试办期满，再行体察情形，核定饷额，责令包收包缴。当经核明准予试办三月，并饬克日缴纳保证金二千元来局，再行给发示谕开办。批饬遵照去后，旋据该商呈缴保证金二千元前来，并定期二月一日开抽，自应准予带办，除给示谕开办外，相应将取缔火酒简章一纸，咨送贵厅查照等由。准此，查此项火酒捐，前经职厅核准永裕公司商人李伯年认缴，第一年饷银六万六千元,递加至第三年饷银九万元,包征包解,原以火酒一物本属燃料,其性最烈。内地奸商,往往有搀合土酒发售,于卫生最有妨碍,自应严加取缔,订定捐章令发遵守,核与来咨所见大致相同。至谓酒税定章,本有取缔火酒条文,不知酒税条文,原由职厅订定,虽暂时划交浦局长经办,究不能越出主管范围,及该商合济公司借词连带关系,恐受影响瞒局带收费用,取巧提成,其影响于酒类税费者小,影响于额定捐饷者大。且既经包商取缔,自与征抽酒税有增无损。乃近日职厅兴办一捐,而各奸商必欲从中破坏,利用其他机关出头搀夺,岂不与统一财政,交回主管机关通案大相背驰。惟咨前由,理合据实陈明帅座,恳乞查照节次厅呈,迅饬撤销带收费用,交回永裕公司照案办理,以免纷歧,而明统系"等情。据此,当经指示"呈悉。查现值统一财政之时,火酒捐既经该厅核准永裕公司商人李伯年承办,自不能听他商向其他机关藉名搀夺,致碍税收。仰候令行财政部转饬广东全省烟酒公卖局,即将批准合济公司试办火酒取缔费之案撤销,仍交还永裕公司办理可也。此令"等语,除指令印发外,合行令仰该部即行转饬遵照办理,仍将遵办情形报查。切切。此令。

(中华民国陆海军大元帅之印)
中华民国十三年二月廿七日

据大本营秘书处编《陆海军大元帅大本营公报》第六号
(广州一九二四年二月二十九日)

给各军总司令的命令

(一九二四年二月二十七日)①

饬令各军总司令转令各将领,毋得私运烟土,阻碍禁烟进行。如违定行重究。

据《广州民国日报》一九二四年二月二十七日《严禁私运烟土》

---

① 此件所标时间系《广州民国日报》发表日期。

给各军总司令的命令

（一九二四年二月二十七日）①

速即分令所部按照担任作战计划克日开往前线，其三罗两阳方面尤关系四邑西江治安，亦应赶速率队前往布置，庶不致顾此失彼之虑。

据《广州民国日报》一九二四年二月二十八日《帅令各军
迅赴前敌》

给谭延闿的命令

（一九二四年二月二十七日）②

赶紧催促驻省湘军出发东江。如有因领款未齐以致延滞者，应饬令军需处提先筹发，俾利戎行。

据《广州民国日报》一九二四年二月二十八日《大元帅催
促湘军出发》

给林森的指令

（一九二四年二月二十七日）

大元帅指令第一七七号

  令大本营建设部部长林森

  呈为遵令拟呈《商标条例》及施行细则，请予核准施行由

---

① 2月28日《广州民国日报》云"帅府……昨特谕饬各军总司令"，今据此酌定时间。
② 2月28日《广州民国日报》云"大元帅……昨谕饬谭总司令"，此令时间据以酌定。

呈悉。所拟《商标条例》四十条暨施行细则三十二条均尚妥协,应准如拟施行。仰即知照。附件存。此令。

（中华民国陆海军大元帅之印）
中华民国十三年二月廿七日
据大本营秘书处编《陆海军大元帅大本营公报》第六号（广州一九二四年二月二十九日）

为查验各军实数事致军政部令

（一九二四年二月二十七日）①

着军政部通令各军,将各军现有枪械、兵额,据实呈报。即将统一财政之后,所收入之款,按枪枝比例支配,以符军制而利预算。如有虚报,于点验查实后,以凭惩罚。此令。

据天津《大公报》一九二四年二月二十七日《粤省统一财政之进行》

追赠杜龄昌令

（一九二四年二月二十七日）

大元帅令

据大本营军政部长程潜呈,议复中央直辖滇军总司令杨希闵呈称:"故团长杜龄昌于去春进剿沈逆之役,力战捐躯,死事甚烈。拟请追赠陆军少将,照《陆军战时恤赏章程》阵亡例,给予少将恤金"等情。杜龄昌着追赠陆

---

① 此件所标时间系天津《大公报》发表日期。

军少将,亦照少将阵亡例给予恤金,以彰忠烈。此令。

（中华民国陆海军大元帅之印）

中华民国十三年二月廿七日

<small>据大本营秘书处编《陆海军大元帅大本营公报》第六号</small>
<small>（广州一九二四年二月二十九日）</small>

给程潜的指令

（一九二四年二月二十七日）

大元帅指令第一七八号

　　令大本营军政部长程潜

　　呈为议复滇军团长杜龄昌力战捐躯,滇军第三旅参谋长李文彩病殁戎间,拟请分别追赠给恤由

　　呈悉。杜龄昌已明令追赠陆军少将,并按少将阵亡例给恤。李文彩应准如拟给予上校恤金。仰即知照。此令。

（中华民国陆海军大元帅之印）

中华民国十三年二月廿七日

<small>据大本营秘书处编《陆海军大元帅大本营公报》第六号</small>
<small>（广州一九二四年二月二十九日）</small>

给张启荣的指令

（一九二四年二月二十八日）

大元帅指令第一八〇号

　　令钦廉高雷招抚使张启荣

　　呈请加委王鸿鉴等为该署总务处处长由

呈悉。俟该使招抚事宜卓具成效再行核办,所有呈请加委各节应毋庸议。此令。

（中华民国陆海军大元帅之印）

中华民国十三年二月廿八日

据大本营秘书处编《陆海军大元帅大本营公报》第六号
（广州一九二四年二月二十九日）

给林森的指令

（一九二四年二月二十八日）

大元帅指令第一八一号

令大本营建设部部长林森

呈为拟将《权度法》及一切附属法令内"农商部"三字一律改为"建设部","禀"字一律改为"呈"字,乞明令核准由

呈悉。准如所拟修改。此令。

（中华民国陆海军大元帅之印）

中华民国十三年二月廿八日

据大本营秘书处编《陆海军大元帅大本营公报》第六号
（广州一九二四年二月二十九日）

给陈兴汉的指令

（一九二四年二月二十八日）

大元帅指令第一八三号

令管理粤汉铁路事务陈兴汉

呈请将临时附加军费续办三月由

呈悉。照准。此令。

（中华民国陆海军大元帅之印）

中华民国十三年二月廿八日

据大本营秘书处编《陆海军大元帅大本营公报》第六号（广州一九二四年二月二十九日）

批给简让之恤费令

（一九二四年二月二十八日）①

大元帅令

着财政委员会筹给简让之恤费一千元。

据陈旭麓、郝盛潮主编，王耿雄等编《孙中山集外集》（上海人民出版社一九九〇年版）

命发朱培德饷糈令

（一九二四年二月二十八日）②

大元帅令

着财政委员会筹给朱军长培德军队饷糈，以资接济。

据陈旭麓、郝盛潮主编，王耿雄等编《孙中山集外集》（上海人民出版社一九九〇年版）

---

① 此件所标时间系财政委员会第十九次会议决案日期。
② 此件所标时间系财政委员会第十九次会议决案日期。

命发张兆基旅费令

（一九二四年二月二十八日）①

大元帅令

  着财政委员会发给张兆基旅费三百元。

据陈旭麓、郝盛潮主编，王耿雄等编《孙中山集外集》（上海人民出版社一九九〇年版）

给驻粤滇湘军的训令

（一九二四年二月二十八日）②

  奠定大局已及时机，肃清东江更宜速进。已令第一路联军总指挥杨希闵督率各军即时进剿，先行扫荡北岸之敌，规复惠州、河源之线，进军潮、梅。作战要领并已由参谋处函达联军总指挥部总参谋长周自得转报分达。

  频年戎马，大元帅暨诸将领所以始终靡懈者为救人民于水火，奠国基于磐石也。现对外布告，对内肃清，时机两好，正吾人达此目的之时。时势造英雄，而吾辈则应造时势也，惟诸将领勉焉！特此令达，仰即遵照，奋勉图功，勿疏勿懈。此令。

据长沙《大公报》一九二四年二月二十八日《孙文调解滇湘军暗潮之手段》

---

① 此件所标时间系财政委员会第十九次会议决案日期。
② 此件所标时间系长沙《大公报》发表日期。

给罗翼群的指令

（一九二四年二月二十九日）

大元帅指令第一八四号

　　令前兵站总监罗翼群

　　呈缴交通局十二年九月份报销暨单据粘存簿，请予核销由

　　呈悉。查此案前据该前总监造送所属各部、局、站、所、院、队各月份计算书暨附表单据等件，当经发交许总司令查算在案。兹复据呈缴交通局十二年九月份报销总册暨单据粘存簿请予核销前来，仰候将原件发交许总司令并案彻底查算，呈复核夺可也。此令。

（中华民国陆海军大元帅之印）

中华民国十三年二月廿九日

据大本营秘书处编《陆海军大元帅大本营公报》第六号
（广州一九二四年二月二十九日）

给罗翼群的指令

（一九二四年二月二十九日）

大元帅指令第一八五号

　　令前兵站总监罗翼群

　　呈缴所属第三支部第三分站第一运输站十二年十月份支出计算书暨单据等件，请予核销由

　　呈悉。查此案迭据该前总监造送所属各部、局、站、所报销，均经发交许总司令查算在案。兹复据呈缴第三支部第三分站第一运输站十二年十月份支出计算书暨单据粘存簿、领款收据请予核销前来，仰候将原件发交许总司

令并案彻底查算,呈复核夺可也。此令。

(中华民国陆海军大元帅之印)
中华民国十三年二月廿九日

据大本营秘书处编《陆海军大元帅大本营公报》第六号
(广州一九二四年二月二十九日)

给罗翼群的指令

(一九二四年二月二十九日)

大元帅指令第一八六号

　　令前兵站总监罗翼群

　　呈缴所属第三支部第三分站第一派出所十二年九、十两月份计算书暨收发粮食表、单据粘存簿,乞予核销由

　　呈悉。查此案迭据该前总监造送所属各部、局、站、所报销,均经发交许总司令查算在案。兹复据呈缴第三支部第三分站第一派出所十二年九、十两月份支出计算书暨收发粮食表、单据粘存簿请予核销前来,仰候将原件发交许总司令并案彻底查算,呈复核夺可也。此令。

(中华民国陆海军大元帅之印)
中华民国十三年二月廿九日

据大本营秘书处编《陆海军大元帅大本营公报》第七号
(广州一九二四年三月十日)

给罗翼群的指令

（一九二四年二月二十九日）

大元帅指令第一八七号

　　令前兵站总监罗翼群

　　呈缴第三支部第三分站十二年九月二十二日至十一月五日支出计算书暨单据等件，请予核销由

　　呈悉。查此案迭据该前总监造送所属各部、局、站、所报销，均经发交许总司令查算在案。兹复据呈缴第三支部第三分站十二年九月二十二日至十一月五日支出计算书暨单据粘存簿、领款收据、输卒饷册请予核销前来，仰候将原件发交许总司令并案彻底查算，呈复核夺可也。此令。

（中华民国陆海军大元帅之印）

中华民国十三年二月廿九日

据大本营秘书处编《陆海军大元帅大本营公报》第七号

（广州一九二四年三月十日）

给许崇智的训令

（一九二四年二月二十九日）

大元帅训令第七八号

　　令东路讨贼军总司令许崇智

　　为令饬事：查前因前兵站总监罗翼群，供给军需，受人指摘，曾经明令该总司令查办。嗣后罗前总监造送所属各部、局、站、所、院、队各月份报销，均经发交该总司令查算各在案。兹复据呈缴所属交通局十二年九月份，第三支部第三分站第一派出所十二年九、十两月份，第三支部第三分站十二年九

月二十二日至十一月五日，第三支部第三分站第一运输站十二年十月份报销表册暨单据等件，请予核销前来。除指令外，合行钞录原呈并检同原件，令仰该总司令并案彻底查算明确，有无浮冒，据实呈复核夺，勿稍徇隐。切切。此令。

计发抄呈四件：交通局十二年九月份收支款项报销总册二本，单据粘存簿二本；第三支部第三分站第一派出所十二年九月支出计算书二份，收发粮食表二本，单据粘存簿二本，十月份支出计算书二份，收发粮食军品表二本，单据粘存簿二本；第三支部第三分站十二年九月二十二日至十一月五日支出计算书二份，单据粘存簿三本，领款收据一本，输卒饷册一本；第三支部第三分站第一派出所十二年十月份支出计算书二份，单据粘存簿一本，领款收据一本。

（中华民国陆海军大元帅之印）

中华民国十三年二月廿九日

据大本营秘书处编《陆海军大元帅大本营公报》第六号

（广州一九二四年二月二十九日）

追赠简让之令

（一九二四年二月二十九日）

大元帅令

已故前广州铁路局长简让之，廿年革命，百折不挠，赞勷共和，不遗余力。讨袁、护法两役，既毁家纾难，再造邦家，复身历行间，执戈杀贼，公尔忘私，国尔忘家。嗣以陈逆叛国，负隅东江，忧愤致疾，遂以不起，言念畴昔，嗟悼实深。简让之着追赠陆军少将，并给治丧费一千元，以奖义烈，而示来兹。此令。

（中华民国陆海军大元帅之印）

中华民国十三年二月廿九日

据大本营秘书处编《陆海军大元帅大本营公报》第六号

（广州一九二四年二月二十九日）

给徐绍桢的指令

（一九二四年二月二十九日）

大元帅指令第一八八号

　　令大本营内政部长徐绍桢

　　呈请褒扬节妇杨朱氏由

　　呈悉。准予题颁"节媲松筠"四字匾额，并给予银质褒章，以示褒扬。仰即转给承领可也。此令。

（中华民国陆海军大元帅之印）

中华民国十三年二月廿九日

据大本营秘书处编《陆海军大元帅大本营公报》第七号（广州一九二四年三月十日）

批续西峰函

（一九二四年二月）

　　要件。待王用宾到后始答。着组安问王用宾北方详情，拟答奖励，并约须待北伐时同力合力，以收最后之胜利。

据中国国民党中央文化传播委员会党史馆藏一般档案052/4

批 程 潜 呈①

（一九二四年三月一日）

着核实以后，每月多少，一并要财政委员会酌发。文批。

据陈旭麓、郝盛潮主编，王耿雄等编《孙中山集外集》（上海人民出版社一九九〇年版）

给范石生的指令

（一九二四年三月一日）

大元帅指令第一九〇号

令广东筹饷总局督办范石生

呈报就职视事设局开办日期由

呈悉。此令。

（中华民国陆海军大元帅之印）

中华民国十三年三月一日

据大本营秘书处编《陆海军大元帅大本营公报》第七号（广州一九二四年三月十日）

---

① 1924年2月29日，大本营军政部长程潜呈请令请他种军事机关和地方官，接办邮电检查，并请拨付所欠经费事。

给徐绍桢的指令

（一九二四年三月一日）

大元帅指令第一九一号

　　令大本营内政部长徐绍桢

　　呈请褒扬寿民彭才德及妻韦氏由

　　呈悉。准予题颁"寿域同登"四字，并给予银质褒章。仰即转给承领。此令。

（中华民国陆海军大元帅之印）

中华民国十三年三月一日

据大本营秘书处编《陆海军大元帅大本营公报》第七号（广州一九二四年三月十日）

给谭延闿的命令

（一九二四年三月三日）①

　　克日准备出发，迅行攻击。至后方饷需接济，当饬军需处源源筹发，不使缺乏。

据《广州民国日报》一九二四年三月四日《谭延闿将赴东江督战》

---

① 1924年3月4日《广州民国日报》云"大元帅……昨特谕谭总司令"，此令时间据以推定。

给廖仲恺的指令

（一九二四年三月三日）

大元帅指令第一九三号

  令广东省长廖仲恺

  呈复遵令办理林森等呈请禁止黄花岗附葬一案情形由

  呈悉。此令。

            （中华民国陆海军大元帅之印）

              中华民国十三年三月三日

据大本营秘书处编《陆海军大元帅大本营公报》第七号
（广州一九二四年三月十日）

给程潜的指令

（一九二四年三月四日）

大元帅指令第一九四号

  令大本营军政部长程潜

  呈请令他种机关接办检查事宜，并拨款清垫由

  呈悉。现在军事尚未结束，所有检查邮电、报纸事宜，未便停止，应仍由该部派员赓续办理，以一事权而重军情。至以前垫支各款，及以后每月应支经费，着核实一并开列，呈候核明，交财政委员会拨给可也。此令。

            （中华民国陆海军大元帅之印）

              中华民国十三年三月四日

据大本营秘书处编《陆海军大元帅大本营公报》第七号
（广州一九二四年三月十日）

给程潜的命令①

（一九二四年三月四日）

将本部所办后方勤务各交通机关，交由大本营参谋处管辖。

据《广州民国日报》一九二四年三月八日《军车运输之管辖》

给赵士觐的指令

（一九二四年三月四日）

大元帅指令第一九五号

  令两广盐运使赵士觐

  呈报拿获包庇走私人犯陈兆兰，罚款除照章一半充赏外，余数拟悉拨充盐政会议经费，请核示祗遵由

  呈悉。准如所拟办理。此令。

（中华民国陆海军大元帅之印）
中华民国十三年三月四日

据大本营秘书处编《陆海军大元帅大本营公报》第七号
（广州一九二四年三月十日）

---

① 原令未署日期。按3月8日《广州民国日报》载：程潜奉令后，"当即移交接管，并于支日电达在案"。又，程潜微日（五日）呈文称"昨奉帅令"。据此判断，发令日期应是4日。令内所言之"本部"，指大本营军政部。

给范石生的指令

（一九二四年三月四日）

大元帅指令第一九六号

　　令广东筹饷总局督办范石生

　　呈为拟具组织大纲及职员名额、薪津表，乞予核准由

　　呈悉。所拟《广东筹饷总局组织大纲》暨职员名额、薪津表，均尚妥协，应准照办。仰即知照。附件存。此令。

（中华民国陆海军大元帅之印）

中华民国十三年三月四日

据大本营秘书处编《陆海军大元帅大本营公报》第七号

（广州一九二四年三月十日）

给杨西岩的指令

（一九二四年三月四日）

大元帅指令第一九七号

　　令禁烟督办杨西岩

　　呈请修改《禁烟条例》及免予删削《督办署章程》由

　　呈悉。审判烟犯，仍应由司法机关办理，以重法权。《督办署章程》第五条第二款，应遵前项指令删去。至所请修正《禁烟条例》第廿条之处，应毋庸议。仰即分别遵照。此令。

（中华民国陆海军大元帅之印）

中华民国十三年三月四日

据大本营秘书处编《陆海军大元帅大本营公报》第七号

（广州一九二四年三月十日）

给杨西岩的指令

（一九二四年三月四日）

大元帅指令第一九八号

  令禁烟督办杨西岩

  呈为遵令修正《禁烟总分局章程》，乞予核准施行由

  呈及章程均悉。准如所拟施行。章程存。此令。

（中华民国陆海军大元帅之印）

中华民国十三年三月四日

据大本营秘书处编《陆海军大元帅大本营公报》第七号（广州一九二四年三月十日）

着撤销西江督办处令

（一九二四年三月五日）

  着秘书处、参谋处、军政部会同议令，即行撤销西江督办处。着将所管广东民政、财政交回广东省长与财政厅办理，以归统一。其梧州及上游各地，另设广西善后处办理。着军政、参谋两部处议订办法。此令。

孙　文

中华民国十三年三月五日①

据谭延闿编《总理遗墨》第三辑（印行时间不详，广东省社会科学院藏）

---

① 此日期据秦孝仪主编《国父全集》转录该影印件所标时间校补。

着各军不得擅征杂捐令

（一九二四年三月五日）

大元帅令

军兴以来，需饷浩繁。政府为讨除国贼计，不得不借资民力。端赖稽核有方，庶免诛求无厌。刻正力谋财政统一，以后各军长官不得擅行征收各种杂捐，紊乱纲纪。自此次通令之后，有敢犯者，军官免职治罪；奸商承办者，除没收产业外，应一体严行治罪。以儆贪顽，而肃法纪。言出法随，决不姑贷。此令。

（中华民国陆海军大元帅之印）

中华民国十三年三月五日

据大本营秘书处编《陆海军大元帅大本营公报》第七号
（广州一九二四年三月十日）

着裁撤西江善后督办令

（一九二四年三月五日）

大元帅令

前因逆军搆乱，俶扰西江，肇庆、梧州等处胥沦于敌。克复之始，满目疮痍，善后事宜，百端待举。特派广东讨贼军第一师师长李济深兼任西江善后督办。委政权于驻军，期办事之敏捷，原为战后权宜办法。刻下地方渐就谧平，财政方谋统一，西江善后督办一职应即裁撤。所有民政、财政概由广东省长督饬所属分别办理，以明统系，而一事权。此令。

（中华民国陆海军大元帅之印）

中华民国十三年三月五日

据大本营秘书处编《陆海军大元帅大本营公报》第七号
（广州一九二四年三月十日）

给罗翼群的指令

（一九二四年三月五日）

大元帅指令第一九九号

　　令前兵站总监罗翼群

　　呈缴经理局十二年四月至十月收支款项,及负欠债项数目总册,暨第二支部呈缴煤单,请予发还欠项由

　　呈悉。查此案前据该前总监造送经理局十二年四月至十月支出计算书,当经发交许总司令查算在案。兹复据呈缴收支款项暨负欠债项数目总册及第二支部呈缴煤单,请予发还欠项前来。是否核实,仰候将原件发交许总司令,并案查算明确,呈复核夺。此令。

（中华民国陆海军大元帅之印）

中华民国十三年三月五日

<small>据大本营秘书处编《陆海军大元帅大本营公报》第七号
（广州一九二四年三月十日）</small>

给许崇智的训令

（一九二四年三月五日）

大元帅训令第八〇号

　　令东路讨贼军总司令许崇智

　　为令饬事:案据前兵站总监罗翼群呈称:"为呈报事:案据职部经理局局长徐伟呈称:'窃查职局奉令收束,业将经办四月至十月份支出计算书表、单据及收发粮食、军品、煤炭表据,按月分别编办呈核在案。兹将经办各月汇编收支款项数目及负欠各部、局、院、队、站、所、商号各薪饷、经费、医

药、货项等费暨借出款项、长领未报、计算核减各款,列具结束总册三份,备文呈请察核,伏乞转呈帅座察核办理。恳将负欠各项,迅赐核明清发,以完手续'等情,并总册三份前来。职经复核无异,除检册一本存查外,理合具文连同总册二本转呈钧帅察核。伏乞俯赐分别存发核明,即将欠项发还,以完手续"等情。据此,当经指令"呈悉。查此案前据该前总监造送经理局十二年四月至十月支出计算书,当经发交许总司令查算在案。兹复据呈缴收支款项暨负欠债项数目总册,及第二支部呈缴煤单,请予发还欠项前来。是否核实,仰候将原件发交许总司令并案查算明确,呈复核夺。此令"等语,除指令印发外,合行令仰该总司令即便遵照,秉公查算,据实呈覆核夺。此令。

计发经理局十二年四月至十月份收支款项及负欠债项数目总册二本、第二支部呈一件、煤单一纸。

（中华民国陆海军大元帅之印）
中华民国十三年三月五日

据大本营秘书处编《陆海军大元帅大本营公报》第七号
（广州一九二四年三月十日）

给李福林的指令

（一九二四年三月五日）

大元帅指令第二〇〇号

　　令东路讨贼军第三军军长李福林

　　呈请收回广东筹饷总局会办成命由

　　呈悉。粤省自陈逆变叛,兵祸经年。筹饷讨贼,义应负责。该军长望重桑梓,实深倚畀。所收回广东筹饷总局会办成命,着毋庸议。此令。

（中华民国陆海军大元帅之印）
中华民国十三年三月五日

据大本营秘书处编《陆海军大元帅大本营公报》第七号
（广州一九二四年三月十日）

给广州市公安局的命令

（一九二四年三月五日）①

饬公安局拘传温雄飞到案,听候查办。

据《广州民国日报》一九二四年三月五日《温雄飞无足轻重》

给广州市公安局的命令

（一九二四年三月五日）②

以温雄飞此次来省,系奉有某方附义来归之使命。春秋之义,不杀来使。方今筹备北伐,自宜先安反侧,以纾南顾之忧。区区一无足轻重之温雄飞,赦之无伤师出之名,杀之反失怀柔之策。仍可宽其既往,策其将来。

据《广州民国日报》一九二四年三月五日《温雄飞无足轻重》

给程潜的命令

（一九二四年三月五日）③

军需独立及关于后方勤务各机关隶属管理整顿方法,迭经令行遵办在案,兹先后复据大本营参谋长李烈钧、军政部长程潜、军需总监蒋尊簋面陈各节,自属和衷共济时艰之旨,所有后方卫生勤务,应着仍由军政部管理,其

---

① 此件所标时间系《广州民国日报》发表日期。
② 此件所标时间系《广州民国日报》发表日期。
③ 原令未署日期。按《广州民国日报》载,程潜微日呈文称:"兹又奉大元帅令"等语。今据此酌定时间。

军车管理处及运输处,着即改隶中央军需处管理。其有应兴应革事宜,统着妥为处置呈报,至各该部、处权限及办事手续,仰各查照曾经核定各该部、处章程办理可也。特此令达,仰各转行遵照具报查考。此令。

据《广州民国日报》一九二四年三月八日《军车运输之管辖》

给刘玉山的训令

（一九二四年三月五日）①

三罗地方不靖。查中央直辖第七军,除现在东江部队仍应听受杨总指挥希闵指挥、协同各军作战外,其在省部队着刘军长玉山先行调赴三罗,协同肃清南路。

据《广州民国日报》一九二四年三月八日《刘玉山部队分别调驻》

着筹解湘军开拔费令

（一九二四年三月五日）②

即日筹解五万元,以便拨给湘军而促戎行。

据《广州民国日报》一九二四年三月五日《帅令筹解湘军开拔费》

---

① 原令未署日期。按《广州民国日报》3月22日《刘玉山拔队赴都城》载:刘"本月五日奉大元帅令饬:本军开赴三罗,协同肃清南路匪患。"今据此确定为3月5日。

② 此件所标时间系《广州民国日报》发表日期。

给杨庶堪的指令

（一九二四年三月五日）

大元帅指令第二〇一号

令广东省长杨庶堪

呈报就职日期由

呈悉。此令。

（中华民国陆海军大元帅之印）

中华民国十三年三月五日

据大本营秘书处编《陆海军大元帅大本营公报》第七号
（广州一九二四年三月十日）

给陈兴汉的指令

（一九二四年三月五日）

大元帅指令第二〇二号

令兼理广三铁路管理局局长陈兴汉

呈报就职日期由

呈悉。此令。

（中华民国陆海军大元帅之印）

中华民国十三年三月五日

据大本营秘书处编《陆海军大元帅大本营公报》第七号
（广州一九二四年三月十日）

给统一财政委员会的指令

（一九二四年三月五日）

大元帅指令第二〇三号

　　令统一财政委员会

　　呈为拟定办事细则，请予备案由

　　如呈备案。细则存。此令。

　　　　　　　　　　　　　　　　　（中华民国陆海军大元帅之印）

　　　　　　　　　　　　　　　　中华民国十三年三月五日

据大本营秘书处编《陆海军大元帅大本营公报》第七号
（广州一九二四年三月十日）

给财政委员会及广东省长的训令

（一九二四年三月六日）

大元帅训令第八二号

　　令财政委员会、广东省长

　　为令遵事：查财政委员会议决：省河筵席捐变更办理，指定全数拨充省市教育经费一案，经指令照准在案。兹据国立大学筹备主任兼管理广州中上七校经费委员会主席邹鲁呈称："此项筵席捐款，前经广东省长核准，全数拨定为广州中上七校经费，并由广州中上七校经费委员会直接管理在案。现奉令变更，划由市政厅招商承办，并拨该款三分之一收入为市教育经费，其余三分之二收入应请明令准照成案拨为七校经费，由七校经费委员会收管，以符原案。并请令行财政委员会、省长公署定明：以后所有省河筵席捐项下收入，不论承捐多少，收数若干，均照拨三分之二为中上七校经费，拨三分之一为市教育经费,着为定案,永远不计〔予〕变更,以维教育"等情前来,系为确定教育基金起见,应予照准。除分令外,仰该委员会、省长即便遵照办理。此令。

（中华民国陆海军大元帅之印）

中华民国十三年三月六日

据大本营秘书处编《陆海军大元帅大本营公报》第七号

（广州一九二四年三月十日）

给范石生的指令

（一九二四年三月六日）

大元帅指令第二〇四号

　　令广东筹饷总局督办范石生

　　呈请特派专员莅局稽查,以示大公,并通令各军不得直接到局索款由

　　呈悉。准如所请,遴派专员莅局稽查,并令军政部转行各军不得直接向该局索款矣。仰即知照。此令。

（中华民国陆海军大元帅之印）

中华民国十三年三月六日

据大本营秘书处编《陆海军大元帅大本营公报》第七号

（广州一九二四年三月十日）

给叶恭绰的指令

（一九二四年三月六日）

大元帅指令第二〇五号

　　令大本营财政部长叶恭绰

呈请令饬北江商运局暨小北江事务所停抽柴税由

呈悉。柴薪为民生日用所必需，岂容苛取病民。除令饬北江商运局停收柴艇费用外，仰即由部转令小北江护商事务所一律停抽。仍谕知原具人并告商民周知可也。拟稿存销。此令。

（中华民国陆海军大元帅之印）
中华民国十三年三月六日

据大本营秘书处编《陆海军大元帅大本营公报》第七号
（广州一九二四年三月十日）

给韦荣熙的训令

（一九二四年三月六日）

大元帅训令第八三号

令北江商运局长韦荣熙

为令饬事：案据广州市柴行同福堂代表区毅呈：以本市各柴店到行报称："本市泮塘口内及黄沙河面，除小北江护商事务所依旧勒抽柴艇费用外，更多一北江商运局，同在此两处河面重抽，恳请严行禁止"等情。据此，查柴薪为民生日用所必需，岂容苛取病民。据呈前情，除饬财政部转令小北江护商事务所停抽外，合行令仰该局长即行遵照停抽，勿稍违玩。仍将遵办情形报查。此令。

（中华民国陆海军大元帅之印）
中华民国十三年三月六日

据大本营秘书处编《陆海军大元帅大本营公报》第七号
（广州一九二四年三月十日）

给罗翼群的指令

（一九二四年三月六日）

大元帅指令第二○七号

令卸〔前〕大本营兵站总监罗翼群

呈请发给兵站第二支部欠款由

呈悉。该部所欠发各款，应俟该部报销案审算核准后，再行分别缓急酌发，仰即遵照。此令。

（中华民国陆海军大元帅之印）

中华民国十三年三月六日

据大本营秘书处编《陆海军大元帅大本营公报》第七号

（广州一九二四年三月十日）

给程潜的指令

（一九二四年三月六日）

大元帅指令第二○八号

令大本营军政部长程潜

呈中央直辖广东讨贼第四军团长蔡炳南积劳病故，请准予给恤由

呈悉。已故团长蔡炳南准照上校积劳病故例给恤，仰即转令知照。此令。

（中华民国陆海军大元帅之印）

中华民国十三年三月六日

据大本营秘书处编《陆海军大元帅大本营公报》第七号

（广州一九二四年三月十日）

给王棠的指令

（一九二四年三月六日）

大元帅指令第二〇九号

　　令卸〔前〕大本营会计司长王棠

　　呈报前在大本营会计司任内支付，命令已送审计局由呈悉。此令。

　　　　　　　　　　　　　　　　（中华民国陆海军大元帅之印）

　　　　　　　　　　　　　　　　中华民国十三年三月六日

据大本营秘书处编《陆海军大元帅大本营公报》第七号（广州一九二四年三月十日）

命发广西总司令经费令

（一九二四年三月六日）①

大元帅令

　　着财政委员会发给广西总司令临时费二千元。

据陈旭麓、郝盛潮主编，王耿雄等编《孙中山集外集》（上海人民出版社一九九〇年版）

---

① 此件所标时间系财政委员会第二十次会议决案日期。

批张秋白函

（一九二四年三月六日）

送国民党本部中央执行委员会启。中央执行委员会代答：政府宣传员拟陆续裁撤，故碍难再委。两君既热心党务，当另设法由党补助。文批。

据中国国民党中央文化传播委员会党史馆藏一般档案 052/346

给罗翼群的指令

（一九二四年三月七日）

大元帅指令第二一〇号

令前兵站总监罗翼群

呈缴经理局十二年十月份《收发械弹月报表》暨对照表、单据，请予核销由

呈悉。查此案前据造送十二年四月至九月《收发械弹报销表册》，当经发交军政部核复在案。兹复据呈缴十月份《收发械弹月报表》暨对照表、单据等件，请予核销前来，仍候将原件令发军政部，并案核明复夺可也。此令。

（中华民国陆海军大元帅之印）

中华民国十三年三月七日

据大本营秘书处编《陆海军大元帅大本营公报》第七号（广州一九二四年三月十日）

给程潜的训令

（一九二四年三月七日）

大元帅训令第八四号

　　令大本营军政部长程潜

　　为令饬事：案据前兵站总监罗翼群呈称："为呈报事：案据职部经理局长徐伟呈称：'窃职局十二年四月至九月《收入发出军械子弹月报表册》，业经呈缴在案。兹续将十二年十月份《收入发出军械子弹月报表册》各三份、《总对照表》三份及《单据粘存簿》一本，备文呈缴钧部察核。伏乞分别存转，实为公便'等情，并册簿前来。职经复核无异，除指令并各抽存一本备查外，理合备文连同原缴《月报表册》共四本、《总对照表》二本、《单据粘簿》一本转呈钧帅察核。伏乞俯赐分别存发核销"等情。据此，当经指令"呈悉。查此案前据造送十二年四月至九月《收发弹械报销表册》，当经发交军政部核复在案。兹复据呈缴十月份《收发械弹月报表》暨对照表、单据等件，请予核销前来，仍候将原件令发军政部，并案核明复夺可也。此令。"除指令即发外，合行检同原件，令仰该部长遵照，逐一核明，呈复核夺。此令。

　　计发兵站部经理局十二年十月份《收入发出军械子弹月报表》各二本、《总对照表》二份，《单据粘存簿》一本。

（中华民国陆海军大元帅之印）
中华民国十三年三月七日

据大本营秘书处编《陆海军大元帅大本营公报》第七号
（广州一九二四年三月十日）

给程潜的训令

(一九二四年三月七日)

大元帅训令第八五号

　　令大本营军政部长程潜

　　为令饬事：据广东筹饷总局督办范石生呈称："为呈请事：本月二十二日奉钧令开：'任命范石生为广东筹饷总局督办'等因。奉此，遵经议具组织大纲、概算经费，备文呈请鉴核训示，并另文呈报就职视事、该局开办日期各在案。伏念凡事贵重之于始，乃可观厥程功。查禁烟督办署开办历时，成绩尚未大见，而军队到署索饷者纷至沓来，几有应接不暇之势，对于进行发展诸多窒碍。石生备员该署，深悉源委，实由设署之始，即采取合议制度，以致议厅杂动多牵掣；又未经明定拨付用途，以致予取予求，是与整理初意大相背驰。兹为慎重将事，预防流弊起见，唯有仰恳帅座特派专员，或常川驻局，或随时莅局稽核，以示大公，此应声请者一也；至局中收入，除遵照历次会议结果，保全固有应得者照旧拨付以免纷更外，其新增收入，应扫数解缴钧座支配，各军不得直接向职局索取，庶能切实整顿，增加收入，此应声请者二也。理合备文呈请鉴核，俯赐通令各军知照"等情。据此，除指令照准，并派专员随时到局稽核外，合行令仰该部长转行各军一体遵照。此令。

（中华民国陆海军大元帅之印）

中华民国十三年三月七日

据大本营秘书处编《陆海军大元帅大本营公报》第七号
（广州一九二四年三月十日）

给东路讨贼军的命令

（一九二四年三月八日）①

集中江门，听候出发。

> 据《广州民国日报》一九二四年三月八日《大军云集之新会现状》

给樊钟秀等的命令②

（一九二四年三月八日）

筹划北伐，陈师鞠旅，准备入赣。

> 据《广州民国日报》一九二四年三月八日《柏高两部兵额之扩充》

给广州市公安局的命令

（一九二四年三月八日）③

代为征收业主租捐两个月，接济前敌军饷。该花地地方所有关于征收租捐事宜，自应由市公安局经办，以一事权而免混淆，实为公便。

> 据《广州民国日报》一九二四年三月八日《军队竟欲抽收租捐耶》

---

① 此件所标时间系《广州民国日报》发表日期。
② 此令分送陈光远、柏文蔚、曲同丰、高凤桂等。所标时间系《广州民国日报》发表日期。
③ 此件所标时间系《广州民国日报》发表日期。

给杨西岩的指令

（一九二四年三月八日）

大元帅指令第二一三号

　　令禁烟督办杨西岩

　　呈为缮具《制药总所章程》，请予察核备案由

　　如呈备案。章程存。此令。

（中华民国陆海军大元帅之印）

中华民国十三年三月八日

据大本营秘书处编《陆海军大元帅大本营公报》第七号
（广州一九二四年三月十日）

给罗翼群的指令

（一九二四年三月八日）

大元帅指令第二一四号

　　令前兵站总监罗翼群

　　呈七件呈缴交通部十二年十月份，经理局十二年十月份，第一支部第一分站十二年四、五、六、七、八等月份，第一支部第四分站龙冈办事处十二年十月份，电信大队部十二年五、六、七、八等月份《报销表册暨单据》；又交通局十二年四、五、六、七、八、九、十等月份《收发煤炭表暨单据》；又交通局储藏所十二年四月至十月《收发物品日报表暨单据》，请予核销由

　　呈悉。查此案前因该前总监经理军需，受人指摘，当经明令东路讨贼军许总司令查办。嗣据迭次造送所属各部、局、站、所各月份报销表册，均经发交许总司令查算，呈复各在案。兹复据呈缴交通局十二年十月份，经理局十

二年十月份,第一支部第一分站十二年四、五、六、七、八等月份,第一支部第四分站龙冈办事处十二年十月份,电信大队部十二年五、六、七、八等月份《报销表册暨单据》;又交通局储藏所十二年四月至十月《收发物品日报表暨单据》,请予核销前来。应将原件一并开单发还,仰即照单点收清楚,径送许总司令查算明确,呈复核夺。仍将送达日期报查。该前总监经理款项,应造各种报销。如尚未造报完竣,应即督饬所属克日造齐,径缴许总司令,听候查算。一面呈报查考,仍候行许总司令知照。此令。

（中华民国陆海军大元帅之印）

中华民国十三年三月八日

据大本营秘书处编《陆海军大元帅大本营公报》第七号
（广州一九二四年三月十日）

给许崇智的训令

（一九二四年三月八日）

大元帅训令第八七号

令东路讨贼军总司令许崇智

为令知事:案据前兵站总监罗翼群呈缴所属交通局十二年十月份,经理局十二年十月份,第一支部第一分站十二年四、五、六、七、八等月份,第一支部第四分站龙冈办事处十二年十月份,电信大队部十二年五、六、七、八等月份《报销表册暨单据》;又交通局十二年四、五、六、七、八、九、十等月份《收发煤炭表暨单据》;又交通局储藏所十二年四月至十月《收发物品日报表暨单据》;请予核销前来。当经指令"呈悉。查此案前因该前总监经理军需,受人指摘,当经明令东路讨贼军许总司令查办。嗣据迭次造送所属各部、局、站、所各月份报销表册,均经发交许总司令查算,呈复各在案。兹复据呈缴交通局十二年十月份,经理局十二年十月份,第一支部第一分站十二年四、五、六、七、八等月份,第一支部第四分站龙冈办事处十二年十月份,电信大队部十二年五、六、七、八等月份《报销表册暨单据》；又交通局储藏所十二年四月至十月《收发物品日报表暨单据》；请予核销前来。应将原件一并开单发还，仰即照单点收清楚，径送许总司令查算明确，呈复核夺。仍将送达日期报查。该前总监经理款项应造各种报销，如尚未造报完竣，应即督饬所属克日造齐，径缴许总司令，听候查算。一面呈报查考，仍候行许总司令知照。此令"，除指令印发外，合行钞录原呈，令仰该总司令即便知照。此令。

计钞发原呈七件。

（中华民国陆海军大元帅之印）

中华民国十三年三月八日

据大本营秘书处编《陆海军大元帅大本营公报》第七号
（广州一九二四年三月十日）

特许试办台山自治批文

（一九二四年三月八日）①

特许试办台山自治事宜，着省长照此折所拟各条，谙照各军司令长官、各财政机关，查照协助施行为要。文批。

据谭延闿编《总理遗墨》第三辑（印行时间不详，广东省社会科学院藏）

给粤军总司令部的命令

（一九二四年三月九日）②

以东江军事已由湘、滇各军担任肃平，行将解决。南路各军亦经次第出

---

① 原文无日期。按《广州民国日报》1924年3月8日《特许台山试办自治》一文，载有孙中山关于台山自治办法的批文。今据此暂定为3月8日。
② 3月11日《广州民国日报》载"昨九日该总部奉到大元帅命令"，今据此确定时间。

发。惟查西江肇庆地方重要，特令粤军总司令许崇智克日就职，即将该总司令部驻防肇庆，巩固西江，以便指挥。

据《广州民国日报》一九二四年三月十一日《粤军总司令驻防肇庆》

委派朱晋经胡威临筹办民国学校令

（一九二四年三月十日）

派朱晋经、胡威临赶速筹办民国学校。此令。

孙　文
中华民国十三年三月十日

据中国国民党中央文化传播委员会党史馆藏一般档案051/160

给程潜的指令

（一九二四年三月十日）

大元帅指令第二一五号

令大本营军政部长程潜

呈请指派财政部专员，审查清理军需局以前收支事项由

呈悉。已令行财政部遴派专员审查清理矣。仰即知照。此令。

（中华民国陆海军大元帅之印）
中华民国十三年三月十日

据大本营秘书处编《陆海军大元帅大本营公报》第七号（广州一九二四年三月十日）

给卢兴原的指令

（一九二四年三月十日）

大元帅指令第二一六号

  令总检察厅检察长卢兴原

  呈请将发行状纸状面权划归该厅办理,并将该款拨充厅费由

  呈悉。据称该厅经费无着,拟请援照上次办法将发行各省厅庭状纸权,仍归该厅办理,以维现状等情。事属可行,应予照准。嗣后所有发行状纸、状面,即由该厅办理,该款并准拨充该厅经费,以资维持。已另令大理院知照矣。仰即遵照可也。此令。

（中华民国陆海军大元帅之印）

中华民国十三年三月十日

据大本营秘书处编《陆海军大元帅大本营公报》第七号

（广州一九二四年三月十日）

给赵士北的训令

（一九二四年三月十日）

大元帅训令第八八号

  令大理院长赵士北

  为令知事:据总检察厅检察长卢兴原呈称:"厅费无着,拟请将发行各省厅庭状纸仍归职厅办理,暂救目前之急。查发行状纸,年前本归职厅办理,此次大理院重组,即由院发行。职厅规复后曾具呈请大理院援照上次办法,将发行状纸仍归职厅办理。未奉指令。现在大理院既有讼费、律师证书、小章等费收入不资〔赀〕,而职厅则并无分毫收入。虽状纸收入每月不

过四五百元，然得此尚可酌给职员薪水，以资办公。恳准明令饬将发行状纸状面之权归职厅办理，由厅通令各厅、庭，饬嗣后赴厅领用，该款拨充厅费，并请令饬大理院停止发行状纸状面，以归划一"等情前来。除指令"所请事属可行，应予照准。嗣后所有发行状纸状面，即由该厅办理，该款并准拨充该厅经费，以资维持"外，仰该院长即便遵照办理。此令。

（中华民国陆海军大元帅之印）

中华民国十三年三月十日

据大本营秘书处编《陆海军大元帅大本营公报》第七号
（广州一九二四年三月十日）

给叶恭绰的训令

（一九二四年三月十日）

大元帅训令第九〇号

令大本营财政部长叶恭绰

为训令事：据大本营军政部长程潜呈称："窃职部军需局奉令改组后，所有以前经手收支事项，业经饬前军需局长限期清理并呈报在案。惟职部经手发给各军各机关伙食给养，自去年十月十六日起至本年二月十九日止约四月有奇，其中收支情形，若不彻底清理，明白宣布，不足以昭大信而释责任。兹为特别慎重起见，拟请帅座指派财政部重要专员审查清理，俟清理完竣即将收支总数刊册公布。事关军需要政，伏乞俯赐察核，批准施行"等情。据此，除指令照准外，合行令仰该部长遵照，即便遴派专员前往审核清理，以昭核实。仍将遵办情形报查。此令。

（中华民国陆海军大元帅之印）

中华民国十三年三月十日

据大本营秘书处编《陆海军大元帅大本营公报》第七号
（广州一九二四年三月十日）

给林森的指令

（一九二四年三月十日至十一日间）①

大元帅指令第二二〇号

　　令大本营建设部长林森

　　呈为查明广东电政监督何家猷被控各节,呈乞鉴核示遵由

　　呈悉。既据查明何监督家猷任用之人确非逆党,撤〔裁〕撤各员又属咎有应得,自应免予置议。仰即转饬该监督,以后对于电务固当认真整顿,然亦不宜失之操切,用人尤应一秉大公,诚信既孚则怨谤自息矣。附件存。此令。

　　　　　　　　　　　　　　　　　（中华民国陆海军大元帅之印）

　　　　　　　　　　　　　　　　　　中华民国十三年三月　　日

据大本营秘书处编《陆海军大元帅大本营公报》第七号

（广州一九二四年三月十日）

给林森的指令

（一九二四年三月十一日）

大元帅指令第二二一号

　　令大本营建设部长林森

　　呈为缮送商标注册所章程,请予备案由

　　如呈备案。章程存。此令。

　　　　　　　　　　　　　　　　　（中华民国陆海军大元帅之印）

　　　　　　　　　　　　　　　　　　中华民国十三年三月十一日

据大本营秘书处编《陆海军大元帅大本营公报》第七号

（广州一九二四年三月十日）

---

①　原令未署日期。按大元帅指令第二一六号及第二二一号发令日期分别为3月10日和11日,今据此酌定本件时间为10日至11日间。

致冯肇铭电令

（一九二四年三月十一日）

着代理海防司令冯肇铭，即率江固并同式各舰来省候命。此令。

孙　文

民国十三年三月十一日

据谭延闿编《总理遗墨》第三辑（印行时间不详，广东省社会科学院藏）

给韦荣熙的指令

（一九二四年三月十一日）

大元帅指令第二二三号

令北江商运局局长韦荣熙

呈为拟具修正暂行章程，乞予核准由

呈悉。查所拟暂行章程第二、第六两条，文字尚应酌加修改，以期明晰。已于原章内批明，随令发还。仰即查照妥缮，另文呈候核准施行可也。此令。

计开：

第二条　繁盛地方下应加"除铁路范围外"六字。

第六条　各种运馆下应加"除在粤汉铁路范围内开设之运馆免予注册外"十九字。

（中华民国陆海军大元帅之印）

中华民国十三年三月十一日

据大本营秘书处编《陆海军大元帅大本营公报》第七号（广州一九二四年三月十日）

给赵士觐的指令

（一九二四年三月十一日）

大元帅指令第二三四号

  令两广盐运使赵士觐

  呈请令行东江商运局禁止勒收程船保护费由

  呈悉。候令饬东江商运局严行禁止可也。此令。

（中华民国陆海军大元帅之印）
中华民国十三年三月十一日

据大本营秘书处编《陆海军大元帅大本营公报》第七号
（广州一九二四年三月十日）

给王棠的训令

（一九二四年三月十一日）

大元帅训令第九三号

  令东江商运局长王棠

  为令饬事：据两广盐运使赵士觐呈称："现据运商济安公堂研究公会禀称：顷接本堂会各程船报称：各船入口驶至黄埔河面附近，有东江商运局兵舰喝令停船，勒缴保护费三五十元尔〔不〕等，始准放行通过，殊于运务大有窒碍等情。查商运局定章，原为保商而设，若拦途勒收保护费，拟与原定宗旨不符。况程船为饷项所关，更与百货不能同日而语。理合据情禀请钧署察核，恳即咨令商运局转饬所属，嗣后对于程船出入，准予豁免征收，勿再留难，俾恤商艰等情。据此，除转咨东江商运局禁止勒收外，理合据情呈请钧座察核，俯赐令行东江商运局禁止勒收，以维程运而恤商艰，实为公便"等情前来。除指令"呈悉，候令饬东江商运局严行禁止可也。此令"印发外，合行令仰该局长即便遵照办理，勿稍玩忽。切切。此令。

（中华民国陆海军大元帅之印）

中华民国十三年三月十一日

据大本营秘书处编《陆海军大元帅大本营公报》第七号

（广州一九二四年三月十日）

优恤林震令

（一九二四年三月十一日）

大元帅令

据大本营军政部部长程潜呈称："已故大本营高级参谋、陆军中将林震，为国宣劳，迭著勋绩，积劳逝世，良堪悼惜。拟照中将积劳病故例给恤"等语。林震准照陆军中将积劳病故例给恤，以彰忠勤。此令。

（中华民国陆海军大元帅之印）

中华民国十三年三月十一日

据大本营秘书处编《陆海军大元帅大本营公报》第八号

（广州一九二四年三月二十日）

着筹设禁烟人犯裁判所令

（一九二四年三月十二日）

大元帅令

着秘书长、大理院长、各部长、省长、市政厅长、公安局长筹议设立专一禁烟人犯裁判所，并拟条例。此令。

孙　文

十三、三、十二

据谭延闿编《总理遗墨》第三辑（印行时间不详，广东省社会科学院藏）

裁撤东江北江商运局令

（一九二四年三月十二日）

大元帅令

东江、北江商运局均着裁撤。此令。

（中华民国陆海军大元帅之印）

中华民国十三年三月十二日

据大本营秘书处编《陆海军大元帅大本营公报》第八号
（广州一九二四年三月二十日）

给财政委员会的指令

（一九二四年三月十二日）

大元帅指令第二三七号

令财政委员会

呈请令行滇军总司令转饬赵师长，将批准鸿源公司承收粪溺出口捐之案撤销由

呈悉。候即如请令行滇军总司令转饬撤销可也。此令。

（中华民国陆海军大元帅之印）

中华民国十三年三月十二日

据大本营秘书处编《陆海军大元帅大本营公报》第八号
（广州一九二四年三月二十日）

给杨希闵的训令

（一九二四年三月十二日）

大元帅训令第九四号

　　令中央直辖滇军总司令杨希闵

　　为令饬事：案据财政会呈称："为呈请事：本会二月二十八日第十九次特别会议，市政厅提议，现接滇军第一师赵师长来咨称：'由该部批准鸿源公司抽收广州市粪溺出口捐，请厅备案保护'等由。未经财政委员会议决，金以为此项田料所关，未可加征，由会呈请大元帅明令撤销，案由本会呈大元帅令行滇军总司令部，转饬将此项捐务撤销，以维统一等因。理合录案，呈请钧座鉴核施行"等情。据此，查现在正谋财政统一，昨经明令，不许各军长官擅行征收各项杂捐，致紊纲纪在案。据呈前情，除指令外，合行令仰该总司令即行转饬赵师长遵照，将批准鸿源公司承抽广州粪溺出口捐之案撤销，仍将遵办情形报查。此令。

（中华民国陆海军大元帅之印）

中华民国十三年三月十二日

据大本营秘书处编《陆海军大元帅大本营公报》第八号

（广州一九二四年三月二十日）

给财政委员会的指令

（一九二四年三月十二日）

大元帅指令第二三八号

　　令财政委员会

　　呈请令行中央军需处照拨警卫团应领军费由

呈悉。候令行中央军需总监查照办理可也。此令。

（中华民国陆海军大元帅之印）

中华民国十三年三月十二日

据大本营秘书处编《陆海军大元帅大本营公报》第八号
（广州一九二四年三月二十日）

给蒋尊簋的训令

（一九二四年三月十二日）

大元帅训令第九五号

　　令中央军需总监蒋尊簋

　　为令遵事：据财政委员会主席委员叶恭绰等呈称："案准军政部第八六一号公函内开：现准贵会第一、二号公函请照案将该警卫团每日应领军费二百元分配拨付，以符议案等由。查此项摊款业已移请中央军需处查照办理，相应函复查照等由。准此，查警卫团每日应领经费二百元，前准市政厅提议，经本会议决从二月十一日起另由各机关分担，并交军政部办理，于第十五次特别会议决案第十项报告有案，准函前由，理合呈请帅座察核，俯赐令行中央军需处遵照办理"等情。据此，除指令照准外，仰该总监即便查照办理。此令。

（中华民国陆海军大元帅之印）

中华民国十三年三月十二日

据大本营秘书处编《陆海军大元帅大本营公报》第八号
（广州一九二四年三月二十日）

给邹鲁的指令

（一九二四年三月十二日）

大元帅指令第二三九号

　　令国立广东大学筹备主任邹鲁

　　呈请将省外各县筵席捐永远作为教育经费，并请通令军民各机关不准截留由

　　呈悉。照准。已令行军民各机关一体遵照矣。此令。

（中华民国陆海军大元帅之印）
中华民国十三年三月十二日

据大本营秘书处编《陆海军大元帅大本营公报》第八号
（广州一九二四年三月二十日）

给杨庶堪等的训令

（一九二四年三月十二日）

大元帅训令第九六号

　　令广东省长杨庶堪、中央直辖滇军总司令杨希闵、湘军总司令谭延闿、豫军讨贼军总司令樊钟秀、桂军总司令刘震寰、东路讨贼军总司令许崇智、中央直辖广东讨贼军第四军军长梁鸿楷、中央直辖第一军军长朱培德、中央直辖第二军军长黄明堂、中央直辖第七军军长刘玉山、中央直辖第三军军长卢师谛、代理海防司令冯肇铭、中央直辖赣军司令李明扬、北伐讨贼军第一军军长陈光远、北伐讨贼军第二军军长柏文蔚、北伐讨贼军第三军军长胡谦、山陕讨贼军司令路孝忱

　　为训令事：据国立广东大学筹备主任邹鲁呈称："窃维教育为神圣事

业,人才为立国大本。故国家设立大学,实振兴教育之总键,陶冶人才之巨炉。东西各国莫不注重大学,其在该本国无论已,即近来在吾国设立者,几无不接踵而起,所以不惜竞投巨资,莫非为国家奠定基础。我大元帅有鉴及此,将本省高师、法大、农专三校合并,改为国立广东大学。现当筹备期内,首须顾及经费为第一入手办法。大学为最高学府,经费尤应充裕。原来之费既少,新拨之费无多,盼厥成功,相差尚远。查省城筵席捐开办已有成绩,并专拨为七校经费,省外各属筵席捐自可援案办理,并请省外各属开办之筵席捐,以三分之二拨为国立广东大学经费,以三分之一拨为各该地教育经费。抽收消费之税,以作教育基金。省河既已开办于前,各属自可推行于后。业由处函请省署查照,转行财政厅遵照办理,并由国立广东大学遴选妥员,荐请财政厅委任,随时分赴各属监提在案。现准省署公函开:径复者:除原文照前邀免冗叙外,后开:'查国立广东大学为最高学府,自应及时筹备经费,以利进行。现拟开办省外各属筵席捐,并将该捐项以三分之二拨为国立广东大学经费,以三分之一拨为各该地教育经费,并由大学荐人,由财政厅委任,随时分赴各属监提,自可照办。准函前由,除行财政厅遵照办理并函财政委员会查照外,相应函复查照'等由。准此,特行呈报并请大元帅察核,将此项省外各县筵席捐三分之二拨为国立广东大学经费,三分之一拨为各该地教育经费,作为定案,永久不得变更,并通令广东省长及各军长官转饬所属。此项筵席捐拨作教育经费,无论各机关、各军队如何困难,不准截留,以符钧座振兴教育之宏图,不胜急切待命之至。仍候指令祗遵"等情。据此,除指令照准并分令外,合行令仰该军长、总司令、省长、司令知照,即便转饬所属一体遵照。对于此项筵席捐永远不得截留挪用,以重学款,而维教育。此令。

(中华民国陆海军大元帅之印)

中华民国十三年三月十二日

据大本营秘书处编《陆海军大元帅大本营公报》第八号

(广州一九二四年三月二十日)

给孙科的指令

（一九二四年三月十三日）

大元帅指令第二四〇号

　　令广州市市长孙科

　　呈请令行滇军总司令饬赵师长撤销鸿源公司承捐案由

　　呈悉。准予令行滇军总司令转饬撤销，仰即知照。此令。

（中华民国陆海军大元帅之印）

中华民国十三年三月十三日

据大本营秘书处编《陆海军大元帅大本营公报》第八号
（广州一九二四年三月二十日）

给杨希闵的训令

（一九二四年三月十三日）

大元帅训令第九七号

　　令滇军总司令杨希闵

　　据广州市市长孙科呈称："窃市长现据卫生局呈称：承办提抽全市粪溺埠租穗义公所呈称：窃奉中央直辖滇军第一师长赵成梁布告，略谓：现据鸿源公司陈华具呈，请承办省河粪溺出口捐以助军饷，并附公函、章程等件交来。据此，当即召集全行会议。据各埠商陈述，自滇军布告发生，各乡农氏哗然，业经定下粪溺者，纷纷函来停止交易。正拟具呈钧局设法维持，乃不旋踵纷纷来报，四面河道截留艇只。窃思粪溺生意，其业至贱，其利至微，尤与农工相依为命。查此项出口捐买客负担，粪东垫缴云云，名为农民负担，实则埠商受害。近年兵燹侵寻，盗贼蹂躏，江河梗阻，商农交窘，十室十空。

查其章程内载:如有埠商违令抗捐及牵动风潮情事,定即严拿罚办等词。此等剧烈手段,实予人以难堪,彼农民岂无别项田料膏耕植者,而必昂其值以强为销受,人虽至愚,亦断不出此。况粪溺生意,赊出者十居七八,已成习惯。今风声一播,将来停止交易,则艇只不能接续运输。运输滞窒,势必至清倒停工,而全市之住户粪桶满溢堪虞,将秽气薰蒸发而为疠。埠商固牺牲血本,对于提款无着,其事尤少,而卫生前途障害实巨。尔时求全责备,埠商宁愿别谋生计,交〔亦〕不甘负责矣。筹商再四,实可寒心。迫得据情呈恳钧局,迅予设法维持,以消隐患。现已设船在东西濠口及握〔扼〕要河道开始勒捐,经扣留粪溺艇数十艘,不准放行。即恳转详广州市市政厅、广东省长,迅将该船解散,立令捐案撤销,以安民心,则洁净、经费、商农、生业胥利赖矣。并附抄中央直辖滇军第一师原函一纸,鸿源公司传单一纸。复据承抽全市厕租保安公所呈称:现奉中央直辖滇军第一师司令部布告,据称:现准鸿源公司陈华,拟具章程抽收粪溺出口捐,以助军饷等因;又据鸿源公司派人持传单到商等各店称说,务须遵章缴纳军饷,方得出口等情。查其抽捐办法,大致粪船每载重二万斤以下抽三元,猪粪、水粪、便溺各有等差,派员常川分踞省河东西南三处水面要道,拦截抽收。所谓瞒捐走漏,且有连船充公外并拿究罚办之条,手段严辣,群情惶恐。伏思田料一门,种类甚多,尤以粪溺一项关系各方面为最大。在省市方面而言,向由钧局督饬各店,将所有市内粪溺随时趁潮清运离省,方为得当。无如近来水道梗阻,凡有货船往来,遇时为土匪打单及勒收行水等事,间或全船掳去,以致阻碍接替,无从清运,上干严处。乃今欲运离城市,亦反加以出口抽捐,殊背钧局向来督饬清洁以重卫生之旨。在用途方面言之,凡购买此项货物者,均属四乡安分农人。近年里闾不靖,水陆梗塞,凡业耕种者无不叠受摧残,到处田土荒芜,挺〔铤〕而走险,民不得安其业。间有饮苦经营,操耒耜以从役于畎亩之中者,无不筋穷力竭。始克购取各种肥料以粪除田土。此在稍明事理者,亦知安集奖翼之不暇。若更加重其负担,而窒其生息之机,以妨碍其事业之发达,似亦于保卫民生之旨,不无相左。在营业方面而言之,商等虽系经营商事,然究竟负有多少清洁义务,与别种生意不同。考此类货物日有来源,不能存贮，即存贮亦变坏无用。故平时不问销路旺淡，总以立即脱货，以便回环接替而利清洁为必要。既无投机可乘，又弗能候价而沽，虽营商业，兼顾公益，倘遇滞市，则上受钧局干涉，而下无销路，迫得运去市外投之浊流，牺牲血本，勉尽清洁义务。近年固屡试不鲜，此则自计未遑，今又强以间接负担纳捐之责，在平时固难邀买客之加给，遇滞市又何能问诸水滨？况揆之转嫁法中，亦大违捐税正义之旨。且一有加捐，买客避重就轻，可以别购肥料，则敝行生意实在直蒙其损害。况省城司令部林立，筹措军饷责有专司，若相率效尤，借口军费各别抽捐，不明统系无所秉承。此风一开，粤省商场何堪应命？总之，此项抽捐有损无益，不成体统，妨碍农业，阻害卫生，贻害公益，损害商务，违反税法，徒滋骚扰而已。更查前裕农公司认饷承办田料捐，业蒙大元帅批准取消在案。现在事同一律，恳请迅予上详市长察核，并转详省长立颁明令取消，并勒令将省河东西南水面分局刻即解散，以便运输而免骚扰。并粘呈鸿源公司传单一纸，各等情到局。据此，查核所称各节，尚属实情。事关妨碍公共卫生，应如何酌予维持，以弭隐患之处，理合检同抄单据情转请察核，指令饬遵等情前来。据此，查此事前准赵师长来咨，当经咨复请将此项承捐案撤销，并经呈报帅座令饬撤销在案。现据前情，该公司业已开抽，积极进行，理合备文再呈帅座鉴核，迅赐令行滇军总司令转饬赵师长，立将批准鸿源公司承捐案撤销，以免酿出风潮，致碍全市卫生。仍候指令祗遵，实为公便"等情前来。据此，查此案前据该市长以赵师长成梁批准鸿源公司承抽粪溺出口捐，以助军饷，有碍市政等情，呈请令行撤销，经交军政部核办在案。兹复据呈前情，应予照准。除指令外，合行令仰该总司令即便转饬赵师长成梁，迅将批准鸿源公司承捐案克日撤销，以维市政。此令。

（中华民国陆海军大元帅之印）
中华民国十三年三月十三日

据大本营秘书处编《陆海军大元帅大本营公报》第八号
（广州一九二四年三月二十日）

给杨庶堪的命令

（一九二四年三月十三日）①

饬省长除将滥承捐务之奸商惩办外,并将滥批捐务之军队查明,以凭究办。

据《广州民国日报》一九二四年三月十三日《严办滥承捐务之奸商》

给程潜的指令

（一九二四年三月十三日）

大元帅指令第二四一号
　　令大本营军政部长程潜
　　呈复已故大本营高级参谋、陆军中将林震拟照中将积劳病故例给恤由
　　呈悉。林震准照陆军中将积劳病故例给恤,以彰忠勤,已予明令发表矣。仰即知照。此令。

（中华民国陆海军大元帅之印）
中华民国十三年三月十三日

据大本营秘书处编《陆海军大元帅大本营公报》第八号（广州一九二四年三月二十日）

---

① 此件所标时间系《广州民国日报》发表日期。

给郑洪年的指令

（一九二四年三月十三日）

大元帅指令第二四二号

　　令兼代广东财政厅长郑洪年

　　呈一件滇军第三军军需筹备处在佛山征收房捐，请示办法由

　　呈及钞件均悉。财政统一，现方积极进行。佛山房捐自应照章由南海县公署征收报解。仰候训令该军长遵照办理可也。此令。

　　附件钞发。

（中华民国陆海军大元帅之印）

中华民国十三年三月十三日

据大本营秘书处编《陆海军大元帅大本营公报》第八号

（广州一九二四年三月二十日）

给蒋光亮的训令

（一九二四年三月十三日）

大元帅训令第九八号

　　令滇军第三军军长蒋光亮

　　为训令事：案据兼代广东财政厅长郑洪年呈：据南海县长呈报，该军军需筹备处在佛山地方布告征收房捐等情，钞呈布告一纸，请示办法前来。查财政统一，现方积极进行。该军长深明大义，力为提倡。佛山房捐自应照章由南海县公署征收报解，以清手续而明统系。除令复该兼厅知照外，合行训令该军长令饬该筹备处遵办，并将办理情形报查。此令。

（中华民国陆海军大元帅之印）

中华民国十三年三月十三日

据大本营秘书处编《陆海军大元帅大本营公报》第八号

（广州一九二四年三月二十日）

给东江左右两翼各军手令

（一九二四年三月十三日）

惠州古称天险,此次军事会议,变更作战计划,三路进兵,利用左右翼包抄。故人数比中路较多,责亦较重,破城杀贼,在此一举,勘定南疆,从事北伐。

据长沙《大公报》一九二四年三月二十一日(二)《快信摘要》

命发姚雨平部队解散费令

（一九二四年三月十三日）①

大元帅令

着财政委员会筹给姚雨平部队解散费五千元。

据陈旭麓、郝盛潮主编,王耿雄等编《孙中山集外集》(上海人民出版社一九九〇年版)

命发何雪竹伙食费令

（一九二四年三月十三日）②

大元帅令

着财政委员会筹拨接济何雪竹伙食费六千元。

据陈旭麓、郝盛潮主编,王耿雄等编《孙中山集外集》(上海人民出版社一九九〇年版)

---

① 此件所标时间系财政委员会第二十一次会议决案日期。
② 此件所标时间系财政委员会第二十一次会议决案日期。

给杨希闵等的训令

（一九二四年三月十四日）

大元帅训令第九九号

　　令中央直辖滇军总司令兼广州卫戍总司令杨希闵、中央直辖滇军第二军军长范石生、中央直辖滇军第三军军长蒋光亮、湘军总司令谭延闿、桂军总司令刘震寰、豫军总司令樊钟秀、粤军总司令许崇智、中央直辖第一军军长朱培德、中央直辖第三军军长卢师谛、中央直辖第四军军长梁鸿楷、中央直辖第七军军长刘玉山、东路讨贼军第三军军长李福林、东路讨贼军第四军军长张国桢、山陕讨贼军司令路孝忱、赣军司令李明扬、大本营军政部长程潜、大本营财政部长叶恭绰、广东省长杨庶堪、广州市公安局长吴铁城、虎门要塞司令廖湘芸

　　为令饬事：近闻各军人员有假托长官命令，在河面到处设立机关，征收往来船只各种捐费，巧立名目，借端苛索，非法扰民，莫此为甚。着各军总司令暨各统兵官长严行禁止，并着公安局长饬水上警察严密查办。自接到命令三日后，所有省河及各属河面，除船民自治督办所属机关外，一律勒令取消。如敢违犯，军法从事。仰该部长、司令、省长、总司令、军长、局长迅饬所部，一体遵办。仍将办理情形呈复查考，并由省长署录令出示晓谕，俾众周知。其余省城内外各独立军队，由军政部通行遵照。此令。

（中华民国陆海军大元帅之印）

中华民国十三年三月十四日

据大本营秘书处编《陆海军大元帅大本营公报》第八号
（广州一九二四年三月二十日）

给杨庶堪等的训令

（一九二四年三月十四日）

大元帅训令第一〇〇号

　　令广东省长杨庶堪、广东筹饷总局总办范石生、湘军总司令谭延闿、滇军总司令杨希闵

　　为令饬事：据报告，广州八十字有奖义会，前经滇军第一师师长赵成梁批准宝恒公司商人承办，现湘军第一军军长宋鹤庚、湘军第五军第十六旅旅长张以祥等，复先后各批准利源、天利等商人同时布告开办。一捐三公司，恐滋纷扰等情。并据滇军第一军旅长曾万钟等灰电称："一师伙食向恃省垣八十字有奖义会接济，近有湘军另招商承办，原商束手，伙食断绝"等词前来。各据此，查广东筹饷总局业经成立，所有与防务经费性质相近各种收入，自应由该总局办理，以专责成，而资统一。所有各军先后批准广州八十字有奖义会承商宝恒、利源、天利各公司，着即一律撤销。至此项义会应否开办，并各该军原在该义会饷项内固有收入应如何划拨之处，仰该总办、筹饷总局总办统筹兼顾，妥慎办理，呈候核夺。除分令外，合行令仰该总办遵照、总司令转饬遵照、省长遵照。切切。此令。

　　　　　　　　　　　　　　　　　　（中华民国陆海军大元帅之印）

　　　　　　　中华民国十三年三月十四日

据大本营秘书处编《陆海军大元帅大本营公报》第八号
（广州一九二四年三月二十日）

给赵士觐的指令

（一九二四年三月十四日）

大元帅指令第二四四号

　　令两广盐运使赵士觐

　　呈称香安督缉局专为查缉私盐屏蔽省配而设，并非征收机关，应由运署直接派员经管。除咨复许总司令外，乞察核备案由

　　呈悉。此令。

（中华民国陆海军大元帅之印）
中华民国十三年三月十四日

据大本营秘书处编《陆海军大元帅大本营公报》第八号（广州一九二四年三月二十日）

饬招抚使不得设署令

（一九二四年三月十四日）①

　　谕大本营秘书处，转饬招抚使不得在省垣设置，"除有以招抚使署名义来呈，概不置批外，并转知各招抚人员，立将机关裁撤，即日赴当地实行办理招抚事宜"。

据《广州民国日报》一九二四年三月十四日《招抚使不得在省设署》

---

① 此件所标时间系《广州民国日报》刊载日期。

给各军的命令

（一九二四年三月十四日）①

案据广东财政厅呈报：将本省厘税加二征缴。现定省河各厂、局、卡，由三月十六日实行。省外各厂、局，一律于五日内先缴预饷一次。大洋解缴，恳分别批行通令遵照。应准照办。无论何项军政要需，概不得截留拨用，仍将遵办情形迅速呈报。

据《广州民国日报》一九二四年三月十五日《各军勿截留加二厘税》

追赠洪锡龄令

（一九二四年三月十四日）

大元帅令

据大本营军政部长程潜呈称："已故广州卫戍总司令部副官长洪锡龄，上年随征东江，迭著勋勤，博罗之役，不幸惨死。据杨总司令希闵呈请给恤，交部核议，拟予追赠陆军中将，照阵亡例给恤"等语。洪锡龄着追赠陆军中将，并照中将阵亡例给恤，以彰忠烈。此令。

（中华民国陆海军大元帅之印）

中华民国十三年三月十四日

据大本营秘书处编《陆海军大元帅大本营公报》第八号（广州一九二四年三月二十日）

---

① 此件所标时间系据3月15日《广州民国日报》云"昨各军部接到大元帅命令"推定。

给广州市公安局的命令

（一九二四年三月十五日）①

立令公安局吴铁城，将黄大汉、谢德臣、朱文伯三人拘留严办。

据《广州民国日报》一九二四年三月十五日《黄谢拘留后之究竟》

给冯肇铭的命令

（一九二四年三月十五日）②

派出江汉、江固、宝安、新安四舰，会同大本营特派之军队扫清河道。无论何军，如有勒收"保护费"情事，一律拘捕严办。自此次扫清之后，永远不准再有巧立护商名目、擅收护费。

据《广州民国日报》一九二四年三月十六日《大元帅派舰肃清河道》

给杨希闵的指令

（一九二四年三月十五日）

大元帅指令第二四六号
　　令中央直辖滇军总司令杨希闵
　　呈为据情转请撤销北江商运局由

---

① 此件所标时间系《广州民国日报》发表日期。
② 3月16日《广州民国日报》有"大元帅…昨日下令海防冯司令"等语，本令日期据以推定。

呈悉。查此案昨据赵师长径呈前来,业经明令将北江商运局裁撤矣。仰即知照。此令。

（中华民国陆海军大元帅之印）

中华民国十三年三月十五日

据大本营秘书处编《陆海军大元帅大本营公报》第八号
（广州一九二四年三月二十日）

给叶恭绰的指令

（一九二四年三月十五日）

大元帅指令第二四七号

　　令大本营财政部部长叶恭绰

　　呈为修正官制、改组部务,以资整饬而便支配,仰祈鉴核令遵由

　　呈悉。所拟修正官制,除参议名目应改为佥事外,余均准如所拟施行。仰即知照。附件存。此令。

（中华民国陆海军大元帅之印）

中华民国十三年三月十五日

据大本营秘书处编《陆海军大元帅大本营公报》第八号
（广州一九二四年三月二十日）

给王棠的指令

（一九二四年三月十五日）

大元帅指令第二四八号

　　令东江商运局长王棠

　　呈请展限一月暂缓撤局由

呈悉。仰仍遵照前令即行裁撤，所请展限之处，着毋庸议。此令。

（中华民国陆海军大元帅之印）

中华民国十三年三月十五日

据大本营秘书处编《陆海军大元帅大本营公报》第八号
（广州一九二四年三月二十日）

给程潜的指令

（一九二四年三月十五日）

大元帅指令第二五一号

令大本营军政部部长程潜

呈为议复已故广州卫戍总司令部副官长洪锡龄应得恤典由

呈悉。洪锡龄已明令追赠陆军中将，并准照中将阵亡例给恤矣。仰即知照。此令。

（中华民国陆海军大元帅之印）

中华民国十三年三月十五日

据大本营秘书处编《陆海军大元帅大本营公报》第八号
（广州一九二四年三月二十日）

给杨庶堪等的训令

（一九二四年三月十七日）

大元帅训令第一〇二号

令广东省长杨庶堪、海防司令林若时、广东地方善后委员会

广东全省船民自治联防事宜开办以来，尚无成效。所定办法有无流弊，应由广东省长、海防司令会同广东地方善后委员会详细调查呈复，以资整

顿。除分令外,合行令仰遵照。此令。

（中华民国陆海军大元帅之印）

中华民国十三年三月十七日

据大本营秘书处编《陆海军大元帅大本营公报》第八号
（广州一九二四年三月二十日）

给邓泽如的训令

（一九二四年三月十七日）

大元帅训令第一〇三号

　　令禁烟督办邓泽如

　　前以广东烟禁废弛,流弊日多,特设禁烟督办,原期寓禁于征,以图整理。乃数月以来,办理毫无成绩,外间啧有烦言,亟应大加改革。着该督办即日前往视事,认真考查,剔除弊端,切实办理。所有章程未尽妥善之处,并着分别修正,呈候核夺。此令。

（中华民国陆海军大元帅之印）

中华民国十三年三月十七日

据大本营秘书处编《陆海军大元帅大本营公报》第八号
（广州一九二四年三月二十日）

给樊钟秀的指令

（一九二四年三月十七日）

大元帅指令第二五三号

　　令豫军讨贼军总司令樊钟秀

　　呈报驻韶兵士肇事,已将肇事马弁李书纪依法枪决,副兵王文彬押办暨

各该管长官免职留任由

　　呈悉。该部兵士因与商民误会冲突，致伤毙人命。据称已将肇事弁兵分别枪决、惩办，并将该管长官免职留任。办法甚是，已交军政部查照矣。此令。

　　　　　　　　　　　　　　（中华民国陆海军大元帅之印）
　　　　　　　　　　　　　中华民国十三年三月十七日
　　　　　　据大本营秘书处编《陆海军大元帅大本营公报》第八号
　　　　　　（广州一九二四年三月二十日）

给程潜的训令

（一九二四年三月十七日）

大元帅训令第一○四号

　　令大本营军政部长程潜

　　为令知事：据豫军讨贼军总司令樊钟秀呈："为呈报事：查韶关兵士肇事伤毙店伴一案，经将肇事大慨〔概〕情形并派参谋长朝敬铭驰往查办呈报在案。兹据该参谋长文电报称：灰晓丑时抵韶，即调查肇事原因，本早传齐各旅所部长官集议，咸称三旅六团二营所部副兵王文彬一名，因往同乐酒楼借笼炊饽，该店坚不应允，致起口角。副兵不甘受辱，回棚报知班长，邀同数人复往，遂致争闹不休，附近卫兵恐酿事端，驰至劝解，店伴误为帮助，致更误会。时适有二旅旅部马弁李书纪闻声赶至，手携短枪，与店伴互相纠缠，卒因夺枪失慎，误毙店伴一名，负伤一人，因是各商店多起恐慌等由。当即抚慰该店，并将带枪酿祸马弁李书纪、肇事副兵王文彬二名看押，请示办法前来。据此，当即电示马弁李书纪就地枪决，副兵王文彬寄押县署，查明惩办。查此次韶城因借笼炊饽，致肇事端，所部长官对于士兵平日不能严加约束，临时又未到场弹压，咎有应得，除将该管各长官免职留任图功赎罪外，合将肇事情形并枪决马弁李书纪、惩办副兵王文彬、免职该管长官情形，合并呈报鉴核"等情。据此，除指令"呈悉。该部兵士因与商民误会冲突，致伤毙人命。据称已将肇事弁兵分别枪决、惩办，并将该管长官免职留任，办法甚是，已交军政部查照矣"印发外，合行令仰该部长查照。此令。

（中华民国陆海军大元帅之印）

中华民国十三年三月十七日

据大本营秘书处编《陆海军大元帅大本营公报》第八号
（广州一九二四年三月二十日）

饬解散勒收机关令

（一九二四年三月十七日）①

大元帅令

迭据商民呈称："省河河面勒收保护费之兵船，如沙基、涌口之江防司令、北江护商队，每船经过勒收领旗费二元有奇。泮塘、涌口之滇军第二师保商队月收西、北江来往船，每船六元余。泮塘、涌口之卫戍司令部护商监理分处，勒收省河各船保护费。十二区三分署前之湘军第五路第四游击统领部、如意坊附近河面之滇军西江保商队等，烦征苛敛，商民不堪。请撤销以安地方"等情前来。据此，当饬派员查明确有其事。当此财政统一，正在实行之际，所有拦河收费机关自应一律停止。着各该军长官即日派员协同公安局长、海防司令，将上列各机关立即解散，以一政令而利人民。特此令达，仰即遵照。仍将遵照情形具报查考。此令。

据《广州民国日报》一九二四年三月十七日《帅令解散勒收机关》

① 此件所标时间系《广州民国日报》发表日期。

给张开儒的指令

（一九二四年三月十七日）

大元帅指令第二五四号

　　令大本营参军长张开儒

　　呈据中校副官谷春芳恳给长假医病，乞令遵由

　　呈悉。照准。此令。

　　　　　　　　　　　　　　　（中华民国陆海军大元帅之印）

　　　　　　　　　　　　　　中华民国十三年三月十七日

据大本营秘书处编《陆海军大元帅大本营公报》第八号

（广州一九二四年三月二十日）

给韦荣熙的指令

（一九二四年三月十七日）

大元帅指令第二五五号

　　令北江商运局长韦荣熙

　　呈报遵令撤局日期由

　　呈悉。此令。

　　　　　　　　　　　　　　　（中华民国陆海军大元帅之印）

　　　　　　　　　　　　　　中华民国十三年三月十七日

据大本营秘书处编《陆海军大元帅大本营公报》第八号

（广州一九二四年三月二十日）

给林云陔的指令

（一九二四年三月十七日）

大元帅指令第二五六号

　　令广东高等检察厅检察长林云陔

　　呈请将广东公立警监专门学校校长归该厅任免由

　　呈悉。仰候令行广东省长核议复夺。此令。

（中华民国陆海军大元帅之印）

中华民国十三年三月十七日

据大本营秘书处编《陆海军大元帅大本营公报》第八号（广州一九二四年三月二十日）

给杨庶堪的训令

（一九二四年三月十七日）

大元帅训令第一○六号

　　令广东省长杨庶堪

　　为令饬事：现据广东高等检察厅检察长林云陔呈称："为呈请事：窃查广东公立警监专门学校，原由广东公立监狱学校改组。案关于监狱教育事项，民国二年，经司法部令饬归高等检察厅办理在案。是以该校向归职厅直接管辖，该校校长亦由职厅任免。去年五月，大理院兼管司法行政事务处，始改委潘元谅为该校长。查潘元谅任事以来，办理不善，啧有烦言。培植人才苟非得当，警狱两政安望改良，职厅职责所在，缄默既所难安，权限攸关，处理亦有未便，倘长此迁延，于粤警狱前途实大阻碍。拟请准予查照成例，该校校长仍由职厅任免，以清权责而利进行。

所有广东公立警监专门学校校长仍归职厅任免缘由,理合备文呈请察核。是否有当,伏乞指令祗遵"等情。据此,查此案昨据总检察厅呈请,将广东公立警监专门学校拨归该厅直接管理,当将原呈发交该省长核办去讫。兹复据呈前情,除指令〈外〉,合行令仰该省长即行并案核该〔议〕,具复酌夺。此令。

(中华民国陆海军大元帅之印)
中华民国十三年三月十七日

据大本营秘书处编《陆海军大元帅大本营公报》第八号
(广州一九二四年三月二十日)

给叶恭绰的命令

(一九二四年三月十八日)①

着财政部长制印统一收条,并通令各财政机关及各县长、各关卡,凡对人民收款,应发给一律收条,以便稽查而杜流弊。

据《广州民国日报》一九二四年三月十八日《统一财政之统一收条》

给赵士北的指令

(一九二四年三月十八日)

大元帅指令第二五八号

令大理院长兼管司法行政事务赵士北

呈拟《坟山特别登记章程》,乞察核备案由

---

① 此件所标时间系《广州民国日报》发表日期。

呈及章程均悉。准予备案。章程存。此令。

（中华民国陆海军大元帅之印）

中华民国十三年三月十八日

据大本营秘书处编《陆海军大元帅大本营公报》第八号
（广州一九二四年三月二十日）

给卢振柳的指令

（一九二四年三月十八日）

大元帅指令第二六〇号

  令卫士队长卢振柳

  呈缴卫士姓名清册由

  呈悉。册存。此令。

（中华民国陆海军大元帅之印）

中华民国十三年三月十八日

据大本营秘书处编《陆海军大元帅大本营公报》第八号
（广州一九二四年三月二十日）

给李福林的指令

（一九二四年三月十八日）

大元帅指令第二六一号

  令东路讨贼军第三军军长李福林

  呈复该军所驻防地向无在河面到处设立机关征收各种捐费情事由

  呈悉。此令。

（中华民国陆海军大元帅之印）

中华民国十三年三月十八日

据大本营秘书处编《陆海军大元帅大本营公报》第八号
（广州一九二四年三月二十日）

给赵士觐的指令

（一九二四年三月十八日）

大元帅指令第二六二号

　　令两广盐运使赵士觐

　　呈请通令各军禁封盐船,以维盐业而顾饷源由

　　呈悉。候令行军政部分令各军遵照办理可也。此令。

（中华民国陆海军大元帅之印）
中华民国十三年三月十八日

据大本营秘书处编《陆海军大元帅大本营公报》第八号
（广州一九二四年三月二十日）

给程潜的训令

（一九二四年三月十八日）

大元帅训令第一〇七号

　　令大本营军政部长程潜

　　为令饬事：据两广盐运使赵士觐呈称："现据北江车运盐业同和堂陈致诚等禀称：'窃船户等,向业盐船运驳,各江饷盐,转运车卡或由省运至各江,向不装载别货及受别行雇用,或充当官差,原系指定专为运驳饷盐之用。故每报秤之后,亦不能片刻留难,若一旦乏船运驳,不特有碍标配,即因而损害饷源。现盐业日定,筹饷军需所关,刻不容缓,若无船运驳,饷无所出。月来每有借军骑封盐船,或借词开差,或无地驻扎强将驳船封用,不知凡几,以至一经报秤,无船标配,已屡见不鲜。省河军队众多,名目庞杂,或借军骑封故意留难,或冒军强封希图讹索,是军是匪,辨别无从。若长此相率效尤,不

独损害盐业,复害饷源。况查省河前运盐驳船共有四百余艘,近月来或因被封扣留,或因改图别业,现在省河共计专运饷盐驳船仅百艘有奇,以致秤多不敷输运。若再从而效尤,各船户等一旦相率奔避,以致无船接运,其害底于无穷,势必至有停秤之患。船户等心所谓危,故特联同吁恳钧使俯赐维持,给照保护,并乞转呈大元帅咨会各军总司令部,饬属一体保护,免予封用,以维盐业而固饷源,实为公德两便'等情。据此,查该船户等现请给照保护,流弊滋多,未便照准,惟所称军队封用盐船,妨饷碍运,自属实情;亟应据情转请通饬,免予封用,以示维持。除批示外,理合具文呈请钧座鉴核,俯赐通令各军转饬所属一体保护,免予封用,以维盐业而顾饷源,仍乞指令祗遵,实为公便"等情前来。据此,除指令"呈悉,候令行军政部分令各军遵照办理可也。此令"印发外,合行令仰该部长迅即遵照办理。此令。

(中华民国陆海军大元帅之印)

中华民国十三年三月十八日

据大本营秘书处编《陆海军大元帅大本营公报》第八号
(广州一九二四年三月二十日)

给各军的训令

(一九二四年三月十八日)①

大元帅训令

迭据华洋各方报告,东莞、番禺交界及莲花山、黄浦一带地区,时有匪踪出没,为患闾阎,殊堪痛恨。兹派李军长福林为东莞、番禺、顺德三邑临时剿匪司令,克期扑灭,绥靖地方。剿匪区域内军民人等,如查有通匪确据,着该司令随时究办。其现驻该区域内之刘军长玉山、卢军长师谛、徐司令树荣各部,早经明令调遣,各有任务,应即遵照前令分别开拔。徐部并着归剿匪司

---

① 此件所标时间系据3月19日《广州民国日报》云"昨大元帅训令各军云"推定。

令统辖。至现驻陈村、濠滘、韦涌一带之周师长之贞所部，着即移驻顺德县城训练待命。斗门附近及虎门至大产关一带，统责成剿匪司令分别会同张指挥国桢、廖司令湘芸协力兜剿，务绝根株，以清余孽而靖地方。除分令印发外，特此令遵。此令。

据《广州民国日报》一九二四年三月十九日《剿匪司令之权限》

命发湘军给养费令二件

（一九二四年三月十八日）①

一

大元帅令

着财政委员会将湘军每日给养六千元，由三月十九日起至四月七日止共二十日之款，提前分作一、二次交足，以便湘军出发。

二

大元帅令

预期一起发湘军给养费一案，应改为从三月二十七日起算，着财政委员会遵照办理。

据陈旭麓、郝盛潮主编，王耿雄等编《孙中山集外集》（上海人民出版社一九九〇年版）

---

① 此件所标时间系财政委员会第二十二次会议决案日期。

命发许崇智紧急费令

（一九二四年三月十八日）①

大元帅令

　　着财政委员会筹拨紧急费二万元，交许总司令接济闽南各部队。

据陈旭麓、郝盛潮主编，王耿雄等编《孙中山集外集》（上海人民出版社一九九〇年版）

命速拨何雪竹伙食费令

（一九二四年三月十八日）②

大元帅令

　　着财政委员会另设他法，速筹拨何雪竹之六千元。

据陈旭麓、郝盛潮主编，王耿雄等编《孙中山集外集》（上海人民出版社一九九〇年版）

批石托勒敦来函③

（一九二四年三月十八日）

　　着发给工费五千元。

据陈旭麓、郝盛潮主编，王耿雄等编《孙中山集外集》（上海人民出版社一九九〇年版）

---

①　此件所标时间系财政委员会第二十二次会议决案日期。
②　此件所标时间系财政委员会第二十二次会议决案日期。
③　此件所标时间系财政委员会第二十二次会议决案日期。石托勒敦系广九铁路代理总工程师。

批黄焕记煤炭费收据

（一九二四年三月十八日）①

着财政委员会提前筹给黄焕记煤炭费三千七百余元。

据陈旭麓、郝盛潮主编，王耿雄等编《孙中山集外集》（上海人民出版社一九九〇年版）

给杨庶堪的指令

（一九二四年三月十八日）

大元帅指令第二六三号

  令广东省长杨庶堪

  呈为转呈政务厅长陈树人呈报就职由

  呈悉。此令。

（中华民国陆海军大元帅之印）
中华民国十三年三月十八日
据大本营秘书处编《陆海军大元帅大本营公报》第八号
（广州一九二四年三月二十日）

---

① 此件所标时间系财政委员会第二十二次会议决案日期。

给杨庶堪的指令

（一九二四年三月十八日）

大元帅指令第二六四号

  令广东省长杨庶堪

  呈为转呈该署秘书长萧萱呈报就职由

  呈悉。此令。

            （中华民国陆海军大元帅之印）

            中华民国十三年三月十八日

据大本营秘书处编《陆海军大元帅大本营公报》第八号
（广州一九二四年三月二十日）

给吴铁城的训令

（一九二四年三月十九日）

大元帅训令第一〇八号

  令广州市公安局局长吴铁城

  为令饬事：查近有不肖之徒，借各军名义，在省河拦河滥事收费，业经令行解散在案。前谕广州市公安局局长查拿所获各犯，着该局长迅予讯明，即将为首人犯严行惩办，其余胁从之辈，应即按律处置。仰该局长会同海防司令随时巡察。如遇此等行为，立即查拿究办具报。切切。此令。

            （中华民国陆海军大元帅之印）

            中华民国十三年三月十九日

据大本营秘书处编《陆海军大元帅大本营公报》第八号
（广州一九二四年三月二十日）

给李福林的训令

（一九二四年三月十九日）

大元帅训令第一○九号

　　令东路讨贼军第三军军长李福林

　　查由新塘至大缆尾一带，近竟有军队私立机关勒收保护费，实属胆大妄为。仰东路讨贼军第三军军长迅行解散该项机关，并严办首要，以儆不法。此令。

（中华民国陆海军大元帅之印）

中华民国十三年三月十九日

据大本营秘书处编《陆海军大元帅大本营公报》第八号
（广州一九二四年三月二十日）

给杨虎的指令

（一九二四年三月十九日）

大元帅指令第二六五号

　　令办理海军事务杨虎

　　呈请辞职并缴还关防由

　　呈悉。应照准。此令。

（中华民国陆海军大元帅之印）

中华民国十三年三月十九日

据大本营秘书处编《陆海军大元帅大本营公报》第八号
（广州一九二四年三月二十日）

给赵士北的指令

（一九二四年三月十九日）

大元帅指令第二六六号

　　令大理院院长兼管司法行政事务赵士北

　　呈为奉令停止发行状纸碍难遵办，并拟变更办法，乞予核示由

　　呈悉。查诉讼状纸，从前虽由司法部制造，而发售则向归检厅经理。昨据总检察厅卢检察长，以该院迭次奉令分拨之款，迄未遵照拨付，以致厅费无着，呈请将状纸改由该厅发行，籍资挹注前来。本大元帅以其于权限并无大紊，而于该厅经费则甚有裨，故暂允其请。案经核定，碍难变更。该院应仍遵前令，将民刑各项状纸一律停止发行。暂由总检厅制发，以归划一。一俟财政稍裕，总检厅经费有着，再行另议办法可也。此令。

（中华民国陆海军大元帅之印）

中华民国十三年三月十九日

据大本营秘书处编《陆海军大元帅大本营公报》第八号
（广州一九二四年三月二十日）

命东江总攻击令

（一九二四年三月十九日）①

　　着令三路同时开始扑攻。

据《广州民国日报》一九二四年三月二十二日《总攻击东江命令已下》

---

① 原令未署日期。按3月25日《广州民国日报》之《催促滇军出击东江》文载："大本营参谋处致函滇军杨希闵函有云：'元首甚盼贵军遵照三月十九日命令，迅速进剿云云。'"今据此酌定时间。

给徐绍桢的指令

（一九二四年三月十九日）

大元帅指令第二六七号

　　令大本营内政部长徐绍桢

　　呈请褒扬寿民王开清由

　　呈悉。准予题颁"共和人瑞"四字匾额，并给予银质褒章，由该部转发承领。此令。

（中华民国陆海军大元帅之印）
中华民国十三年三月十九日

据大本营秘书处编《陆海军大元帅大本营公报》第八号
（广州一九二四年三月二十日）

给杨庶堪的训令

（一九二四年三月二十日）

大元帅训令第一一〇号

　　令广东省长杨庶堪

　　为令行事：据李丽生等呈拟："整顿江防，愿附加军费，以济饷需办法，并请饬由筹饷总局会同该省长筹议施行"等情。据此，查各军沿江设卡，抽收船捐，以及保商护运种种名目，节经严令一律取消。此后整理水陆各项税捐，事属财政范围，筹饷总局权限所及，该商等所呈各节，是否可行，应由该省长悉心规划，呈候核夺。原呈附发，并仰转饬知照。此令。

（中华民国陆海军大元帅之印）
中华民国十三年三月二十日

据大本营秘书处编《陆海军大元帅大本营公报》第九号
（广州一九二四年三月三十日）

饬规复广东省警卫军令

（一九二四年三月二十日）①

大元帅令

　　为令行事：案据广东警卫军司令吴铁城呈称："呈为遵令编配呈请核示事：窃铁城昨奉钧座面谕：'现在陈逆负固，群丑未平，所有军队均经调赴前方担任作战，致地方军备顿形空虚。各属贼匪每乘此时机图谋窃发，于作战军极感不利。况广州市为帅府驻地、行政首都，极应规复地方军，专司巩卫及保护各属治安，使前敌各军无后顾之忧，庶国事足以发展。着即将东路讨贼军第一路司令所部军队改编为广东省警卫军，即任该员为警卫军司令，由粤军总司令节制指挥。地方有事故时，得由省长调遣之。并派德国陆军少校穆赖尔担任训练，期成劲旅。仰即拟具编制饷章、呈条核示'等因。奉此，遵即与穆少校妥为规划，拟组织步兵六团、炮兵一营、工兵一营、机关枪一连。将原有步队先行改组，由穆少校担任训练。惟是现际库藏拮据，审度经济状况，暂先成立步兵三团、炮兵一营、机关枪一连，所缺三团及工兵一营，容俟经济稍纾再行成立。奉令前因，理合拟具编制表一纸、饷章表一纸，备文呈请察核。是否有当，伏候批示祗遵"等情，并附呈编制、薪饷表一册。据此，除指令照准，并饬将编制、薪饷表分别呈报外，合亟令行，仰即知照。此令。

　　　　　据《广州民国日报》一九二四年三月二十日《广东省警卫军之规复》

---

① 此件所标时间系《广州民国日报》发表日期。

给杨庶堪的训令

（一九二四年三月二十日）①

为训令事：现在各军云集，杂居市廛，教练管理诸多困难，亟应移驻郊外，以资整理；而立国至计，端肇树人，建设伊始，需才尤众，设立大学，需款正殷。着广东省长于四月一日起，在该市征收租捐一月，以该款之半在市外建筑兵房、俾居军队；以其他半数拨交国立广东大学，充开办、设备两费。事关整军兴学，仰即迅速遵照办理。此令。

据《广州民国日报》一九二四年三月二十日《建筑兵房与筹备大学》

给叶恭绰的指令

（一九二四年三月二十日）

大元帅指令第二六八号

令大本营财政部长叶恭绰

呈报整理纸币奖券结束情形，及由部派员兼管委员会事务由

呈悉。此令。

（中华民国陆海军大元帅之印）
中华民国十三年三月二十日
据大本营秘书处编《陆海军大元帅大本营公报》第九号
（广州一九二四年三月三十日）

---

① 此件所标时间系《广州民国日报》发表日期。

给叶恭绰的指令

（一九二四年三月二十日）

大元帅指令第二六九号

　　令大本营财政部部长叶恭绰

　　呈为官制修改请将原任职官免职由

　　呈悉。陈其瑗等已分别明令免职矣。仰即知照。折存。此令。

　　　　　　　　　　　　　　（中华民国陆海军大元帅之印）

　　　　　　　　　　　　　　中华民国十三年三月二十日

据大本营秘书处编《陆海军大元帅大本营公报》第九号
（广州一九二四年三月三十日）

给叶恭绰的指令

（一九二四年三月二十日）

大元帅指令第二七〇号

　　令大本营财政部长叶恭绰

　　呈请任命杨子毅等为参事等职由

　　呈悉。杨子毅等已分别明令任命矣。仰即知照。折存。此令。

　　　　　　　　　　　　　　（中华民国陆海军大元帅之印）

　　　　　　　　　　　　　　中华民国十三年三月二十日

据大本营秘书处编《陆海军大元帅大本营公报》第九号
（广州一九二四年三月三十日）

给叶恭绰的指令

（一九二四年三月二十日）

大元帅指令第二七三号

令大本营财政部长叶恭绰

呈请停止履行联商公司合约，准予造币厂总会办辞职，由部派员保管并裁节经费由

呈悉。准如所请办理。此令。

（中华民国陆海军大元帅之印）

中华民国十三年三月二十日

据大本营秘书处编《陆海军大元帅大本营公报》第九号
（广州一九二四年三月三十日）

严禁各军擅抽柴费令

（一九二四年三月二十日）①

大元帅令

近日迭据木柴行商呈称："商等贩卖木柴，供给民用，本少利微，经营困苦。自军事发生后，军事机关，随地设卡，任意抽税，计自黎洞运柴至省，船运者，每船须缴费三百余元；火车自英德运省，每车又须缴费五十余元，由黎洞运往三水，每船亦须缴费三百余元，横征暴敛，商民何堪！特抄粘单据，吁恳撤销"等情前来，本大元帅披阅之下，不胜骇悯。旋派员密查据报属实，并查获各种旗帜收单，查木柴为民生必需之品，柴商系小额资本之商，自受军队勒索，柴价飞腾，每元仅购得三十余斤，几与从前米价相等，若不从速撤销，贻

---

① 此件所标时间系《广州民国日报》刊出日期。

害何底,况财政统一,早经三令五申,似此无艺征求,不独妨碍商民,抑且藐玩政令,着各军立即转饬所部,限文到之日,将后开各费,一律撤销,倘敢违抗,除派队毁销机关,准将收税人就地正法外,并将各该主管长官惩戒,以肃纪纲,而重政令,特此令达。仰即遵照,并着军政部布告周知,申令禁止。此令。

据《广州民国日报》一九二四年三月二十日《大元帅令禁擅抽柴捐》

给杨庶堪的训令

（一九二四年三月二十一日）

大元帅训令第一一二号

　　令广东省长杨庶堪

　　为令饬事:现在各军云集,需款孔殷。着广东省长迅令广州市政厅长于四月一日起,在该市续征租捐一月,听候指拨用途。仰即遵照办理。此令。

（中华民国陆海军大元帅之印）

中华民国十三年三月廿一日

据大本营秘书处编《陆海军大元帅大本营公报》第九号（广州一九二四年三月三十日）

给各军高级长官的命令

（一九二四年三月二十一日）①

　　令各军总司令、高级军官

　　如查确有私卖枪械图利等情,严行究办,以肃军纪。

据《广州民国日报》一九二四年三月二十一日《严究军官领枪图利》

---

① 此件所标时间系《广州民国日报》发表日期。

给林若时的命令

（一九二四年三月二十一日）①

着将海防种种事务极力整顿，所有向来抽剥商船各种名目，一概立刻取消。自后商船在西江一带，无论经过何军防地，如有人勒收经费者，当由海防司令部呈报帅府，以便察核办理。

据《广州民国日报》一九二四年三月二十四日《大元帅关心民瘼》

给许崇智的指令

（一九二四年三月二十一日）

大元帅指令第二七五号

令东路讨贼军总司令许崇智

呈复已遵谕转饬各部队，对于税厘加二之款不得截留由

呈悉。此令。

（中华民国陆海军大元帅之印）
中华民国十三年三月廿一日
据大本营秘书处编《陆海军大元帅大本营公报》第九号（广州一九二四年三月三十日）

---

① 原令未署日期。按3月24日《广州民国日报》载："林奉命后，当于廿一日在江门履新。"今据此酌定为21日。

给陈兴汉的指令

（一九二四年三月二十一日）

大元帅指令第二七六号

　　令管理粤汉铁路事务陈兴汉

　　呈复办理广东地方善后委员会等暨柴行代表赖星池等呈请救济柴荒一案情形由

　　呈悉。原件存。此令。

（中华民国陆海军大元帅之印）

中华民国十三年三月廿一日

据大本营秘书处编《陆海军大元帅大本营公报》第九号
（广州一九二四年三月三十日）

给吴铁城的指令

（一九二四年三月二十一日）

大元帅指令第二七七号

　　令广东全省警务处处长吴铁城

　　呈请将警监学校拨归该处管辖，改办高等警察学校由

　　呈悉。仰候令行广东省长核议复夺。此令。

（中华民国陆海军大元帅之印）

中华民国十三年三月廿一日

据大本营秘书处编《陆海军大元帅大本营公报》第九号
（广州一九二四年三月三十日）

给杨庶堪的训令

（一九二四年三月二十一日）

大元帅训令第一一三号

　　令广东省长杨庶堪

　　为令饬事：案据广东全省警务处处长吴铁城呈称："呈为呈请将警监学校拨归职处管辖，改办高等警察学校以养成警务人材事：窃查警察行政，原属内务行政之最重要部分，所有维持地方公安，保护人民生命财产，关系至巨。而办理能否妥善，胥视警务人材之多寡以为衡。光绪末年，专为养成警务人材，经设高等警察学堂一所，向归巡警道管辖。民国成立，由警察厅照旧接管。十年以来，熟悉警务人员，半由该校出身，足见具有成绩。惟自龙济光寇粤，事事摧残，遽令停办。只因当时仍有多数学生未毕业，遂移归高等检察厅接收，改办监狱学校。但监狱一科用途甚狭，每次招生均难足额，因复易名为警监学校。自大理院成立，又移归大理院直接管理。查该校因陋就简，毫无精神，一切经费全恃征收学费支持。因循至今，迄无起色。日前奉令规复全省警务处，仰见我大元帅注重警政之深意。铁城轻材，忝膺重任。日久筹划，计非推广警察区域，不足以策全省治安。且大元帅以党治国，现值改组伊始，尤非使警政人员晓然于吾党三民主义、五权宪法之精神，不足以发扬民治，一有缓急，并收指臂之功。铁城为整顿警政，发扬党义起见，需用有主义的警务人材较前尤亟。而细察警监学校现时办理情形，断难应时势之要求。故特拟请大元帅令将警监学校拨归职处管辖，改办广东高等警察学校。规复警察教育，养成有主义的警务人材，于警政前途、于党务前途均不无微补。并拟由职处派委筹备主任一员，规划一切，以便从速改组。所有拟请改办高等警察学校缘由，理合呈请训令祗遵"等情。据此，查此案前据总检察厅、广东高等检察厅呈请，将警监学校拨归管辖，均经令行该省长议复在案。兹复据呈前情，除指令外，合行令仰该省长遵照并案核议,具复酌夺。此令。

(中华民国陆海军大元帅之印)
中华民国十三年三月廿一日

据大本营秘书处编《陆海军大元帅大本营公报》第九号
(广州一九二四年三月三十日)

给财政厅的命令

(一九二四年三月二十一日)

令广东省财政厅,迅即拨款接济闽南讨贼军何成濬部,以利军行,而迅戎机。

据《广州民国日报》一九二四年三月二十四日《帅令拨款接济何成濬》

饬详查广州市内驻军地点人数令

(一九二四年三月二十二日)①

将市内驻军地点及人数详为调查,以便计划。一俟租捐征收有着,即行开始建筑,悉将市内军队移出郊外。其原驻各处者,则概行禁止开拔来省。

据《广州民国日报》一九二四年三月二十二日《军队移驻郊外之准备》

---

① 此件所标时间系《广州民国日报》发表日期。

给叶恭绰杨庶堪的指令

（一九二四年三月二十二日）

大元帅指令第二七九号

　　令财政委员会主席委员叶恭绰、杨庶堪

　　呈请迅令刘总司令转饬严师长①取消征收东莞护沙费，并将沙捐清佃局收入划拨五成为严部军费，余五成实行解交沙田清理处由

　　呈悉。照准。已令行刘总司令分别转饬遵照办理矣。此令。

（中华民国陆海军大元帅之印）

中华民国十三年三月廿二日

据大本营秘书处编《陆海军大元帅大本营公报》第九号
（广州一九二四年三月三十日）

给杨希闵的指令

（一九二四年三月二十二日）

大元帅指令第二八〇号

　　令中央直辖滇军总司令杨希闵

　　呈少将参谋长周自得著有勤劳，拟请晋授中将参谋长，以昭激劝由

　　呈悉。照准。周自得已明令任命矣。此令。

（中华民国陆海军大元帅之印）

中华民国十三年三月廿二日

据大本营秘书处编《陆海军大元帅大本营公报》第九号
（广州一九二四年三月三十日）

---

① 刘总司令、严师长：即刘震寰、严兆丰。

为西江防务事致粤军总司令部令

（一九二四年三月二十三日）①

南路匪患,亟待肃清,惟迭据西江报告,陆逆荣延亦有蠢动狡谋,亟应妥为防范。业经饬令在梧各处将领,预为筹策。并令设立梧州善后处,任李济琛兼处长移驻梧州,妥为部署。各在案。防务繁重,策应宜周,着粤军总司令部克日移驻肇庆,统筹促进,用希宏图。特此令达。仰即遵照。

据天津《大公报》一九二四年三月二十三日《粤桂形势之变迁》

给杨西岩的指令

（一九二四年三月二十四日）

大元帅指令第二八一号
　　令禁烟督办杨西岩
　　呈称奉令免职,恳饬新任早日接替由
　　呈悉。已令催新任克日就职矣。仰即知照。此令。

（中华民国陆海军大元帅之印）
中华民国十三年三月廿四日

据大本营秘书处编《陆海军大元帅大本营公报》第九号
（广州一九二四年三月三十日）

---

① 此件所标时间系长沙《大公报》发表日期。

给李福林的指令

（一九二四年三月二十四日）

大元帅指令第二八二号

　　令番东顺三邑临时剿匪司令李福林

　　呈为遵令剿匪，谨将获犯起掳情形报请察核由

　　呈悉。该司令奉令剿匪，督队进攻，获犯起掳多名，并夺获枪械甚夥，实属奋勇得力，深堪嘉许。所请将所获枪弹留部备用之处，应予照准。仰即知照。此令。

（中华民国陆海军大元帅之印）

中华民国十三年三月廿四日

据大本营秘书处编《陆海军大元帅大本营公报》第九号
（广州一九二四年三月三十日）

命补给林树巍部伙食费谕

（一九二四年三月二十四日）①

着财政委员会酌量补给林树巍所部伙食每日七十元。

据陈旭麓、郝盛潮主编，王耿雄等编《孙中山集外集》（上海人民出版社一九九〇年版）

---

① 此件所标时间系财政委员会第二十三次会议决案日期。

命发潘正道公费令

（一九二四年三月二十四日）①

大元帅令

  着财政委员会筹拨潘正道公费一千元。

据陈旭麓、郝盛潮主编，王耿雄等编《孙中山集外集》（上海人民出版社一九九○年版）

给财政委员会的训令

（一九二四年三月二十四日）②

大元帅训令

  据湘军谭总司令呈：为财政委员会议决缓发职部各款，恳予转饬即日指拨，以利军行等情。着〈该〉会迅将请拨各款尽先拨交。

据陈旭麓、郝盛潮主编，王耿雄等编《孙中山集外集》（上海人民出版社一九九○年版）

给刘震寰的训令

（一九二四年三月二十一日至二十五日间）③

大元帅训令第一一五号

  令西路讨贼军总司令刘震寰

---

① 此件所标时间系财政委员会第二十三次会议决案日期。
② 此件所标时间系财政委员会第二十三次会议决案日期。
③ 原令未署日期。时间据大元帅训令第一一三号（所标时间为 3 月 21 日）、第一一九号（所标时间是 3 月 25 日）酌定。

为令行事：据财政委员会主席委员叶恭绰、杨庶堪呈称："本会本月十三日第二十一次特别会议，准广东全省沙田清理处函：'以严师长等征收东莞县各属护沙费，有越权限，恳会转呈帅座，迅令刘总司令转饬该军立服〔即〕取消。东莞沙捐清佃局收入，划拨五成为严部军费，余五成实行解处，请会查议'一案，经议决照办，理合录案呈请帅座鉴核施行，实为公便"等情。据此，除指令照准外，合行令仰该总司令遵照，即便转饬严师长兆丰立将该军征收东莞各属护沙费取消，并饬卢总办民魁将东莞沙捐清佃局收入划拨五成为严部军费，余五成仍实行解交广东全省沙田清理处。毋违。此令。

（中华民国陆海军大元帅之印）

中华民国十三年三月

据大本营秘书处编《陆海军大元帅大本营公报》第九号

（广州一九二四年三月三十日）

给邓泽如的训令

（一九二四年三月二十一日至二十五日间）①

大元帅训令第一一八号

  令新任禁烟督办邓泽如

  为令饬事：据禁烟督办杨西岩呈称："呈为奉令免职，恳饬新任早日接替恭呈仰祈睿鉴事。案准大本营秘书处第九一号公函内开：'三月十七日奉大元帅令开：禁烟督办杨西岩办理不善，流弊滋多，着即免职，听候查办。此令。等因。除公布外，相应录令函达查照'等由。准此，当即督饬各厅、处、科办事人员赴办交代，嗣阅报载钧座已特派邓泽如为禁烟督办，正当〔喜〕接替有人。惟数日于兹，邓督办尚未定期接任，现本署一切事务均已

---

① 原令未署日期。按3月20日原禁烟督办杨西岩呈请孙中山恳饬新任邓泽如早日接替；又，26日孙中山即准邓泽如辞去禁烟督办新职。据此推断，此令发表日期应在21日至25日间。

结束,听候移交,且西岩仔肩待息,翘盼尤殷,合无〔亟〕仰恳钧座令催邓督办克日来署履新,以重烟禁。除径函邓督办外,所有恳请催促新任早日接替缘由,理合备文呈请察核,伏乞迅速转饬施行,实为公便"等情。据此,除指令外,合行令仰该督办克日就职,以重要政。仍将就职日期报查。切切。此令。

（中华民国陆海军大元帅之印）

中华民国十三年三月　日

据大本营秘书处编《陆海军大元帅大本营公报》第九号

（广州一九二四年三月三十日）

给杨庶堪等的训令

（一九二四年三月二十六日）

大元帅训令第一一九号

令广东省长杨庶堪、粤军总司令许崇智、广东省警卫军司令吴铁城

为令行事:现在东路第一路司令所部,业经改编为广东省警卫军,应归广东省长节制调遣,以资统驭。除分令外,仰即遵照。此令。

（中华民国陆海军大元帅之印）

中华民国十三年三月廿六日

据大本营秘书处编《陆海军大元帅大本营公报》第九号

（广州一九二四年三月三十日）

给鲁涤平的训令

（一九二四年三月二十六日）

大元帅训令第一二〇号

令禁烟督办鲁涤平

查禁烟督办之设,原期寓禁于征,渐祛痼疾。前督办杨西岩徒事铺张,

毫无成效。办理两月,特〔时〕议纷起,业经免职查办在案。该督办受任伊始,应将署中诸部及分局根本改组,积极减政,庶几职无幸位,帑不虚糜。致〔至〕于办理手续,尤宜切实整顿,藉清积弊。所有原设会办、帮办名目,应即裁撤。仰即遵照办理,具报候核。此令。

(中华民国陆海军大元帅之印)
中华民国十三年三月廿六日

据大本营秘书处编《陆海军大元帅大本营公报》第九号
(广州一九二四年三月三十日)

着赶制军服拨给张贞所部令

(一九二四年三月二十六日)①

特令赶制军服数千套,拨给张贞所部领用。

据《广州民国日报》一九二四年三月二十七日《帅令接济张贞军装》

给程潜的指令

(一九二四年三月二十六日)

大元帅指令第二八三号
　　令大本营军政部长程潜
　　呈为湘军因伤殒命少校参谋梁达道拟请准予追赠陆军步兵中校,并给中校恤金由
　　呈悉。梁达道准予追赠陆军步兵中校,并照中校阵亡例给予恤金。仰

---

① 3月27日《广州民国日报》云"昨大元帅以其(张贞部)战功卓著,特令",今据以酌定时间。

即遵照办理。此令。

（中华民国陆海军大元帅之印）

中华民国十三年三月廿六日

据大本营秘书处编《陆海军大元帅大本营公报》第九号

（广州一九二四年三月三十日）

给程潜的指令

（一九二四年三月二十六日）

大元帅指令第二八四号

　　令大本营军政部长程潜

　　呈为遵令议复夏重民、王贤忱①应得恤典，乞予示遵由

　　呈悉。准如所议给恤。此令。

（中华民国陆海军大元帅之印）

中华民国十三年三月廿六日

据大本营秘书处编《陆海军大元帅大本营公报》第九号

（广州一九二四年三月三十日）

给叶恭绰的指令

（一九二四年三月二十七日）

大元帅指令第二八五号

　　令大本营财政部长叶恭绰

　　呈为《银毫出口护照条例》业经财政委员会议决，仍祈核准施行由

---

① 1924年2月16日《大元帅令》作王贯忱。待考。

呈悉。准即如拟施行。此令。

（中华民国陆海军大元帅之印）

中华民国十三年三月廿七日

据大本营秘书处编《陆海军大元帅大本营公报》第九号

（广州一九二四年三月三十日）

给吴铁城的指令

（一九二四年三月二十七日）

大元帅指令第二八七号

令广州公安局局长吴铁城

呈请免收省河船艇自治联防经费由

呈悉。查《抽收广东全省船民自治联防经费章程》，虽经呈奉核准，但前因其开办已久，尚无成效，恐所定办法不免滋弊，业经令行广东省长、海防司令、广东地方善后委员会详细调查，呈复在案。兹据呈称：省河各船艇向已在该局暨市公用局缴纳警费及牌照费，若再令负担自治联防经费，办理自多滞碍。究竟此种情形是否仅限于省河为然，及应否免收之处，仍候令行广东省长会同海防司令、广东地方善后委员会并案确查，妥议呈复核夺可也。此令。

（中华民国陆海军大元帅之印）

中华民国十三年三月廿七日

据大本营秘书处编《陆海军大元帅大本营公报》第九号

（广州一九二四年三月三十日）

给林若时等的训令

（一九二四年三月二十七日）

大元帅训令第一二一号

令海防司令林若时、广东省长杨庶堪、广东地方善后委员会

为令行事：案据广州公安局局长吴铁城呈称："窃据职局警察第十二区一分署长高中禹呈称：'现奉钧局训令开，现准督办广东全省船民自治联防公署函开：敝署所辖船民省河分局，近日照章征收船民各费，闻贵局所辖十二区正分署尚多不甚了解，时有误会之虞，相应函请贵局长速即转饬十二区正分署，嗣后对于船民省河分局职员在省河执行职务时，须鼎力协助，以利进行。至或船民无知，亦请代为宣晓，实纫公谊等由。准此，查此案前经将该《船民自治联防章程》一本分发该署遵照在案，准函前由，合行令仰该署查照所开事理，切实协照办理，以利进行，毋得敷衍塞责，切切。此令。等因。奉此，查船民自治联防举办伊始，船民多不知其利，反生疑虑，且对于输纳自治联防经费一层，多存观望。省河分局以其有意抗缴，强制执行，将船只扣留。即本年二月二十八日，该分局因船民延纳联防经费，将该船只五艘扣留，后有船民三百余人到分署请求转请该分局将船艇放行，率由职署派员商准一律放行，事始寝息。否则几酿风潮，不知如何结果。兹奉令前因，除饬长警向船民剀切劝导及切实协照办理外，倘辖内船民有延纳联防经费情事，省河分局请派警协同将其船只扣留时，职署应否即行派警会同办理？事关创举，分署长未敢专擅，理合呈请察核指令祗遵'等情前来。查此案职局前准船民自治公署来函，当即令行遵照协照在案。惟现据该分署呈复各节，抽收联防经费一事，似属确有窒碍难行。复查省河船户，职局以向有征收警费，而市公用局又有抽收牌照费，该船户等以既经缴纳警费、牌费，保护治安已有专责，其对于联防经费一层，不宜再令缴纳，免再增加负担。核情实有可原，况职局现正奉行钧令，制止解散各军队抽收船只费用机关。若独任船

民自治联防省河分局抽收经费,各军队观听所及,必至援为借口。拟请由帅座令行船民自治联防公署,对于省河船艇之曾纳警费及牌照费者,概免再收自治联防经费。以免酿成风潮,滋生纷扰。据呈前情,所有拟请免收船艇自治经费缘由,理合呈报钧座察核。是否有当,伏候指令祗遵"等情。据此,当经指令"呈悉。查《抽收广东全省船民自治联防经费章程》,虽经呈奉核准,但前因其开办已久,尚无成效,恐所定办法不免滋弊,业经令行广东省长会同海防司令、广东地方善后委员会详细调查呈复在案。兹据呈称,省河各船艇向已在该局暨市公用局缴纳警费及牌照费,若再令负担自治联防经费,办理自多滞碍,究竟此种情形是否仅限于省河为然,及应否免收之处,仍候令行广东省长会同海防司令、广东地方善后委员会并案确查,妥议呈复核夺可也。此令",除指令印发外,合行令仰该司令、省长、会遵照会同并案确查,妥议从速具复核夺。此令。

(中华民国陆海军大元帅之印)

中华民国十三年三月廿七日

据大本营秘书处编《陆海军大元帅大本营公报》第九号
(广州一九二四年三月三十日)

给广州市政厅的手令

(一九二四年三月二十七日)①

即日筹拨现款二万元,交湘军领收。

据《广州民国日报》一九二四年三月二十八日《湘军请发作战费》

---

① 3月28日《广州民国日报》云"昨……大元帅手谕市政厅",今据以推定时间。

饬海防司令迅即撤销甘竹容奇拦河收费令

（一九二四年三月二十七日）①

财政统一,为当今求治要图,迭经三令五申,分饬遵办在案。乃据广东全省内河商船总公会张耀名等呈,内称省内各埠军队,沿江勒收之保护费,自奉明令,多已停止,惟海防司令部,仍复于甘竹、容奇等处,每渡每日勒收银三十元,恳令饬撤销,以苏民困等情。据此,查省城拦河收费机关,前据商民吁请,业经令饬各军分别解散,以一政令,而安商民在案,甘竹、容寄,事同一律,即着海防司令,迅即撤销,以顺舆情,毋得抗延,致干未便,特此令达。仰即遵照办理具报。

据《广州民国日报》一九二四年三月二十七日

批国民党华侨联合办事处等呈

（一九二四年三月二十七日）

着公安局长从慎说明详报,并着国民党中央执行委员会饬令以上各团体取销各种名目,统一于国民党各区党部、区分部,以便进行而免分歧。此批。

据《国民党第一届中央执行委员会第十七次会议录》（一九二四年三月二十七日）,载《近代史资料》总七十六号（中国社会科学出版社一九八九年版）

---

① 此件所标时间为《广州民国日报》刊出日期。

命筹拨军乐队服装费令

（一九二四年三月二十七日）①

大元帅令

着财政委员会迅即筹拨毫洋一千零八元，由军乐队长吕定国具领，制发该队服装六十套，仰即遵照给领具报。

据中国第二历史档案馆编《中华民国史档案资料汇编》第四辑《广州国民政府档案》（江苏古籍出版社一九八六年版）

给财政委员会的训令

（一九二四年三月二十八日）

大元帅训令第一二二号

  令财政委员会

  为令饬事：查禁烟督办署现在应行改组，所有原设之水陆侦缉联合队，应由该委员会将其即日解散，其原由各军选送士兵，一律送还各该本军归队。为此令仰即遵照妥办，仍将遵办情形报查。此令。

（中华民国陆海军大元帅之印）
中华民国十三年三月廿八日
据大本营秘书处编《陆海军大元帅大本营公报》第九号
（广州一九二四年三月三十日）

---

① 此件所标时间系财政委员会第二十四次会议决案日期。

给蒋尊簋的指令

（一九二四年三月二十八日）

大元帅指令第二八九号

　　令中央军需总监蒋尊簋

　　呈为请示恤金葬埋费办法由

　　呈悉。军政部军乐队积劳病故中士梁炳全，应得恤金、葬埋费为数无多，应由该总监即照军政部来咨，速予支发。至称现当战事时期，此项支出必多。若无专款，难资应付各节，尚属实情。究应如何筹拨的款，及规定支付手续之处，候酌定后，另行饬遵可也。此令。

　　　　　　　　　　　　　　　　　　（中华民国陆海军大元帅之印）

　　　　　　　　　　　　　中华民国十三年三月廿八日

　　　　　　　据大本营秘书处编《陆海军大元帅大本营公报》第九号
　　　　　　（广州一九二四年三月三十日）

给石龙各驻军的命令

（一九二四年三月二十八日）①

特令驻石龙各军认真保护该站②及该站职员，以利戎机。

　　　　　　　据《广州民国日报》一九二四年三月二十九日《帅令保护
　　　　　　无线电站》

---

① 此件所标时间系据3月29日《广州民国日报》云"昨大元帅……特令"推定。
② 该站：指设置于石龙的滇桂联军总指挥部无线电站。该站曾发生职员被杀事件。

给无线电局的命令

(一九二四年三月二十八日)①

特着无线电局在该轮装置无线电,以便出巡前敌时,传授各军机宜。

据《广州民国日报》一九二四年三月二十八日《大南洋装置无线电》

给驻新塘湘军的命令

(一九二四年三月二十八日)②

特令驻扎新塘之湘军克日开赴前线,以厚兵力。

据《广州民国日报》一九二四年三月二十九日《帅令湘军开赴前敌》

给大本营秘书处的命令

(一九二四年三月二十八日)③

令秘书处将全省民团条例呈候察核施行。

据《广州民国日报》一九二四年三月二十八日《举办全省民团之条例》

---

① 此件所标时间系《广州民国日报》发表日期。
② 此件所标时间系据3月29日《广州民国日报》云"帅座……昨日特令"推定。
③ 此件所标时间系《广州民国日报》发表日期。

给林森的指令

（一九二四年三月二十八日）

大元帅指令第二九〇号

　　令大本营建设部长林森

　　呈为缮送《权度检定所暂行章程》，乞予备案由

　　如呈备案。章程存。此令。

　　　　　　　　　　　　　　　　　　（中华民国陆海军大元帅之印）

　　　　　　　　　　　　　　　　　中华民国十三年三月廿八日

据大本营秘书处编《陆海军大元帅大本营公报》第九号
（广州一九二四年三月三十日）

给陈兴汉的指令

（一九二四年三月二十九日）

大元帅指令第二九一号

　　令管理粤汉铁路事务陈兴汉

　　呈请转饬各军勿拉该路工役充伕，免碍运输由

　　呈悉。候令行各军长官遵照办理可也。此令。

　　　　　　　　　　　　　　　　　　（中华民国陆海军大元帅之印）

　　　　　　　　　　　　　　　　　中华民国十三年三月廿九日

据大本营秘书处编《陆海军大元帅大本营公报》第九号
（广州一九二四年三月三十日）

给程潜的指令

（一九二四年三月二十九日）

大元帅指令第二九二号

　　令大本营军政部长程潜

　　呈复遵令饬海防司令撤销甘竹、容奇等处抽费机关由

　　呈悉。此令。

　　　　　　　　　　　　　　　（中华民国陆海军大元帅之印）

　　　　　　　　　　　　　　　中华民国十三年三月廿九日

　　　　　　　据大本营秘书处编《陆海军大元帅大本营公报》第九号
　　　　　　　（广州一九二四年三月三十日）

给卢兴原的指令

（一九二四年三月二十九日）

大元帅指令第二九三号

　　令总检察厅检察长卢兴原

　　呈报遵令发行状纸日期，并附呈改用民刑状面样式，乞备案由

　　呈及状面均悉。准予备案。此令。

　　　　　　　　　　　　　　　（中华民国陆海军大元帅之印）

　　　　　　　　　　　　　　　中华民国十三年三月廿九日

　　　　　　　据大本营秘书处编《陆海军大元帅大本营公报》第九号
　　　　　　　（广州一九二四年三月三十日）

给张翼鹏的指令

（一九二四年三月二十九日）

大元帅指令第二九五号

　　令湘边宣慰使张翼鹏

　　呈报设处就职及启用关防日期由

　　呈悉。此令。

　　　　　　　　　　　　　　　（中华民国陆海军大元帅之印）

　　　　　　　　　　　　　　　中华民国十三年三月廿九日

据大本营秘书处编《陆海军大元帅大本营公报》第九号
（广州一九二四年三月三十日）

给杨希闵等的训令

（一九二四年三月二十八日至三十一日间）①

大元帅训令第一二四号

　　令中央直辖滇军总司令杨希闵、湘军总司令谭延闿、桂军总司令刘震寰、豫军讨贼军总司令樊钟秀、粤军总司令许崇智、中央直辖第一军军长朱培德、中央直辖第二军军长黄明堂、中央直辖第三军军长卢师谛、中央直辖第七军军长刘玉山、中央直辖赣军司令李明扬、北伐讨贼军第二军军长柏文蔚、北伐讨贼军第三军军长胡谦、山陕讨贼军司令路孝忱

---

① 原令未署日期。据第一二二号训令发表日期为3月28日,第一二六号训令发表日期为3月31日,此令应在28日至31日间。

为令行事：据管理粤汉铁路事务陈兴汉呈称："窃职路地当北江要冲，为军队往还必经之区。而员司工役人数不少，前恐误被拉充伕役，致碍行车，节经将证章式样分送，并请如佩有粤汉铁路证章者，幸勿误拉各在案。乃近日又复发生拉伕情事，职路工役竟有被湘、滇军拉充伕役者，几费唇舌，方始释回。长此纠纷，殊碍路务。兹特再恳钧座转饬各军机关一体遵照，嗣后如遇职路证章之员司工役，请勿误拉，俾得安心服务，免碍运输。倘或误被拉去，亦请查明准予释放，实为公便"等情前来。除指令"呈悉。候令行各军长官遵照办理可也。此令"印发外，合行令仰该军长、总司令、司令即转饬所属一体遵照，毋稍玩忽。至要。切切。此令。

（中华国民陆海军大元帅之印）

中华民国十三年三月日

据大本营秘书处编《陆海军大元帅大本营公报》第九号
（广州一九二四年三月三十日）

给杨庶堪的指令

（一九二四年三月三十一日）

大元帅指令第二九七号

　　令广东省长杨庶堪

　　呈复遵令转饬所属解散征收来往船只捐费各机关情形由

　　呈悉。此令。

（中华民国陆海军大元帅之印）

中华民国十三年三月卅一日

据大本营秘书处编《陆海军大元帅大本营公报》第九号
（广州一九二四年三月三十日）

给广东地方善后委员会的指令

（一九二四年三月三十一日）

大元帅指令第二九八号

　　令广东地方善后委员会

　　呈请严令各军不得强保暴徒等情由

　　呈悉。应照准。候令行军民长官通饬办理可也。此令。

（中华民国陆海军大元帅之印）
中华民国十三年三月卅一日

据大本营秘书处编《陆海军大元帅大本营公报》第九号
（广州一九二四年三月三十日）

给林若时的指令

（一九二四年三月三十一日）

大元帅指令第二九九号

　　令广东海防司令林若时

　　呈报就职及启用关防日期由

　　呈悉。此令。

（中华民国陆海军大元帅之印）
中华民国十三年三月卅一日

据大本营秘书处编《陆海军大元帅大本营公报》第九号
（广州一九二四年三月三十日）

给程潜杨庶堪的训令

（一九二四年三月三十一日）

大元帅训令第一二六号

  令大本营军政部长程潜、广东省长杨庶堪

  为令行事：据广东地方善后委员会当值委员黎泽阎等呈："为沿途勒索，阻绝交通，吁请严令各军长官所获暴徒不得强行保释事：窃维治安之要，首在交通，勒索取财，显干法纪。近查假冒军队勒收行水之案，到处皆是，以至百货停滞，商旅戒途。前经广州市公安局严行查办，并拿获暴徒多人。讵各军长官受人欺蒙，任意保释，似此长奸纵恶，殊足妨碍治安。委员等既有所闻，不敢缄默，经于三月二十日第三十五次常会提出讨论，众议呈请帅座令行地方官吏，将此等横行匪类尽法惩治，并严令各军队不得受人蒙蔽，强行保释，庶使交通恢复而治绩可期，实为德便"等情。据此，除指令照准并分令外，合行令仰该部长、省长即便通令各军，饬所属遵照办理。此令。

            （中华民国陆海军大元帅之印）

中华民国十三年三月卅一日

    据大本营秘书处编《陆海军大元帅大本营公报》第九号
（广州一九二四年三月三十日）

给军政部财政委员会的训令

（一九二四年三月三十一日）

大元帅训令第一三〇号

  令大本营军政部部长程潜、财政委员会

  为令饬事、知事：案据广东筹饷总局督办范石生呈称：呈为呈报事云云。

以卫饷源等情。据此。当经指令：呈悉。云云。此令。除指令即发，并分令外，合行令仰该部即便遵照、委员会即便知照，通行各军一体保护。此令。

民国十三年三月卅一日

据陈旭麓、郝盛潮主编，王耿雄等编《孙中山集外集》（上海人民出版社一九九〇年版）

命按日拨付滇军兵站经费令

（一九二四年三月三十一日）①

大元帅令

饬财政委员会筹商滇军兵站，每日应领之四千元，指定切实机关按日拨付。

据陈旭麓、郝盛潮主编，王耿雄等编《孙中山集外集》（上海人民出版社一九九〇年版）

给财政委员会的手令

（一九二四年三月三十一日）②

大元帅令

饬财政委员会将禁烟督办署原有水陆侦缉联合队即日解散，原由各军选送兵士送归队。

据陈旭麓、郝盛潮主编，王耿雄等编《孙中山集外集》（上海人民出版社一九九〇年版）

---

① 此件所标时间系财政委员会第二十五次会议决案日期。
② 此件所标时间系财政委员会第二十五次会议决案日期。

撤销查办杨西岩案令

（一九二四年三月三十一日）

大元帅令

　　前禁烟督办杨西岩，被控办理不善，流弊滋多，业经免职查办在案。兹据财政委员会查明，尚无实据，应予撤销，毋庸置识〔议〕。此令。

　　　　　　　　　　　　　　　　（中华民国陆海军大元帅之印）

　　　　　　　　　　　　　　　中华民国十三年三月卅一日

　　　　　　据大本营秘书处编《陆海军大元帅大本营公报》第九号

　　　　　　（广州一九二四年三月三十日）

裁撤禁烟署会办帮办各职令

（一九二四年三月三十一日）

大元帅令

　　禁烟督办署会办、帮办各职，着一律裁撤。此令。

　　　　　　　　　　　　　　　　（中华民国陆海军大元帅之印）

　　　　　　　　　　　　　　　中华民国十三年三月卅一日

　　　　　　据大本营秘书处编《陆海军大元帅大本营公报》第九号

　　　　　　（广州一九二四年三月三十日）

给杨西岩的指令

（一九二四年四月一日）

大元帅指令第三〇四号

　　令前禁烟督办杨西岩

呈为转呈总务厅长黄仕强恳请辞职由

呈悉。已有明令黄仕强准免兼职矣。此令。

（中华民国陆海军大元帅之印）

中华民国十三年四月一日

据大本营秘书处编《陆海军大元帅大本营公报》第十号
（广州一九二四年四月十日）

给杨西岩的指令

（一九二四年四月一日）

大元帅指令第三〇五号

令前禁烟督办杨西岩

呈为转呈秘书马武颂等恳请辞职由

呈悉。已另有明令照准矣。此令。

（中华民国陆海军大元帅之印）

中华民国十三年四月一日

据大本营秘书处编《陆海军大元帅大本营公报》第十号
（广州一九二四年四月十日）

给广东地方善后委员会的指令

（一九二四年四月一日）

大元帅指令第三〇六号

令广东地方善后委员会

呈请明令禁止奸商瞒承税捐由

呈悉。查军队擅抽杂捐，早经明令禁止，并声明奸商承办者，应一体从重治罪在案。至原有各项税捐,自应由各主管机关主持。有奸商敢向别机关瞒承者,事与向军队承办杂捐无异,自应一律严惩,以免紊乱财政。候即令行财政部长布告禁止,并通行军政各机关遵照可也。此令。

(中华民国陆海军大元帅之印)

中华民国十三年四月一日

据大本营秘书处编《陆海军大元帅大本营公报》第十号

(广州一九二四年四月十日)

给叶恭绰的训令

(一九二四年四月一日)

大元帅训令第一二九号

  令大本营财政部长叶恭绰

  为令饬事:案据广东地方善后委员会呈称:"呈为奸商藐法,财政纠纷,吁请严令查拿,以重职权而资统一事:窃自军〈兴〉以来,财政枯竭已达极点。幸赖我大元帅力谋统一,各军将领一致赞同,凡我人民同深盼祷。惟是统一本旨,贵求实效,不慕虚名。查近日各项税捐,仍有奸商混向别机关瞒请承办,紊乱财政,莫此为甚。委员等耳目所及,不敢壅于上闻,经于三月二十日第三十五次会期提出讨论,众议所有捐项属于中央者,应由财政部主持;属于全省者,应由财政厅主持;属于广州市者,应由市政厅主持。倘有混向别机关瞒承者,我全粤人民决不公认。拟请帅座明令颁布,如有上项情事,即将该奸商尽法惩办,以符统一财政之本旨,全粤幸甚,大局幸甚"等情。据此,当经指令"呈悉。查军队擅抽杂捐,早经明令禁止,并声明奸商承办者,应一体从重治罪在案。至原有各项税捐,自应由各主管机关主持。有奸商敢向别机关瞒承者,事与向军队承办杂捐无异,自应一律严惩,以免紊乱财政。候即令行财政部长布告禁止,并通行军政各机关遵照可也。此令"等语,除指令印发外,合行令仰该部即便遵照布告严禁,并由部分别咨令军政各机关一体遵照,仍将遵办情形报查。切切。此令。

(中华民国陆海军大元帅之印)

中华民国十三年四月一日

据大本营秘书处编《陆海军大元帅大本营公报》第十号

(广州一九二四年四月十日)

给程潜的指令①

(一九二四年四月二日)

大元帅指令第三一〇号

　　令大本营军政部长程潜

　　呈拟议赔偿法商麻奢轮船船价办法,乞令遵由

　　呈悉。应照准。此令。

(中华民国陆海军大元帅之印)

中华民国十三年四月二日

据大本营秘书处编《陆海军大元帅大本营公报》第十号

(广州一九二四年四月十日)

制止宝安县各军冲突的指令

(一九二四年四月二日)②

　　呈悉。卢③军骁旅此次出发宝安既系奉令前往,西路黎□谭旅暨所部

---

① 大本营兵站部曾于1923年9月租借法国志利洋行商船"麻奢"轮,以助军用。该轮于11月5日在东莞石龙附近之龙呌被焚。军政部呈议赔偿法商船价二万元。

② 此令另见《广州民国日报》1924年4月4日《帅令交还卢部枪械》(系令文大意),所标时间亦据此报云"昨二日帅座特指令,略云……"推定。

③ 卢师谛。

民军曾、陈各部何得妄起衅端,自相残杀。虎门要塞司令亦不应无故扣留员兵,缴去枪弹。仰候令饬刘①总司令查明,将肇祸之军官从严惩办,责令抚恤伤亡,清还枪械,以肃军纪,并候令饬廖司令②将所扣留官兵及所缴枪弹如数交还可也。此令。

据长沙《大公报》一九二四年四月十五日《粤省东江战局之近况》

给财政部的命令

(一九二四年四月二日)③

为训令事:案据大本营军政部长程潜呈称:"窃职部军需局奉令改组后,所有以前经手收支事项,业经饬前军需局长限期清理,并呈报在案。惟职部经手发给各军各机关伙食给养,自去年十月十六日起,至本年二月十九日止,约四月有奇,其中收支情形,若不彻底清理明白宣布,不足以昭大信而释责任。兹为特别慎重起见,拟请帅座指派财政部重要专员审查清理,俟清理完竣,即将收支总数,刊册公布,事关军需要政,伏乞俯锡察核批准施行"等情,据此,除指令照准外,合行令仰该部长,即便遴派专员前往审案清理,以昭核实,仍将遵办情形报查。此令。

据《广州民国日报》一九二四年四月二日《审核军需数目》

---

① 刘震寰。
② 虎门要塞司令廖湘芸。
③ 此件所标时间系《广州民国日报》刊出日期。

给李济深等的电令

（一九二四年四月二日）

肇庆李处长济深,梧州黄师长绍雄〔竑〕,罗定郑师长润琦,抄送刘军长玉山均览:元密。前以整军经武,曾饬中央直辖第七军军长刘玉山将在省部队移驻三罗,协剿南路匪患。旋复由参谋处嘱暂驻都城,整顿待命,均经先后令达通知在案。乃迭据报告,该部到都城后被各该部包围、截击,勒缴枪枝等情。该部移驻都城系政府命令,即有不是亦应呈候本大元帅核示办理,何得同类相残,自扰自治?着即各守原防,听候解决,毋得妄动干戈,致干宪典。所有收缴枪枝、拘留人员,并着悉数发还礼释。特此电达,仰即遵照,毋违干咎。仍着具报,毋延。切切。大元帅令。冬。

据长沙《大公报》一九二四年四月十五日《关于都城联军内讧之文电》

着严拿赖世璜令

（一九二四年四月二日）①

赖世璜党恶扰民,防阻义师,俶扰纲纪,曾饬褫夺官职。着各军各机关一体严拿,解省惩办,以昭炯戒。特令遵照。

据《广州民国日报》一九二四年四月三日《通缉赖世璜之命令》

---

① 时间系据4月3日《广州民国日报》云"昨广东省长公署训令各机关云:现奉大元帅第七一号令开"推定。

给张启荣的指令

（一九二四年四月三日）

大元帅指令第三一二号

　　令卸〈职〉钦廉高雷招抚使张启荣

　　呈为遵令卸职，缴销关防，并开列用款清册，乞准报销拨还由

　　呈及清册均悉。查此项用款未经奉令核准，所请予报销拨还之处，碍难照准。清册发还。此令。

（中华民国陆海军大元帅之印）

中华民国十三年四月三日

据大本营秘书处编《陆海军大元帅大本营公报》第十号

（广州一九二四年四月十日）

给马超俊的指令

（一九二四年四月三日）

大元帅指令第三一三号

　　令广东兵工厂长马超俊

　　呈拟《民团备价请领枪弹暂行细则》及《章程》，乞饬省长转令所属一体遵照由

　　呈及细则、章程均悉。候令行广东省长饬属一体遵照可也。细则、章程存。此令。

（中华民国陆海军大元帅之印）

中华民国十三年四月三日

据大本营秘书处编《陆海军大元帅大本营公报》第十号

（广州一九二四年四月十日）

给杨西岩的指令

（一九二四年四月三日）

大元帅指令第三一四号

　　令前禁烟督办杨西岩

　　呈为转呈查验处长郑述龄呈请辞职由

　　呈悉。已有明令照准矣。此令。

（中华民国陆海军大元帅之印）

中华民国十三年四月三日

据大本营秘书处编《陆海军大元帅大本营公报》第十号
（广州一九二四年四月十日）

给杨西岩的指令

（一九二四年四月三日）

大元帅指令第三一五号

　　令前禁烟督办杨西岩

　　呈为该署科长余浩廷等呈请辞职由

　　呈悉。已有明令，均照准矣。此令。

（中华民国陆海军大元帅之印）

中华民国十三年四月三日

据大本营秘书处编《陆海军大元帅大本营公报》第十号
（广州一九二四年四月十日）

给杨庶堪的训令

（一九二四年四月三日）

大元帅训令第一三二号

令广东省长杨庶堪

为令行事：据广东兵工厂长马超俊呈称："窃厂长日前拟具扩充职厂计划，及民团军队备价请领枪弹一案，经呈奉钧座令字第四十九号内开：'呈及清折均悉。所陈整顿扩充厂务办法，尚属妥协，应予核准。仰即总续妥筹办理，随时分别呈报查核。此令。清折存'等因。奉此，厂长遵即依照扩充计划，次第筹办，以期仰副钧座注重军实之至意。惟是厂长对于民团，尚有无穷之希望。兹谨为钧座略陈之：今者地方警察尚未遍设，而军队又为国防之用，训练民团最为重要。各县县长职司守土，负有专责，每月自应派委熟悉军事人员分赴各乡，施以适当之军事教育。并因势利导，实行宣传吾党三民主义，期粗知军学及自身应尽之职责，咸使晓然吾党之精神，成为无数有主义之民团，直接可以保护地方，间接可以捍卫国家，即将来出师北伐，亦无后顾之忧。至于检〔枪〕弹，乃事关军实，各县民团来厂请领，亦须有一定之程序，方足以资遵守，以杜流弊。谨拟具《民团备价请领枪弹暂行细则》及照录《民团备价请领枪弹暂行章程》，恳请钧座令饬广东省长转令所属，一体遵照。除将筹办情形随时呈报外，理合具文连同暂行细则及章程共三份，呈请鉴核，伏乞俯赐分别存转，实为公便"等情。据此，除指令照准外，合行抄发原细则及章程，仰该省长即便转饬所属一体遵照办理。此令。

计抄发原细则、章程各一份。

（中华民国陆海军大元帅之印）

中华民国十三年四月三日

据大本营秘书处编《陆海军大元帅大本营公报》第十号
（广州一九二四年四月十日）

给林森的指令

（一九二四年四月三日）

大元帅指令第三一七号

　　令大本营建设部长林森

　　呈请令饬外交部制止外人议设省港通电水线，并通令各军勿任意挂搭电话电线于电报线上，致碍电报交通，为外人借口由

　　呈悉。候分别令行外交部及各军长官遵照办理可也。此令。

（中华民国陆海军大元帅之印）

中华民国十三年四月三日

据大本营秘书处编《陆海军大元帅大本营公报》第十号
（广州一九二四年四月十日）

给杨希闵等的训令

（一九二四年四月三日）

大元帅训令第一三三号

　　令中央直辖滇军总司令杨希闵、湘军总司令谭延闿、豫军讨贼军总司令樊钟秀、桂军总司令刘震寰、东路讨贼军总司令许崇智、中央直辖广东讨贼军第四军军长梁鸿楷、中央直辖第一军军长朱培德、中央直辖第二军军长黄明堂、中央直辖第七军军长刘玉山、中央直辖第三军军长卢师谛、中央直辖赣军司令李明扬、北伐讨贼军第二军军长柏文蔚、北伐讨贼军第三军军长胡谦、山陕讨贼军司令路孝忱

　　为令行事：据大本营建设部长林森呈称："现据广东电政监督兼广州

电报局局长何家猷、现据沙面电报局局长李锡祥邮代电称：'职局办理洋账各行交存按柜，近日纷到提取。虽因广港线阻过久，寄报转港太迟，以致外人责〔啧〕有烦言。惟日来港中喧传西人议设省港水线，及以彼国兵舰无线电传递省港电报事，未实施之前，原不敢谓必有其事。但证之各行，既非停止营业，忽有提回按柜之举，不为无因。如果成为事实，不独伤害国体，且与粤省电政前途绝大打击。而职局以亏累之余，又经各行提回按柜，如再纷至沓来，应付不易，势必连累水线，款项亦难汇拨，牵动更巨。锡祥伏查，值兹修线通报之际，岂能任令外人创此提议影响报务？应请将西人议设省港水线及以彼国兵舰无线电传递省港电报一事，呈报大元帅饬令外交部预为交涉制止。一面并请通令各军对于电报线路认真维持，及不得挂搭电话用线。以期报务通畅，兼资随时修理，俾免外人借端侵害国权、电政幸甚等情。据此，查广港直达线路在深圳段内，前因军事阻断，所有港电均系交邮递转，外人责〔啧〕有烦言。家猷因广港直达一时未易恢复，是以竭力经营，改由江香、前山各局线路接转，港报由前山局送交澳门洋公司转由水线寄港，已定期于本月敬日通报，并经电陈钧鉴在案。讵我方竭力设法维持电报交通，而外人适有筹设省港水线，及以彼国兵舰无线电传递省港电报之提议。现虽得之传闻，未敢据为事实。但各行商既有向沙面电局提回按柜之举，此事恐非无因。若不预为交涉防范，则影响电政前途，关系实大。理合据情呈报钧部察核，俯赐转呈大元帅，饬令外交部善为设[法]词，预向英领事官交涉，防患未然，以重国体，而维电政。并请大元帅通令各军，嗣后对于电报线路，不得挂搭电话用线，俾电报传达得以灵通，庶免外人有所借口，实为公便'等情到部。除径咨外交部向英领事官询问阻止外，惟出师讨贼以来，各军为利便起见，随意挂搭电话等线，久成习惯，于电报传达殊有阻碍。该电政监督兼局长所请电报线路禁止挂搭电话，以期报务通畅，尚属必要情形，理合据情呈请钧帅下令制止，借资整顿。是否有当，伏乞训示祗遵"等情前来。除指令"呈悉。候分别令行外交部及各军长官遵照办理可也。此令"印发外，合行令仰该军长、总司令、司令即便遵照转饬所属，嗣后各处电报线路禁止挂搭电话，以维电政而利交通。切切。此令。

（中华民国陆海军大元帅之印）

中华民国十三年四月三日

据大本营秘书处编《陆海军大元帅大本营公报》第十号
（广州一九二四年四月十日）

给程潜的训令

（一九二四年四月三日）

大元帅训令第一三四号

　　令大本营军政部长程潜

　　为令饬事：据大本营建设部长林森呈称："现据广东电政监督兼广州电报局局长何家猷、现据沙面电报局局长李锡祥邮代电称：'职局办理洋账各行交存按柜，近日纷到提取。虽因广港线阻过久，寄报转港太迟，以致外人啧有烦言。惟日来港中喧传西人议设省港水线，及以彼国兵舰无线电传递省港电报事，未实施之前，原不敢谓必有其事。但证之各行，既非停止营业，忽有提回按柜之举，不为无因。如果成为事实，不独伤害国体，且与粤省电政前途绝大打击。而职局以亏累之余，又经各行提回按柜，如再纷至沓来，应付不易，势必连累水线，款项亦难汇拨，牵动更巨。锡祥伏查，值兹修线通报之际，岂能任令外人创此提议影响报务？应请将西人议设省港水线及以彼国兵舰无线电传递省港电报一事，呈报大元帅饬令外交部预为交涉制止。一面并请通令各军对于电报线路认真维持，及不得挂搭电话用线。以期报务通畅，兼资随时修理，俾免外人借端侵害国权、电政幸甚等情。据此，查广港直达线路在深圳段内，前因军事阻断，所有港电均系交邮转递，外人啧有烦言。家猷因广港直达一时未易恢复，是以竭力经营，改由江香、前山各局线路接转，港报由前山局送交澳门洋公司转由水线寄港，已定期于本月敬日通报，并经电陈钧鉴在案。讵我方竭力设法维持电报交通，而外人适有筹设省港水线，及以彼国兵舰无线电传递省港电报之提议。现虽得之传闻，未敢据为事实。但各行商既有向沙面电局提回按柜之举，此事恐非无因。若不预为交涉防范，则影响电政前途实大。理合据情呈报钧部察核，俯赐转呈大元帅饬令外交部善为设词，预向英领事官交涉，防患于未然，以重国体，而维电政。并请大元帅通令各军，嗣后对于电报线路，不得挂搭电话用线，俾电报传达得以灵通，庶免外人有所借口，实为公便'等情。除径咨外交部向英领事官询问阻止外，惟出师讨贼以来，各军为利便起见，随意挂搭电话等线，久成习惯，于电报传达殊有阻碍。该电政监督兼局长所请电报线路禁止挂搭电话，以期报务通畅，尚属必要情形，理合据情呈请钧帅下令制止，借资整顿。是否有当，伏乞训示祗遵"等情前来。除指令"呈悉。候分别令行外交部及各军长官遵照办理可也。此令"印发外，合行令仰该部长即便遵照向外交团严重制止，仍将交涉情形具报核办为要。此令。

（中华民国陆海军大元帅之印）
中华民国十三年四月三日

据大本营秘书处编《陆海军大元帅大本营公报》第十号（广州一九二四年四月十日）

给郑洪年的命令

（一九二四年四月三日）①

江门向担任此责②，近日不知如何忽然短交。务望严责照数交足为要。

据《广州民国日报》一九二四年四月七日《财厅催解江门海防费》

---

① 原令未署日期。按郑洪年致函江门财政处公布此令的日期为江（三）日，今据此酌定。
② 海防司令部（驻江门）的经费一向由江门财政处拨给，每天约一千二百元。

给林翔的指令

（一九二四年四月三日）

大元帅指令第三一八号

令大本营审计局局长林翔

呈复审核粮食管理处开办费及自成立日起至裁撤日止开支经常、临时各费请予核销，并饬照式补造支出计算书由

呈悉。前大本营粮食管理处督办赵士觐造送开办费，及自该处成立日起至裁撤日止开支经常、临时各费数目清册，既经审查，尚无不合，自应准予核销。仰候令饬依式补造支出计算书二份，呈送备案可也。原呈存。此令。

（中华民国陆海军大元帅之印）

中华民国十三年四月三日

据大本营秘书处编《陆海军大元帅大本营公报》第十号
（广州一九二四年四月十日）

给赵士觐的指令

（一九二四年四月三日）

大元帅训令第一三六号

令前大本营粮食管理处督办赵士觐

为令知事：案查前据该前督办造送收支四柱总册一本、开办费报销分册一本、开办后一个月份支出分册一本暨单据粘存簿二本，请予核销前来。当经发交大本营审计局审查去讫。兹据复称，审查数目尚无错误，核对支出单据亦属相符，应请准予核销。惟该督办所造各册均与定式不符，拟请令饬依式另造开办费，及经常、临时费支出计算书两份，呈送备案等情。据此，除指

令照准外,合行令仰该前督办即便知照,并依式速造支出计算书两份补送备案。切切。此令。

(中华民国陆海军大元帅之印)
中华民国十三年四月三日
据大本营秘书处编《陆海军大元帅大本营公报》第十号
(广州一九二四年四月十日)

命发朱培德所部开拔费令

(一九二四年四月三日)①

大元帅令

着财政委员会筹给朱培德所部开拔连阳费四千元。

据陈旭麓、郝盛潮主编,王耿雄等编《孙中山集外集》(上海人民出版社一九九○年版)

批拨给董福开饷项谕

(一九二四年四月三日)②

饬财政委员会速筹二万元,拨给董福开新编军队饷项。

据陈旭麓、郝盛潮主编,王耿雄等编《孙中山集外集》(上海人民出版社一九九○年版)

---

① 此件所标时间系财政委员会第二十六次会议决案日期。
② 此件所标时间系财政委员会第二十六次会议决案日期。

命发刘觉民公费令

（一九二四年四月三日）①

大元帅令

着财政委员会提前筹拨刘觉民公费一千元。

据陈旭麓、郝盛潮主编，王耿雄等编《孙中山集外集》（上海人民出版社一九九〇年版）

命发豫鲁招抚使署经费令

（一九二四年四月三日）②

大元帅令

豫鲁招抚使署每日需用伙食公费，准照表列数目支给，仰财政委员会知照筹拨。

据陈旭麓、郝盛潮主编，王耿雄等编《孙中山集外集》（上海人民出版社一九九〇年版）

命发会计司经费令

（一九二四年四月三日）③

大元帅令

着财政部筹给会计司经费一万元。

据陈旭麓、郝盛潮主编，王耿雄等编《孙中山集外集》（上海人民出版社一九九〇年版）

---

① 此件所标时间系财政委员会第二十六次会议决案日期。
② 此件所标时间系财政委员会第二十六次会议决案日期。
③ 此件所标时间系财政委员会第二十六次会议决案日期。

给财政委员会的手令

（一九二四年四月三日）①

大元帅令

着财政委员会通饬各财政机关，自四月一日起，每日将所收各款悉数解交该会，公决分配。

据陈旭麓、郝盛潮主编，王耿雄等编《孙中山集外集》（上海人民出版社一九九〇年版）

裁撤广东全省船民自治联防督办令

（一九二四年四月四日）

大元帅令

广东全省船民自治联防督办一职，着即裁撤。此令。

（中华民国陆海军大元帅之印）

中华民国十三年四月四日

据大本营秘书处编《陆海军大元帅大本营公报》第十号（广州一九二四年四月十日）

---

① 此件所标时间系财政委员会第二十六次会议决案日期。

给朱培德的命令

（一九二四年四月四日）①

连阳②防务,着由中央直辖第一军派队填防。

据《广州民国日报》一九二四年四月十五日《朱培德呈报接收连阳防务》

给叶恭绰的指令

（一九二四年四月四日）

大元帅指令第三二〇号
　　令大本营财政部长叶恭绰
　　呈报撤消〔销〕广东全省奥加可捐,改归部办,施行印花税,录送章程,乞予察核备案由
　　如呈备案。章程存。此令。

（中华民国陆海军大元帅之印）
中华民国十三年四月四日
据大本营秘书处编《陆海军大元帅大本营公报》第十号（广州一九二四年四月十日）

---

① 原令未署日期。按4月15日《广州民国日报》云："连县防务已于支日（四日）接收清楚。"据此推测,该令应在4月4日之前,今暂作4日。

② 连阳,指广东的连县、连山、阳山。

给林翔的指令

（一九二四年四月四日）

大元帅指令第三二一号

  令大本营审计局长林翔

  呈复审核卸建设部长兼代财政部长邓泽如呈送建设部开办费暨十二年四五月份收支各计算书，又财政部开办费暨十二年三四五六月份收支各计算书，尚属核实，应准予核销由

  呈悉。应照准。候令行建设部、财政部分别遵照可也。此令。

（中华民国陆海军大元帅之印）
中华民国十三年四月四日

据大本营秘书处编《陆海军大元帅大本营公报》第十号
（广州一九二四年四月十日）

给鲁涤平的指令

（一九二四年四月四日）

大元帅指令第三二二号

  令禁烟督办鲁涤平

  呈报就职日期由

  呈悉。此令。

（中华民国陆海军大元帅之印）
中华民国十三年四月四日

据大本营秘书处编《陆海军大元帅大本营公报》第十号
（广州一九二四年四月十日）

给大本营建设部财政部的训令

（一九二四年四月四日）

大元帅训令第一三八号

　　令大本营建设部、财政部

　　为令知事：据卸大本营建设部长兼代大本营财政部长邓泽如呈送建设部开办费计算书暨十二年四、五月份收支计算书附属表簿，又财政部开办费计算书暨十二年三、四、五、六月份收支计算书附属表簿，请饬局核销等情前来。经发交审计局审查，据复称该卸部长册列各数尚无浮滥，计核销建设部开办费共一千二百九十六元八毫八仙，四月份经常费共一千九百八十四元一毫八仙，五月份经常费共四千三百七十七元六仙。又财政部开办费共一千零八十二元七仙，三月份经常费共八百七十一元七毫八仙，四月份经常费共四千五百二十三元三毫四仙，五月份经常费共五千一百三十八元二毫二仙，六月份经常费共四千七百十二元八仙。以上各数尚属核实，均应准予核销等情。据此，除指令照准并分令外，仰该部长查照，并行知该卸部长知照可也。此令。

（中华民国陆海军大元帅之印）

中华民国十三年四月四日

据大本营秘书处编《陆海军大元帅大本营公报》第十号
（广州一九二四年四月十日）

给程潜的训令

（一九二四年四月四日）

大元帅训令第一三九号

  令大本营军政部长程潜

  为令遵事：前据广州各商埠柴行、竹行代电呈称："军队、土匪设卡抽费，民不堪命，乞令取消"等情。经交财政委员会查酌拟办，兹据呈复："案经本会三月二十七日第二十四次特别会议决，录案呈请明令禁止"等因前来，应予照准。合行令仰该部长查照，通令各军一律禁止，以苏民困。此令。

（中华民国陆海军大元帅之印）
中华民国十三年四月四日

据大本营秘书处编《陆海军大元帅大本营公报》第十号
（广州一九二四年四月十日）

给叶恭绰杨庶堪的指令

（一九二四年四月四日）

大元帅指令第三二三号

  令财政委员会主席叶恭绰、杨庶堪

  呈复经已录令送由鲁督办涤平遵照解散水陆侦缉联合队由

  呈悉。此令。

（中华民国陆海军大元帅之印）
中华民国十三年四月四日

据大本营秘书处编《陆海军大元帅大本营公报》第十号
（广州一九二四年四月十日）

给吴铁城的指令

（一九二四年四月四日）

大元帅指令第三二四号
令广东省警卫军司令吴铁城
呈报就职及启用印信日期由
呈悉。此令。

（中华民国陆海军大元帅之印）

中华民国十三年四月四日

据大本营秘书处编《陆海军大元帅大本营公报》第十号（广州一九二四年四月十日）

给樊钟秀的命令

（一九二四年四月六日）

现以原驻南雄、始兴滇军兵力颇薄，且赣方屡思侵扰，为慎重该处防务起见，命令豫军总司令樊钟秀从速酌派所部增防南雄、始兴一带。

据《广州民国日报》一九二四年四月七日《帅令豫军协防南、始》

给闽南部队的命令

（一九二四年四月七日）①

现以漳局已完全结束，亟须出兵潮汕，以收前后夹击东江陈军，早日结

---

① 此件所标时间系《广州民国日报》刊载日期。

束粤局之效。命令闽南各部队,除闽军留为对付泉州方面之敌外,其余所有闽南各自治军及东路讨贼军均一律向粤边进发,限日攻取潮汕,以堵截东江叛军之后路。

据《广州民国日报》一九二四年四月七日《帅令闽南军进取潮汕》

给赵士觐的指令

(一九二四年四月七日)

大元帅指令第三二五号

令两广盐运使赵士觐

呈西江巡舰舰队主任函请备款接收定海、江平、福海等缉私舰,应否准给,请令遵并请派员收回各舰由

呈悉。擅留运署巡舰,妨碍缉私,殊为不合。未予处罚,已属从宽。该舰队主任所称发给垫款之处,未便照准。所有平南及定海、江平、福海各舰,候令参军处派员会同海防司令,饬舰前往收回交该使接管可也。此令。

(中华民国陆海军大元帅之印)
中华民国十三年四月七日

据大本营秘书处编《陆海军大元帅大本营公报》第十号
(广州一九二四年四月十日)

给林若时张开儒的训令

(一九二四年四月七日)

大元帅训令第一四〇号

令海防司令林若时、大本营参军长张开儒

为令遵事：据两广盐运使赵士觐呈称："呈为呈请核示事：窃查盐税为国家正供,所有军饷及行政费莫不赖此开支。粤省政变之后,盐税收入日形短绌,上年统计,较之民国十一年不及十分之四。虽由西、北两江道途梗塞,运销未能畅旺,亦未始不由缉私巡舰被各军借用,不能查缉私盐有以致之。查运署原有缉私巡舰一十四艘,除沉没破坏不计外,现在所存寥寥无几。内有平南一艘,先被滇军第三军蒋军长光亮借用,又定海、江平、福海三艘,先后驶离省河,由西江善后李督办济深收留差遣,业经邓、伍各前运使①及运使任内,迭次呈请帅座令饬各军交还运署,以便派往缉私,而裕税收在案。嗣奉大本营参谋处函知：业已电饬各军克日交还,嘱即派员前往接收等因。遵即派员分投接洽,讵意滇军蒋军长则称请将平南舰暂留运兵,一俟驻扎九江军队运回省城,即行交还。西江善后督办则称定海、江平、福海三舰已饬舰队主任招桂章,令其刻日集中江门,与运署派员接洽交代。当经派员迭次磋商,现据西江巡舰舰队处招主任函称,前垫支接收各舰运动费,及购回舰内机件费,共约港纸银二千二百元,修理及起绞费约毫银五千四百元,购煤费约毫银八千六百元,伙食费约毫银二千元,士兵恤款毫银八百元,士兵购置棺木殓费毫银四百元,各项共计一万九千余元。目下交还缉舰消息传播,各债权人均向同人等陈请,佥谓当时挪借巨款,纯系友谊的互助。倘各舰交还之后,此项债务一旦移归政府,则归款势将延宕。似此情形,各舰长谅当负责,断无善始毁终等语。谆谆数四,词恻理长,揆理衡情,万难恝然不顾。因是对于兹事深感困难,用特函达,请早日派员携足款项来江接收,庶得以早卸仔肩,而清手续等情。查该主任函称虽非无因,惟所开各项有无浮滥,及各该舰在西江督办处服务时,曾否领过该款之处,无从查考,且运署每日所收盐款,业已奉饬拨支各军饷项,至该招主任函开各款,应否准发,运使未敢擅便,理合备文呈请帅座鉴核指令祗遵,并请派员将平南、定海、江平、福海各舰一并收回转发运使,以便派往缉私,实为公便"等情前来。据此,除指令"呈悉。擅留运署巡舰,妨碍缉私,殊为不合。未予处罚已属从宽。该舰队主任所称发给垫支之处,未

---

① 邓、伍各前运使,即邓泽如、伍汝康。

便照准。所有平南及定海、江平、福海各舰,候令行参军处派员会同海防司令,饬舰前往收回交该使接管可也"印发外,仰该司令、参军长即便遵照办理。此令。

(中华民国陆海军大元帅之印)

中华民国十三年四月七日

据大本营秘书处编《陆海军大元帅大本营公报》第十号(广州一九二四年四月十日)

命暂行停付湘军给养费令

(一九二四年四月七日)①

大元帅令

　　着财厅、市厅、运使于本月十日以前,预发湘军十日经常给养六万元,特别给养三万元,该三机关每日所担任中央军需处之款,准自本月七日起暂行停付,仰〈财政委员〉会查照。

据陈旭麓、郝盛潮主编,王耿雄等编《孙中山集外集》(上海人民出版社一九九〇年版)

命发冯肇铭垫款令

(一九二四年四月七日)②

大元帅令

　　着财政委员会发还卸海防司令冯肇铭垫款一万二千四百四十九元六角。

据陈旭麓、郝盛潮主编,王耿雄等编《孙中山集外集》(上海人民出版社一九九〇年版)

---

① 此件所标时间系财政委员会第二十七次会议决案日期。
② 此件所标时间系财政委员会第二十七次会议决案日期。

命发何雪竹军费令

（一九二四年四月七日）①

大元帅令

着财政委员会筹给何雪竹部队军费二万五千元。

据陈旭麓、郝盛潮主编，王耿雄等编《孙中山集外集》（上海人民出版社一九九〇年版）

命发李明扬给养费令

（一九二四年四月七日）②

大元帅令

着财政委员会先筹给李明扬给养费十日，并出发费五千元。

据陈旭麓、郝盛潮主编，王耿雄等编《孙中山集外集》（上海人民出版社一九九〇年版）

命发航空局经费令

（一九二四年四月七日）③

大元帅令

着财政委员会筹给航空局飞机运费及飞机师旅费共八千元。

据陈旭麓、郝盛潮主编，王耿雄等编《孙中山集外集》（上海人民出版社一九九〇年版）

---

① 此件所标时间系财政委员会第二十七次会议决案日期。
② 此件所标时间系财政委员会第二十七次会议决案日期。
③ 此件所标时间系财政委员会第二十七次会议决案日期。

命筹拨定购电机费令

（一九二四年四月七日）①

大元帅令

　　据谭总指挥报称：无线电报局长冯伟报称：电机不敷，曾定购三副，需找港币九千元，方可取出等语。请迅饬如数筹拨，以利军用等情。交〈财政委员〉会筹拨。

据陈旭麓、郝盛潮主编，王耿雄等编《孙中山集外集》（上海人民出版社一九九〇年版）

追赠萧学智令

（一九二四年四月七日）

大元帅令

　　据大本营军政部长程潜呈复：拟请将已故滇军第三军军部少将副官长萧学智追赠陆军中将。萧学智着追赠陆军中将。此令。

（中华民国陆海军大元帅之印）
中华民国十三年四月七日
据大本营秘书处编《陆海军大元帅大本营公报》第十号（广州一九二四年四月十日）

---

① 此件所标时间系财政委员会第二十七次会议决案日期。

给林云陔的指令

（一九二四年四月八日）

大元帅指令第三二六号

　　令广东高等检察厅检察长林云陔

　　呈请令饬禁烟督办以后犯鸦片烟罪人犯务须送由法庭依法科断由

　　呈悉。禁烟督办之设，原为厉行禁烟起见。所有缉获烟犯，自应送交法院依法审判，以重法权。仰候令饬该督办遵照办理。其原颁禁烟条例中，有与现行刑律抵触者，并候饬由该督办查明，呈请修正可也。仍候令大理院长兼管司法行政事务转行各级法院一体知照。此令。

（中华民国陆海军大元帅之印）

中华民国十三年四月八日

据大本营秘书处编《陆海军大元帅大本营公报》第十号

（广州一九二四年四月十日）

给鲁涤平赵士北的训令

（一九二四年四月八日）

大元帅训令第一四一号

　　令禁烟督办鲁涤平、大理院长兼管司法行政事务赵士北

　　为令饬事：案据广东高等检察厅检察长林云陔呈称："呈为呈请事：窃查鸦片烟罪原属刑事范围，向来各机关对于此项犯罪人，一律均送由法院办理。自禁烟督办署成立后，既以实行烟禁，湔除烟毒为宗旨，则发现此项犯罪人，当亦日见其多，若非陆续送由法院科断究办，恐不足以收禁烟之实效。职厅有见于此，理合具文呈请大元帅察核，伏乞饬令禁烟督办署，嗣后对于

犯鸦片烟罪人,务须随时照案送由法院办理,以重法权,而明统系"等情。据此,当经指令"呈悉。禁烟督办之设,原为实行烟禁起见,所有缉获烟犯,自应送交法院依法审判,以重法权。仰候令饬该督办遵照办理。其原颁禁烟条例中,有与现行刑律抵触者,并候饬由该督办查明,呈请修正可也。仍候令大理院长兼管司法行政事务转行各级法院,一体知照。此令。"除指令印发并分令外,合行令仰该督办即行遵照办理,院长即便转行各级法院一体知照。切切。此令。

(中华民国陆海军大元帅之印)

中华民国十三年四月八日

据大本营秘书处编《陆海军大元帅大本营公报》第十号

(广州一九二四年四月十日)

给李福林的指令

(一九二四年四月八日)

大元帅指令第三二七号

令东路讨贼军第三军军长李福林

呈报遵令解散新塘至大览尾一带私立勒收保护费机关情形由

呈悉。该军长此次奉令解散新塘至大览尾一带私立勒收保护费机关,未及旬日即行办理完竣。具见办事认真,殊堪嘉尚。仰仍督饬所部随时留心稽查,毋任故态复萌,贻害商旅。是为至要。此令。

(中华民国陆海军大元帅之印)

中华民国十三年四月八日

据大本营秘书处编《陆海军大元帅大本营公报》第十号

(广州一九二四年四月十日)

给沈荣光的命令

（一九二四年四月八日）①

令沈荣光着将收缴钟部②枪械概予发还，以重友谊。

据《广州民国日报》一九二四年四月九日《帅令发还钟明阶枪械》

给大本营参谋处的命令

（一九二四年四月九日）③

肃清东江，业经联军攻击前进，逆军溃窜势所必至。即着李明扬迅率所部开赴新丰、连平、和平方面驻扎，分兵兜剿败窜之匪，兼卫地方。切切。此令。

据《广州民国日报》一九二四年四月九日《令李明扬兜剿陈军》

给伍学熀的指令

（一九二四年四月九日）

大元帅指令第三二八号

  令兼广东全省船民自治督办伍学熀

  呈请辞去兼职由

  呈悉。已明令准辞兼职，同日并有令将广东全省自治督办一职裁撤。

---

① 此件所标时间根据4月9日《广州民国日报》云"昨沈已来电粤中，催促钟氏前往领还矣"酌定。
② "钟部"即钟明阶部。
③ 此件所标时间系《广州民国日报》发表日期。

仰即遵照,赶将任内经营款项及一切事宜结束,清楚具报察核,并将关防缴销。附件存。此令。

(中华民国陆海军大元帅之印)

中华民国十三年四月九日

据大本营秘书处编《陆海军大元帅大本营公报》第十号

(广州一九二四年四月十日)

给鲁涤平的指令

(一九二四年四月九日)

大元帅指令第三二九号

　　令禁烟督办鲁涤平

　　呈请简派雷飚为总务厅厅长,缪笠仁为督察处处长,并呈履历由

呈悉。履历存。已分别令派矣。此令。

(中华民国陆海军大元帅之印)

中华民国十三年四月九日

据大本营秘书处编《陆海军大元帅大本营公报》第十号

(广州一九二四年四月十日)

给伍朝枢的指令

(一九二四年四月九日)

大元帅指令第三三〇号

　　令大本营外交部长伍朝枢

　　呈请电饬新会梁事务所长将沙碧近轮船解省,交回德领转给德商管〔营〕业由

呈悉。已电新会县长查照,将该轮解省矣。此令。

（中华民国陆海军大元帅之印）

中华民国十三年四月九日

据大本营秘书处编《陆海军大元帅大本营公报》第十号
（广州一九二四年四月十日）

给程潜的指令

（一九二四年四月九日）

大元帅指令第三三一号

令大本营军政部长程潜

呈请饬令梧州关监督等扣留罗封轮船,发还法商智利洋行具领由

呈悉。应照准。已令行黄师长①及梧州关监督查照办理矣。仰即知照。此令。

（中华民国陆海军大元帅之印）

中华民国十三年四月九日

据大本营秘书处编《陆海军大元帅大本营公报》第十号
（广州一九二四年四月十日）

给黄绍竑戴恩赛的训令

（一九二四年四月九日）②

大元帅训令第一四二号

令西路讨贼军第五师师长黄绍雄〔竑〕、梧州关监督戴恩赛

---

① 黄师长,即西路讨贼军第五师师长黄绍竑。
② 原件无具体日期。按《陆海军大元帅大本营公报》有先发训令后发指令惯例,据《大元帅指令》第三三一号内容印证,此件发表日期拟为4月9日。

为令遵事：据大本营军政部长程潜呈报："现准法国领事函开：关于智利洋行罗封轮船，海关注册第二千一百五十六号一事，经本领事曾屡次照会贵部长在案。顷据确实报告，该轮为军队强劫骑去，后改名为飞鲸，又名飞捷，现决意将该轮在梧州发卖等语。本领事闻悉之下，不胜骇异。盖此等行为与强盗无异，因害及敝国商人，故特函声明：如三日内不能将该轮发还，则贵政府应完全负责，不特需赔偿该轮之价值，且本领事另提出要求该轮无理受封后之损失。恳请贵部长即日通电，严令地方负责之官员，将行为如强盗之军队，处以惩戒为荷等由。理合备文呈请帅座令饬广西讨贼军第一军黄总指挥及梧州海关监督一体知照，如遇有上列名号之轮船行驶，即予扣留以便发还具领，免酿交涉"等情。据此，除指令照准并分令外，合行令仰该师长、监督即便遵照。此令。

(中华民国陆海军大元帅之印)

中华民国十三年四月　日

据大本营秘书处编《陆海军大元帅大本营公报》第十号
(广州一九二四年四月十日)

给军政府各税收机关的命令

(一九二四年四月九日)①

各收入机关，每日所收款项，向有解归军政部者，有解中央军需处者，有解大本营会计司者，纷歧不一，以致核计支配均难。大元帅以现在力谋统一财政，关于收入，必先有统计，其于支出亦须妥为分配，方不致紊乱。特分令各征收机关，自本四月一日起，所有收入款项，须按日解交财政委员会，以便由该会统计支配。

据《广州民国日报》一九二四年四月十日《帅令统一收入机关》

---

① 此件所标时间据4月10日《广州民国日报》云"昨特分令"酌定。

批刘培寿等快邮代电

（一九二四年四月十日）

往事不咎，只问明柏烈武①今后对于联省主张如何，明白答复。文批。

据中国国民党中央文化传播委员会党史馆藏一般档案 052/495

给广州市政厅的命令

（一九二四年四月十日）②

特着令市政厅筹九万元，盐运署筹六万元，财政厅筹五万元，合共二十万元。赶于日间凑足，完全解交湘军总部转发左路湘军，俾得速收复河源，解决东江军事。

据《广州民国日报》一九二四年四月十一日《帅令迅筹前敌军饷》

给鲁涤平的指令

（一九二四年四月十日）

大元帅指令第三三二号

令禁烟督办鲁涤平

呈请取消前督办任内已拨未发之款，以便专心整理由

---

① 即柏文蔚（字烈武）。
② 此件所标时间系根据4月11日《广州民国日报》云"大元帅日昨特着令……"酌定。

呈悉。杨前督办任内奉拨未发之款究尚若干，仰即咨催前任赶紧造册，连同各项交代，咨由该督办核明转报来府，以凭通令取消。在未通令以前，有持从前拨款命令向该督办署支款者，准其止付。所有该署收入，除留本署开支外，应悉数造报，听候指拨可也。此令。

（中华民国陆海军大元帅之印）

中华民国十三年四月十日

据大本营秘书处编《陆海军大元帅大本营公报》第十一号

（广州一九二四年四月二十日）

给广东地方善后委员会的指令

（一九二四年四月十日）

大元帅指令第三三三号

　　令广东地方善后委员会

　　呈请撤销广东全省船民联防，以恤民艰由

　　呈悉。广东全省船民自治联防督办已明令撤销矣。此令。

（中华民国陆海军大元帅之印）

中华民国十三年四月十日

据大本营秘书处编《陆海军大元帅大本营公报》第十一号

（广州一九二四年四月二十日）

给杨庶堪的指令

（一九二四年四月十日）

大元帅指令第三三四号

　　令广东省长杨庶堪

呈复遵令调查广东全省船民自治联防情形,请察核由

呈悉。广东全省船民自治联防督办业已明令裁撤矣。此令。

（中华民国陆海军大元帅之印）

中华民国十三年四月十日

据大本营秘书处编《陆海军大元帅大本营公报》第十一号（广州一九二四年四月二十日）

给范石生的指令

（一九二四年四月十日）

大元帅指令第三三六号

令中央直辖滇军第二军军长范石生

呈据情转呈请严令撤销护商机关由

呈悉。已令行军政部通令严切禁止矣。此令。

（中华民国陆海军大元帅之印）

中华民国十三年四月十日

据大本营秘书处编《陆海军大元帅大本营公报》第十一号（广州一九二四年四月二十日）

命发永丰广北两舰经费令

（一九二四年四月十日）①

大元帅令

着筹饷总局督办垫给永丰、广北两舰,并陆战官兵饷项一个月一万一千

---

① 此件所标时间系财政委员会第二十八次会议决案日期。

一百元。

> 据陈旭麓、郝盛潮主编,王耿雄等编《孙中山集外集》(上海人民出版社一九九〇年版)

命发各医院经费令

(一九二四年四月十日)①

大元帅令

着财政厅、市政厅、公安局先行筹垫各病院伙食、医药费每日一千元。

> 据陈旭麓、郝盛潮主编,王耿雄等编《孙中山集外集》(上海人民出版社一九九〇年版)

命发定货费令

(一九二四年四月十日)②

大元帅令

着吴铁城发给定货费沪洋五千元。

> 据陈旭麓、郝盛潮主编,王耿雄等编《孙中山集外集》(上海人民出版社一九九〇年版)

---

① 此件所标时间系财政委员会第二十八次会议决案日期。
② 此件所标时间系财政委员会第二十八次会议决案日期。

给吴铁城的训令

(一九二四年四月十一日)

大元帅训令第一四三号

令广州市公安局长吴铁城

现查有大本营任命之各招抚使等,往往有在省招兵情事。此种军队多属莠民,麇集省城,屡滋事端,殊堪痛恨。仰该局长即日查明,派出军队前往分别解散,以维治安。除分别令行各该招抚使等遵照解散,嗣后不得仍在省城招兵,致干撤究外,仰即遵照。此令。

(中华民国陆海军大元帅之印)

中华民国十三年四月十一日

据大本营秘书处编《陆海军大元帅大本营公报》第十一号
(广州一九二四年四月二十日)

给赵杰等的训令

(一九二四年四月十一日)

大元帅训令第一四四号

令豫鲁招抚使赵杰、粤闽湘军招抚使刘毅、抚河招抚使马晓军

现查有大本营任命之各省招抚使,往往有在省招兵情事。此种军队多属莠民,麇集省城,屡滋事端,殊堪痛恨。除令行广州市公安局长吴铁城即日查明,派出军队前往,分别解散以维治安外,仰该招抚使即遵照解散,嗣后不得仍在省城招兵,致干撤究。此令。

(中华民国陆海军大元帅之印)

中华民国十三年四月十一日

据大本营秘书处编《陆海军大元帅大本营公报》第十一号
(广州一九二四年四月二十日)

给程潜的指令

（一九二四年四月十一日）

大元帅指令第三三八号

　　令大本营军政部长程潜

　　呈复已故湘车〔军〕所部支队长舒用之等请追赠陆军步兵上校等，并按级给恤由

　　呈悉。舒用之等①均准如所请追赠给恤。仰即遵照办理。此令。

　　　　　　　　　　　　　　　（中华民国陆海军大元帅之印）

　　　　　　　　　　　　　　中华民国十三年四月十一日

　　　　　　　据大本营秘书处编《陆海军大元帅大本营公报》第十一号

　　　　　　（广州一九二四年四月二十日）

给叶恭绰的指令

（一九二四年四月十一日）

大元帅指令第三三九号

　　令大本营财政部长叶恭绰

　　呈复遵令严禁奸商瞒承税捐情形由

　　呈悉。此令。

　　　　　　　　　　　　　　　（中华民国陆海军大元帅之印）

　　　　　　　　　　　　　　中华民国十三年四月十一日

　　　　　　　据大本营秘书处编《陆海军大元帅大本营公报》第十一号

　　　　　　（广州一九二四年四月二十日）

---

① 指舒用之、张鲁才、李刚、祝鼎新、庄金榜。

给广东地方善后委员会的指令

（一九二四年四月十一日）

大元帅指令第三四〇号

　　令广东地方善后委员会

　　呈请严令撤销小北江出入口货捐由

　　呈悉。军队擅抽杂捐,及沿途勒征货税,迭经严令禁止。据称何旅长克夫,近在连江口车站设厂,对于小北江出、入口货按值百抽五,勒收军费,殊属不合。仰候令行蒋军长转饬立即撤销,并候行财政部转咨广东省长知照。此令。

（中华民国陆海军大元帅之印）
中华民国十三年四月十一日

据大本营秘书处编《陆海军大元帅大本营公报》第十一号
（广州一九二四年四月二十日）

给蒋光亮叶恭绰的训令

（一九二四年四月十一日）

大元帅训令第一四六号

　　令中央直辖滇军第三军军长蒋光亮、大本营财政部部长叶恭绰

　　为令饬事：案据广东地方善后委员会呈称："呈为案经议决,据情转达,乞请严令撤销小北江入口货〈捐〉以恤民艰事：窃委员等现据连阳小北江一带公民全体代表陈必正、杨汝威等呈称：'窃公民等小北江一带地方,土瘠民贫,出产物少,向来觅食维难。近年以盗匪充斥,兵燹频加,种种生机不绝如缕。其幸而苟延残喘者,只赖本地柴麦等物,以有易无,博升斗以赡家室。

不料此次军兴,各队之云集连江口站者,语其名堂之不一,几于辨别之无从,一遇小北江货到,无论出口、入口,勒收费用,纷至沓来。甚有同一部分而暗派多人分途抽收者,有公然勒抽至再至三者。明目张胆,商民敢怒而不敢言。稍与理论,非受痛击即被将货抢夺。他不具论,即就出口柴根,已受种种损失。似此重重苛抽,商民裹足不前,百货已腾贵不堪矣。乃有中央直辖滇军第一独立旅旅部士兵,近竟借口军用紧急,复在连江口车站张贴布告,设厂委员,硬将小北江出入口货每值百元勒抽军费五元。商民以其例外苛抽,变本加厉,纷纷集众议决停办、停载,异〔冀〕其稍念民艰,顿生觉悟。不谓迄今多日,停罢者自停罢,抽收者自抽收。呼吁无闻,商艰罔恤。各埠商畏威惧祸,哑忍自甘,惟相戒店不办货,运馆不运,渡船不载行,此因咽〔噎〕废食之策而已。独我小北江贫民生斯、长斯、聚斯,受此莫大打击,欲耕无具,欲劳无工,欲用无物。势不〔必〕至欲炊无米,欲死无所不止。呜呼!谁实为之,为之何哉,有此例外苛抽害民病商?势迫沥情,联呈贵会,俯念商民艰困已达极点,立赐据情转呈大元帅暨杨省长、蒋军长,准予分令独立旅长何克夫,将抽收小北江出入口货捐厂撤销,以苏民困'"等情。据此,当经指令"呈悉。军队擅抽杂捐及沿途勒征货税,迭经严令禁止。据称何旅长克夫近在连江口车站设厂,对于小北江出、入口货,按值百抽五勒收军费,殊属不合。仰候令行蒋军长转饬立即撤销,并候行财政部转咨广东省长知照。此令"等语,除指令印发并分行外,合行令仰该军长立即转饬遵照撤销,仍将停收日期暨遵办情形报查,该部长即便转咨广东省长知照。此令。

(中华民国陆海军大元帅之印)

中华民国十三年四月十一日

据大本营秘书处编《陆海军大元帅大本营公报》第十一号
(广州一九二四年四月二十日)

追赠韩恢伏龙令

（一九二四年四月十一日）

大元帅令

　　故江苏招讨使、讨贼军总司令韩恢，江苏陆军第六师师长兼参谋长伏龙，生立功勋，死极惨烈，经交由大本营军政部议复，请予赠恤。韩恢着追赠陆军上将，伏龙着追赠陆军中将，均照阵亡例给恤，以昭忠烈。此令。

（中华民国陆海军大元帅之印）

中华民国十三年四月十一日

据大本营秘书处编《陆海军大元帅大本营公报》第十一号（广州一九二四年四月二十日）

给樊钟秀的命令

（一九二四年四月十二日）①

　　特令豫军樊总司令：迅率所部主力军加入作战，先行收复两阳②，进剿高雷③。

据《广州民国日报》一九二四年四月十四日《豫军加入南路作战》

---

① 该令日期据4月14日《广州民国日报》载："樊总司令奉令后特先调留驻韶关之豫军一营全部撤调来省……该营经于昨十二日由韶关乘专车来省"酌定。
② 两阳，即广东境内阳江、阳春两县。
③ 高雷，即广东西南部之高州、雷州。

给李福林的指令

（一九二四年四月十二日）

大元帅指令第三四一号

　　令东路讨贼军第三军军长李福林

　　呈报枪决匪犯彭彦等日期，乞察核发交军政部备案由

　　呈悉。候令行军政部查照备案可也。此令。

（中华民国陆海军大元帅之印）

中华民国十三年四月十二日

据大本营秘书处编《陆海军大元帅大本营公报》第十一号

（广州一九二四年四月二十日）

给程潜的训令

（一九二四年四月十二日）

大元帅训令第一四七号

　　令大本营军政部长程潜

　　为令行事：据东路讨贼军第三军军长李福林呈称："窃军长于本月八日遵奉帅令，派队凭线前赴长洲围捕，拿获著匪彭彦、简标、简锡（混名大针板）、简成（混名大旧成）、简普文（混名猪仔）、陈夭仔等六名，另嫌疑犯人屈为曾、纪成等一十六名。经将匪徒拒捕，伤亡职部兵士五名各情，据情呈报在案。提讯各匪，据供：是日兵匪交战之时，梁驹督率拒捕，当场伤毙并烧毙匪徒彭苏、屈仲二名等语。复据彭彦供称：前于民国十年充当职部排长，开驻韶关，因不愿北伐，唆摆士兵挟械同逃后，伙同简标、简锡、简普文、简成、彭昌、彭五、彭鸿、彭海、彭苏、彭体等，纠党骑劫江门大利轮船一次，截劫东

圃鱼珠车渡二次,其余在水面行劫多次不能记忆。陈癸仔一犯供认:伙同彭昌、简标等匪骑劫东莞稍潭拖渡一次。此次大利轮船案内,劫匪彭昌、彭五、彭鸿、彭海、彭苏、彭体、彭志、彭同等多名,均由彭彦一人介绍前往长洲当差,暂时躲避,后因马司令①停发伙食已十余天,彭昌等匪已逃往他方等语。查各匪供词确凿,直认不辞。复因获犯简锡受伤已重,未便久延。除将各嫌疑犯人复提研讯外,谨于本月九日提出讯实匪犯彭彦、简标、简锡、简成、简普文、陈癸仔等六名,验明正身,派队押赴河南宝冈地方宣布罪状,依法枪决,以昭炯戒。理合将决犯日期备文呈报钧座察核,伏乞发交军政部备案,实为公便"等情。据此,除指令外,合行令仰该部长即便查照备案。此令。

（中华民国陆海军大元帅之印）

中华民国十三年四月十二日

据大本营秘书处编《陆海军大元帅大本营公报》第十一号
（广州一九二四年四月二十日）

给林翔的指令

（一九二四年四月十二日）

大元帅指令第三四三号

　　令大本营审计局局长林翔

　　呈复审核广东兵工厂十二年四五六月份预算书,乞予鉴核备案由

　　呈悉。准予核定备案,仰候令军政部转饬该厂知照可也。原呈暨预算书均存。此令。

（中华民国陆海军大元帅之印）

中华民国十三年四月十二日

据大本营秘书处编《陆海军大元帅大本营公报》第十一号
（广州一九二四年四月二十日）

---

① 马司令,即长洲要塞司令马伯麟。

给程潜的训令

（一九二四年四月十二日）

大元帅训令第一四九号

  令大本营军政部长程潜

  为令饬事：案查前据广东兵工厂长马超俊造呈该厂十二年四、五、六等月支出预算书前来，当经发交大本营审计局详加审核去讫。兹据复称："为呈复事：案奉大元帅发下广东兵工厂厂长马超俊呈缴十二年四、五、六等月份支出预算书各二件，查该厂预算书内官长薪水及厂长公费均未照军政部订定饷章计算，当经函请派员说明，并请具函证实，旋准函开：前准贵局大函以敝厂十二年四、五、六月份预算书有未甚明了之处，嘱派经办人员来局接洽，以便谘询一切等因。当即派敝厂三等军需正周梓骥、军需金彝光前赴贵局接洽。兹据该员等回厂面称：昨奉派赴大本营审计局，经将本厂大概情形陈述，惟预算书内厂长及各员司薪水未曾折扣，公费亦未免太多，须将缘由备函声明等情前来。查敝厂自厂长以及各员司之薪水照十足支给，此事系由朱前厂长①呈奉帅座面准。至公费一节，缘敝厂历任厂长凡因公晋省，向系开支旅费。朱前厂长接事之初，正当沈鸿英蹂躏本厂之后，规复伊始，头绪纷繁。又值军事倥偬，不时晋省。故每月总开报公费四百元，以免烦琐。此事亦经朱前厂长回明帅座在案。所有以上各缘由，相应据实函达，请烦查照等由。准此，官长薪水及厂长公费既经钧帅面准，自可作为预算之定额。又查包工工资栏内，照该书备考核算，少计八角八分，惟属预算，似无庸议。除将广东兵工厂十二年四、五、六等月份预算书各提一份留局存案外，理合备文连同原呈暨预算书呈请钧帅鉴核备案，实为公便"等情。据此，当经指令"呈悉。准予核定备案。仰候令军政部转饬该厂知照可也。

---

① 朱前厂长，即朱和中。

原呈暨预算书均存。此令。"除指令印发外,合行令仰该部即便转饬该厂知照。此令。

(中华民国陆海军大元帅之印)
中华民国十三年四月十二日
据大本营秘书处编《陆海军大元帅大本营公报》第十一号
(广州一九二四年四月二十日)

给何家猷的指令

(一九二四年四月十二日)

大元帅指令第三四四号

  令广东电政监督兼广州电报局长何家猷

  呈请令饬财政委员会筹拨的款,清还大东、大北两公司电费,并永远维持电政,并附香港电局原函由

  呈函均悉。该局欠大东、大北两公司电费,应饬由沙面电报局拨款清偿,余俟财政充裕再行筹拨。仰即遵照。原函发还。此令。

(中华民国陆海军大元帅之印)
中华民国十三年四月十二日
据大本营秘书处编《陆海军大元帅大本营公报》第十一号
(广州一九二四年四月二十日)

给程潜的指令

(一九二四年四月十二日)

大元帅指令第三四五号

  令大本营军政部长程潜

呈复请准予追赠韩恢以陆军上将，伏龙以陆军中将，均照阵亡例给恤由呈悉。韩恢等已明令准予赠恤矣。仰即遵照办理。此令。

（中华民国陆海军大元帅之印）

中华民国十三年四月十二日

据大本营秘书处编《陆海军大元帅大本营公报》第十一号（广州一九二四年四月二十日）

给杨希闵等的训令

（一九二四年四月十二日）

大元帅训令第一五〇号

令中央直辖滇军总司令杨希闵、湘军总司令谭延闿、豫军讨贼军总司令樊钟秀、桂军总司令刘震寰、东路讨贼军总司令许崇智、中央直辖广东讨贼军第四军军长梁鸿楷、中央直辖第一军军长朱培德、中央直辖第二军军长黄明堂、中央直辖第七军军长刘玉山、中央直辖第三军军长卢师谛、北伐讨贼军第二军军长柏文蔚、北伐讨贼军第三军军长胡谦

现查有大本营任命之各招抚使、各军长，往往有在省招兵情事。此种军队多属莠民，麕集省城，屡滋事端，殊堪痛恨。除令行广州市公安局长吴铁城即日查明，派出军队前往将各该招抚使在省所招之军队分别解散，以维治安外，仰该总司令、军长即便转饬所属一体遵照，嗣后不得在省城招兵，致干查究。切切。此令。

（中华民国陆海军大元帅之印）

中华民国十三年四月十二日

据大本营秘书处编《陆海军大元帅大本营公报》第十一号（广州一九二四年四月二十日）

给陈兴汉的指令

（一九二四年四月十二日）

大元帅指令第三四七号

　　令管理粤汉铁路事务陈兴汉

　　呈请饬下财政委员会，嗣后无论何项机关、何部军队，不得再向该路派担款项，俾得暂维路务由

　　呈悉。仰候令行财政委员会遵照：嗣后无论何项机关、何部军队，暂均不得再向该路派担款项可也。此令。

（中华民国陆海军大元帅之印）

中华民国十三年四月十二日

据大本营秘书处编《陆海军大元帅大本营公报》第十一号
（广州一九二四年四月二十日）

给财政委员会的训令

（一九二四年四月十二日）

大元帅训令第一五二号

　　令财政委员会

　　为令行事：据管理粤汉铁路事务陈兴汉呈称："案查职路前以机车损坏，枕木废烂，拟请停提路款三个月，俾资修理一案，呈奉钧座发交财政委员会议决暂缓从议等因。本应遵照，惟查职路机车损坏、霉锈不能行驶者实居多数。现在虽有少数勉强可用者，机件亦多亏损。至沿路枕木日久未换，废烂尤多。以致脱钩出轨之事迭见发生，此皆由职路负担过重，乏款修理有以致之。第收入无多而支出日巨，所有积欠员司薪水与及各项账目为数虽巨，

然犹属余事。但修路为目前要素,倘再延时日不予修理,不免危险迭生,势必成为废路而后已。职目睹危状,再四思维,舍暂停日提路款之策,则虽有巧妇亦难为无米之炊。职为维持现状免有贻误起见,谨再沥情具呈钧座鉴核,伏乞转发财政委员会仍照前案,酌予停提路款,俾得稍购材料,从速择要修理,免生危险。抑更有请者:职路负担之重已达极点,目下支持已形岌岌之势,应请并案饬下财政委员会,嗣后无论何项机关,何部军队,不得再向职路派担款项,俾得暂维路务,以利交通。是否有当,仍候指令祗遵"等情。据此,除指令"呈悉。仰候令行财政委员会遵照,嗣后无论何项机关、何部军队,暂均不得再向该路派担款项可也。此令"印发外,合行令仰该会即便遵照办理。此令。

(中华民国陆海军大元帅之印)
中华民国十三年四月十二日

据大本营秘书处编《陆海军大元帅大本营公报》第十一号
(广州一九二四年四月二十日)

给林森的指令

(一九二四年四月十二日)

大元帅指令第三四八号

　　令大本营建设部长林森

　　呈为令同内政部拟订《广州市权度检查执行规则》,呈乞核准施行由

　　呈悉。所拟《广州市〈权度〉检查执行规则》十四条,大致尚属妥协,惟第六条末句应改为"分别加錾五或一两种字样",文义较为明晰。余均如所拟施行。仍咨内政部知照。折存。此令。

(中华民国陆海军大元帅之印)
中华民国十三年四月十二日

据大本营秘书处编《陆海军大元帅大本营公报》第十一号
(广州一九二四年四月二十日)

给叶恭绰杨庶堪的指令

（一九二四年四月十二日）

大元帅指令第三四九号

　　令财政委员会主席委员叶恭绰、杨庶堪

　　呈报解散禁烟督办署水陆侦缉联合队情形由

　　呈悉。此令。

（中华民国陆海军大元帅之印）

中华民国十三年四月十二日

据大本营秘书处编《陆海军大元帅大本营公报》第十一号
（广州一九二四年四月二十日）

给财政委员会的手令

（一九二四年四月十三日）①

　　无论如何，对于该军②给养费务与各军同一看待，即日筹拨，以利戎行。

据《广州民国日报》一九二四年四月十五日《帅令筹拨西路军费》

---

① 此件所标时间系据4月15日《广州民国日报》云"特于昨十三日手令财政委员会"确定。
② 该军，指西路讨贼军刘震寰部。

给广东地方善后委员会的指令

（一九二四年四月十四日）

大元帅指令第三五一号

　　令广东地方善后委员会

　　呈为据情转呈柴杉竹行商请严禁军队在西江沿岸设立护商机关由

　　呈悉。仰候令行广东省长查明何处护商机关系何项军队所设，传谕各该军官遵照迭次命令，即日一律裁撤。如敢违抗，即商请该管上级官，或呈由本大元帅派队前往勒令撤销，并将违令之军官拿办，以肃军纪。其匪徒勒收行水，应如何剿办，以利交通，并候饬由省长督饬地方团警，商同防军，协力妥办可也。此令。

　　　　　　　　　　　　　　　（中华民国陆海军大元帅之印）

　　　　　　　　　　　　　　中华民国十三年四月十四日

据大本营秘书处编《陆海军大元帅大本营公报》第十一号
（广州一九二四年四月二十日）

给杨庶堪的训令

（一九二四年四月十四日）

大元帅训令第一五四号

　　令广东省长杨庶堪

　　为令饬事：案据广东善后委员会呈：″为案经议决据情代达，乞迅下明令，撤销沿河护商强收保费各机关，以利交通而维商业事：窃委员等现据广州各商埠柴杉竹行代表何德等呈称：'窃商等向在省城及附近商埠开设柴杉竹行生理，前赴西、北两江采办货物，尤以西江支流之广宁、四会为多。计由四会开排,经马房、河口、西南、紫洞一带,沿最近河流分理附近各埠。近年以来,盗贼猖獗,河道梗塞,所有放运排张迭被掳勒打单,政府无力保护,商民饱受痛苦。曾经组织商团,沿河自卫,军兴以来,秩序大乱。商团被强暴军队缴械解散,即以沿河防地为利薮,纷纷设立护商机关,扣留货物,勒收行水,而匪势猖獗,未闻剿办。去年春间,商等大帮货物行至紫洞,被匪抢劫,排伕凫水逃命,排张沿河流散,损失十余万元。夏间,商等大帮货物行至西南,因该处新设护商机关,缴费不及,即被放枪扣留。适遇西潦澎涨,水紧锚松,沿河漂没,损失二十余万元。商人望洋兴叹,致有雇船捞运,携资取赎,及与收买赃物之败类在佛山警署暨广州地方审判厅发生讼案。本年初春,商等大帮货物行至河口、西南、奇石街等处,先后被匪掳去排伕五十七名,轰毙排伕一名,损失货物十余万元。护商队袖手旁观,不独不为援手,反在西南将商等流失之货扣留取赎,美其名曰煤银。既将货物扣留取赎矣,又被匪徒盗卖与西南杉街惯营收买赃物之黄某。迨商等贩运第二次货物沿河下行,所有各处护商费用均已如额缴纳,则又勒收更费,致与护排福军发生冲突,事后扣留货物勒补子弹费三百元。凡此经过事实,均彰彰在人耳目。月来驻防军队变本加厉,同一防地,分设护商机关数处。聚敛搜括〔刮〕,罔恤商艰。计由四会开排,有粤军第一师护商队一处,第三师护商队四处,滇军第五师护商队四处,滇军第六师护商队十三处,福军护商队一处,狮山保卫团麦珍一处。其挂滇军旗号而由各姓收取护商费用者,上滘村则有梁姓、李姓、黎姓三处,下滘村则有黎姓二处,尚有沿河匪帮堂口十二处。兵匪合计共有四十处。每处最高定价,来排一张收保护费一百二十元,最低议价则收十元,或二三十元。民力有限,聚敛无穷。当经本月二十二日通电陈明,请予援照省城先例,撤销沿河保护费用,以苏民困,并请大元帅明令清乡,以除匪患。现在沿河贼匪均向各军长官领旗缴费,包收保护费用,军队借土匪以推广保护费,土匪借军队为护身符。每领一旗,即分设保护卡口七八处。收保护费者在此,议被掳人价目者在此,赎被留柴杉竹排者在此,说行水者在此。商等财穹〔穷〕力尽,不得不集行停业以待解决。惟念柴薪为民生日用之品,停业过久即闹柴荒。今照上开四十处缴纳保护费,每元卖柴四十斤尚须缺本。若再迁延不理,古人薪桂之喻即在目前。伏乞钧会体念民瘼,迅下明令,撤销沿河护商机关,挽已去之人心,救将绝之民命,不胜屏营待命之至。除通呈外,谨呈'等情。据此,窃思军兴而后,河道梗塞,商旅戒途。究厥原因,无非各军队受人欺蒙遍设机关,假护商之美名,行剥民之暴行。据呈各节多属实情,当于四月三日第三十九次常会提出讨论,经众议决,据情代达。理合备文呈请帅座迅下明令,将沿河护商强收保费各机关刻日撤销,以利交通而维商业"等情。据此,当经指令"呈悉。仰候令行广东省长查明何处护商机关系何项军队所设,传谕各该军官遵照迭次命令,即日一律裁撤。如敢违抗,即商请该管上级官,或呈由本大元帅派队前往勒令撤销,并将违令之军官拿办,以肃军纪。其匪徒勒收行水,应如行〔何〕剿办,以利交通。并候饬由省长督饬地方团警,商同防军,协力妥办可也。此令"等语。除指令印发外,合行令仰该省长即便遵照妥办,仍将办理情形报查。切切。此令。

(中华民国陆海军大元帅之印)

中华民国十三年四月十四日

据大本营秘书处编《陆海军大元帅大本营公报》第十一号
(广州一九二四年四月二十日)

给李明扬的命令

(一九二四年四月十四日)[1]

令督率所部开往新丰、和平一带,堵截陈军[2]北窜。

据《广州民国日报》一九二四年四月二十一日《李明扬进驻新丰》

---

[1] 原令未署日期。按4月21日《广州民国日报》载:敌"遂于十五日星夜向惠州退却"。推定此令应在14日以前,今拟作14日。

[2] 陈军,指陈炯明部队。

给赖天球的命令

（一九二四年四月十四日）①

以东江陈军现纷向后方退却,着该司令即率所部分驻澄江之第二、三旅,开赴和平警戒,相机兜剿,毋任窜扰。

据《广州民国日报》一九二四年四月十五日《帅令赖天球开赴和平警戒》

给各军的训令

（一九二四年四月十四日）②

现方作战时期,凡在前方各将领不得搁置职务,擅自旋省。希即转饬一体遵照。

据《广州民国日报》一九二四年四月十四日《帅令各军注重职守》

给吕志伊的指令

（一九二四年四月十四日）

大元帅指令第三五二号

令大理院院长兼管司法行政事务吕志伊

呈报就职日期由

---

① 此件所标时间系据4月15日《广州民国日报》云:"大元帅昨令赖天球"酌定。
② 此件所标时间系《广州民国日报》发表日期。

呈悉。此令。

（中华民国陆海军大元帅之印）

中华民国十三年四月十四日

据大本营秘书处编《陆海军大元帅大本营公报》第十一号
（广州一九二四年四月二十日）

给伍学焜的指令

（一九二四年四月十四日）

大元帅指令第三五三号

令前广东全省船民自治联防督办伍学焜

呈报撤署日期由

呈悉。此令。

（中华民国陆海军大元帅之印）

中华民国十三年四月十四日

据大本营秘书处编《陆海军大元帅大本营公报》第十一号
（广州一九二四年四月二十日）

给陈融的指令

（一九二四年四月十五日）

大元帅指令第三五四号

令广东高等审判厅厅长陈融

呈为会同高检厅请援照旧案，将粤省一切司法收入，概留作维持粤省司法及改良监狱狱需，不准提作别用由

呈悉。准如所请办理。仰候令行大理院及广东省长查照备案可也，仍

咨高检厅知照。此令。

（中华民国陆海军大元帅之印）

中华民国十三年四月十五日

_{据大本营秘书处编《陆海军大元帅大本营公报》第十一号}
（广州一九二四年四月二十日）

给吕志伊杨庶堪的训令

（一九二四年四月十五日）

大元帅训令第一五五号

　　令大理院长吕志伊、广东省长杨庶堪

　　为令饬事：案据广东高等审判厅厅长陈融会同广东高等检察厅检察长林云陔呈称："为呈请事：窃职检察长前奉钧帅面谕，饬拟具改良粤省司法制度意见，呈候采择等因，经会同职审判厅长遵照办理，一俟筹拟妥协，再当另文详报。惟维持司法独立及进谋其改良，非有确定经费不为功。民国十年，职审判厅长奉令筹办全省司法，经数月筹备，全省司法厅、庭完全成立。经费一项，除省库拨支外，不敷数十万元。原定计划系由全省司法收入项下分别弥补，惟不敷之数尚巨，而司法收入无多。因扩张全省登记事宜，期登记费收入稍资维持。当经呈请广东省长指定登记费及其他司法收入为拨补司法经费不敷及改良监狱之用，业奉令准在案。自援桂军与及陈逆背叛以迄今兹，粤库奇绌，财政厅积欠司法经费极巨，高地审检四厅仅藉讼费、登记费各项收入稍资维持而外，属厅庭因厅县欠发经费，且有因而停顿之势，故维持现状已感困难。至吾国监狱不良，久已为世诟病。前者华盛顿会议议决撤销领事裁判权一案，尚须派员来华实地调查。若不亟图改良，不独贻笑邦交，且于撤去领事裁判权一案更属大有妨碍。职检察长对于改建广州监狱及看守所，刻正积极进行。故粤省司法收入即属稍有赢余，亦应留作此项改建之需。若进谋司法制度之改良，尤需费用。我大元帅维持司法宿有盛心，近对于司法之改良，尤复殷殷致意，钦仰莫铭。用敢专呈陈请乞俯准查照旧案，将粤省一切司法收入概留作维持粤省司法及改良监狱等项之需，不准提作别用。如蒙令准，并请分行大理院及广东省长遵照，实为公便"等情。据此，当经指令"呈悉。准如所请办理，仰候令行大理院及广东省长查照备案可也，仍咨高检厅知照。此令"等语，除指令印发并分行外，合行令仰该院长、省长即便查照。此令。

（中华民国陆海军大元帅之印）

中华民国十三年四月十五日

据大本营秘书处编《陆海军大元帅大本营公报》第十一号（广州一九二四年四月二十日）

命速筹飞机出发费令

（一九二四年四月十五日）①

大元帅令

着财政委员会速筹飞机出发博罗费二千元。

据陈旭麓、郝盛潮主编，王耿雄等编《孙中山集外集》（上海人民出版社一九九〇年版）

命发会计司特别费令

（一九二四年四月十五日）②

大元帅令

着财政委员会发给会计司特别费七千元。

据陈旭麓、郝盛潮主编，王耿雄等编《孙中山集外集》（上海人民出版社一九九〇年版）

---

① 此件所标时间系财政委员会第二十九次会议决案日期。
② 此件所标时间系财政委员会第二十九次会议决案日期。

命迅筹樊钟秀伙食费令

（一九二四年四月十五日）①

大元帅令

着财政委员会迅筹豫军樊总司令伙食费用二万元。

据陈旭麓、郝盛潮主编，王耿雄等编《孙中山集外集》（上海人民出版社一九九〇年版）

命发福安广北两舰煤炭费令

（一九二四年四月十五日）②

大元帅令

着财政委员会筹给福安、广北两舰煤炭费各一千元。

据陈旭麓、郝盛潮主编，王耿雄等编《孙中山集外集》（上海人民出版社一九九〇年版）

命接济西路各军给养费令

（一九二四年四月十五日）③

大元帅令

以西路各军一齐前进，而给养尚未充分，着财政委员会统筹兼顾，设法

---

① 此件所标时间系财政委员会第二十九次会议决案日期。
② 此件所标时间系财政委员会第二十九次会议决案日期。
③ 此件所标时间系财政委员会第二十九次会议决案日期。

接济。

据陈旭麓、郝盛潮主编，王耿雄等编《孙中山集外集》（上海人民出版社一九九〇年版）

饬制战斗奖惩旗令

（一九二四年四月十五日）①

孙文令制旗帜，上书："进者赏，退者枪决。"

据天津《大公报》一九二四年四月十五日《各地要电》

给杨希闵等的训令

（一九二四年四月十六日）

大元帅训令第一五七号

　　令中央直辖滇军总司令杨希闵、湘军总司令谭延闿、豫军讨贼军总司令樊钟秀、桂军总司令刘震寰、东路讨贼军总司令许崇智、中央直辖广东讨贼军第四军军长梁鸿楷、中央直辖第一军军长朱培德、中央直辖第二军军长黄明堂、中央直辖第七军军长刘玉山、中央直辖第三军军长卢师谛、北伐讨贼军第二军军长柏文蔚、北伐讨贼军第三军军长胡谦

　　为令行事：据中央直辖滇军第五师师长胡思舜代电称："前奉钧令，所有各护商机关着一律撤销等因。师长当将三水防区内无论何军所设征收护费卡所，概行勒令解散，地方稍为安谧。乃现据芦包厘厂总办谈继昌，河口厘厂总办曾省三等呈称：'近日西、北江一带，每有悬挂军队旗帜之小轮，强拖货船勒收旗费，经过沿河厘卡，并敢恃强直驶，绝不遵章纳税。似此包揽

---

① 此件时间依据天津《大公报》发表日期。

把持,实属有碍饷源,应请设法维持'等情前来。师长复查属实,除派拨部队随时严予禁止外,理合据情转呈钧座察核,恳乞俯赐通令各军严饬所部勿再包揽货船、抗纳厘税,以维饷源,而重军誉"等情。据此,应予照准,合行令仰该总司令、军长即便转饬所属一体遵照。嗣后无得再有包揽货船、抗纳厘税情事,致碍饷源而干查究。切切。此令。

(中华民国陆海军大元帅之印)

中华民国十三年四月十六日

据大本营秘书处编《陆海军大元帅大本营公报》第十一号(广州一九二四年四月二十日)

给大本营军政部的训令

(一九二四年四月十六日)①

前据该部先后呈送《修正大本营军政部官制草案》、《海陆军审计条例》及经常临时费用等表,均经详阅。所拟《官制》当属可行,《审计条例》已经核定,饬由大本营参谋处抄达。至费用各款,自属要需,惟刻当经济困难,准按月暂先发给二万元,由财部〔政〕委员会交中央军需处转给备用,即仰该部长妥为分配,撙财济用。督率员司克恭厥职。除分行财政委员会、中央军需处遵办外,特令遵照。此令。

据《广州民国日报》一九二四年四月十六日《帅令筹给军政部经费》

---

① 此件所标时间系《广州民国日报》发表日期。

着不得擅押民事犯令

（一九二四年四月十六日）①

凡司法衙门对于民事人犯，如有相当保证，出外候讯者不得擅押。倘此后如查得胆敢违令作弊者，定当照律惩办。

据《广州民国日报》一九二四年四月十七日《毋擅押民事犯》

批沈鸿英报捷来电

（一九二四年四月十六日）

发子弹二十万发。饬军政部转令兵工厂厂长马超俊即日配足，饬沈之驻省代表领去，派兵员转解韶关，交沈军自行输送入桂，以冀早日克复桂、柳。②

据上海《民国日报》一九二四年四月二十二日《沈鸿英回桂逐陆报捷电》

给徐绍桢的指令

（一九二四年四月十六日）

大元帅指令第三五六号

  令大本营内政部长徐绍桢

  呈请褒扬寿妇邓苏氏由

  呈悉。准予题颁"百龄人瑞"四字匾额，并给予银质褒章，以示褒扬。

---

① 此件所标时间据4月17日《广州民国日报》载："大元帅……昨特下手令"酌定。

② 桂、柳，即桂林、柳州。

仰即转给承领可也。此令。

（中华民国陆海军大元帅之印）
中华民国十三年四月十六日

据大本营秘书处编《陆海军大元帅大本营公报》第十一号（广州一九二四年四月二十日）

严禁收编土匪令

（一九二四年四月十七日）①

大元帅令

收编土匪，迭经明令禁止在案。良以匪性难驯，其或迫于诛剿，勉托名义。既幸法网可逃，为恶遂愈见恣肆。军誉受其羞污，人民遭其荼毒。责以疆场之事，罔不临时变散，不足为用，比比可征。兹为整军除害计，合再重申禁令。自此次通令之后，其已奉政府核准给有名义者，姑准免其置议。所有各军对于土匪未收者，不得再收；已编者，编〔缴〕械遣散，以重军纪而靖萑苻。除分令外，特令遵照。切切。此令。

据《广州民国日报》一九二四年四月十七日《重申禁编土匪之帅令》

给财政委员会的命令

（一九二四年四月十七日）②

令财政委员会每日筹给各军医药费一千元。

据《广州民国日报》一九二四年四月十八日《筹给各军医院医药费》

---

① 此件所标日期系《广州民国日报》发表日期。
② 此件所标时间系据4月18日《广州民国日报》云"大元帅……昨特谕令"酌定。

给林翔的指令

（一九二四年四月十七日）

大元帅指令第三五七号

　　令大本营审计局长林翔

　　呈复审核大本营会计司长黄隆生呈缴十二年九月份杂役工饷册据，尚属相符，请予核销由

　　呈悉。应照准。俟令行大本营会计司遵照转知。此令。

　　　　　　　　　　　　　　　（中华民国陆海军大元帅之印）

　　　　　　　　　　　　　中华民国十三年四月十七日

据大本营秘书处编《陆海军大元帅大本营公报》第十一号
（广州一九二四年四月二十日）

给大本营会计司的训令

（一九二四年四月十七日）

大元帅训令第一五九号

　　令大本营会计司

　　为令行事：据大本营审计局长林翔呈复："案奉钧帅发下大本营会计司司长黄隆生呈缴十二年九月份杂役工饷册及工饷收据到局。查该司续报九月份杂役工饷毛银一千三百三十五元零三分二厘，数目尚属核实，拟请照数准予核销。除册及收据留局备查外，理合备文连同原呈呈复钧座鉴核示遵，实为公便"等情。据此，应予照准。除指令外，合行令仰该司长遵照转知。此令。

　　　　　　　　　　　　　　　（中华民国陆海军大元帅之印）

　　　　　　　　　　　　　中华民国十三年四月十七日

据大本营秘书处编《陆海军大元帅大本营公报》第十一号
（广州一九二四年四月二十日）

给程潜的训令

（一九二四年四月十七日）

大元帅训令第一六一号

　　令大本营军政部长程潜

　　为令行事：据广东筹饷总局督办范石生呈称："案据承办老新城东、南、北关等处杂赌云叙至实为公便"等情。据此。除指令："呈悉。准予备案，并候令饬军政部通行各军，一体保护可也。此令"印发外，合行令仰该部长即便遵照办理。此令。

孙　文

据陈旭麓、郝盛潮主编，王耿雄等编《孙中山集外集》（上海人民出版社一九九○年版）

给大本营会计司的训令

（一九二四年四月十七日）

大元帅训令第一六三号

　　令大本营会计司

　　为令知事：前据该司司长黄隆生先后呈送十二年九月二十日起至十二月七日止计算书等件，请予核销等情前来。经发交大本营审计局审核，兹据呈复审核尚属相符等情。据此，自应准予核销。除指令外，合行令仰该司长查照并行转知。此令。

（中华民国陆海军大元帅之印）

中华民国十三年四月十七日

据大本营秘书处编《陆海军大元帅大本营公报》第十一号（广州一九二四年四月二十日）

给莫灿庭的指令

（一九二四年四月十七日）①

商运护商各机关，前经明令撤销。军队抽收货费，亦经迭令禁止。所呈各节，着军政部查明严行制止。

据《广州民国日报》一九二四年四月十七日《谕禁小北江勒索机关》

给林翔的指令

（一九二四年四月十七日）

大元帅指令第三六一号

  令大本营审计局长林翔

  呈复审核大本营会计司庶务科十二年十月份经办各项数目册据情形，乞示遵由

  呈悉。照准。已令行大本营会计司遵照矣。此令。

（中华民国陆海军大元帅之印）
中华民国十三年四月十七日

据大本营秘书处编《陆海军大元帅大本营公报》第十一号（广州一九二四年四月二十日）

---

① 此件所标时间系《广州民国日报》发表日期。

给卢兴原的指令

（一九二四年四月十七日）

大元帅指令第三六二号

　　令总检察厅检察长卢兴原

　　呈请增加诉讼状纸费,并改收银币,乞核准备案由

　　呈悉。准予备案。此令。

（中华民国陆海军大元帅之印）
中华民国十三年四月十七日

据大本营秘书处编《陆海军大元帅大本营公报》第十一号（广州一九二四年四月二十日）

命发孙本戎、张贞军费令

（一九二四年四月十七日）①

大元帅令

　　着财政委员会速筹汇孙本戎军费一万元,张贞军费五千元。

据陈旭麓、郝盛潮主编,王耿雄等编《孙中山集外集》(上海人民出版社一九九〇年版)

---

① 此件所标时间系财政委员会第三十次会议决案日期。

攻击惠州的命令

（一九二四年四月十七日）

江顺等四舰赴惠州助攻。并令日人井上谦吉到东江桂榜放炮攻击。

据长沙《大公报》一九二四年四月二十七日《快信摘要——香港电》

给林翔的指令

（一九二四年四月十八日）

大元帅指令第三六六号

  令大本营审计局长林翔

  呈复审大本营会计司长黄隆生呈报十二年九、十各月份计算书等件尚属相符由

  呈悉。已令行大本营会计司准予核销矣。此令。

（中华民国陆海军大元帅之印）
中华民国十三年四月十八日

据大本营秘书处编《陆海军大元帅大本营公报》第十一号（广州一九二四年四月二十日）

给鲁涤平的指令

（一九二四年四月十八日）

大元帅指令第三六七号
　　令禁烟督办鲁涤平
　　呈为遵令呈复及拟修正《禁烟条例》由
　　呈悉。此令。

　　　　　　　　　　　　　　　　　　（中华民国陆海军大元帅之印）
　　　　　　　　　　　　　　　　　　中华民国十三年四月十八日

据大本营秘书处编《陆海军大元帅大本营公报》第十一号
（广州一九二四年四月二十日）

给财政委员会的指令

（一九二四年四月十八日）

大元帅指令第三六八号
　　令财政委员会
　　呈为议决军队提取沙捐款项，嗣后不准抵解由
　　呈悉。准如所议办理。此令。

　　　　　　　　　　　　　　　　　　（中华民国陆海军大元帅之印）
　　　　　　　　　　　　　　　　　　中华民国十三年四月十八日

据大本营秘书处编《陆海军大元帅大本营公报》第十一号
（广州一九二四年四月二十日）

给广东地方善后委员会的指令

（一九二四年四月十八日）①

大元帅指令第三六九号

  令广东地方善后委员会

  呈请严令各军限日撤销小北江各重收机关，以恤商困由

  呈悉。查军队沿河设卡，借名护商勒收费用，迭经严令禁止。北江商运局，亦经明令裁撤。乃据小北江一带，自连县以达连江口，此种苛敛机关犹有十余处之多，困商病民，孰甚于此？仰候钞单令行广东省长，迅即调查明确，何处机关、系何项军队所设，传谕各该军官，遵照迭次命令，即日一律裁撤。如敢违抗，即商该管上级官，或呈由本大元帅派队前往勒令撤销，并将违令之军官严行拿办，以肃军纪而恤商艰。其各埠勒收更钱，系出何人所为，并候饬由省长查明禁止可也。单存。此令。

（中华民国陆海军大元帅之印）

中华民国十三年四月 日

据大本营秘书处编《陆海军大元帅大本营公报》第十一号
（广州一九二四年四月二十日）

给伍朝枢的指令

（一九二四年四月十八日）

大元帅指令第三七〇号

  令大本营外交部长伍朝枢

---

① 原令未署日期。按此令前后大元帅指令第三六八号、第三七〇号，发令日期均为4月18日，今酌置于4月18日。

呈请电令前方军官即予放行英商符鲁士特由

呈悉。候电令前方各军长官遵照放行可也。此令。

（中华民国陆海军大元帅之印）

中华民国十三年四月十八日

据大本营秘书处编《陆海军大元帅大本营公报》第十一号
（广州一九二四年四月二十日）

给黄昌谷的训令

（一九二四年四月十八日）

大元帅训令第一六六号

令大本营会计司长黄昌谷

为令遵事：据大本营审计局长林翔呈："为呈复事：案奉钧帅发下代理大本营会计司司长黄昌谷呈转该司庶务科十二年十月份经办各项数目册、单据簿等件到局。查该司庶务科十二年十月份共支出一万零七百三十二元四角二分五厘。惟购置物品栏内绒台布一张价银一元四角、交际栏内宴客上菜二十五分毫洋一百二十五元，原单上未有铺章，未便遽予核销外，计应销毫洋一万零六百零六元零二分五厘。核算数目单据尚无错误，拟请准予核销。又查庶务科为会计司所统辖，关于经常支出，应由该司按照计算书格式编造方符手续。兹既分开，暂予审计。嗣后应统由该司长汇编，俾免纷歧。除册及单据簿留局存查外，理合备文连同原呈呈复钧帅鉴核示遵"等情。据此，应予准照。除指令外，仰该司即便遵照。此令。

（中华民国陆海军大元帅之印）

中华民国十三年四月十八日

据大本营秘书处编《陆海军大元帅大本营公报》第十一号
（广州一九二四年四月二十日）

给杨庶堪的训令

（一九二四年四月十八日）①

大元帅训令第一六七号

  令广东省长杨庶堪

  为令饬事：案据广东地方善后委员会呈称："呈为案经议决据情转达，伏乞严令各军长官将各重收机关限日撤销，以苏民困事：窃委员等现据连县商会代理会长莫灿庭、阳山商会会董梁鹤龄、菁莲埠商会会董陈月藜、大湾商会分所长黄连士、含洸商会会长李建勋等联同呈称：'窃查护商护运各费种种病商害民，迭奉大元帅暨省长、军政部分令各军禁止、解散各在案。乃敝各商会复据沿江各埠商民纷到诉称：近来各种苛捐，禁止者虽三令五申，抽者愈明目张胆。他非所论，即就我连阳小北江一带而论，计自连县以达连江口站，其中经过小江、阳山、菁莲、大湾、含洸、连江车站，除正式完纳关税，缴交护费不计外，无论大小出入口货船、空船，每到一埠必有数十次之多，勒收更钱每埠每次船多则六七十元，少亦三四十元。商民处此，应付几于无法矣。不谓近自令行禁止后，而菁莲、含洸、连江口站各部队，纷纷设卡重抽，有所谓商运、护运、放行、护商、特别军费、附加、保商、检查种种。更有自称商军司令部者，名堂复杂，征敛烦苛。统计出入口货，每值本银百元，必要加多七八十元之抽费。商民以血本攸关，稍与理论即被痛击，甚或将货掠去。群情愤激，至此已极。叩乞据情转达撤销，以救民命等情到会。当经敝各商会派员四出沿江各埠，调查属实。似此显违命令，重征害民。商民莫奈，若竟罢工罢市，非类要挟亦类自杀。但至忍无可忍，恐不免由停办、停运、停载而联合罢工、罢市，以实行其因噎废食之下策者。素仰贵会体念民艰，无微

---

① 原令未署日期。按此令前后之大元帅训令第一六六号、第一六八号，发令日期均为4月18日，今据此标出。

不至,理合粘呈各重抽厂卡名堂,据情联恳转呈,严令各部队重征机关一律限日撤销,以申功令而救民命,实叨公便'等情,并粘呈各重抽机关名堂一纸前来。据此,当于本月四日发交第三十九次常会会议,佥以勒护运机关迭经帅座严令解散有案。兹据呈开,竟以小北江一隅之地而勒抽重征者,至十数处之多,害商病民伊于胡底?委员等忝为人民代表,自应据情上达,藉伸民隐。经一致议决代予转达,理合具呈钧察,伏乞严令该处防军,立将重抽机关即日撤销,以恤商困而维民生"等情。据此,当经指令"呈悉。查军队沿河设卡,借名护商勒收费用,迭经严行禁止,北江商运局亦经明令裁撤。乃据称小北江一带自连县以达连江口,此种苛敛机关犹有十余处之多,困商病民孰甚于此?仰候钞单令行广东省长,迅即调查明确,何处机关、系何项军队所设,传谕各该军官遵照迭次命令,即日一律裁撤。如敢违抗,即商该管上级官,或呈由本大元帅派队前往勒令撤销,并将违令之军官严行拿办,以肃军纪而恤商艰。其各埠勒收更钱,系出何人所为,并候饬由省长查明禁止可也。单存。此令"等语,除指令印发外,合行照钞原单,令仰该省长即便遵照妥办,仍将办理情形报查。切切。此令。

(中华民国陆海军大元帅之印)

中华民国十三年四月　日

据大本营秘书处编《陆海军大元帅大本营公报》第十一号
(广州一九二四年四月二十日)

给程潜的训令

(一九二四年四月十八日)

大元帅训令第一六八号
　　令大本营军政部长程潜
　　为训令事:据东路讨贼军第三军军长李福林呈称:"呈为呈请严办著匪事:案查去年十二月二十五日,有匪首黄国在省河地面纠党骑劫法商安澜泰轮船，驶至圳塘海面，经职部军队截回，当场格毙黄国、黄明二名，拿获匪党何海山、周访、罗忠、马式四名，均经职部讯明惩办呈报军政部长在案。查本案同日由法国领事函解获匪何瑶、吕利达、黄沛、周球等四名，经由军政部军法处再三提讯，惟因各匪供词刁狡，以致日久稽诛。福林生长是乡，见闻最悉。何瑶即何堪改名，系石溪乡著匪，去年曾在南石头地方伙劫省河补抽厘厂职员住宅有案，此次伙同吕利达、黄沛、周球等匪，因骑劫法商轮船，获解在军政部。军法处慎重刑狱，自当不厌详求，惟在省河内地骑劫轮船，此等强盗行为，情形昭著，无可掩饰。况自此案发生以后，石溪乡附近一带顿形安靖，乡人额手称庆，方幸股匪多数就拿。福林目睹情形，惟有呈请帅座，令行军政部军法处，立将劫匪何瑶（即何堪）及吕利达、黄沛、周球等四名尽法惩办，以重邦谊而靖地方，实为公便"等情。据此，除指令已饬军政部按法惩办外，仰该部长即便遵照办理。此令。

（中华民国陆海军大元帅之印）

中华民国十三年四月十八日

据大本营秘书处编《陆海军大元帅大本营公报》第十一号

（广州一九二四年四月二十日）

给财政委员会的指令

（一九二四年四月十八日）

大元帅指令第三七一号

　令财政委员会

　呈称第二十七次议决报告案内第十二项记录错误，请赐更正由

呈悉。准予更正备案。此令。

（中华民国陆海军大元帅之印）

中华民国十三年四月十八日

据大本营秘书处编《陆海军大元帅大本营公报》第十一号

（广州一九二四年四月二十日）

给刘玉山的指令①

（一九二四年四月十八日）

呈悉。该部师长陈天太，频年转战，迭著勤劳。军事方殷，倚畀尤切。所当聿昭厥志，勉副干城之望，毋得遽萌退志，致深鼙鼓之思。所请辞职之处，着毋庸议。仰即转令遵照。此令。

据《广州民国日报》一九二四年四月十八日《大元帅慰留陈天太》

给李福林的指令

（一九二四年四月十八日）

大元帅指令第三七二号
　　令东路讨贼军第三军军长李福林
　　呈请令行军政部立将著匪何瑶等尽法惩办由
　　呈悉。已另行军政部按法惩办矣。此令。

（中华民国陆海军大元帅之印）

中华民国十三年四月十八日

据大本营秘书处编《陆海军大元帅大本营公报》第十一号（广州一九二四年四月二十日）

---

① 刘玉山曾呈报该军师长陈天太恳请辞职，并请孙中山慰留。原文未署日期，此处所标时间系《广州民国日报》发表日期。

给黄明堂的命令

（一九二四年四月十九日）①

协同豫军进攻南路。

据《广州民国日报》一九二四年四月十九日《准备南征之忙迫》

给黄绍竑的命令

（一九二四年四月十九日）②

派队参加南路作战。

据《广州民国日报》一九二四年四月十九日《准备南征之忙迫》

给何家猷的训令

（一九二四年四月十九日）

大元帅训令第一六九号

　　令广东电政监督何家猷

　　据石龙电报局局长卢崇章电称："窃以东江战事重开，石龙为前敌中枢，接转军电经译日夜无休，是同人等之职责所在，未敢告劳。惟是军事旁午之秋，欲期各勉力前途，为我西南政府效忠致果，必须各得瞻仰〔赡养〕。

---

① 此件所标时间系《广州民国日报》发表日期。
② 此件所标时间系《广州民国日报》发表日期。

查职局自东江军兴以来,积欠经费千五百余元,月望电政监督之接济未及半数,仅能维持伙食、修理线路及局用等费用而已。目下东江战事重张,商电报费收入比前更少。似此情形无难有绝粒之虞。各员生、工役等睹此情形,神意颓然。局长一人之力微,平日之消息灵敏,路线通畅,惟员生、工役奋力之果。深恐该员生、工役等瞻仰〔赡养〕困难而致神意不存,影响战事,前途实足为虑。又我军得胜节节,前各处线路多被毁,继迭接各方函电催促修理杆线,经屡问电政监督,请领款项修理杆线及接济经费,而每次发给不过二三十元,即员生、工役伙食几且不敷。值此大敌当前,各项消息全赖电报传递,若不发款修理各线及各员生、工役薪饷,殊难维持。在局长一人撤差事微,贻误军情事大。迫得电恳钧座拨款维持,以利戎机,伏乞电令遵行。临电不胜待命之至"等情前来。查该局长所陈各节尚属实情,合行令仰该监督迅予设法维持,免误戎机。切切。此令。

(中华民国陆海军大元帅之印)

中华民国十三年四月十九日

据大本营秘书处编《陆海军大元帅大本营公报》第十一号（广州一九二四年四月二十日）

给鲁涤平的指令

（一九二四年四月十九日）

大元帅指令第三七四号

令禁烟督办鲁涤平

呈请任命吴家麟等为禁烟督办署科长等职由

呈悉。吴家麟等已明令照准矣。履历存。此令。

(中华民国陆海军大元帅之印)

中华民国十三年四月十九日

据大本营秘书处编《陆海军大元帅大本营公报》第十一号（广州一九二四年四月二十日）

给张开儒的指令

（一九二四年四月十九日）

大元帅指令第三七五号

　　令大本营参军长张开儒

　　呈为该处上尉差遣郑继周勤慎从公,请予升补少校副官,以资鼓励由呈悉。准如所请。已另有明令任命矣。此令。

（中华民国陆海军大元帅之印）

中华民国十三年四月十九日

据大本营秘书处编《陆海军大元帅大本营公报》第十一号
（广州一九二四年四月二十日）

给各招抚使的命令

（一九二四年四月二十日）①

　　特令各招抚使:不得在省设署办事,借势招摇。

据《广州民国日报》一九二四年四月二十日《两招抚署将改办事处》

---

① 此件所标时间系《广州民国日报》发表日期。

给东江联军的命令

（一九二四年四月二十日）①

令迅速前进,务于短促时间收束东江军事。

据《广州民国日报》一九二四年四月二十日《帅令市区驻军赴前敌》

给李烈钧的命令

（一九二四年四月二十一日）②

通令各军请饬所属遵照:在广九沿路部队,须与李军长福林所派护路军联络,协同保护,以固交通。

据《广州民国日报》一九二四年四月二十三日《帅座关心广九路运输》

命发无线电总局经费令

（一九二四年四月二十一日）③

大元帅令

着财政委员会提前垫给无线电总局经费三千元。

据陈旭麓、郝盛潮主编,王耿雄等编《孙中山集外集》（上海人民出版社一九九〇年版）

---

① 此件所标时间系《广州民国日报》发表日期。
② 原令未署日期。按4月23日《广州民国日报》载:"李参谋长奉谕,昨二十一日特通令各军高级长官一体知照",今据此酌定时间。
③ 此件所标时间系财政委员会第三十一次会议决案日期。

命发沈鸿英枪弹费令

（一九二四年四月二十一日）①

大元帅令

　　广西沈总司令请领枪弹。着财政委员会迅筹五千元交军政部转饬兵工厂先制五万颗发给。

据陈旭麓、郝盛潮主编，王耿雄等编《孙中山集外集》（上海人民出版社一九九〇年版）

命发会计司特别费令

（一九二四年四月二十一日）②

大元帅令

　　着财政委员会发给会计司特别费七千元。

据陈旭麓、郝盛潮主编，王耿雄等编《孙中山集外集》（上海人民出版社一九九〇年版）

命发孙科特别费令

（一九二四年四月二十一日）③

大元帅令

　　着财政委员会发给特别费一千二百元，交孙科支给。

据陈旭麓、郝盛潮主编，王耿雄等编《孙中山集外集》（上海人民出版社一九九〇年版）

---

① 此件所标时间系财政委员会第三十一次会议决案日期。
② 此件所标时间系财政委员会第三十一次会议决案日期。
③ 此件所标时间系财政委员会第三十一次会议决案日期。

命发佟君旅费令

（一九二四年四月二十一日）①

大元帅令

着财政委员会筹给佟君旅费五百元。

据陈旭麓、郝盛潮主编，王耿雄等编《孙中山集外集》（上海人民出版社一九九〇年版）

命发各机关经费令

（一九二四年四月二十一日）②

大元帅令

各机关停发甚久，着财政委员会每日酌量接济，以示体恤。

据陈旭麓、郝盛潮主编，王耿雄等编《孙中山集外集》（上海人民出版社一九九〇年版）

命发杨希闵公费令

（一九二四年四月二十一日）③

大元帅令

着财政委员会迅速筹商，指定收款机关，按日担任拨付杨总指挥行营公

---

① 此件所标时间系财政委员会第三十一次会议决案日期。
② 此件所标时间系财政委员会第三十一次会议决案日期。
③ 此件所标时间系财政委员会第三十一次会议决案日期。

用杂费一千元。

据陈旭麓、郝盛潮主编,王耿雄等编《孙中山集外集》(上海人民出版社一九九〇年版)

命发黄骚特别费令

(一九二四年四月二十一日)①

大元帅令

　　着财政委员会发给黄骚特别费一千元。

据陈旭麓、郝盛潮主编,王耿雄等编《孙中山集外集》(上海人民出版社一九九〇年版)

给徐绍桢的指令

(一九二四年四月二十一日)

大元帅指令第三七六号

　　令大本营内政部部长徐绍桢

　　呈请褒扬节妇陈钱氏由

　　如呈,题颁"懿德贞型"四字,并给予银质褒章,以示褒扬。仰即转给承领。至恳加给褒辞,以示优异一节,亦应照准,并即由部代撰给领可也。此令。

(中华民国陆海军大元帅之印)
中华民国十三年四月廿一日

据大本营秘书处编《陆海军大元帅大本营公报》第十二号(广州一九二四年四月三十日)

---

① 此件所标时间系财政委员会第三十一次会议决案日期。

给叶恭绰的指令

(一九二四年四月二十一日)

大元帅指令第三七七号
　　令兼盐务督办叶恭绰
　　呈报就职日期由
　　呈悉。此令。

　　　　　　　　　　　　　　　　（中华民国陆海军大元帅之印）
　　　　　　　　　　　　　　　　中华民国十三年四月廿一日
　　　　　　　据大本营秘书处编《陆海军大元帅大本营公报》第十二号
　　　　　　（广州一九二四年四月三十日）

给郑洪年的指令

(一九二四年四月二十一日)

大元帅指令第三七八号
　　令兼盐务署署长郑洪年
　　呈报就职日期由
　　呈悉。此令。

　　　　　　　　　　　　　　　　（中华民国陆海军大元帅之印）
　　　　　　　　　　　　　　　　中华民国十三年四月廿一日
　　　　　　　据大本营秘书处编《陆海军大元帅大本营公报》第十二号
　　　　　　（广州一九二四年四月三十日）

给叶恭绰的训令

（一九二四年四月二十二日）

大元帅训令第一七一号

　　令盐务督办叶恭绰

　　为令遵事：前据卸两广盐使伍汝康呈："办理补恤各程船损失一案，经先后交由稽核所宋经理暨赵运使查明呈复，窒碍甚多。该商所缴一万三千元，有无另发准单未准移交等情，复经指令查明妥速议结去后，旋据复称：遵查所缴现饷仍另发减折准单，并声明此案有违例章"等情前来。据此，查该卸运使伍汝康办理补偿程船损失一案，并未查确，轻率补偿，有违向章，碍难照准。所有折发二万零六百二十元准单，着由盐务署责成该卸运使负责如数缴还，以重公款。至该卸运使借词恤商，擅抵公款，办理含混，其中有无情弊，并由盐务署令饬两广盐运使严行查办，呈候核夺。仰该督办即便遵照，并转饬办理。原呈二件随发，办结仍缴存。此令。

　　　　　　　　　　　　（中华民国陆海军大元帅之印）

　　　　　　　　　　　　中华民国十三年四月廿二日

据大本营秘书处编《陆海军大元帅大本营公报》第十二号（广州一九二四年四月三十日）

给吴铁城的命令

（一九二四年四月二十二日）①

　　着即派出委员协同警兵沿门催收，限日解缴，毋得故事疲玩，妨碍要需。

据《广州民国日报》一九二四年四月二十二日《帅令严催租捐》

---

①　此件所标时间系《广州民国日报》发表日期。

给程潜的训令

（一九二四年四月二十二日）①

为令行事：据广东筹饷总局督办范石生呈称："案据承办老新城东南北关等处什赌合德公司商人陈必有等呈称：'窃现因军饷紧急，所有广州市河北一带、西关水陆警界范围内一切什赌，招商承办，征收饷项，以济军需。同人等集合资本，组织合德公司名目，呈请承办广州市河北一带警界范围内一切什赌，以一年为期，期内如无欠饷，别商不得加饷揽承。每天缴纳正饷银一千元，公礼一百元，另缴按饷五千元正，请给谕开办，所有承办事件，恳照附呈节略各款办理。为此具呈请求钧局察核，迅批准给谕开办，实为公便。呈附承办节略一扣'等情。据此，查核所拟节略大致尚洽，认饷亦属核实，除批准给示由本月十一日起饷开办，暨函报财政委员会将饷款支配指定拨付外，理合呈报钧府察核备案，并乞通令各军一体切实保护，以卫饷源，实为公便"等情。据此，除指令"呈悉。准予备案。并候令饬军政部通行各军一体保护可也。此令"除印发外，合行令仰该部长即便遵照办理。此令。

据《广州民国日报》一九二四年四月二十三日《帅令保护杂赌》

给杨庶堪的指令

（一九二四年四月二十二日）

大元帅指令第三七九号

　　令广东省长杨庶堪

　　呈请颁发明令任命郑洪年兼广东财政厅厅长，以专责成由

---

① 此件所标时间系据4月23日《广州民国日报》云"昨大元帅训令军政部长程潜文云"酌定。

呈悉。已有明令任命矣。此令。

（中华民国陆海军大元帅之印）

中华民国十三年四月廿二日

据大本营秘书处编《陆海军大元帅大本营公报》第十二号
（广州一九二四年四月三十日）

给大本营军政部的命令

（一九二四年四月二十三日）①

近日广州市内劫杀之案层见叠出，据报多系不肖军人所为，殊堪痛恨。查军民杂居，易滋纷扰，况复机关林立，名目繁多，携械横行，流弊丛生，势所必至。亟应从严取缔，以肃军纪，而保公安。自今以后，凡有防地之军队，着即各回原防，不得在广州市内设立司令部或办事处、留守处。原驻市内滇军第二师各旅、团、营，着移驻西郊之西村及江村、新街一带。滇军第二军各部，着移驻东郊燕塘、石牌、东浦一带驻扎。若未有指定防地之军队，凡军师以上者，准在市上设立司令部或办事处、留守处，所辖部队亦应自行择地迁驻郊外。其他一切游击、别动、先锋、警卫、警备、梯团、支队、某路某纵队等非正式编制之军队，除广东省警卫军及经本大元帅特许者外，无论所属何军，永远不准驻扎市内设立机关。其向驻市内者，限于奉令十日内一律迁出，撤销机关。逾限即责卫戍总司令部、公安局长会同分别缴械解散。事关整军卫民，各统兵将领务宜认真办理。广州卫戍总司令、公安局长有维持市内治安之责，仍着随时查察，永保治安，仰军政部通令遵照。切切。此令。

据《广州民国日报》一九二四年四月二十四日《限期各军移郊之帅令》

---

① 此件所标时间系据 4 月 24 日《广州民国日报》云"大元帅……特于昨二十三日下午一时颁发命令"确定。

给程潜的指令

（一九二四年四月二十四日）

大元帅指令第三八五号

  令大本营军政部部长程潜

  呈报该部前后办理陆军教导团及改名陆军讲武学校情形，并恳指定台炮经费为该校常费由

  呈悉。该校经费准予由广东土丝、台炮经费项下，每月拨九千元，至该校归并军官学校之日为止。候即令行财政委员会转行广东财政厅遵照办理可也。此令。

（中华民国陆海军大元帅之印）

中华民国十三年四月　日

据大本营秘书处编《陆海军大元帅大本营公报》第十二号
（广州一九二四年四月三十日）

给伍学熀的指令

（一九二四年四月二十四日）

大元帅指令第三八六号

  令兼任广东全省船民自治联防督办伍学熀

  呈缴关防等件由

  呈悉①。此令。

（中华民国陆海军大元帅之印）

中华民国十三年四月廿四日

据大本营秘书处编《陆海军大元帅大本营公报》第十二号
（广州一九二四年四月三十日）

---

① 4月15日伍学熀呈：已遵令将垫过署局经费列册报销，并将关防文件等物缴交大元帅府。

给财政委员会的训令

（一九二四年四月二十四日）

大元帅训令第一七七号

　　令财政委员会

　　为令饬事：案据大本营军政部部长程潜呈称："呈为呈请事：窃部长鉴于历次革命迄无圆满成功之事实，尝推求其故，虽其中直接间接之原因不一，而真正服膺革命之军事干部人材过于缺乏，以致不能组成纯粹革命军之干部军队，实为至大原因。部长为补救前项缺点起见，曾呈请组设中央陆军教导团，以为培养军事干部人材，备他日效命国家之用。业奉钧令准予照办，并经部长遵照招选合格员生，于上年十月间开办，并经呈报各在案。嗣因本党创办陆军军官学校，奉令填〔腾〕出黄浦〔埔〕陆军学校地址，因此感于种种困难，遂改计缩小范围，将陆军教导团名义取消，改为陆军讲武学校，就原招之学生中挑选优等生约二百余名，及由滇、粤、桂、湘各军挑送考取者约百余名（在教导团时期内，各军送请收录者甚多，因额限未收）合组一校，即就原中央陆军医院为校址。其教职各员，大半由东、西洋留学及本国军官学校毕业就中之优秀者，于帅座之三民主义、五权宪法尤能绝对服从，充分了解。部长并拟将该校课程于军事上应有学科外，兼授以较浅之政治、经济、社会诸学科，以期能得充分之常识。又于每星期日请各名人讲演本党主义。此讲演虽不拘题，而于现代思潮、本国情势及钧座提倡革命之原理与夫三民、五权之主张，尤当特别注重。此部长前后办理教导团及陆军讲武学校之经过情形及其主张之大概也。惟查自奉令准办理教导团以来，一切招募、设备、枪枝、伙食等等开办费用，皆苦无着。除由部长设法借垫外，仅就邹前财政厅长内拨归职部之土丝、台炮经费项下，每月平均约九千元左右一款稍资挹注（此款原系拨充军政部经费），实在不敷甚巨。现在战事未息，国储奇绌，筹款自属不易。拟恳钧座暂将上项土丝、台炮经费，俯赐明令指定作为该校常费。其不足者,仍由部长另行筹补。似此办理,于政府收入所关甚微,而培养人材之效益不可计量。部长实已筹之再三,非敢冒昧渎听也。除造具预算另文赍呈外,所有职部前后办理陆军教导团及陆军讲武学校,并恳指定土丝、台炮经费月计九千元为校经费各缘由,理合呈请钧座俯赐察核,指令祗遵,不胜惶恐待命之至"等情。据此,当经指令"呈悉。该校经费准予由广东土丝、台炮经费项下每月拨九千元,至该校归并军官学校之日为止。候即令行财政委员会,转行广东财政厅遵照办理可也。此令"等语,除指令印发外,合行令仰该委员会即便转行广东财政厅遵照办理。切切。此令。

(中华民国陆海军大元帅之印)

中华民国十三年四月廿四日

据大本营秘书处编《陆海军大元帅大本营公报》第十二号
(广州一九二四年四月三十日)

给周之贞的命令

(一九二四年四月二十四日)①

特令周师长之贞,着即将拘留乡民提解来省,以凭分别讯释。

据《广州民国日报》一九二四年四月二十四日《帅令提解桑麻乡民来省》

给叶恭绰杨庶堪的指令

(一九二四年四月二十四日)

大元帅指令第三八八号

令财政委员会主席委员叶恭绰、杨庶堪

---

① 原令未署日期,今据《广州民国日报》发表日期标出。

呈请令饬廖司令撤销虎门护沙局由

呈悉。照准。已令行廖司令①遵照矣。此令。

(中华民国陆海军大元帅之印)

中华民国十三年四月二十四日

据大本营秘书处编《陆海军大元帅大本营公报》第十二号
(广州一九二四年四月三十日)

给叶恭绰杨庶堪的指令

(一九二四年四月二十四日)

大元帅指令第三八九号

令财政委员会主席委员叶恭绰、杨庶堪

呈报该会第三十一次会议,决定每日由各机关,担任解交中央军需处款数,并开具清单二纸,请鉴核示遵,并令行军需处查照由

呈及清单均悉。准如所拟办理。候令行军需处分别缓急,妥为分配可也。此令。

据陈旭麓、郝盛潮主编,王耿雄等编《孙中山集外集》(上海人民出版社一九九〇年版)

批叶恭绰、杨庶堪呈②

(一九二四年四月二十四日)

准如所拟办理,仍由中央军需处分别缓急,妥为分配。此批。

文

据陈旭麓、郝盛潮主编,王耿雄等编《孙中山集外集》(上海人民出版社一九九〇年版)

---

① 廖司令,即虎门要塞司令廖湘芸。
② 财政委员会主席委员叶恭绰、杨庶堪呈为议决担任每日解交中央军需处款项数目。

命迅筹方声涛经费令

（一九二四年四月二十四日）①

大元帅令

着财政委员会迅筹二万元，交福建省长方声涛代表苏苍具领转汇。

据陈旭麓、郝盛潮主编，王耿雄等编《孙中山集外集》（上海人民出版社一九九〇年版）

命发许卓然急用费令

（一九二四年四月二十四日）②

大元帅令

着财政委员会即筹给许卓然急用费二千元。

据陈旭麓、郝盛潮主编，王耿雄等编《孙中山集外集》（上海人民出版社一九九〇年版）

命发东路军衣费令

（一九二四年四月二十四日）③

大元帅令

着财政委员会筹给东路军衣五千套价值。

据陈旭麓、郝盛潮主编，王耿雄等编《孙中山集外集》（上海人民出版社一九九〇年版）

---

① 此件所标时间系财政委员会第三十二次会议决案日期。
② 此件所标时间系财政委员会第三十二次会议决案日期。
③ 此件所标时间系财政委员会第三十二次会议决案日期。

给廖湘芸的训令

（一九二四年四月二十四日）

大元帅训令第一八〇号

　　令虎门要塞司令廖湘芸

　　为令遵事：案据财政委员会主席委员叶恭绰等呈称："本会本月十五日第二十九次常会会议，准沙田清理处许处长文日邮电：'请将廖司令湘芸所委虎门护沙局长杨王超撤锁〔销〕，仍由本处东莞护沙费征收委员照案收拨，乞核示。'遵案议决，由本会呈请大元帅令饬廖司令，将所委虎门护沙局撤销等因在案，理合录案呈请大元帅鉴核施行"等情前来。据此，除指令照准外，合行令仰该司令即便遵照，将前委护沙局长杨王超迅即撤销毋违。许崇灏原电抄发。此令。

（中华民国陆海军大元帅之印）

中华民国十三年四月廿四日

据大本营秘书处编《陆海军大元帅大本营公报》第十二号
（广州一九二四年四月三十日）

给刘震寰的训令

（一九二四年四月二十五日）

大元帅训令第一八三号

　　令西路讨贼军总司令刘震寰

　　为令遵事：据广东全省沙田清理处处长许崇灏电呈称："据宝安清佃局总办兼护沙局主任陈强报称：'职奉委兼办护沙，当于县属沙井地方设局开办，遵章收费。讵被土豪陈炳南狡串防军，瞒请西路讨贼军第三师长黎鼎鉴委充护沙局长,以筹饷为名,霸收沙费,且扬言不论何处委员均予拿解等语。请示办法'前来,正核办间,又据西路讨贼军第三路启民寒日电称:'敝部文日克复宝安县城,宝安全属沙捐兼清佃局长,经委李佩剑接充,除饬遵章办理外,仍请贵处加委'等由。查派各局清佃护沙,均属本处职权,宝安总办陈强原为林前处长所委,崇灏接事后,以其熟悉情形,故予加委,实为筹饷紧急因事择人起见。乃西路第三师既委护沙局,第三路又占委清佃局,不外借口筹济军食。伏思统一财政,早奉明令切实进行,无论何军给养,均由财政委员会暨中央军需处分别支配,本处收入款项亦系照案支拨。如果驻防军纷纷将征收机关占据,不特本处按月负担二十余万之饷项将归无着,更何统一之可言。且查西路军队前此进驻东莞时,占委该县清佃总办,迨经照准加委之后,所有收款分文未据解处。嗣是虎门一带应征护沙费,先经与虎门廖司令湘芸、谭司令启秀商定,拨给五成为防军伙食,而廖司令旋复派委征收,往复磋商,迄无解决。现在占据宝安清佃护沙者,又复出于第三师所部,相率效尤,大碍征收。惟有仰恳大元帅明令制止,并请刘总司令严令该管长官,将所派人员克日撤销,以重权限而维统一。仍乞大元帅、省长、刘总司令分电祗遵"等情前来。查财政统一,早经明令切实进行。该宝安县护沙局长,及全属沙捐兼清佃局长等职,既属沙田范围,应由广东沙田清理处处长委充,方符定制。该西路讨贼军第三师长黎鼎鉴等逾越职权,滥委各局长,不独累乱章制,并且破坏财政统一,殊属不合。仰该总司令即转饬该师长等,将所派人员克日撤委,并令行所属,嗣后勿得再侵夺各行政机关,致干究办。切切。此令。

(中华民国陆海军大元帅之印)

中华民国十三年四月廿五日

据大本营秘书处编《陆海军大元帅大本营公报》第十二号

(广州一九二四年四月三十日)

给财政委员会的指令

（一九二四年四月二十五日）

大元帅指令第三九一号

　　令财政委员会

　　呈请令行蒋军长转饬军需筹备处,停止抽收芳村、花地等处筵席捐由

　　呈悉。省河水陆筵席捐,既经指定全数拨充省市教育经费,而芳村、花地等处,均在永春公司原定承抽区域之内,自不能另由滇军招商揽收,致妨教育。仰候令行蒋军长①,将核准福利公司承收三五眼桥、花地、上下芳村、崇文二十四乡等处筵席捐之案,即日撤销可也。附件存。此令。

（中华民国陆海军大元帅之印）
中华民国十三年四月二十五日

据大本营秘书处编《陆海军大元帅大本营公报》第十二号（广州一九二四年四月三十日）

通令各军将沿路官兵一律撤退令

（一九二四年四月二十五日）

　　过〔通〕令各军将住在沿路车站各官兵一概撤退,并严禁各官兵不得干涉行车事宜。此令。

孙　文
中华民国十三年四月二十五日

据谭延闿编《总理遗墨》第三辑（印行时间不详,广东省社会科学院藏）

---

① 蒋军长,即滇军第三军军长蒋光亮。

给杨希闵的命令

(一九二四年四月二十五日)①

所有何克夫选拔之部队,着即调赴东江,受杨总司令指挥服务,其直辖第一军在东江部队,着即调赴连阳,遵照前命部署,并仰转行遵照。

据《广州民国日报》一九二四年四月二十五日《军队陆续出发助战》

给戴传贤的指令

(一九二四年四月二十五日)

大元帅指令第三九四号
    令法制委员会委员长戴傅〔传〕贤
    呈报就职及启用关防日期由
    呈悉。此令。

(中华民国陆海军大元帅之印)
中华民国十三年四月廿五日

据大本营秘书处编《陆海军大元帅大本营公报》第十二号(广州一九二四年四月三十日)

---

① 此件所标时间系《广州民国日报》发表日期。

给邓泽如的指令

（一九二四年四月二十五日）

大元帅指令第三九五号
  令两广盐运使邓泽如
  呈报到任视事日期
  呈悉。此令。

（中华民国陆海军大元帅之印）
中华民国十三年四月廿五日

据大本营秘书处编《陆海军大元帅大本营公报》第十二号（广州一九二四年四月三十日）

给叶恭绰的指令

（一九二四年四月二十五日）

大元帅指令第三九六号
  令大本营财政部长叶恭绰
  呈报设立广东航运保卫处，及委任黄石等为监督等职，并造送章程、清单由
  呈及章程、清单均悉。应照准。章程、清单存。此令。

（中华民国陆海军大元帅之印）
中华民国十三年四月廿五日

据大本营秘书处编《陆海军大元帅大本营公报》第十二号（广州一九二四年四月三十日）

委派周自得职务令

（一九二四年四月二十五日）

大元帅令

　　派周自得为广九铁路护路司令。此令。

　　通令各军将住在沿路车站各官兵一概撤退，并严禁各官兵，不得干涉行车事宜。此令。

孙　文

中华民国十三年四月廿五日

据谭延闿编《总理遗墨》第三辑（印行时间不详，广东省社会科学院藏）

给财政委员会的指令

（一九二四年四月二十六日）

大元帅指令第三九八号

　　令财政委员会

　　呈为赵运使提议维持盐税办法，由会议决请明令施行由

　　呈悉。仰候令军政部转令中央直辖第一军朱军长所部王师，立将在北江一带所设抽收盐斤费用之机关，悉收〔予〕撤销，并通行各军，不得加抽盐斤附捐及保护、查验等费，以恤商艰而维正税可也。附件存。此令。

（中华民国陆海军大元帅之印）

中华民国十三年四月二十六日

据大本营秘书处编《陆海军大元帅大本营公报》第十二号（广州一九二四年四月三十日）

给程潜的训令

（一九二四年四月二十六日）

大元帅训令第一八六号

　　令大本营军政部长程潜

　　为令饬事：案据财政委员会呈称："为呈请事：本会本月十五日第二十九次常会会议，赵运使士觐提议维持盐税办法，请会公决案。议决由本会呈请大元帅明令维持等因在案，理合录案呈请钧座鉴核施行"等情。据此，当经指令"呈悉。仰候令军政部转令中央直辖第一军朱军长①所部王师②，立将在北江一带所设抽收盐斤费用之机阅〔关〕悉予撤销，并通行各军，不得加抽盐斤附捐及保护、查验等费，以恤商艰而维正税可也。附件存。此令"等语。除指令印发外，合行钞录原议案，令仰该部即便转令朱军长所部王师，并通行各军一体遵照可也。此令。

（中华民国陆海军大元帅之印）

中华民国十三年四月二十六日

附录　原议案

　　查盐税收入之多寡，恒视运销之畅滞而定。自军兴以来，地方多故，河道梗塞，运销既感困难，收税自然短绌，前此驻防各地军队，加抽盐斤附捐及保护查验等费，益令商人成本增重，销售为艰，迭经分别呈报帅座暨咨行各军取消在案。现在梧州运商因刘、李各军冲突影响，暂行停运。连阳运商则因朱军长所部王师沿途抽收盐斤费用凡十三处，以至商人筹缴无从，坪石各

---

① 朱军长，指朱培德。
② 王师，指王均师。

处现正酝酿停运,将成事实,若不即予设法维持,西、北两江饷盐绝迹,固属有碍民食,际此东江战事重开,筹缴饷糈,必因此亦更无把握,影响大局,诚不浅也。究应如何设法维持之处,谨提出议案,敬请公决。

两广盐运使赵士觐

据大本营秘书处编《陆海军大元帅大本营公报》第十二号

（广州一九二四年四月三十日）

给林翔的指令

（一九二四年四月二十六日）

大元帅指令第三九九号

　　令大本营审计局长林翔

　　呈复审核卸大本营会计司长王棠呈更正十二年四、五、六、七等月份临时支出计算书等件,尚属相符由

　　呈悉。已令行大本营会计司查照转知矣。此令。

（中华民国陆海军大元帅之印）

中华民国十三年四月二十六日

据大本营秘书处编《陆海军大元帅大本营公报》第十二号

（广州一九二四年四月三十日）

给大本营会计司的训令

（一九二四年四月二十六日）

大元帅训令第一八七号

　　令大本营会计司

　　为令知事:前据卸大本营会计司长王棠呈送十二年二月份起至九月二

十日止计算书等件,又更正十二年四、五、六、七等月份临时支出计算书等件,请予核销各等情前来,当经发交大本营审计局审核。兹据呈复:"审核该司长任内,除收入各款,各机关解款数目尚未完全编送,无从核对,俟编送齐全再行核销外,共各月支出经常费、赏恤伤兵各费,共应乙百二十八万二千乙百九十八元七角二分四厘,核对尚属相符。又十二年四、五、六、七等月份临时支出共乙百七十四万二千八百九十七元二角六分七厘,核数尚属相符,分别请予核销"等情。据此,除指令外,合行分〔令〕仰该司长查照转知该卸司长知照,并分别另缮各月份计算书、收支对照表各一份呈候备案。此令。

（中华民国陆海军大元帅之印）

中华民国十三年四月廿六日

据大本营秘书处编《陆海军大元帅大本营公报》第十二号

（广州一九二四年四月三十日）

给叶恭绰杨庶堪的指令

（一九二四年四月二十六日）

大元帅指令第四〇〇号

　　令财政委员会主席叶恭绰、杨庶堪

　　呈请令饬大理院撤销坟山登记案由

　　呈悉。应照准。候令行大理院遵照办理可也。此令。

（中华民国陆海军大元帅之印）

中华民国十三年四月二十六日

据大本营秘书处编《陆海军大元帅大本营公报》第十二号

（广州一九二四年四月三十日）

给吕志伊的训令

（一九二四年四月二十六日）

大元帅训令第一八八号

令大理院院长兼管司法行政事务吕志伊

为令行事：据财政委员会主席叶恭绰等呈称："呈为呈请事：本会本月七日第二十七次常会会议，孙委员科提议：坟山税契奉帅谕着令撤销，业已遵照停办。兹查坟山登记事同一律，请由本会公决呈请大元帅，令大理院并将坟山登记案撤销，以符取消坟山税契之本旨一案，议决由会呈请大元帅令饬大理院将坟山登记案撤销等因在案。理合录案呈请大元帅鉴核施行"等情前来。除指令"呈悉。应照准，候令行大理院遵照办理可也。此令"印发外，合行令仰该院长即便遵照。此令。

（中华民国陆海军大元帅之印）

中华民国十三年四月二十六日

据大本营秘书处编《陆海军大元帅大本营公报》第十二号
（广州一九二四年四月三十日）

给林若时的命令

（一九二四年四月二十六日）①

自后各军借用巡舰，非由帅座下令不得擅借。

据《广州民国日报》一九二四年四月二十六日《非由帅令不准借舰》

---

① 此件所标时间系《广州民国日报》发表日期。

给大本营军政部的训令

（一九二四年四月二十六日）①

案据广东筹饷总局督办范石生呈称："呈为呈请事：案据德和公司商人张敬三呈称：'窃敝公司遵照筹饷署法令，承办恩、开、新、台、赤五邑②防务经费（中略）'等情前来。查核所拟章程大致尚洽，认饷亦比从前每日增加一千元，当经批准承办，（中略）理合备文呈请鉴核，俯赐令饬五邑财政整理处处长，迅将从前拨付各军案饷数目列册呈筹饷局，核定令发下局，俾得照案拨付，并通令驻防五邑各军将领，饬属切实保护，以卫饷源"等情。据此，当经指令"呈悉。恩、开、新、台、赤五邑防务经费，既经该总局批准德和公司承办，仰候令饬广东财政整理处按日由防务经费项下拨付各军军饷数目，查明列表呈报，以凭核定饬局照拨。并候令行军政部通行驻防五邑各军切实保护可也。此令"等语，除指令印发并分行外，合行令仰该部长即便遵照，通行各军切实保护。切切。此令。

据《广州民国日报》一九二四年四月二十六日《令保护五邑赌商》

给李福林的指令

（一九二四年四月二十六日）

大元帅指令第四〇一号
　　令东路讨贼军第三军军长李福林

---

① 此件所标时间系《广州民国日报》发表日期。
② 恩、开、新、台、赤，指广东省属恩平、开平、新会、台山、赤溪五县。

呈报拿获匪徒讯供拟办情形,请示遵办由

呈悉。匪犯冯标、黎咸二名,胆敢伙党行劫并敢拒捕,实属不法,自应按照军法处以枪决,以昭炯戒。仰即遵照执行可也。此令。

（中华民国陆海军大元帅之印）

中华民国十三年四月二十六日

据大本营秘书处编《陆海军大元帅大本营公报》第十二号（广州一九二四年四月三十日）

给大本营参谋处的命令

（一九二四年四月二十七日）①

再函航空局长陈友仁,催促进行。所需款项,另饬财政委员会赶筹。

据《广州民国日报》一九二四年四月二十八日《飞机队积极助战》

给无线电总局的命令

（一九二四年四月二十七日）②

特着广东无线电总局组织前敌无线电队,赶速出发。

据《广州民国日报》一九二四年四月二十八日《无线电队今日出发》

---

① 原令未署日期。按4月28日《广州民国日报》载:陈友仁奉令后,"已于昨日全数向博罗出发。"今据此酌定时间。

② 原令未署日期。按4月28日《广州民国日报》载:"无线电总局奉令后,业准备一切,并定于二十八日乘广九车出发,拟抵石滩"。据此判断,今暂定27日。

给马超俊陈友仁的命令

（一九二四年四月二十七日）①

刻日运输炸爆轰烈战品赴东江。

据《广州民国日报》一九二四年四月二十九日《实行轰炸惠州城》

致石龙行营电令

（一九二四年四月二十八日）②

英领对于此事极③为道歉，已令该舰克日将电泰交还等情。现派后方勤务股潘股长来省，会同交通局曾局长，向英领署收回，即拨与交通局应用。此令。

据《广州民国日报》一九二四年四月二十九日《英舰交还"电泰"电船》

给廖行超的命令

（一九二四年四月二十八日）④

一律退离广州市，转赴西郊一带，择要扼守。

据《广州民国日报》一九二四年四月二十八日《滇军准备移郊》

---

① 此件所标时间系据4月29日《广州民国日报》云"马厂长、陈局长奉令后，即于昨二十七八两日用小火轮将各种战品分日运赴前敌。"拟定。

② 此件所标时间系据4月29日《广州民国日报》云"昨日石龙行营接奉大元帅电令"酌定。

③ 指4月19日英国炮舰强行拖走石龙运输分处运输电船电泰号事。

④ 此件所标时间系《广州民国日报》发表日期。

给广东省财政厅的指令

（一九二四年四月二十八日）①

呈悉。商人张志澄条陈各节，固属切中时弊。惟军队擅办厘捐，迭经严令禁止，不啻三令五申，其奸商瞒承者，亦饬没收家财，从重惩办，立法可谓甚严。目前办法，应由该厅随时查明，如何厘捐尚为防军占据，即商请该军长官饬令交还，或查有何项军队在何处擅征什捐，即商请该管长官勒令停收，以期令出惟行，财政渐就整理。所请再申禁令，暨予市公安局以惩治奸棍之权之处，均无庸议。此令。

据《广州民国日报》一九二四年四月二十九日《令财厅请各军交还厘捐》

命每月拨陆军军官学校经费令

（一九二四年四月二十九日）②

大元帅令

着财政委员会由五月起，每月拨陆军军官学校经费三万元。

据陈旭麓、郝盛潮主编，王耿雄等编《孙中山集外集》（上海人民出版社一九九〇年版）

---

① 此件所标时间系据4月29日《广州民国日报》云"昨大元帅指令财政厅"酌定。
② 此件所标时间系财政委员会第三十四次会议决案日期。

命维持海防司令部经费令

（一九二四年四月二十九日）①

大元帅令

着财政委员会首先维持海防司令部每日经费,不得一日欠缺。

据陈旭麓、郝盛潮主编,王耿雄等编《孙中山集外集》(上海人民出版社一九九〇年版)

命发路孝忱给养费令

（一九二四年四月二十九日）②

大元帅令

着财政委员会提前发给路孝忱所部给养十五日,以备出发前方。

据陈旭麓、郝盛潮主编,王耿雄等编《孙中山集外集》(上海人民出版社一九九〇年版)

命发杨希闵电话费令

（一九二四年四月二十九日）③

大元帅令

据杨总司令希闵请给架设电话等费二千元,着财政委员会筹拨。

据陈旭麓、郝盛潮主编,王耿雄等编《孙中山集外集》(上海人民出版社一九九〇年版)

---

① 此件所标时间系财政委员会第三十四次会议决案日期。
② 此件所标时间系财政委员会第三十四次会议决案日期。
③ 此件所标时间系财政委员会第三十四次会议决案日期。

命发陆军讲武学校补助经费令

（一九二四年四月二十九日）①

大元帅令

由土丝、台炮经费项下，每月拨解九千元，请迅转广东财政厅查照饬拨。

据陈旭麓、郝盛潮主编，王耿雄等编《孙中山集外集》（上海人民出版社一九九〇年版）

给杨希闵的命令

（一九二四年四月三十日）②

大元帅令

肃清东江，业饬两路联军协力进行，节节均获胜利。前进渐远，部署宜周，残敌负隅，并应同时剿办。即着豫军总司令樊钟秀迅率所部协同第一路联军，前往肃清海陆丰沿海地区。关于作战，受第一路联军总指挥杨希闵之指导。至南路匪患，仍着南路各军会剿办理可也。除分行外，特此令达。此令。

第一路联军总指挥杨希闵

孙　文

据上海《民国日报》一九二四年五月十一日《捷电频传之东江联军》

---

① 此件所标时间系财政委员会第三十四次会议决案日期。
② 此件所标时间系据5月11日《广州民国日报》云"四月三十日大元帅令"确定。

给李烈钧的命令

（一九二四年四月三十日）①

出发前方，协同策划一切。

据《广州民国日报》一九二四年四月三十日《李烈钧运筹决胜》

给广州市政厅的命令

（一九二四年四月三十日）②

请沙博士③勷办市政。

据《广州民国日报》一九二四年四月三十日《洋员勷办市政》

给广州市公安局的命令

（一九二四年四月三十日）④

报载五月五日广州各团体举行总统就职庆祝。现粤境逆贼尚待肃清，人民困苦颠连，拯救莫及。抚躬自问，良用恻然。方今时局艰危，敌氛未靖，凡我同志，亟宜实心实力，共济时艰。其举行纪念庆祝典礼，徒饰耳目，无裨远大，应无庸议。着广州市公安局转饬各团体社会一体知照。

据《广州民国日报》一九二四年四月三十日《帅座不尚虚文》

---

① 此件所标时间系《广州民国日报》发表日期。
② 此件所标时间系《广州民国日报》发表日期。
③ 沙博士，即德国沙美博士。
④ 此件所标时间系《广州民国日报》发表日期。

给各军长官的命令

（一九二四年四月三十日）①

大元帅令

广九铁路为东路作战军基路所在，交通保护应策周祥。前以责无专员，各军分兵驻守，致多疏漏。兹经任周自德〔得〕为广九铁路护路司令，所有该铁路全线及其附近，统责成周自德〔得〕负责保护，以利输运。其原驻广九铁路各处军队，除关于作战各军办理后方勤务事宜，得于交通辐辏点酌驻军队办理要公外，应着一律撤退。其各该军队撤退时期，由护路司令通报办理，并仰各军长官转饬所属不得干涉行车事宜，免碍交通。切切。此令。

据《广州民国日报》一九二四年四月三十日《周自得负铁路全责》

给程潜的指令

（一九二四年四月三十日）

大元帅指令第四〇五号

令大本营军政部长程潜

呈为核议拟请追赠王守愚陆军中将，并照中将积劳病故例给恤由

呈悉。已有明令追赠给恤矣。仰即知照。此令。

（中华民国陆海军大元帅之印）

中华民国十三年四月三十日

据大本营秘书处编《陆海军大元帅大本营公报》第十二号（广州一九二四年四月三十日）

---

① 此件所标时间系《广州民国日报》发表日期。

给程潜的指令

（一九二四年四月三十日）

大元帅指令第四〇七号

  令大本营军政部部长程潜

  呈该部警卫团团附刘振寰积劳病故，拟请照章以少校赠恤，乞核示祗遵由

  呈悉。照准。此令。

（中华民国陆海军大元帅之印）

中华民国十三年四月三十日

据大本营秘书处编《陆海军大元帅大本营公报》第十二号

（广州一九二四年四月三十日）

给叶恭绰的指令

（一九二四年四月三十日）

大元帅指令第四〇八号

  令大本营财政部长兼盐务督办叶恭绰

  呈请任命陈敬汉等①兼盐务秘书由

  呈悉。已有明令照准矣。此令。

（中华民国陆海军大元帅之印）

中华民国十三年四月三十日

据大本营秘书处编《陆海军大元帅大本营公报》第十二号

（广州一九二四年四月三十日）

---

① 陈敬汉等，指陈敬汉、杨志章。

给徐绍桢的指令

（一九二四年四月三十日）

大元帅指令第四〇九号

　　令大本营内政部部长徐绍桢

　　呈请准援用《国籍法》，并恳修改《施行细则》由

　　呈悉。《国籍法》既系六年以前所公布，自属有效。《施行细则》准如所拟修改，仰即由部咨复广东省长转饬督务处遵照可也。折存。此令。

（中华民国陆海军大元帅之印）

中华民国十三年四月三十日

据大本营秘书处编《陆海军大元帅大本营公报》第十二号
（广州一九二四年四月三十日）

给鲁涤平的指令

（一九二四年四月三十日）

大元帅指令第四一〇号

　　令禁烟督办鲁涤平

　　呈为成立水陆巡缉队，并送编制、饷章表，乞鉴核由

　　呈、表均悉。准如所拟办理。表存。此令。

（中华民国陆海军大元帅之印）

中华民国十三年四月三十日

据大本营秘书处编《陆海军大元帅大本营公报》第十二号
（广州一九二四年四月三十日）

追赠王守愚令

(一九二四年四月三十日)

大元帅令

　　据大本营军政部长程潜呈:议复故东路讨贼军前敌总指挥部参议王守愚,前代鄂西总司令剧战宜施,去年讨贼军由闽回粤,尤多尽力,积劳致疾,遽以不起,拟请追赠陆军中将,并从优抚恤等情。王守愚着追赠陆军中将,并照中将积劳病故例给恤,以彰忠荩,而示来兹。此令。

(中华民国陆海军大元帅之印)

中华民国十三年四月三十日

据大本营秘书处编《陆海军大元帅大本营公报》第十二号
(广州一九二四年四月三十日)

追赠蔡锐霆令

(一九二四年四月三十日)

大元帅令

　　大本营军政部长程潜呈:查核故前赣军独立旅长蔡锐霆,矢死殉国,事实相符,请追赠陆军中将。蔡锐霆着追赠陆军中将,并照阵亡例议恤,以慰英灵。此令。

(中华民国陆海军大元帅之印)

中华民国十三年四月三十日

据大本营秘书处编《陆海军大元帅大本营公报》第十二号
(广州一九二四年四月三十日)

委派赵西山任务令

（一九二四年四月）

派大本营出勤委员赵西山前赴西北，传谕陕军、同志、各军将领，迅速协同一致，讨贼救国。此令。

据秦孝仪主编《国父全集》第七册（台北近代中国出版社一九八九年版）